歴史文化セレクション

天皇・天皇制・百姓・沖縄

社会構成史研究よりみた社会史研究批判

安良城盛昭

吉川弘文館

目　次

一　網野善彦氏の近業についての批判的検討

はじめに

網野善彦氏の大著『日本中世の非農業民と天皇』（一九八四年・岩波書店）が刊行された。この機会に、『無縁・公界・楽――日本中世の自由と平和――』（一九七六年・平凡社）・『日本中世の民衆像――平民と職人――』（一九八〇年・岩波書店）等々の研究・著作活動を通じて一九七〇年代後半より八面六臂の大活躍をされ、新鮮かつ独自的な日本中世社会像を呈示された網野氏の諸見解を根底において支える、その基軸的な主張のいくつかをとりあげ、批判的な検討を加えようとするのが、この小稿の目的とするところである。

網野氏の研究は、民俗学・民族学・文化人類学等々といった歴史学の関連領域の成果を積極的に摂取しつつ、日本民族の生活史に深い歴史的検討を加えたものであって、その斬新な着想と博識に裏付られた網野氏の主張が、世人の注目を集めたのは、もっともなことと考える次第である。

だがしかし、刮目すべき網野氏の大活躍のうちで呈示された人類史・日本史把握についてのその理論的枠組――無縁論・自由論・遍歴論・非農業民論・天皇論――についていえば、率直にいって、その全てにわたって理論的にはもちろんのこと実証的にも、首をかしげざるをえない根本的難点を多々かかえている、と私はかねてから考えていたのであるが、これらの点について、真正面からの理論的・実証的批判がほとんどなされていない、と判断される現状にかんがみ、あえてこの批判の筆をとることとした。

ここで、批判的に網野説を検討すると述べたが、もとより私は、網野氏のすぐれた研究を高く評価することにおいて、決して人後におちるものではない。

私は、一九八四年に入ってから、五月一三日の大阪歴史科学協議会研究会、六月一〇日の日本史研究会中世史部会、また、六月二三日の歴史学研究会中世史部会、という公開の研究会で、網野説批判の報告を行なったが、その折に参会者に配布した報告レジュメの冒頭において、網野氏の研究・著作活動の積極的なメリットを次のように高く評価しておいた。

(イ) 制度史的(中世的私有)研究として出発し、すぐれた成果をあげてこられながら、これにあきたらず、既存の研究枠組を突き抜けようとする強い意欲の存在。

(ロ) 西欧中世史のみならず、民俗学・民族学・文化人類学等々といった隣接科学に対する広い目くばりをもって、新分野を開拓。

(ハ) 私有＝文明に対する批判的姿勢をもった中世史研究。

(ニ) 賤視・被差別民の発生についての深い関心。

(ホ) 天皇にこだわりつづけ、天皇制に対する批判的見地を背景にもつ、中世の天皇研究を推進。

以上(イ)〜(ホ)に要約したごとく、私は網野氏の研究を高く評価しているのである。

にもかかわらず、この小稿が網野説批判として執筆されざるをえなかった所以については、この小稿全体が示すところである。限られた紙数のうちで、展開さるべき批判点は多岐にわたっているので、直ちに批判の呈示にうつりたいが、それに先立って社会史流行の風潮に対する論評と日本における社会史研究の源流について論じておこう。

私が歴史研究を志した若い学生時代から数えると現在（一九八四年）まで三十数年を経過したが、その間一貫して、世界史・日本史における歴史の必然的＝法則的展開に関心をもち、社会構成史的視点から歴史を検討し論じつづけてきた。だからそれ故に、社会構成史的な歴史理解について異議申立をしているものとして世間の一部で考えられているふしのある社会史的歴史理解——日本史研究の場におけるリーダー格が網野氏であることは衆目の一致して認めるところであろう——について、ここで批判を行なおうとしているのでは全くない。

なぜならば、私は社会構成史的理解と社会史的理解が、同一レベルにおいて対立する二者択一的な二つの歴史理解だとは全く考えていないからである。つまり、社会史が取り上げている、民衆の生活・意識・行動の次元における歴史叙述は、文学史・文化史・宗教史・法制史・政治史・経済史等々といった、部分史的研究次元と同列の歴史研究の一つのジャンルにすぎない、と私は考えているのである。これに対して、社会構成史的歴史認識は、これらの部分史的歴史を総括する全体的な歴史把握を本来の研究課題＝研究対象とするものであって（このあるべき社会構成史的歴史把握が、そのようなものとしてこれまで十分に展開されてきたかどうかは、また別個の問題であって、日本史学史の厳密な検討のうちでこの点が吟味され、これまでの不十分さをどのようにして克服してゆくかが、社会構成史的歴史認識の現在的課題である、と私は思うのだが）（本書**論文一四**）、したがって、社会構成史的歴史認識か、それとも、社会史的認識か、といったこのところ流行の、現代歴史学についての一つの状況認識は、俗論というほかはないと考えるものであって、それがピントはずれの状況認識にすぎなかったことは、やがて歴史が証明するであろうと思うところである。

だから私は、いわゆる社会史を敵視しない。それどころか、いわゆる社会史が明らかにしつつある民衆の生活・意識・行動に関する歴史認識を包摂しえないような社会構成史的認識は、硬直したものとして反省さるべきであって、そもそも、あらゆる部分史的歴史認識を総括する使命をになっている社会構成史的研究の役割（本書**論文一四**）を考えれば、部分史的歴史認識の一翼をになっている社会史研究を、一部にその傾向と内容にいささか問題があるが、批判する必要はあってもこれを全体として敵視するなどということはありうべからざることだと私は考えている。だがしかしまた、社会史の流行の風潮のなかで、民衆の生活・意識・行動を具体的＝実証的にとらえる社会史こそが真の歴史認識であって、抽象的な権力・支配体制・政治・経済を論ずる社会構成史的認識にもとづく歴史認識は、民衆とは無縁のひからびた空虚な歴史認識にほかならない、といった見解も間々みうけられ、これまた、批判・克服さるべき俗説であることはいうまでもないと私は考える。このような歴史についての感性的認識は俗耳にうけいれられやすいのだが、この点については、今から約一三〇年前に、経済学の方法について論じたマルクスの次の指摘が、今なお示唆的だと思われる。

実在的で具体的なものから、現実的な前提から、したがって、たとえば経済学では全社会的生産行為の基礎であり、主体である人口からはじめるのは正しいことのようにみえる。だがこれは、もっとたちいって考察すると、まちがっていることがわかる。たとえば人口は、もしそれがなりたっているもろもろの階級を除外するなら、一つの抽象である。これらの階級も、たとえば賃労働、資本等々といったその基礎となっている諸要素のことを知らなければ、やはり一つの空語である。賃労働・資本等々は、交換・分業・価格等々を前提とする。たとえば資本は、賃労働がなければ無であり、価値・貨幣・価格等々がなければ無である。だから、私が人口からはじめるとすれば、それは全体の混沌とした表象なのであって、いっそうくわしい規定をすることによって、私は分析的にしだいに、もっと単純な諸概念をみいだすようになろう。すなわち、表象された具体的なものからしだいにより稀薄な抽象的なものにすすんでいって、ついにはもっとも単純な諸規定に到達してしまうであろう。そこからこんどはふたたび後方への旅がはじめられるべきであって、最後にふたたび人口に到達するであろう。だがこんどは、全体の混沌とした表象としての人口ではなくて、多くの規定と関係よりなる豊富な総体としての人口に到達するであろう。(『経済学批判』序説、一八五八年)

民衆の生活次元の歴史、これこそが根源的かつ実在的である、とみなして社会構成史的認識を排除し、これと対立してそこに閉じこもるような社会史研究がもしあるとするならば、まさにそれは、混沌とした表象としての民衆生活、一見具体的であるかのごとくみえてその実、歴史の抽象的な一面にすぎない民衆生活、におぼれてしまっている、と私は考える。権力支配をうけ、階級規定のもとに、政治・経済的諸関係をとりむすびながら、現実に生活してきている民衆、これこそが歴史上実在する民衆なのであって、社会構成史的認識を排除した社会史が、豊富な民衆の生活総体からその一部を切りとって権力・政治・階級を捨象した部分的な民衆生活に関し、この抽象的生活を具体的・実在的生活とみなしてどんなにその具体相を語ろうとも、それが民衆生活の実像＝全体像をそもそもとらえることのできない、抽象的な営みにすぎないことは明瞭ではあるまいか。

また、日本史学史における社会史の源流・起点についていえば、第一に、琉球・沖縄史研究の開拓者・伊波普猷をまずあげるべきであり、第二に、雑誌「民族と歴史」（一九一九〜一九二四年）・「社会史研究」（一九二四年）を主宰した喜田貞吉を看過することはできない。

日本の社会史研究とは、一九三〇年代のフランスのアナール学派を輸入した学問であるとか、網野氏が一九七〇年代後半に創出した学問領域である、などといった皮相な見解は払拭されねばならない。伊波は、アナール学派を遡ること二十数年前の一九〇〇年〜一九一〇年代から社会史的手法にもとづいて琉球・沖縄史の研究を行なっているのである。

だから、琉球・沖縄史研究は、日本における社会史研究の疑いもない源流なのである。

ヨーロッパの学界動向には関心を払うが、日本の辺境・沖縄における歴史研究の展開状況については一顧だにしない人々は、やれ、フランスのアナール学派が社会史の新しい潮流をもたらした、とか、いや、フランス以外でもヨーロッパはみなそうだ、とか論じ、最近の社会史流行が日本における本格的な社会史研究のさきがけとみなして、社会史とは輸入の学問だと信じきっている嫌いが多々みうけられる。社会史はそんなに新しい研究潮流なのだろうか。ヨーロッパのことはいざ知らず、わが日本においては、二〇世紀の初頭から一貫して、社会史的手法が琉球・沖縄史研究の背骨となって存在し、現在にいたっている。

琉球・沖縄史の開拓者であり、その確固たる土台を築いた伊波普猷は、人も知るごとく、その真骨頂は言語学者にあった。だから、彼の畢生の研究テーマは、琉球の古代歌謡集『おもろさうし』の解読にあった。一九〇六年、東京帝国大学の言語学科を卒業した伊波は沖縄に帰り、沖縄きっての知識人として、研究に啓蒙活動に八面六臂の大活躍をつづけた。

当時の沖縄県民は、知事をはじめとする県庁の官人・小学校教師・警官・商人の枢要部分までが「大和人」によっておさえられ、何かにつけて旧慣墨守・頑迷固陋・未開・野蛮よばわりされ、「大和世」をかこちながらも「此小島（沖縄）に生まれたものと大国（日本）に生まれたるものとは、天賦の価値に於て高下がある」と卑下している状況にあった。

伊波の歴史研究は、このような状況に沈淪している沖縄民衆に対して、そのアイデンティティーを自覚させようとして始められたものであった。だからその学風は、アカデミックな史学概論の琉球・沖縄史への適用などとは全く無縁の、きわめてユニークなものとならざるをえなかったのである。

歴史学・言語学・民俗学についての該博な知識を基礎として、琉球固有の生活・文化の貴重な価値をさまざまな局面から――王朝文化はもちろんのこと、一般民衆の生活様式・慣行・信仰・伝承・民謡にいたるまで――その歴史を探り、固有文化の存在価値を歴史的に明らかにしているのである。

伊波のアカデミズムにとらわれないこのユニークさこそが、これまたアカデミズムとは無縁の河上肇・柳田国男・折口信夫・昇曙夢等との長い交友関係を支えた基礎であったことはいうまでもない。

伊波の琉球・沖縄史研究を、その全一一巻におよぶ『全集』（一九七五〜七六年・平凡社）の多様な作品の背景のうちにとらえるとき、これを社会史の元祖とみなして不都合な、いかなる異論がありうるであろうか。

1 『日本中世の民衆像——平民と職人——』批判

(1) 網野説に対する安良城批判と網野反論

日本中世の百姓は自由民である、という網野氏の一九六一年以来の主張は、網野氏の最も根幹的=基礎的な主張とみなされるのであって、これなしには、その無縁論・非農業民論・遍歴論・中世天皇論のいずれもが存立し難い、そのような最も根源的な主張と考えられ、他からの批判・侵犯を許すことのできない網野氏の聖域ともいうべき主張と思うのだが、この聖域についての批判から、この小稿における網野説の具体的検討をはじめたい。

一九八一年、私は網野説に対して二つの批判を行なった（安良城『日本封建社会成立史論』上、一九八四年・岩波書店、三〇〜三一頁）。その一つは、(A)《網野氏は、日本中世社会の「百姓身分」に属する「平民百姓」を「自由民」としての側面から、その特質を解明しようとされているのであるが、私見によれば、「百姓身分」に属する日本中世の農民は、たしかに「自由民」ではあるが、「アジア的な自由民」であって、したがってそれは、本質的にいって「非自由」であることが重視されるべきだと考えるものである。「アジア的な自由民」である「百姓身分」に属する農民が、「不」自由である「下人身分」と異なって、「自由民」ではあるが「非」自由である、というその本質的側面を捨象した網野氏の「平民百姓」論は、一面的とみなさざるをえないのである》というものであり、他の一つは、網野氏の「中世都市論」（これは、『無縁・公界・楽』の原型的論文であって、岩波講座『日本歴史』中世3・一九七六年、に収められている）における美濃・加納の織田信長・楽市令の史料解釈の誤りとこの誤断にもとづく立論の誤りを指摘したもの(B)である。

すなわち、網野氏はその「中世都市論」のなかで、美濃・加納の三つの楽市令の内容を具体的に検討されて、永禄一〇・一一（一五六七・六八）年のそれには存在した「雖為譜代相伝之者、不可有違乱」の文言が、天正一一（一五八三）年の楽市令になると消え去っている事実に注目され、次のように指摘されている（岩波講座『日本歴史』中世3・一九七六年、二九六頁）。

西欧の社会が、本源的な「自由」を多様なアジールを通して、「自由都市」に定着させ、一年と一日の都市居住による農奴の解放という慣習を強固に確立して、近代的自由への道をひらいたのに対し、日本の公界はたしかに逃亡農民をうけいれ、「譜代相伝」の人々を迎えてはいるが、ついにその解放を一個の慣習法にまで高めることなく潰え去った。公界、楽市を一旦はそれとして認めて自らの支配下にとりこみ、強力な武力によって骨抜きにしつつ、織豊政権は城下の町に公界を吸収しつくし、新たな近世的権力を樹立した。一五八三（天正一一）年、美濃国加納にあてた掟書から、「譜代相伝の者たりと雖も、違乱すべからず」という文言が消える（「円徳寺文書」）。中世都市から近世都市への転換は、そこに象徴的に示されている。

ここで問題となっている「譜代相伝之者」とは、いうまでもなく日本中世社会の「下人身分」に属する者のことであるが、網野氏のこのような理解は全くの誤断であって、戦国期には楽市場に限って解放が認められた「譜代相伝之者」は、近世に入るや、慣習法どころか藩法にもとづいて、藩領全域にわたって、全面的に解放されているのである。一九五九年に公刊した拙著『幕藩体制社会の成立と構造』（現在はその増訂第四版が有斐閣より刊行されている）において紹介した（一五八頁）、次の承応三（一六五四）年の岡山藩の一法令は、この点を疑問の余地なく明示している。

今より、譜代として取候者成共、男は三十、女は弐拾五を切候て、主人より有付、或は暇可遣候様ニ可申付候、是迄取つかい候者ハ、十五より内から取候者は十五年、十五より上から取候ものハ十年にて出し可申也、他国へ売置候者、御法を背、過銭首之代、うけかへし親類方へ只返し可遣候、但奉公人方より主人ニなつき候て、居可申と申者ハ各別之事。

この岡山藩の譜代解放令が、譜代を含めて人身売買を禁止した元和五（一六一九）年の幕府法の延長線上に位置していることはいうまでもない。

要するに、中世の「下人身分」が、そのままのかたちで近世の基本的身分にもちこまれたわけでは決してない。たしかに近世社会においても「下人」は広汎に存在するが、その基本形態は年期奉公人であって、近世社会の「下人」は、中世社会のように「百姓」と質的に異なった存在ではなく、「百姓」が一時的にとる地位・状態であり、「百姓」→「下人」→「百姓」と循環すること、したがって、奴隷身分としての中世の「下人身分」は、近世社会では本質的に解消してしまっていること、以上の点（前掲安良城『幕府体制社会の成立と構造』において詳細に論じたところであって、人身売買をはじめ前近代の雇傭労働について詳しい牧英正氏も、一九七一年に公刊された岩波新書『人身売買』において、私見に賛同されている）を網野氏は無視されているのである。たしかに、近世初期の一七世紀には、中世の「下人身分」の残存物である「譜代下人」が全国各地にかなり存在するが、このことは、近世の「下人」の基本形態が「譜代下人」であったことを意味するものでは決してない。

家父長制的奴隷に他ならない「譜代相伝之者」＝「譜代下人」を、ヨーロッパ中世社会の農奴と同列におき、対比して論ずる、先に引用した網野氏の主張の背景には、日本中世社会の「下人身分」についての網野氏の判断の錯誤が存在すると批判せざるをえないのである。

そのいずれもが、決して枝葉末節ではない、(A)は中世百姓＝自由民論、(B)は無縁論、の根幹にふれる批判であって、網野氏の反論いかん、とひそかに期待するところがあった。早速反応があって、(A)に対する反論(一九八二年)に接することができたが、(B)については、その機会はいくらでもあったと思われるのだが、いまだに反論をうけていない。私からすれば、(A)も(B)もエキバレントの基礎的批判だと批判当時は考えていたのだが、網野氏の(A)・(B)に対する反応の違いを一寸考えてみると、(A)こそが網野説に対するより根源的な批判であり、(B)は放置できても(といっても、美濃・加納の楽市令についての網野説は、家父長制的奴隷としての「下人」をヨーロッパ中世の農奴に比定するという、あまりにも明白な史料誤釈にもとづく立論であって、その謬論を辯護することは到底無理であるが故の放置とも考えられるが)、(A)を放置することはできないために、即応的な反論をうけることができた、と今では判断している。さて、その反論は次のようなものであった。

自由についてのいままでの議論は、やはり近代的な自由、つまり共同体からの自由を基準にして進められているとしか考えられない。つまりギリシアやゲルマンの共同体の場合は、相対的に共同体から個人が自由である、だからこの場合は自由民ということがいえるけれども、いわゆるアジア的共同体の場合は、共同体に対してまったく個が自立していない。つまり共同体を代表する首長のみが自由なのだから、共同体成員は自由民とはいいがたいというのは、いままでの通説だと思うんです。これはやはり近代的自由の投影でしかない。つまり、共同体からの自立性、自由がここでは問題なんですね。安良城盛昭さんもその点では同じで、古代の公民も中世の百姓も不自由民ではないけれども非自由民だというわけですが、論理明快な彼としてはめずらしく不明快ないい方で、これも自由を近代的自由からしか考えていないから、こんな妙な議論になってしまうのだと思うんです。（網野善彦・阿部謹也『対談　中世の再発見――市・贈与・宴会――』一九八二年・平凡社、一九六頁）

この網野氏の反論は果して妥当であろうか。私のこの網野批判は、これを直接の目的とした論稿ではなかっただけではなく、その論稿の性格上、むしろ(B)に力点をおいた批判であったために、(A)については、抽象的には正しい指摘だったと今でも思うところであるが、説明不足のところもあって、網野氏の理解・同意をえられなかったことは残念である。この機会に、(A)の見解を敷衍しつつ具体的なかたちで再論して、網野氏の同意を是非えたいところである。

(2)「非」自由民としての中世「百姓」

かねてから私は、日本中世の「百姓」の「自由民」的＝非農奴的性格について注目するところがあった。この点に関するかぎり、私見は網野説の先駆ともいえる。一九五六年度歴史学研究会大会の共通論題「時代区分上の理論的諸問題」における報告のなかで、私は御成敗式目の規定（「於去留者宜任民意」）を重視し、中世「百姓」の非農奴的性格を指摘し（前掲『日本封建社会成立史論』上、一二五頁）、さらに一九五七年、《名主の有する「農奴」と見做し得ない「自由民」的性格と、にも拘らず、荘園領主の支配をうける側面の矛盾は、荘園法のうちに最も豊かに表現されている》（社会経済史学会編『封建領主制の確立』、一九五七年・有斐閣、一九九頁）と指摘した。ここで「名主」とのべている存在が、その「去留」を「任民意」せられている中世「百姓」の典型とみなされていることはいうまでもない。日本中世社会は封建的農奴制社会だと信じこまれていた当時にあっては、この私見は多くの中世史家には異端邪説の類とみなされ、「百姓」のこの「自由民」的性格の私の指摘については、反論どころか立ち入った吟味すらも一切おこなわれなかった。一九六一〜一九六二年の時点になって、網野氏がはじめて私見を肯定的にその論稿で引用されたが、中世史家によって積極的にこの私見が評価された最初のケースであったので鮮明な記憶がある。網野氏の追憶によれば、マルクス「ヴェラ・ザスーリッチへの手紙」を「熟読」（前掲『無縁・公界・楽』二六五頁）されたとのことであるから、発想的には、網野氏と私は同根であるといえよう。だがしかし、同根とはいえ、所有論的視点にたって論ずる私見とこれを欠く網野説との間には決定的差違がある。

私は、中世の「百姓」は、古代の公民である「百姓」に淵源し、そしてそれは、原始共同体成員に系譜的にさかのぼると考えていた（この点では、網野説も同じ）が、中世の「百姓」は所有主体であるという点で、無所有＝非所有主体である「下人」とは範疇的に異なりはするものの、「百姓」の所有は、荘園領主・在地領主の支配（上級所有）によって根本的に規定・制約されているが故に、自由な所有ではなく、したがって「百姓」も自由民そのものではなく、カッコつきの「自由民」である、と一九五六〜一九五七年当時から考えていた。だから中世の「百姓」は、「不」自由な「下人」とは異なったカッコ付きの「自由民」ではあるが、自由民そのものではないというその実態に即して、「非」自由な側面に注目すべきだ、と所有論の視角からみなしたのである。どうしてこれが「不明快な」「妙な議論」になるのか。網野氏の反論こそが、後に具体的に指摘するように、所有論を欠いた不可解きわまる内容なのである。

そもそも網野氏も当初においては、《「平民」身分は、階級社会の成立以後については、一貫して

「自由民」としての側面と、「隷属民」とも規定しうる一面を内包する、それ自体のなかに矛盾をもつ身分であったといえよう。この「自由民」としての特質は、時代の進展とともに、前近代社会において弱化していくのである》(「日本中世における〈平民〉について」〈『名古屋大学文学部三十周年記念論文集』一九七八年〉五八七頁、註(10))とのべられ、この『日本中世の民衆像』においても、《カッコ付きであり、近代的自由とはもとより異るものとしても、平民身分を「自由民」といってもよい》(二四頁)、《平民身分の「自由」は潜在的で、日常的には「平民」はむしろ年貢・公事を負担する隷属民的側面をもって立ちあらわれる》(二六頁)と私見に近い見解をのべておられたが、どういう風の吹きまわしか、一九八一年になると突如として《私はポリスの市民・ゲルマンの自由民のみならず、いわゆる「アジア的」共同体の成員、日本古代の公民、中世の平民百姓を自由民といってなんら差しつかえないと考える。(中略)公民を自由民と規定することを躊躇・否定する立場からは、天皇制に対する内在的・根底的批判はけっして生まれないのではあるまいか。中世の平民百姓についても、ほぼ同様のことがいいうるであろう》(阿部謹也・網野善彦・石井進・樺山紘一『中世の風景』下・一九八一年・中央公論社、二六二頁)といった論証抜きの一種の宣言によってカッコのとれた自由民説を主張されるにいたり、このようないわば方向音痴的転向にもとづいて、先に紹介した私の網野説批判に対する内容的にいって不可解な網野反論が生じているのである。《古代史のことは全く自信がありません》(前掲『対談　中世の再発見』一九五頁)といわれる網野氏が、どういう研究上の手続をへて「ポリスの市民・ゲルマンの自由民」と同列に、「日本古代の公民」もカッコなしの本来自由民そのものと認定されるにいたったのか、そしてこの宣言が、僅か一年前の一九八〇年までの自説とどう関わりあうのか、これらの点が明らかにされないかぎり、《いわゆる「アジア的」共同体の成員、日本古代の公民・中世の平民百姓を自由民といってなんら差しつかえない》と宣言されても、不可解というほかはないのであって、網野氏のキチンとした学問的釈明があるまで、その検討を留保せざるをえないのである。『日本中世の民衆像』（一九八〇年）において「自由民」と明言され、学術論文である「日本中世における〈平民〉について」註(10)においてカッコ付きの「自由民」的側面が「時代の進展とともに弱化し」、したがって、「隷属民」としての規定が前面に出てくるとみなされた、かつての網野説は一体どうなったのだろうか。転向以前の網野説の方がはるかに説得的である。

いまのところ、独善的な宣言にすぎないというほかはない新網野説を、これ以上検討するいとまはないが、前近代社会の自由民はどのような視角から論ぜられるべきかについて、一言ここでのべておこう。

前近代社会における自由民については、所有論ぬきでは到底正しく論ずることができない、というのが歴史学の鉄則＝王道であると私は考えている。この点において、網野氏の自由民論は、致命的欠陥を露呈している。なぜならば、所有関係について全く配慮しないで、自由民についてあれこれ論ずるところに網野説の一つの特徴があるのであって、歴史学の鉄則＝王道を無視しているこの特徴の故に、網野説は謬論におちいらざるをえない必然性のもとにある、と私は考えている。

たとえば、イギリス封建社会における自由民はフリーホールダーとよばれ、封建的隷属民であるコピーホールダーと区別されていた。何故フリーホールダーが自由民なのか。それは彼がfreeなholdをしている者、すなわち自由な所有をしているからにほかならない。ギリシア・ローマの古典古代の自由な市民、古ゲルマンの自由農民、いずれをとってみても、その自由は自由な所有（古典古代的・ゲルマン的な共同体的所有＝共有と併存する）に基礎づけられていた。

網野氏は、日本中世の「平民百姓」・日本古代の「公民」＝アジア的共同体成員、のいずれもが自由な所有者だったと強弁される勇気がおありだろうか。あるいはまた、自由民論は所有論と無関係に、それこそ自由に論じうるとでも主張されるのだろうか。

マルクス『資本制生産に先行する諸形態』（一八五八年）は、この点についても、きわめて示唆的である。

そうはいっても、中世の「百姓」には「移動の自由」があったではないか、という網野氏の予想されうる反論がきこえてくる。果して中世の「百姓」に「移動の自由」があったのかどうか、そもそも「移動の自由」とは何か、についてやや具体的に論じてみよう。

(3)　中世社会と「移動の自由」

中世「百姓」の「移動の自由」といえば、誰しも御成敗式目第四二条の「於去留者宜任民意」を思いうかべるであろう。網野氏もこの条項に依拠して中世「百姓」＝自由民論を展開されている。私もまたこの条項に注目して、中世「百姓」の非農奴的性格を論じた。

しかしながら、つぶさに考えてみると、この第四二条から中世「百姓」の「移動の自由」を導き出すことは無理だと現在の私は考えるにいたった。なぜか。それは、第一に、この御成敗式目第四二条についてのこれまでの解釈には史料解釈上に根本的な難点があり（本書**論文一一**）、さらに第二に、「移動の自由」とは何か、について立ちいった理論的検討がこれまで全くなされてこなかった研究上の盲点が、条文解釈にマイナスの影響を及ぼしており、御成敗式目発布当時の一三世紀の鎌倉時代の農村社会は、そもそも「移動の自由」が問題となりうるようなそのような社会であったのかどうか、という第四二条解釈にとって根本的な前提についてもまた、問題意識の欠如によって、まったく検討されてこなかった、という以上二つの理由によって、第四二条但書をもって「百姓」の「移動の自由」容認規定とみなす理解は再検討されねばならない、と考えるからである。あらかじめ結論を先取りしていえば、この第四二条に依拠して、中世「百姓」の「移動の自由」を主張することは、実証的にも理論的にも誤っている、というのが現在の私見である。以下この点について、立ちいった検討をおこなおう。

御成敗式目第四二条の全文は次のごときものである。

一、百姓逃散時、称逃毀令損亡事
右諸国住民逃脱之時、其領主等称逃毀、抑留妻子奪取資財、所行之企甚背仁政、若被召決之処、有年貢所当之未済者、可致其償、不然者、早可被糺返損物、但於去留者宜任民意也。

表題にも明らかなように、この条項は幕府権力による地頭非法の禁止を内容としており、したがって、その視点から条文解釈がなさるべきことはいうまでもあるまい。ところでこの条項の但書は、これまで、「年貢所当之未済」がなければ、あるいは、「未済」を償えば、「百姓」の「於去留者宜任民意」と理解され、そこから「百姓」の「移動の自由」が結論づけられてきた。

だがしかし、このような通例的解釈には問題がある。というのは、「年貢所当之未済」がなければ、という事態を、鎌倉期農村の実態に即してどう具体的に理解するか、という根本問題がこれまでキチンと検討されていないからである。

もしも日本中世の「百姓」が、荘園領主であれ在地領主であれ、領主と一年契約を結び、その年の年貢所当を秋に皆済すれば、翌年の新たな契約を結ばないかぎり、年貢所当納入義務から解放されて自由になる、という状況が一般的に存在したとするならば、いうまでもなく、第四二条但書は、これまでの解釈どおり、「百姓」に「移動の自由」を保障したこととなろう。しかしながら、日本中世農村において、一年契約（＝年切）で年貢所当が「百姓」に請負われていた、とは私には到底考えられない。というよりは、中世の「百姓」は、明文の契約なしに、毎年毎年その保有地を耕作し年貢所当を納入し続けることを義務づけられていた、というのが現実だったと考える。だからこそ「百姓」の逃亡・欠落・逃散に対して、契約違反といったレベルとは異なった領主側の対応がなされている、と思われるのである。

すなわち、同じ中世の場合でも、加地子を媒介とする地主・小作関係のもとでは、これは契約関係であるが故に、作人は作職の田地を地主に「上げる」＝返却する、ことは可能であり、それは決して作人の逃亡・欠落・逃散を意味しなかったのに対して、荘園制下の本来的な年貢所当負担義務を逃れようとして、名主職・百姓職の田地を領主に「上げる」ことは、逃亡・欠落・逃散とみなされた、という対照的差違が注目されねばならないのである。

とするならば、ある年の年貢所当を払いさえすれば、それ以後「百姓」は自由に移動できる、といった中世「百姓」の「移動の自由」のイメージは、中世農村の現実にまったくそぐわない幻想的な理解といわざるをえない。

それでは一体、第四二条但書の「於去留者宜任民意」は何を意味しているのであろうか。それはほかでもない。国衙領と荘園、同じ荘園のなかでも領家方と地頭方、というように領主権が錯雑としている中世農村社会において、「百姓」は、単一の領主権下の田地のみを耕しているわけではなく、「諸方兼作之土民」であって、領家方に居留する「百姓」が地頭方の田地を耕し、地頭にも年貢所当納入義務を負っている場合がしばしば存在したのだが、そうだからといって、地頭方への居留をその「百姓」に強制してはならない、それは、在家役の増大を狙って、他領の「百姓」を強引に自名・自領に取りこもうとする地頭の非法にほかならない、として禁ぜられているのだ、と私は解釈する。したがって、第四二条の但書「於去留者宜任民意也」は、「百姓」の「移動の自由」を容認・保証した条項として解すべきではなく、地頭に年貢所当の負担義務を負っているからといって、地頭領外に居留する他領の「百姓」を強制して、地頭領内に強引に居留せしめるようなことはあってはならない、という地頭非法禁止そのものとして解すべきこととなる。つまり、この但書は、地頭非法に対する百姓居留＝居住権の保護条項ということとなる。

この解釈は、第四二条を地頭非法禁止条項として一貫して理解することを可能とするとともに、「移動の自由」という、一三世紀の鎌倉期農村社会ではおよそ問題となりえないような視角から、この第四二条を解釈するこれまでの通例的理解――それは網野説の主要な実証的根拠にほかならないのであるが――の難点を克服し、鎌倉期農村の実態に即した解釈となっている、と思うところである（本書論文一一）。

ところで、「移動の自由」とはなにか。これまであまりにも自明のこととみなされ、立ちいった検討が全くなされてこなかった「移動の自由」についての正しい理解なしには、この第四二条の妥当な解釈に到達することはできない、と思われる。「移動の自由」とは、現実に人が移動している（経済史的にいえば、労働力の移動が可能である）社会におけるその移動の保障、にほかならない。大事なポイントは、現実に人が移動している、移動可能である、という点にある。このことは、特定レベルまで商品・貨幣経済が展開している社会においてはじめて、「移動の自由」（そしてこれに対する抑圧としての移動の禁止）が問題となりうることを意味している。逆からいえば、自然経済＝自給経済の社会においては、理論的にいって人は移動困難であって、社会的にも「移動の自由」が問題となることはない、という事実が対応している。つまり、労働力すらも商品化される最も高度な商品・貨幣経済である近代資本主義社会のもとにおいて、「移動の自由」が全面化するのは、理の当然ということになる。ところで、労働力は商品化しないまでも、一定の商品・貨幣経済が展開すると、人の移動は容易となり、都市が各地に成立し、都市と農村の分離・交流がはじまり、人の移動が恒常化する段階になって、かえって、農民の土地緊縛（移動の禁止）が法制化される。日本歴史に即していえば、戦国末～近世初期がそのような時期である。現実に人の移動があり、またそれがますます拡大される趨勢にあるからこそ、農奴制はこれを土地緊縛の法制化によって抑えこもうとするのである。農奴制以前にあらわれる前近代のあらゆる支配体制は、被支配階級の基軸的部分に対して「移動の自由」を認めることのできない、農民を土地に緊縛して支配する体制である。だがそれが、商品・貨幣経済の展開にもとづく都市と農村の分化という特定の経済発展段階を前提としてのみ成立しうる封建的農奴制のもとになると、法的にあらわな農民土地緊縛のかたちをとり、それ以前の自然経済の圧倒的優位のもとに、人（農民）の移動が困難で現実化していない社会では、人（農民）は、社会経済的に事実的に土地に緊縛されている《付着・密着している》ため、ここでは、あらわな法的規定によ る土地緊縛は生じない。社会経済的状況が法的規定を代位していて、土地緊縛の法的規定を必要としないからである。御成敗式目が制定される一三世紀の日本はまさにそのような時代であった。だからこの時代に法制的な「百姓」土地緊縛規定をさがそうとしてもそれはまったく徒労に終るだけのことであって、ましてや、「百姓」の「移動の自由」を、網野説のようなかたちで論議・強調することは、時代錯誤とみなさざるをえないのである。

中世的刑罰の特徴的形態としての荘外追放、共同体からの離脱が「非人」転落に連なる中世的社会状況、これらは、一三世紀には「百姓」の「移動の自由」がそもそも問題となりえなかったことを象徴的に示しているのではなかろうか。

なお論点がいくつか残されているが、網野説批判としては、さしあたりこれで十分と考える。残された論点については、一九八五年に刊行予定〔その後、体調をくずして数回の入・退院を繰りかえしたため（本書あとがき）、一九八七年の現在にいたるも、まだ刊行されていないが、原稿はほとんど出来上っているので、一九九〇年には刊行できるのではなかろうか。なお、網野説批判の補足については、本書**論文一一**参照〕の安良城『日本封建社会成立史論』下巻に収める「家父長的奴隷制についての二、三の理論的・実証的問題」を参照されたい。

なお網野説は、私的隷属民か自由民か、という二者択一の単純な問題設定によって、家父長制的奴隷にほかならない「下人」を私的隷属民として抽象的・一般的にとらえ、「下人」と異なる荘園制的隷属民である「百姓」を自由民と誤断することによって、アジア的隷属・荘園制的隷属・封建的隷属（農奴制的隷属・隷農制的隷属）等々といった、奴隷制的隷属とは異なるもろもろの隷属の歴史的諸形態を識別できず、これらの隷属民を一律に自由民に解消してしまう謬論におちいっている。

また網野氏は、ローマの事例をひいて、共同体の成員は自由である、と主張され、ここから、日本古代の「公民」・中世の「百姓」・近世の「百姓」について、彼等がいずれも共同体成員であるが故に、彼等をおしなべて自由民とみなしうる、と主張されるのだが、いうまでもなく迷論である。

たしかに、ギリシア・ローマの古典古代の自由な市民は共同体の成員であり、共同体から排除され自からの共同体をもちえない奴隷とは、この点において峻別されるのだが、この古典古代という特定された共同体の成員権の問題を、その歴史的特質を捨象して共同体一般に適用できると拡張解釈するところに、網野氏が謬論におちいってしまう根源がある。たとえば、ヨーロッパ封建制下の農奴は、もちろん自由民ではありえない封建的な私的隷属民であるが、その農奴が農村共同体の構成員であるという、まったく疑問の余地のない、あまりにも常識的に知られている史実が、網野説の迷論たる所以を証明してあまりあるものといえよう（本書論文四）。

2 『無縁・公界・楽——日本中世の自由と平和——』批判

(1) 無主・無縁＝「無所有論」批判

網野氏の独自の中世社会像が、その無縁論によって基礎づけられていることは衆目の一致して認めるところであろう。戦国期の無縁所の分析から「無縁の原理」を抽出して「原無縁」を措定し、原始の自由の残影を無縁所に認め、無主・無縁＝「無所有」を主張するきわめてユニークなその所論が、世人の注目を集めたのはもっともなこととといえよう。

しかしながら、残念なことに、無縁所に関する網野氏の分析は、後に具体的に検討・指摘するように粗雑というほかはなく(というよりは、粗雑であるが故に、というべきかもしれないが)、原始の自由と結びつけるその「無主・無所有論」にいたっては、歴史学上確定されている原始の自由に関する定説と対決もしないで、これを全く無視して感性的に独善的な主張を行なっている点で、暴論以外のなにものでもなく、遺憾のきわみである。

いまから百数十年以前、マルクス・エンゲルスは、未来の共産主義社会への展望とかかわって、その厖大な著作の随所において倦むことなく原始の自由について語った。

網野氏は、マルクスの「ヴェラ・ザスーリッチへの手紙」を「熟読」されたそうであり、アジア的共同体についてのその言及内容からして、マルクス『資本制生産に先行する諸形態』をひもとかれていることも間違いないし、この『無縁・公界・楽』における野蛮・未開・文明の用語もまた、エンゲルスの『家族・私有財産ならびに国家の起源』を下敷にされていることは明らかである。またごく最近、新聞記者とのインタビューにおいて、「自分はマルクス主義歴史家だと思っている」(「朝日新聞」一九八四年七月九日夕刊)といった内容の発言もされている。

だがしかし、原始の自由が無主・無所有に基礎づけられているというその無縁論を一読して、マルクス主義歴史家のつもりの私は唖然とした。なぜならば、マルクス・エンゲルスは、原始の自由について語るときは常に、それが共有に基礎づけられていること、そして未来の共産主義社会は、「新たな」共有にもとづいて、階級支配によって歪曲されていない「原始の自由」を新しく再興すべきである、と論じているのであって、原始の自由が無所有に基礎づけられている、などといった背理的な主張は一切おこなっていないからである。網野氏は一体、どんな意味でのマルクス主義歴史家なのだろうか。

原始社会の所有形態については、二つの学説がある。その一つは、いうまでもなく、マルクス・エンゲルスによって定説化された、動産に対する私有を内包しながら、土地については共有が基軸となっている、という見解であり、他の一つは、共有を否定し、私有という観点のみによって原始社会の所有形態を理解しようとする見解である。私は前者が定説と考えるが、無所有である、などという学説は一切存在しないのであって、この共有説・私有説の二つだけが学説という名に値し、いずれも原始社会の所有形態を論じている。ところが、無所有論はつきつめていえば、無所有なのだからそもそも所有形態を論ずる必要がなく、所有がなかったから人は自由だったというのである。

原始社会における所有形態と原始の自由を関連づけるという、人類史上の根本命題を具体的な根拠を示すこともなく独善的にあっさり否定したのが、一部でもてはやされてきた網野流の新しい人類史の試みなるものの実態である。動物の自由ならいざ知らず、人間の自由は無所有論では解明できるはずがない。なぜならば、人間とは所有する動物のことであって、無所有な人間などというのは、人間を、所有を知らない動物と客観的に同一視する背理的な暴論というほかはないからである。動物でもある人間を、他の動物から区別する基本的メルクマールとしては、しばしば人間だけが他の動物と違って道具を「もち」家畜を「もつ」という点が指摘・強調されてきた。「もち」「もつ」が所有を意味することは全く疑問の余地がない。網野氏自身がその成果の吸収を強調してやまない考古学・民族学・文化人類学の最新の研究成果もまた、原始社会の基本的な所有形態を共有とみなしている。無所有などという学説の存在を私は知らないのだが、網野氏は彼以外の無所有論者を一人でもあげることができるのだろうか。われわれは、無所有であり、所有を知らない動物の自由を論じているのではない。

さらに無所有は、人間が動物なみに「物言う道具」として取扱われる奴隷の本質的表現にほかならないことを、かつて詳細に日本の史実に即して検討・指摘した（前掲安良城『日本封建社会成立史論』上、第Ⅰ・Ⅱ論文）。無所有は、動物と「不自由」な奴隷とかかわりこそすれ、百姓の自由・人間の自由とは、それこそ無縁である。網野氏は、奴隷とルンペンプロレタリアート、さらに動物にこそ真の自由がある、とでも主張されるおつもりなのであろうか。

網野氏は、この『無縁・公界・楽』を「もともと、専門家に向けて書くつもりではなかった」とその「まえがき」(六頁)でのべられている。とするならば、無所有な動物・不自由な奴隷と所有主体としての自由な人間との区別が定かでない本書の不正確きわまる叙述は、歴史学の素養が必ずしも十分とは思われない一般読者に、人類史について重大な誤解を与えかねないと思われるので、大幅な叙述の改善を網野氏にお願いし、その実現を期待したい。

(2) 無縁所・公界についての網野分析批判

戦国期無縁所の分析からえられた網野氏の基本規定=本質理解は、「世俗とは縁が切れている」という点にあった。その点から網野氏は、科人・下人の無縁所への駆込容認を重視されるのだが、それは一考を要する。というのは駿・遠・参三国にわたる戦国大名今川・徳川の両大名の場合、いずれもその領国の無縁所に、科人・下人の駆込を一切認めていないからであり、網野氏が無縁所と同一視(この判断には問題があるが)された結城氏の公界寺(六五〜六六頁)の場合も、下人の駆込は例外なく一切禁止されていた(「結城氏新法度」第九三条)からである。したがって、科人・下人の駆込容認を無縁所一般に本質的なものと理解することはできない。それは特殊・例外的なケースにほかならないからである。

それでは、無縁所一般における「世俗とは縁が切れている」という本質的属性を、網野氏はどのように実証されているのだろうか。網野氏も認められるように(六二〜六三頁)、戦国大名今川領国には、無縁所史料がもっとも豊富に残されている。そこで、今川領国の無縁所についての網野氏の指摘をみてみよう。網野氏は次のようにのべられている。

これらの諸寺にあたえられた今川氏や徳川氏・織田氏の判物には、必ず「依為無縁所」という文言が、その特権を保証する根拠として明記されていた。しかし、一般の寺院に与えられた判物の場合、例えば最も数多く見出される今川氏真の判物をとりあげてみると、「無縁所」と同じような諸役免許・不入の特権が保証されている寺でも、その特権付与の根拠は、「任先判」「任代々判形之旨」「任天沢寺殿判形之旨」「任増善寺、臨済寺、天沢寺判形之旨」などの文言で示されている。(中略)つまり今川氏との縁によって支えられていたのである(この点、勝俣氏の御教示による)。(六四頁)

不思議な論議である。というのはほかでもない。次の一史料を読者は熟読されたい。

駿河国富士上方本門寺之事

右、任代々数通判形之旨、領掌永不可有相違。然者陣僧・棟別・地検検見・社役・諸勧進・竹木見伐以下一切停止之。本年貢之外不可有地頭代官之綺。次門前家数拾五間棟別免許之旨、先判形雖有之、只今為新在家之内訴訟之間、為新儀五間合弐拾間永所令免許也。縦惣国不入之地、四分一等為当座一遍之雇雖申付之、彼寺之事者為無縁所之間、不可準自余者也。依如件。

永禄三庚申年十一月十六日　　氏真(花押)

本門寺

日出上人

史料に明らかなように、本門寺に対して「代々数通判形」が今川氏より発給されており、したがって前述の網野説にしたがえば、本門寺が「今川氏との縁によって支えられていた」寺であることについてはまったく疑問の余地がない。他方本門寺は、この時点ではじめて無縁所とみなされている(それ以前のどの判形でも、本門寺は無縁所とみなされていない)から、網野説によれば、「世俗との縁が切れている」こととならざるをえない。網野氏が相互排除的な対立物として主張されている(A)「今川氏との縁によって支えられている」Ⓑ「世俗との縁が切れている」が、一つの寺に対する一通の文書のうちに併存しているのである。前述の網野説では、この一通の史料の前に自己撞着＝論理矛盾におちいって立往生し、史料解釈ができない状況に陥ってしまうことは明らかである。史料が悪いのではない。前述の網野説が間違っているからである。もちろん、網野説がすべて間違っているのではない。網野説のうちⒶが正しくて、その無縁所論の根幹をなすⒷが間違っているから、この史料を解釈できない自己撞着に陥ってしまったのであって、Ⓑを撤回すれば、容易にこの史料を解釈できるのである。Ⓐが正しくⒷが撤回さるべきだという私見は、次の二つの理由による。

その一つはこうである。「今川氏との縁によって支えられている」のは何も本門寺だけに限られていないからである。それどころか、今川領の無縁所はすべて「今川氏との縁によって支えられている」のである。今川領だけではない。網野氏がとりあげられた、若狭の正昭院（三二頁以下）・周防祥昌寺（四一頁以下）・尾張の雲興寺（四五頁以下）もすべて、戦国大名の発給文書によってそのさまざまな特権を保証されており、「戦国大名との縁によって支えられている」ことは疑問の余地がない。現在残されている無縁所史料の多くが、例外なしといってよい程戦国大名印判状にほかならないという史料残存状況から、「戦国大名との縁によって支えられている」無縁所の実像が浮かび上ってくる。「世俗との縁が切れている」という網野説は、無縁所についての虚像にすぎない。

しかしながら、この網野説のⒶⒷの矛盾を、網野氏は、《祥昌寺もまた、毛利氏の国家鎮護の寺であったように、「無縁所」の特権を保護しつつ、自らの祈願所とすることによって、戦国大名がそこに「無縁」の原理をとじこめようとしたことは疑いをいれない。「無縁」「無主」の原理がこの時代には圧迫され》（四八〜四九頁）といった網野的論理によって処理されようとしているのだが、それは、実証的裏付けを一切ともなっていない網野氏の主観的な辻褄あわせにすぎないのであって、客観的には、論理の破綻＝矛盾の弥縫・糊塗以外のなにものでもない。

ここではっきり確認しておきたいことがある。それは、戦国大名が無縁所に対して認めた諸特権は、(C)無縁所がこれまですでに無縁所なるが故に本来もっていた特権を、戦国大名がそのまま容認・安堵したのか、それとも、(D)戦国大名が新しくもろもろの特権を無縁所に与えたのか、という無縁所理解に関する根本的論点である。もちろん歴史は複雑であるから、(C)(D)の中間、すなわち、本来の特権を認めつつ、新しい特権を賦与するという(E)も考えられよう。しかしながら問題の本質は、基本的にいってやはり(C)か(D)か、である。

網野説はその主張からいって、必然的に(C)となる。たとえば、網野氏は若狭の正昭院について次のようにいわれる。《この中で「寺法」といわれているのは、同日付で元光が袖に花押を据えて、正昭院快暹僧都宛に発した下知状であり（中略）九ヶ条からなる掟書であった。それは、これまで正昭院が長年にわたって認められてきた特権を、あらためて安堵したものにほかならない》（三五頁）。

しかしながら、この九ヵ条の掟書は次のような内容である。

（武田元光）
（花押）

遠敷郡正昭院格之事

一当院門徒諸寺、自然有不足之儀、改宗旨、代〻相傳棄捨法流、余流興行停止之事。

一諸末寺等、本寺可為進退。或領主或代官等、本寺不経案内不可相計之事。

一当寺住持縦雖為若輩又他國之人、寺僧違背之儀在之者、権門勢家寺社雖為許容、可令追放之事。

一寺僧或客僧、号学文乞棄暇、他國歴年月後還来、不及案内居住于他寺、或当座或依怙、余寺不可移住之事。

一寄宿棟別段要銭等、其外臨時課役、従往古御免除云云。殊近年　御判在之上者、臨于時、奉行之人惣寺社次相混之儀在之歟。至自今以後者、以此旨不可申懸。幷境内地之上可為同前事。

一寄進田畠山林竹木等、先年任　御判之旨、領主改易又者没収名職内、雖為抜地不可有相違事。

一就当寺造営、頼子前後共如契約可終遂之。縦一国平均雖被行徳政、不混于自余興隆行之上者、不可棄破之事。

一私以借物、頼子懸銭不可有立用。又私依意趣、人数不可有相違之事。

一以志施入米銭等、自然借付之儀可在之。天下一同雖被行徳政、不可有棄破。次寺僧之内、以人之志令買徳或寄進田畠、可付寺中。他所仁不可寄附事。

右条〻当國真言根本之寺、「誰不信之哉。御思」（押紙）〇原本破損ニヨリ後補シタモノ。案之旨、被仰定上者、永代不可有相違。若有違背之族者、堅可被處罪科者也。仍下知如件。

享禄五年三月廿一日　　左衛門尉（武藤元家）（花押）

正昭院快暹僧都御房

これをつぶさに検討してみれば、(D)と判断するのが妥当である。というのは、全九ヵ条のうち、この時点以前からの特権容認とみられるのは、僅か二ヵ条、それも「近年御判」「先年任御判」とあって戦国大名の特権賦与であることは歴然としており、徳政免許など網野氏が無縁所の本来的属性と主張される条項も、新規に武田氏によって容認されたものであり、したがって徳政免許が無縁所本来の「長年にわたって認められてきた特権」とは考え難いからである。これはなにも、正昭院に限ったことではない。今川領の無縁所にあたえられた諸特権もまた「長年にわたって認められた特権の安堵」では決してないのである。今川領国の無縁所史料の一通一通をキチンと検討すれば、戦国大名今川氏が無縁所に容認した特権は戦国期になって新しく認められたものであって、「今川氏との縁に支えられて」生じた特権にほかならなかった。

とするならば、無縁所ははるか昔からの「古所」であって（六三～六四頁）、「世俗との縁が切れている」無縁の場であるが故の「長年にわたる特権」を、戦国大名は《「無縁」の原理をとじこめよう》としたために、これを安堵した、といった網野氏の図式は一挙に崩壊せざるをえないのである。

網野説が瓦解せざるをえないのは、これだけが理由ではない。「依為無縁所」という無縁所分析にとっての最も基本的なキータームについての、網野氏の恣意的な思いこみによる誤釈に根本的に由来している。網野氏はこの史料的表現について、「世俗との縁が切れている無縁の場」であるが故に、と解釈して、この解釈の妥当性について露も疑われていないのであるが、思いこみは恐しいものである。その様な解釈には一体どんな客観的な根拠があるのであろうか。どんな実証に支えられた解釈なのだろうか。網野氏の主観的な判断にすぎないのではなかろうか。次の一史料に注目したい。

遠江国笠原荘中村郷満勝寺寺家棟別拾五坊分馬場崎両所共之事

右、此内五間増善寺殿停止諸役免許。残之事拾年以前令免除。雖出判形紛失之条、重所出判形也。為無縁所之間、以憐愍停止諸役領掌訖。然者寺内狼藉幷諸給主不入、竹木伐取事堅令停止之。若於違犯之輩者、可加下知者也。依如件。

天文廿年
正月廿九日　治部大輔（花押）

満勝寺

網野氏はこの史料を看過されているのだが、「依為無縁所」「為無縁所之間」という抽象的な決まり文句の意味内容をはっきり明示した史料として、いやしくも無縁所を論ずる者は誰しも注目しなければならない、珍重な基礎史料と私は考えている。

注目すべき点は、無縁所に与えられた「停止諸役」の特権が、単に「為無縁所之間」という抽象的な決まり文句による理由づけだけではなく、「以憐愍」という具体的な理由づけの三語が挿入されているところにある。たった三語というなかれ。もしも網野説が主張するごとく、無縁所が「世俗との縁が切れている」が故に、昔から「停止諸役」の特権をもっていて、戦国大名今川義元はこれをただ安堵したにすぎないとするならば、「以憐愍」というような恩きせがましい理由づけの言葉が挿入される必要は一切ない筈である。とするならば、「以憐愍」とは一体何を意味するのであろうか。

ここで想起されねばならないのは、『日葡辞書』の無縁所についての次の叙述である。

所領もなければ檀徒などもない、孤立無援の寺、あるいは礼拝所。

網野氏は何故か、もっとも参考とすべき『日葡辞書』の無縁所についてのこの定義をまったく無視されているのだが（だからこそ見当違い・方向音痴の無縁所論に暴走してしまったと思うのだが）、この定義を考慮に入れるとき、「以憐愍」はただちに了解できるところである。要するに、しっかりした後援者のいる氏寺とは違って、有力な檀那のいない「孤立無援の寺」である無縁所なのだから、戦国大名が「以憐愍」、新しく「停止諸役」の特権を与えよう、というだけのことである。「世俗との縁がきれているから」からとか、「原始の自由に連なる無縁の場」だから、といった実証的根拠のない主観的判断を排除して、史料は素直に解釈さるべきである。「以憐愍」特権を賦与するという文言をもつ無縁所史料は、このほかに、永禄三（一五六〇）年の久遠寺にあてた今川氏真諸役免許状にもみうけられるが、それより大事なことは、このような視点から理解して不都合な無縁所史料は一切存在しないということである。無縁所を「世俗との縁が切れた」場として(B)のごとく解釈すべきではない、(A)こそが正しい、とみなす第二の理由はここにある（本書論文一二）。

以上で、網野説は根底から崩れ去ったと思うのだが、念には念をいれて、網野氏が無縁＝公界という自説の主要根拠とみなして利用された江嶋の公界所の史料を検討してみよう。

網野氏は、天正七（一五七九）年の五ヵ条からなる北条氏照掟書のうち、次のようにその第四条の一部を省略・引用して、自説を展開されている。

一、江嶋ニ有なから、他人の主取致之事、令停止畢（中略）江嶋中之者、他人を主人与号事令停止畢。背此掟者有之者、速可遂成敗事

江嶋の人々は、主をもつことが許されなかった。つまり、逆からいえば、江嶋中の者は、主従の縁の切れた人々だったのである。それ故外部の争い、戦闘と関わりなく平和を維持することができたのであった。まさしく、江嶋は「無縁」の場だったのであり、「公界所」という言葉は、この場合も、「無縁所」と同じ意味、同じ原理を表現している。（六九頁）

だがしかし、これほどひどい史料省略はあるまいと思うし、これほど強引きわまる我田引水の強辯にも、ただただあきれるばかりである。

なぜならば、引用された史料の省略部分は、「号里被官儀者、当方御法度候条」であって、それ

は、「江嶋中之者、他人を主人与号事令停止畢」の理由なのである。どうしてこの文言を省略しなければならないのか。まったく不可解な省略というほかはない。

省略を復元すれば、第四条の意味するところは一義的に確定できる。「当方御法度」という後北条氏の規制にもとづいて、「他人之主取」「他人を主人与号事」を禁止するという、後北条氏・今川氏にごく一般的にみられる（無縁所・非無縁所をとわず）寺領百姓「主取」禁止条項の平凡な一例にすぎないのである。この禁令は「主取」一般を禁じているのではない。「他人之主取」が禁じられているにすぎない。つまり、その寺が主人なのだから、それをさしおいて「他人之主取」をしてはいけない、というだけのことである。だから、網野氏のように、江嶋が「公界所」＝「無縁所」だから《江嶋中の者は、主従の縁の切れた人々だった》などといった主張をこの第四条からひき出そうとするのは、江嶋公界所の住民の主人は岩本坊だけであるぞ、と主人を一人に確定する第四条についての完全な誤読というほかはない。事実、網野氏が引用されなかった続く第五条は、私の解釈が妥当なことを証明してあまりある。

一、江嶋之者、他所江就罷移者、任御国法召返、従類共ニ可遂成敗事。

第四条・第五条はワンセットになって、江嶋公界所の岩本坊の領主権を「当方御法度」「御国法」というまさに戦国大名後北条氏の権力によって保証しているのである。公界所江嶋が内部に主従関係をもち、それが後北条氏権力という世俗との縁に支えられていることは明瞭ではあるまいか。だから岩本坊は、後北条氏から「御用候間、明日必〻可有参上」と呼びつけられる存在だったのである。こんな江嶋公界所を、「世俗との縁が切れた」無縁の場であるなどというのは、烏を鷺といい黒を白というにひとしい。

同じ一つの「掟」について、自説にとって都合の悪い第五条は引用しないで隠し、引用する第四条の場合も自説に都合の悪い部分を省略して自説に都合の良いように史料を改竄している、と疑われ邪推されても致し方のない、江嶋公界所についての網野氏の叙述は、李下に冠を正さず、という諺もあることだから、根本的に改善する必要があろう。

公界に関する網野説がいただけないのは、なにも江嶋公界所だけに限らない。

たとえば、大名の宴席に連なる「公界衆」についての網野説も、これまた史料の誤読にもとづくコジツケの議論というほかはない。

網野氏は、永禄四（一五六一）年の毛利・小早川の宴席の座配＝着席表についての二つの史料を掲げて、末席に位置する「公界衆」について、次のように主張されている。

「公界衆」と対称的な位置にあたる「上」の席。ここは将軍等の「貴人」が座るべき席であった。しかし、もとよりこの宴席には貴人はいない。つまりここでは「公界衆」に対する「上」がないのである。戦国時代の「公界衆」のあり方を、これは実に象徴的にしめしている（後述）（七七～七八頁）

前述した『毛利家文書』の座配にみられた「公界衆」と、実在しない「上」との対応関係を考慮にいれてみると、「うへなし」という主張は、「公界衆」のあり方、「公界」の論理と切り離し難い関係にある。（中略）戦国期ともなれば、「公界衆」にとって、「上」に当る天皇・将軍・神社等は全く無力となり、現実的には前掲の座配が象徴的に物語っているように、まさしくあってなきが如き存在であった。とはいえ、「公界衆」はこうした「上」にかわって、戦国大名が「上」になることをたやすく認めようとせず、頑強に拒否しつづけているのであり、「うへなし」の主張はそこにでてくる。（一一〇頁）

冗談ではない。こんなデタラメなコジツケは一切なりたたない。『毛利家文書』の座配史料における「上」とは、もちろん《「公界衆」に対する「上」》《天皇・将軍・神社等》《将軍等の「貴人」が座るべき席》などではありえないのであって、ただ上座の方向を指示しているにすぎない。この座配で最上座が空席となっているのは、毛利・小早川両家が対等関係にあったために、そのどちらかが最上席に座っても不適切だから空けてあるだけのことであって、「公界衆」の「うへなし」などとは一切関係ない。むしろ注目すべきは、「公界衆」が最末座におかれていることであって、恐らく彼等はこの宴席に侍り、戦国大名とその家臣に媚をうりへつらう芸者・幇間の類の役割を演じたのであろう。この座配は、小早川家中でつくられたものであるから、最上座の空席を「公界衆」の戦国大名に対する「上なし」という拒絶反応などとみなす網野流の解釈は、史料作成者とその内実について全く配慮しない、史料解釈のイロハにもとる暴論というほかはないのである。

このようなあまりにもプリミティブな史料誤読にもとづくコジツケについては、叙述改善の余地はまったくないのであって、全文削除して、「公界衆」の「上なし」についての新しい適切な史料とその確かな解釈を呈示して、網野説を再構築しなければなるまい。だがしかし、それは可能なのだろうか。

「公界」という言葉は「無縁」同様多義であって、網野氏の解釈については一々異義申立をしたいところであるが、与えられた紙数もつきてきたので、本書の主張の根幹にかかわる二つの公界論について批判しておこう。

その一つは、都市自治体＝「公界」として大湊・山田三方をあげられ、《前述した「公界所」「公界衆」の場合と同様に「無縁」「縁切り」の原理が、こうした都市の自治を支えていたことも、推測してよいであろう》（八八頁）、《「公界」が決して「公権力」にならなかったことを考えてみなくてはならない》（二二一頁）と主張される点にある。《前述した「公界所」「公界衆」の場合》とは、江嶋公界所と座配に登場した公界衆のことであって、そのいずれもが、網野氏のプリミティブな史料誤読にもとづく謬論にほかならないことはすでに指摘したところである。それではこの「公界」論はどうであろうか。

網野氏が、「公権力」という概念をどういう具合に用いられているのか、大湊・山田三方の「公界」が、地方的・自治的権力であるとはいえ、どうして「公権力」でないのか、私には理解し難いのだが、大湊・山田三方の「公界」はいずれも、紛れもない世俗的な公権力だった、と私は考えている。が、それはそれとして、どうしてこの「公界」について《「無縁」「縁切り」の原理が、こうした都市の自治を支えていた》と《推測》できるのだろうか。

「公界」という言葉についての網野的予断にもとづいて、江嶋公界所・公界衆を「無縁の原理」で把握しようとして見事に失敗してしまったのも、その予断に災されて、典拠史料をキチンと正確に解釈できなかったためであった。この教訓は、大湊・山田三方の「公界」についても、「公界」という言葉から予断をもって《推測》してはならない、と教えている。大湊・山田三方の内部構造如何が問題となる。この点については、結論はとうの昔に出ている。

たとえば、山田三方には、寛永一九（一六四二）年の日付とはいえ、「古来作法」として中世末に遡る「山田主従作法之事」が山田三方＝「公界」によって定められていた。その内容については既に分析しているので（前掲安良城『日本封建社会成立史論』上、三八〜四二頁）、これを参照していただくこととして、これまで指摘されてきた戦国期の自治都市の階層的構成が、「主従作法」によって、しかも「公界」という公権力によって支えられていたことが、この史料によって判然とした。「公界」＝山田三方が、「主従との縁が切れた」無縁の場であるというのは、江嶋公界所同様、網野氏の観念的なたわ言にすぎない。

批判さるべき網野公界論の第二の問題点は、《蔵方よりの借金は「公界之義」、つまり「無縁」の場からの貸金》《金銭の貸借関係一般が「公界之義」であった》（一七八頁）というその主張である。この主張は、徳政免許をはじめとする戦国期の貸借関係を、無縁＝公界論によって解き明かそうとする網野説の原点であるが、それは次にかかげる「結城氏新法度」第四二条を史料根拠としている。

一、忠信之跡不如意に候はば、我人ともに公界之義にて候。蔵方より三ケ一本も子分をも許すべし。忠信之間、一切なすまじきと申事は、あまり無理に候。よくよく両方此分別可入義にて候。

この史料から、一体どうしてそんな主張が導き出されるのか。これまた史料の誤読というほかはない。「我人ともに公界之義にて候」は、「我」（＝「忠信の跡」）と「人」（＝「蔵方」）との「両方」（＝「ともに」）の関係が「公界之義」なのであって、「蔵方」だけが「公界」ではないし、さらに「無縁の場」でもない。「我人ともに」を網野氏は一体どう読まれているのであろうか。ましてや《貸借関係一般が「公界之義」》だとするならば、無縁所なるが故に、世間一般とは違った貸借関係の取り扱いをうけるという網野主張とこの主張はどう両立するのだろうか。世俗の貸借関係一般が「公界」＝「無縁」だとするならば、「世俗」＝「無縁」となってしまって、「無縁」を「世俗」と対立させる網野説を自からブチ壊してしまう不可解な主張とならざるをえない。何でもかんでも「無縁」と結びつけたがる、その場限りの御都合主義的な史料解釈の典型である。

そしてまた、ここでの「公界」の用語は、網野氏が思いこまれている「無縁」という意味では全くない。「結城氏新法度」では、第二九・三〇・四二・八七・九四条に「公界」という言葉が登場するが、そのいずれも「無縁」といった意味内容として使われていない（本書論文一二）。この点を網野氏はどうお考えなのだろうか。

網野氏の主張されるような意味で「公界」＝「無縁」とはとうていみなし難いが、皮肉なことに、いずれも俗世界であるという意味では無縁所と公界所は同列であり、その点では公界＝無縁である。

むすびにかえて——近世「村寺」の源流としての無縁所——

戦国期に登場する無縁所は、荘園領主・在地領主の氏寺・菩提所とは異質の、中世末に新しく発生した「地下」の氏寺であって、それは、近世の「村寺」の源流である、と私は考えている。だから、無縁所には有力な檀那も豊かな寺産もないし、これといった何の特権も持っていなかった。網野氏がとりあげられた若狭の無縁所・正昭院が、猿楽をはじめとする二四人の檀那の零細な寄進地を寺産とし、伊勢の無縁所・射和寺が一七人の結衆＝檀那の僅か四丈の寄進をうけているところに、「地下」の氏寺としての本質をかいまみることができる。

荘園領主や在地領主の氏寺の僧侶が、領主の血縁者から選ばれる有縁の僧であるのに対して、有力な檀那のいない無縁所の僧は無縁の僧であった。今川領国には「時衆所」が存在していた。時衆＝時宗の僧の寺という意味である。無縁所とは、無縁の僧の寺である。だから、無縁所は、《世俗との縁を積極的にたち切っている寺》ではなくて、《強力な世俗の縁がないために、これを求めている寺》と解すべきであって、この世俗の扶助を求めたい無縁の僧の寺である無縁所の希求と、戦国大名の寺院政策が結びついたときに、戦国期の無縁所史料が登場する。

地下の「氏寺」としての戦国期の無縁所こそが、近世「村寺」の源流であるという私見は、ここでは紙数の関係でこれ以上詳論できないが、網野氏が一切検討されなかった宗教史・寺院史・民俗学（両墓制論）の既存の研究成果からみても、私見は十分に根拠づけられている、と考える次第である（**本書論文一二**）。

荘園領主・在地領主の氏寺と違って寺産の乏しい無縁所（『日葡辞書』）は、祠堂銭の運用や門前市の経営によって寺を維持しなければならなかった。祠堂銭に対する徳政免許や市場における借銭・借米の追求禁止を戦国大名が命ずるのは、無縁所や楽市が、何も「世俗との縁が切れている無縁の場」であるからではない。祠堂銭についていえば、「当寺之事者、依為無縁所、為諸人志入是以祠堂銭令買得、造営以下励之条、一向所不準他之借米借銭也」（「春林院文書」『静岡県史料』四輯五二〇頁）というのが理由であり、市場における借米・借銭の追求禁止も、「其所之盛りを何方も願義にて候。当地之神事祭礼・市町之日、たとへ如何様之義成共、何方も質取不可然候。取候はば、理非なしに其沙汰破るべく候」（「結城氏新法度」三五条）というのが根本理由であった。

「無縁の原理」などという、何も実証されていない思いつきによってしか、借米・借銭追求禁止を説明できないという網野氏の主張は、根も葉もないそら事にすぎない。

無縁所や楽市における徳政免許もまた、「無縁の原理」と無縁なことはいうまでもない。世俗一般においては認められている徳政が、無縁所や楽市では免除されているから、それは「世俗との縁が切れている」と網野氏は主張されているのだが、一体徳政免除によって実現されるのは、「無所有」の世界であろうか。徳政免除が、徳政容認の中世的私有を排除して、もはや徳政のない近世的私有を確立させてゆく端緒であったことは、経済史的にいって疑問の余地がないところである。

徳政免許は、近世社会にはいって普遍化され、徳政がそもそも存在しない社会となり、楽市・無縁所の一部に限って認められた下人の駆入りは、近世社会において普遍的な下人解放となり、無縁所は「村寺」となって「地下」の氏寺が一般化した。このことは何を意味するか。

無縁所・楽市は、近世社会の源流・萌芽であって、その内実の近世的普遍化によって、戦国期におけるその例外的・過渡的な姿を消した。だがしかし、楽市・無縁所の近世社会にはいっての消滅は、原始の自由に由来する中世的自由の死滅を意味するものでは決してない。そうではなくて、その近世的先駆が、近世社会一般に普遍化したために、その歴史的役割を果し終えて近世社会のなかにそれは骨肉化して埋没してしまったのである。網野説を方向音痴的歴史理解と批判したのはこの故である。

私は、網野氏をごく親しい友人の一人と考えている。友人だからといって馴れあうのではなく、厳しく批判しあうのが友情のあかしだと考えて、赤の他人でははっきりとはいいにくい難点について、歯に衣きせず、率直な批判を展開した。反論を期待する。

もともと本稿は『日本中世の非農業民と天皇』批判として構想されたが、批判は全構造的批判でなければならないために、網野説に対する根源的批判とならざるをえなかった。

当初の原稿では、1の部分に、(4)職人論批判、2の部分では、(3)楽市論批判、(4)網野氏の「論理とレトリック」批判（本書論文四）、(5)近世「村寺」の源流としての無縁所、となっていたが、1の(4)、2の(3)・(4)・(5)をカットして、2の(3)・(5)の内容について、「むすびにかえて」で簡単にふれた。学会雑誌論文としての紙数的制約による、やむをえざる対応措置である。もともとの原稿には、必要な註を施していたが、これも割愛せざるをえなかった。

はじめ、必要にして十分な批判を構想したが、到底十分とはいい難い。しかしながら最少限必要な網野批判は果せたと思っている。また前掲『日本中世の非農業民と天皇』に対する批判としては、「世界史的範疇としての天皇制――網野善彦氏の中世天皇論についての批判的検討――」（大阪歴史科学協議会『歴史科学』一〇一号・一九五八年、本稿論文三）を参照されたい。本稿同様、網野氏の中世天皇論について根底的批判を試みている。

最後に一つ網野氏にお願いがある。《日本の人民生活に真に根ざした「無縁」の思想、「有主」の世界を克服し、吸収しつくしてやまぬ「無所有」の思想は、失うべきものは「有主」の鉄鎖しかもたない、現代の無縁の人々によって、そこから必ず創造されるであろう》（前掲『無縁・公界・楽』二六三頁）といった発言については、社会主義になると住宅から預金にいたるまで一切没収されて、国民は無所有の状況になる、といったかたちで一部の反共的デマゴギーに悪用されかねないから、慎重であって欲しいとお願いする次第である。

日本の、世界の、そして、人類の未来は、「無所有」のルンペンプロレタリアートではなくて、労働する「所有主体」としての人民によってのみ切り拓かれるであろう、という点についての誤解を広めてはならない、と考えるからである。

（一九八四年一一月八日、沖縄・那覇にて）

二　歴史学からみた天皇制

1　「天皇制」概念の成立

「天皇制」という言葉は、現在では人口に膾炙していて、この言葉を見たり聞いたりしたことがない、という日本人はまずあるまい。だがしかし、この言葉の出現・成立は意外と新しく、今から五〇年ほど前のことである。

現在では、「天皇制」という言葉はきわめて多義的に用いられているが、語の成立当時の「天皇制」は一義的であって、それは天皇を頂点とする、語の成立当時の日本に独自な支配体制・権力機構をさしており、コミンテルンの指導のもとにあった日本共産党のテーゼ（綱領）[1]において、当時の日本の支配体制・権力機構を批判的に解明・把握するためのキー概念としてはじめて定立されたのであった。

共産党が非合法化されており、左翼のみならずデモクラット・リベラリストにいたるまでに広汎に抑圧されていた当時においては、「天皇制」概念のこのような生いたちのゆえに、敗戦までは「天皇制」という言葉を公然と語り明記することはできなかった。非合法のビラ・新聞・パンフレット類は別として、治安当局の厳しい検閲をうけざるをえなかった合法出版物では、「天皇制」という言葉を用いることはできなかったのである。どうしてもこの言葉を用いたい時には、「天皇制」の天皇を伏字にして、××制と表現することによって、暗黙に読者に「天皇制」のことと知らしめるほかはなかったのである。言論・思想の自由が厳しく抑圧されていた当時においては、公衆の面前で、たとえば電車やバスの中で、友人と「天皇制」について論じたりすれば、ただそれだけのことで憲兵や私服警官に非国民として摘発され、拘留されてヒドイ目にあうのは必定であった。

「天皇制」という言葉を用いるということは、根源的な体制批判を意味していたから、このように禁句として扱われていたのである。

敗戦によって招来された言論・思想の自由は、「天皇制」という表現を禁句から解放し、「大日本帝国憲法」(旧憲法)を廃棄して「日本国憲法」(新憲法)を制定する過程で、敗戦前では考えることもできなかった公然とした「天皇制」論議をまきおこした。「天皇制」という言葉が人口に膾炙するようになったのは、このようにして敗戦後のことであった。

だから、戦後に刊行されたもっともポピュラーな辞典と考えられる『広辞苑』(一九五五年・岩波書店)も「天皇制」を項目にひろっていて、「天皇が君主として存在する統治体制。特に天皇に一切の権力が集中し、天皇に直属する文武の官僚によってその権力が行使される絶対主義的政治機構。明治維新で成立、旧憲法で法的に確立した日本独得の専制君主制をいう」(第二版)と解説している。「天皇制」を項目にあげることなど、敗戦前の辞典類では到底考えられなかったことである。

さてこの『広辞苑』の解説では、「天皇が君主として存在する統治体制」と一般的な説明をしたうえで、「特に」と断り書きをつけて「天皇制」を「明治維新で成立、旧憲法で法的に確立」とみなしているのだが、敗戦後数年間の嵐のような「変革期」を経ても、天皇は廃止されず、現在まで存続しているのだから、やはり現在も「天皇制」ということになるのだろうか、という素朴な疑問が生じてくる。

《天皇に一切の権力が集中していた》旧憲法にもとづく敗戦前の天皇と違って、新憲法にもとづく戦後の天皇は、かつて集中してもっていたもろもろの権力を一切合財剝奪されてしまっているので、この状態に注目して、現在の天皇存続を「象徴天皇制」とよんで、敗戦前の本来の「天皇制」と区別するのが一般的な見解といえよう。

戦後の「日本国憲法」において、天皇は「国政に関する権能を有しない」(第四条)として、政治権力的統治行為が禁ぜられており、「国民統合の象徴」(第一条)としての「国事に関する」儀礼的行為(第七条)に、その公的行動範囲が狭められ限定されている、戦後の天皇の憲法上の地位に注目して「象徴天皇制」とよぶわけである。

また、一九八五年の今年を皇紀二六四五年などと称して、二月一一日に神武天皇が即位したから(そもそも神武天皇なるものは神話における架空の人物なのだから、そんな史実が存在しないことはいうまでもないが)、その日が日本建国の日であり、この日に建国祭を国あげて公的に祝うべきだ、などという、久米邦武・津田左右吉以来の近代歴史学の成果をまったくかえりみない、ウルトラ保守イデオロギーの頑迷固陋さは嗤うべきなのだが、他方、現在の天皇は、歴史学的にいって、その系譜を六世紀にまで遡ってたどれることは史実として確認できる。

とするならば、第一に、六世紀より二〇世紀末の現在まで、日本国民は一貫して天皇の統治下にあったということになるのだろうか、そして第二に、天皇が存在していれば、このことから直ちに「天皇制」が存在しているとみなすべきかどうか、また第三に、六〜二〇世紀の間の日本社会は、大きくいって、古代・中世・近世・近代・現代の五段階に区分されるのだが、古代↓中世、中世↓近世、近世↓近代等々のそれぞれの時代転換の変革のさなかで、なぜ天皇が常に存続しつづけたのか（**本書論文六**）、さらに第四に、世界史的見地からみて、「天皇制」の歴史的性格をどのように把握すべきか、という四つの問題を史実に即して科学的に明らかにすることが、歴史学にとって解明さるべき「天皇制」についての基本課題ということになる。

この小稿では、以上の四点に配慮しつつ「歴史学からみた天皇制」についてのあらけずりの素描を試みることとする。

2　世界史的範疇としての「天皇制」

一九三一年、はじめて「天皇制」という言葉が登場した。この年の日本共産党の政治テーゼ草案に、この表現が用いられたからである。それまでの共産党のテーゼ（綱領）では、画期的な二七年テーゼにおいても君主制という表現によって、天皇を頂点とする当時の支配体制をとらえていたのに対して、この政治テーゼ草案は君主制という表現を「天皇制」におきかえたのであった。しかしながら、この草案における「天皇制」は、これまでの君主制の言い換え以上の内容を有するものではなかった。

これに対して、ブルジョア君主制概念では到底律しきれない、特殊近代日本的な独自な権力機構を「天皇制」として捉え、この概念によってその絶対主義的・専制的性格を具体的に明らかにしたのは、政治テーゼ草案のわずか一年後に定められた三二年テーゼであった。

世界恐慌が深刻化するさなかに、日本の中国侵略が世界戦争勃発を促迫していた当時の状況のもとに、コミンテルン主導の下に作成された三二年テーゼは、天皇にあらゆる権力を集中している特殊日本的な権力機構の独自性を、「天皇制」概念によって、その権力性格・権力形態・権力構造をはじめて明晰にとらえることに成功した。このゆえに、このテーゼの示した「天皇制」論は、革命運動のみならず、経済学・政治学・法学・歴史学に代表される社会科学の研究にも絶大な影響力をもった。

一九三二〜三三年にかけて刊行され、その後の日本の社会科学の動向に至大な影響を及ぼした『日本資本主義発達史講座』全七巻（岩波書店）は、三二年テーゼの「天皇制」論の具体化とみなしても過言ではあるまい。だがしかし、このことは『発達史講座』がコミンテルンの権威に盲従した三二年テーゼの宣伝版だった、ということを決して意味するものではない。この『発達史講座』の企画が一九三一年からはじまり、三二年テーゼが日本で公表された七月より二ヵ月前にすでに第一回配本が行なわれている事実が示すように、コミンテルンとは別個に、科学的に二七年テーゼを独自的に発展させていた野呂栄太郎・山田盛太郎等の創造的な日本資本主義論＝「天皇制」研究が、三二年テーゼと結びついた成果として、この『発達史講座』を評価すべきである。

このようにして、「天皇制」概念は、何よりもまず、戦前日本資本主義の下における日本近代に独自な権力機構概念として定立されたものであった。だからそれは、六世紀から二〇世紀まで天皇が存続しているから、日本はずっと天皇制の下にあった、といった俗論とは、全く違った次元において成立したのである。

このように社会科学的に成立した「天皇制」概念に基本的に対立した歴史把握は、幕末国学興隆のうちに形成され、尊皇攘夷運動・尊皇倒幕運動のなかで凝固して、明治維新以後の支配イデオロギーの基礎となった「皇国」概念であった。この「皇国」概念は、万国対峙という国際情勢に対応し、儒学的思惟(中国を中心とする中華思想の下では、夷狄に位置づけられている日本)から離脱するという幕末期の国民的課題に対する国学的対応(幕末日本的ナショナリズム)の所産にほかならなかった。

にもかかわらず、この「皇国」概念は、日本歴史に対するあまりにも主情的なイデオロギー的＝国粋主義的な自己主張にすぎなかったために、文明開化の潮流のなかで成立してくる日本近代史学のうちに定着することはできなかった。だからわれわれは、「皇国」概念にもとづく日本歴史分析のすぐれた遺産を一つももちあわせていないのである。

だがしかし、この「皇国」概念は、日本中世に成立した「神国」思想と結びつくことによって、「天皇制ファッシズム」が抬頭する一九三〇年代から敗戦までのわずか十数年間とはいえ、神がかり的でファナティカルな「皇国史観」として跳梁するにいたったことは、史学史上において周知の事実に属している。

平泉澄を頭領とする「皇国史観」派は、そのイデオロギー的情熱を傾けて、天皇讃美・渇仰を力説してやまなかったのだが、「皇国」概念を単なるイデオロギー的概念をこえた学問的概念にまで昇華させることはできなかった。

これに対して、三二年テーゼが創出した「天皇制」概念は、当面して対決している支配体制を根底的に批判しようとするイデオロギー的性格をもちながらも、なおそれが、学問的概念として社会科学の領域に定着し、戦後歴史学にも決定的な影響を及ぼした。

イデオロギー的主張といっても、心情的＝恣意的・主観的なものと、理性的＝科学的・客観的なものとの、学問＝科学に及ぼす影響力の決定的差違を、科学論として、ここで強調しないわけにはゆかないのである。

たとえば、政治学の領域に関していえば、丸山真男『現代政治の思想と行動』（一九五六年・未来社）や藤田省三『天皇制国家の支配原理』（一九六六年・未来社）といった当代第一級の政治学者（彼等がマルクス主義者でないことはいうまでもないのだが）の著作のうちに、「天皇制」概念は浸透・定着しているのに対して、「皇国」概念には、このような事例はまったくみられないのである。法学・経済学・歴史学においても事態はまったく同様である。

さて、このようにして成立してきた「天皇制」概念は、五十数年にわたるその後の歴史学の発展によって、その概念内容はどのように豊富化されたのであろうか。与えられた紙数の制約によって、この点を史学史的にたどってつぶさに検討するわけにはゆかないので、この点についての私見をのべておこう。

私は一九六〇年代の約一〇年間、三二年テーゼ以来「天皇制」の物質的基礎とみなされていた日本地主制についての幕末・明治・大正期の史的研究を行なったが、[2] その研究総括の一環として、一九七七年に次のように「天皇制」について規定した。

ひとしく、ブルジョア革命を回避しながら、上からの資本主義の展開をはかる絶対主義的国家権力でありながら、その権力形成過程・権力機能・支配体制等々において、それぞれが歴史的な独自性をもたざるをえなかった、ツァーリズム・カイザートゥムとならぶ後進資本主義権力の一類型——世界史的範疇としての天皇制——[3]

また、これに関連して次のように主張した。

ツァーリズムがロシア一国にのみ特徴的に成立した権力でありながら、[4] 世界史的範疇であるのと同様に、天皇制も日本のみに成立した独自な権力でありながら、世界史的範疇たりうる

この主張を敷衍すれば次のごとくになる。

(1) ツァーリズム・カイザートゥム・「天皇制」は、理論的にいえば、いずれも上からの資本主義育成をになう後進資本主義国における絶対主義的権力として、共通に捉えるべきである。

(2) このような抽象的・一般的共通性を前提とした上で、にもかかわらず、その権力形成過程・権力機構・権力構造のいずれもが独自性をもたざるをえなかった歴史的権力範疇として、その三者のそれぞれを個性的な独自的存在としてとらえるべきである。

(3) この三者は、いずれもロシア・ドイツ・日本という一国のみに特徴的に成立した権力であるが、一九〜二〇世紀の世界史の動向のなかでそれぞれ規定的な役割を演じた。その意味で世界史的範疇といえる。

(4) このような意味での世界的範疇としてツァーリズム・カイザートゥムをとらえる視点は、す

でに学界の共通認識となっているといえるが、「天皇制」も同様にとらえるべきである。ツァーリズムをカイザートゥムにアナロギーして説明したり、逆にカイザートゥムをツァーリズムにひきつけて説明することがナンセンスであるのと同様に、ツァーリズム・カイザートゥムにアナロギーして「天皇制」を説明すべきではなく（これまでしばしばそのように扱われてきたのだが）、「天皇制」そのものの分析から、歴史的範疇としてはツァーリズム・カイザートゥムとあいならんで異なる（抽象理論的には同一）「天皇制」を明らかにすべきである。

以上(1)〜(4)が私見の補足である。

三二年テーゼが提起した「天皇制」概念とは、このようにして世界史的範疇としての「天皇制」にほかならず、その概念内容は、当然にも日本近代の「天皇制」に限定されることとなる。

とするならば、六〜二〇世紀までの天皇存続を、科学的にどう判断すべきか、という問題が浮上してくる。この問題は、「天皇制」概念定立の基礎となった近代「天皇制」の本質的側面を抽象して、超歴史的な《天皇制》概念を抽出・措定し、これを基準に各時代の天皇存在の歴史的意味内容を具体的に確かめる仕方が、もっとも科学的な研究方法といえよう。

3　前近代の《天皇制》

近代「天皇制」下の天皇は次の三つの基本的側面をもっていた。

(i)　旧憲法において天皇は、皇族・華族・士族・平民の頂点にたち、あらゆる権力を一身に集中している権力者であって、支配階級編成の要となっていた。

(ii) 天皇は、「大日本帝国憲法」「教育勅語」「軍人勅諭」が象徴的に示すように、一切の批判を許さない「神聖・不可侵」の存在であると同時に、階級支配にとっての究極的権威であった。

(iii) 戦前の天皇は、日本最大の地主、日本最大の株主(資本家)、であって剰余労働の最大取得者であった。

近代「天皇制」のもとにおける天皇のこの三つの基本的側面にもとづいて、私は一九七七年に超歴史的な《天皇制》基準を次のように一般化し、前近代の《天皇制》について論じた。

天皇制については、天皇が、第一に、支配階級の最高の地位にあって支配階級編成の要となっているか、第二に、被支配階級を支配するための究極的権威であるか、第三に、その社会における最大の剰余労働取得者であるか、といった三点を基準に検討すべきだと考えるものであるが、この見地に立つとき、古代天皇制・中世天皇制・近代天皇制は論じうるが、近世天皇制は歴史的に成立しなかったこととなる。(5)

若干の補足を加えよう。

この三基準に照らせば、近代「天皇制」と同様に古代《天皇制》を論じうることは、歴史学上まったく問題はない。問題は、中世・近世・現代に《天皇制》を認めることができるかどうか、である。

現代の天皇の地位はすでに指摘したように、本来の「天皇制」(近代「天皇制」)下の天皇とは本質的に異なっていて、もはや最高の権力者ではなく、国民の税金によって扶養されている、あらゆる権力に必須不可欠な儀礼を分掌する存在に(本質的には、そして、憲法の規定に従えば、特殊な公務員というべきか。にもかかわらず、これを逸脱する国事行為に天皇が踏みこんでいる現実がある）転落しており、だからこそ「象徴天皇」とみなされている。三基準に照らせば、「象徴天皇制」は《天皇制》とはみなし難い。

近世の天皇も同様であって、幕領八〇〇万石に対して禁裡御領に公卿領を加えても、その所領は中級の大名相当の一〇万石前後にすぎず、将軍・大名の存在は知っても天皇の存在意義を知らない国民は圧倒的多数であって、この三規準に照らせば、これまた《天皇制》下の天皇とはみなし難い。近世の天皇は現代の「象徴天皇」同様に儀礼分掌者であって、異なるところは、近世の支配階級である将軍・大名・侍によって扶養されていた点にあった。すなわち、もし天皇が消滅すれば、公卿も存在理由がなくなり、十数万石のその所領は、武士階級に配分されたと考えられるから、武士階級の所得を割いて天皇は扶養されていたとみなされるのである。

中世の天皇はやや複雑である。というのは、日本の中世は、一四世紀中葉の南北朝内乱を境として両分され、鎌倉期の天皇は、京都公家政権の長としての権力者であり、日本最大の荘園領主であるとともになお公領をも支配しており、支配階級編成の要・人民支配の究極的権威であったから、鎌倉期については、中世《天皇制》の存在を確認できるが、室町期になると、この三規準にいずれもはずれるので、室町期においては《天皇制》を論ずることはできない。室町期の天皇は、儀礼分掌者であるとともに、荘園所領にしがみつき、供御人などに反対給付をもとめて特権をうりつけ、私的利権を貪る存在でもあった。

鎌倉期には中世《天皇制》の存在が認められるとのべたが、これも若干の割引が必要である。というのは、古代《天皇制》・近代「天皇制」のいずれもが、日本全土にわたる支配を実現していたのに対して、鎌倉期の中世《天皇制》は、鎌倉幕府の成立によって、地頭領・関東御領・関東御分国には天皇の支配権がほとんど及ばなくなり、その支配は西国を中心とする日本の一部に限定されてしまったからである。何も古代《天皇制》が自ら積極的に鎌倉幕府を創設して中世《天皇制》に転成したのではない。世に源平の争乱といわれている寿永・治承の内乱を通じて、事実上形成された東国の武士権力によってその国土支配権の一部分を暴力的に奪われ、古代《天皇制》は比喩的にいえば「強姦」された形となったが、まもなく和解＝妥協と馴合い＝「和姦」が成立し、この武士権力を鎌倉幕府として公認したことによって、地頭領・関東御領・関東御分国が合法的なものとなり、鎌倉期を通じて、いわば京都と鎌倉に「別居」する「夫婦」関係が続くが、この「夫婦」のそもそものなれそめの事情が災いして、しっくり「和合」せず、しょっちゅう「別れ話」がもちあがり、承久の内乱・南北朝内乱となって、結局のところ「三行り半」をつきつけられて「離縁」され、鎌倉期の「別居」の「妻」から室町期の儀礼にかかわる血筋の貴い「侍女」に転落してしまった、というのが比喩的にみた中世《天皇制》の内実であった。

このようにして、歴史学的にみれば、六世紀から二〇世紀の現代まで《天皇制》が存続し続けているのではないことは明らかである。古代・近代においては、まさに天皇は権力機構の頂点にあって《天皇制》的支配を実現できたのだが、現代・近世・中世後期は、《天皇制》ではない別の権力機構の「侍女」としての役割を天皇は演じているのである。すなわち、現代では国家独占資本主義的権力機構、近世では幕藩体制的権力機構、中世後期では室町幕府権力機構、といった非《天皇制》

的権力が成立しており、この機構の一環に天皇は組みこまれてはいるが、この権力機構のトップに立ち、これを運営してゆく主体性を天皇はもはや失ってしまっているのであるが、にもかかわらず、この権力機構を補強する「侍女」的存在となっているのである。要するにそれぞれの時代の支配階級の「あやつり人形」としての機能を果たしているのである。

《天皇制》権力が崩壊した、中世から近世、近代から現代、という変革期にも天皇が生き永らえることができたのは、新たに成立してきた非《天皇制》的権力機構に組みこまれて、これに奉仕する地位に天皇が甘んじてきたところに、一半の理由がある。だがしかし、天皇の存在はこれまで強調してきたように、直ちに《天皇制》の存在を意味するものではない(6)。

天皇の持続的存在に注目した「皇国」概念は、先に指摘したように、日本歴史の解明において積極的な寄与をまったく果たせなかったが、それは天皇が存在するといっても、その果たしている役割は時代によって歴史的に異なっているのであって、この複雑多様な史実を、超歴史的なこの「皇国」概念では捉えきれなかったことから必然的に生じているのである。天皇の存続だけに注目した、概念内容の稀薄・空疎というべき単純・素朴な「皇国」概念によっては、日本歴史の複雑な諸現象についてその実態に即した立体的解明が進められるはずもなかったからであることは、いうまでもない(7)。

註

（1）　山辺健太郎編『近代史資料』第一四巻・社会主義運動㈠（一九六四年・みすず書房）に、この小稿で引用したテーゼと関連資料が網羅されている。また、資料集『コミンテルンと日本』一〜三巻（一九八六〜八八年・

大月書店）も参照。

（2）この研究の総括としては、さしあたり、安良城「日本地主制の体制的成立とその展開」（上）・（中の一）・（中の二）・（下）（「思想」五七四号・五八二号・五八四号・五八五号・一九七二～七三年）参照。

（3）安良城「法則認識と時代区分論」（岩波講座『日本歴史』24・別巻1・一九七七年、六六頁）。

（4）同右、九二～九三頁、註（21）。

（5）同右、九二頁、註（20）。日本歴史を俯観する立場から《天皇制》を論じている見解はきわめて少なく、この点についての通説とか定説は存在しない、といっても過言ではない。私見は、五〇年間の《天皇制》研究の諸成果を私なりの見地から最大公約数的にとりまとめたものであって、通説・定説では決してないが、読者諸賢が《天皇制》を考えるための検討素材としては、十分にその任に耐えるものと考える。

（6）以上のような私見は、学界の多数意見ではない。なお、歴史学が《天皇制》をどのような方法にもとづいて論じうるか、という問題意識を明示した《天皇制》論は意外と乏しいのである。歴史学による《天皇制》論は、すでに数多く刊行されているが、ここでは、私見とは必ずしも一致しないが、一九七〇年代に入って盛んとなった前近代の《天皇制》研究の新しい水準を示す好著と考えられる、宮地正人『天皇制の政治史的研究』（一九八一年・校倉書房）の一読をおすすめする。

（7）天皇の存続については、別個に検討する必要があることはいうまでもない（本書**論文六**参照）。とくに、近世の非《天皇制》的天皇が、何故に近代「天皇制」的天皇に転化しえたのか、解明さるべき基本論点である。この点については、幕藩体制社会の経済・政治構造の特質からこの転化を解明する試論が準備されている。簡単にいえば次のようになる。幕藩体制社会における将軍家の政治・経済的地位は至高・絶大なものがあって、単一の藩の力によっては到底打倒しえない、きわめて強大なものであった。したがって、幕末期における倒幕政治過程が具体的に示すように、雄藩連合による倒幕のみが、歴史現実的に唯一可能な倒幕路線であった。ところが、雄藩のうちのどれか一つの藩の藩主を雄藩連合の統領に選ぶことは、藩意識がなお強固な幕末期においては到底不可能であって、これを強行すれば雄藩連合そのものを瓦解せしめる必然性を内包していた。近世幕藩体制のもとにおいて、儀礼のみにかかわっていた非権力的・非政治的存在としての超越的な天皇が、雄藩連合の象徴的統領（「玉」）として担ぎ出される必然性はここにあったのである。近世の非《天皇制》的天皇が近代「天皇制」下の天皇に転化したという、一見パラドキシカルな歴史現象の背後に横たわっている、近世の天皇が非《天皇制》的天皇であったが故にこそ、近代「天皇制」の天皇に転化しえたのだ、という歴史の論理について、人は洞察すべきなのである。もしも、近世の天皇が権力機構の頂点に君臨する《天皇制》的天皇であったとするならば、それこそ倒幕過程のうちで将軍とともに葬り去られ、近代「天皇制」下の天皇に転化しえなかったことは疑いない。尊皇攘夷運動・尊皇倒幕運動の全過程は、近世の天皇が非《天皇制》的天皇であったことを確証してあまりある。

なお、この小稿と密接に関連する安良城「世界史的範疇としての天皇制――網野善彦氏の中世天皇論についての批判的検討――」（大阪歴史科学協議会「歴史科学」一〇一号・一九八五年、本書**論文三**）も参照されたい。

（一九八五年）

三　世界史的範疇としての「天皇制」

——網野善彦氏の「中世天皇論」についての批判的検討——

はじめに

前近代の天皇および《天皇制》を歴史科学的に論ずるためには、方法的自覚が必要である（本書論文二）。現代までの天皇存続や現代天皇に批判的見地をもっているからといって、前近代の天皇関連史料を実証的に検討しさえすれば、方法的自覚なしの場合でも、それなりの批判的研究成果があげられるであろう、といった牧歌的・感性的な判断には、私は与することができない。

またこれとは逆に、「万世一系の皇室」擁護という心情があり、歴史上の天皇についてこの見地からの立ちいった知識があれば、この擁護の心情を歴史学上の真理として主張できる、といったこれまた無方法的で感性的な主張にも、到底同調することはできない。

天皇および《天皇制》を論ずるということは、どの時代をとるにせよ、公的存在としての天皇の地位と機能を、それぞれの時代の日本国家との関連において歴史的な検討を加える、ということだから（私的個人としての天皇、たとえば相撲ずきの現代天皇の趣味、といった次元の天皇でないかぎり）、国家論という方法的観点を抜きにして、天皇および《天皇制》を論ずることは到底不可能であろう。

さらに別稿において具体的に指摘したように、[1]「天皇制」という概念は、明治維新によって成立し、「大日本帝国憲法」によって基礎づけられ、敗戦によって瓦解した、特殊近代日本的な権力機構をとらえた概念として、もともとは成立したのであった。とするならば、本来的には近代「天皇制」として定立された「天皇制」概念を、どんな方法的自覚・国家論を媒介としてはじめて、前近代の天皇および《天皇制》を論じうるのか、という問題意識が必須不可欠となる。

近代的な学問体系としての国家論は、マルクス主義の立場にたたないブルジョア政治学の立場からしても、国家とは、社会における諸階級・諸階層の存在を前提とし、これを権力的に総括したもの、とみなしている。

だから、どんな時代の天皇および《天皇制》を歴史的に論ずるにせよ、その時代の国家と天皇、つまり、諸階級と天皇、国家権力と天皇、についての正しい認識を欠いては、妥当な結論に到達することは不可能といえよう。

網野善彦氏の大著『日本中世の天皇と非農業民』(一九八四年・岩波書店)は、このような観点にたつとき、にわかに賛同し難いさまざまな論点をかかえていると考えられる。そのうちの一つとして、特に取りあげなければならないのは、津田左右吉の天皇論について、これを批判するよりは継承すべきものとして把える網野説の当否である。私は、網野説が、津田の天皇論について不正確に理解し過大評価に陥っているのではないか、と不審の念をいだいている。

人も知るごとく、津田は「万世一系の皇室」擁護論者であって、他方、網野氏は日本中世史家のうちでは天皇批判の急先鋒である。

もちろん、立場を異にし、見解が対立する場合でも、相手の主張のうちに採るべき妥当な見地が含まれているとするならば、これを採るのにやぶさかであるべき筈もない。網野氏の津田に対する共鳴は、このような性質のものだろうか。

網野氏の「中世天皇論」批判を直接の目的とするこの小稿が、津田の天皇論批判から説きおこすのは、津田に対する網野氏の共鳴のうちに、その「中世天皇論」の本質的難点を垣間見ることができる、と考えるからにほかならない。この点を確かめる手掛かりをうるために、以下、津田の天皇論の具体的内容を批判的に検討しておこう。

1　津田左右吉の天皇論批判

「建国の事情と万世一系の思想」（「世界」一九四六年四月号）を皮切りとして、戦後の「天皇制論議」において積極的に発言しつづけた津田左右吉は、「天皇制といふ新奇な語」「天皇制といふ新しいことば」について、一九五二年に次のようにのべている。

近ごろ流行している〈天皇制〉といふ語は、その言義が曖昧であつて、恣意な独断説を附会し易いものであり、実際そうせられているから、かかる語を流行させたくない、といふことである。明治時代以後の天皇制は資本主義の経済機構と離るべからざる関係があるとか、その支柱となつているとか、いふような何の根拠も無いことをいふものがあるのも、かかる恣意の言議の行なはれている一例である。もともと国の象徴であられ国民的統一の象徴であられる天皇は、社会組織や経済機構がどういふものであつても、またそれらがどう変化しても、それには関係のない地位にいられるので、令の制度の時代でも封建制度の時代でも、その地位は同じであつた歴史的事実からも、それは明らかに知られる。かういふことの考えられるのは、あらゆることがらが、経済機構によつて支配せられるものとする偏見から出たものであるが、それとともに天皇制といふ、新奇にしてその意義の一定していない称呼を用いるからでもある。或いはまたこの称呼に天皇が政治上の主動的地位にあられ強い権力を有していられるような感じを伴はせようとして、それを用いるものがあるらしいが、明治憲法の下においても、事実そういうことは無かつたから、これまた恣意な言議である。(2)（「中央公論」一九五二年七月号）

一九五二年という年は、講和条約の成立と日米安保条約発効の年であり、一九四六〜四七年の『日本国憲法』の公布・制定に際して白熱的にたたかわされた敗戦直後の「天皇制論議」が、改めて集中的に議論された年でもあった。たとえば、雑誌「思想」は、この年の六月号の全てを「天皇制」特集にあて、鵜飼信成・林茂・今井清一・石田雄・鶴見俊輔・南博・松谷久男・牧健二・井上光貞・安田元久・井上清といった多彩な人々が、「天皇制」についての多面的なアプローチを試みている。雑誌「日本歴史」もまたこの年の六月号において〈『天皇』の歴史的性格〉という特集をくみ、家永三郎に「古代の天皇政治」、豊田武に「中世の天皇制」、石井良助に「天皇不執政の伝統について」、を論じさせていた。

先に引用した津田の見解は、このような学界状況の下で、同じ一九五二年に、「日本の皇室」と題して草された一文の結論のうち、特に津田が念をおした部分である。

別稿においてすでに指摘したように、(3)「天皇制」概念は、一九三一・三二年時点において、日本共産党の綱領策定の過程で定立されたものであった。しかもそれは、当時における根底的な体制批判概念であったが故に、学問・思想の自由が認められることのなかった敗戦までは、禁句とされ公然と語り論ずることはできなかった。

この概念が、敗戦時点をさかのぼること僅か十数年前に成立したという点で「新しいことば」であることは、津田の指摘どおりであって間違いないのだが、この「天皇制」概念を「その意義が曖昧であつて、恣意な独断説」であるが故に、かかる「新奇な語を流行させたくない」という津田の主張にいたっては、左翼ぎらいの津田のイデオロギー的偏見にほかならず、それこそ恣意的で独善的な主張以外のなにものでもなかったことは、爾来三十余年の学問上の歴史の審判によって、疑問の余地なく明確化されたといっても過言ではあるまい。

すなわち、これまたすでに別稿で指摘したように、(4)「天皇制」概念は、体制批判のためのキー概念として革命運動のなかで定立されたイデオロギー的性格をもちながらも、君主制一般としては到底理解できない特殊近代日本的な権力機構を、科学的にはじめて明晰にとらえることに成功したために、経済学・法学・政治学・歴史学・社会学等々の学問領域で、革命運動概念をこえた学術的概念として定着し、その概念内容も豊富化された。

一九五二年に、「思想」が「天皇制」と銘うった特集を、法学・政治学・歴史学・社会学といった広汎な学問領域にわたって取りくむことができたのも、敗戦後の『日本国憲法』の制定過程で白熱的にたたかわされた「天皇制論議」＝「国体変革論議」(5)を通じて、「天皇制」概念が一九五二年時点まで に学界に広く定着していた事実を明示するものであるが、その同じ年に津田がいまだに、「天皇制といふ新奇な語」「かかる語を流行させたくない」などと力みかえっているアナクロニズムのうちに、津田の頑迷固陋さ、歴史家としての見識のなさ、を確認できるのであって、津田の天皇論を論ずる場合には、看過できない問題点といえよう。

本質的にいって古代史家であった津田には、ツァーリズム・カイザートゥムとあいならぶ世界史的範疇としての近代「天皇制」が理解できなかったのは致し方のないことだったが、近代「天皇制」(6)についいて学問的には門外漢だった津田が、「万世一系の皇室」擁護というそのイデオロギー的情熱をかきたてて力説した近代天皇論は、博識な床屋の政治談議以上のものではない、俗説そのものというほかはない代物だった。

「天皇が政治上の主動的地位にあられ強い権力を有つていられる」というようなことは、「明治憲法の下においても事実そういふことはなかつた」という津田の断定は、近代日本の政治についてのその無知ぶりを白日のもとに露呈しているというべきだが、津田ほどの碩学が、自らその下で生活してきた「明治憲法」をキチンと一読してさえいれば、そこに規定せられている天皇への強大な権力集中に気付かない筈はないのだから、「明治憲法」上のこのような天皇規定は、単なる建前であって現実には機能していなかった、と無理に解釈して(この様な解釈が歴史的事実に全く反することはいうまでもない)、「万世一系の皇室」擁護という、そのイデオロギー的主張を学問的装いをもってのべているのが津田説である、とみなさざるをえないのである。

日本近代史のまともな研究者で、津田の近代天皇論を学術的に肯定する立場から引用する者が誰一人いない、という明白な事実のうちに、津田の近代天皇論が俗説以外のなにものでもなかったことが証明されている、といっても過言ではあるまい。

日本近代史については疑いもなく門外漢＝素人であった津田は（津田自身も、この点についてはさすがに自覚していて、専門知識のないことを自認＝明記したうえで、その上代史についての権威によりかかって、独善的と批判されても致し方のないイデオロギー的政治談議を死没するまで論じつづけたのであった）、前近代史については、もとより門外漢ではありえなかった。

津田の近代天皇論については門外漢故の俗説として斥けることはできるが、前近代の天皇についての津田の見解は、碩学津田のそれだけに、傾聴に値するものとみなすべきだろうか。

この点については、津田の前近代天皇論を理論的・実証的に十分に検討する作業を媒介として、はじめて論ぜられるべきだと考えるものであるが、津田説批判そのものを直接の目的としていないこの小稿でも、最少限必要な範囲内ではあるが、この点について論及せざるをえない。なぜならば、本稿が批判の対象としてとりあげる網野善彦氏の「中世天皇論」はすでにのべたように津田の前近代天皇論を継承している、と氏自身が明言しているからである。

さて、前近代の天皇の地位についての津田の多様な主張のうち、つぎの二つの点がその論理構成上注目される。(7)

その第一は、「二重政体論」ともいうべきものであって、「国体」と「政体」を区別し、「政体」の如何（摂関政治とか武家政治、議会政治）にかかわらず、これを超越した「国体」＝《あらゆる「政体」にフレキシブルに対応しうる天皇の存続》という歴史理解である。

その第二は、天皇は非権力者であって、例外はあっても本質的には不親政であり、現実の政治は「政体」の担当者である「権家」・「為政者」が行なっており、それ故に天皇は、現実の政治・権力から超越した、支配階級・搾取・権力とは無縁の超越的存在であって、日本民族の生活・文化の体現者にほかならない、という主張である。

津田は、天皇論に関してさまざまな主張を行なっているのであるが、その多様な主張を解析すれば、津田説は、論理的かつ基本的にはこの二点に、その主張の根幹が収斂される、と私は判断するものである。

また津田は、天皇を論ずるにあたって、次の範疇にもとづいて自説を展開している。(1)権力者＝「権家」＝支配者＝支配層、(2)民衆＝庶民、(3)「為政者」(軍部・官僚)、(4)国民。このうち、(1)(2)は、前近代の天皇に対応する前近代的カテゴリーであり、明治以降の近代では、天皇に対応するのは(3)(4)と考え、前近代とは異なっているとみなし、前近代と近代についての差異に注目するところに、津田の見解の特徴がある。つまり、前近代で天皇と積極的に関わりあうのは、「権家」・「仏家」・「神家」と一部の知識人にすぎず、庶民は天皇とは無縁であって、近代に入って教育が国民を、天皇に近づけた、とみなすところに津田の主張の根幹がある。

さて、このような津田の見解を一言を以て批判するとするならば、その〈左翼ぎらい〉＝〈階級的視点を拒否する天皇論〉の故に、致命的な欠陥を露呈している、ということとなる。

もはやこの世にいない津田の直接の反論をきくことのできないが故の〈ためらい〉を感じながらも、それをふりきってあえて直言すれば、津田は、天皇は支配階級でもなければ権力者でもなかった、と主張しているのだが、とするならば、天皇は庶民あるいは国民であったことが歴史上ただの一度でもあったのだろうか、と私は津田に反問したいのである。こういう素朴な設問に、津田は一切とりくんでいないのであるが、というよりは、津田の天皇論は、こういう問題にまともに答えられない盲点をもった論議なのであって、それは、〈階級的視点を拒否する天皇論〉というその本質から必然的に生じている盲点にほかならないのである。

すでに別稿で指摘したように[8]、日本の古代・中世前期・近代には、天皇をその頂点に据える《天皇制》権力機構が存在しており、天皇は、津田が主張するような不親政者＝非権力者どころか、この権力機構のトップにたつ最高の権力者であっただけでなく、この《天皇制》下の天皇は、古代・中世前期・近代のいずれの時期をとってみても、最大の剰余労働取得者＝最大の搾取者であって、支配階級のトップにランクされる存在であった。

また《天皇制》的権力機構が解体し、非《天皇制》的権力機構――室町幕府権力機構・幕藩制権力機構・国家独占資本主義的権力機構[9]――が成立している中世後期・近世・現代の天皇もまた、一般庶民・国民とは全く異質の経済的基礎を有していた。中世後期の天皇はなお荘園領主であり、近世の天皇は中位の大名に匹敵する一〇万石前後の所領をもち、現代の天皇は免税特権とともに「皇室財政法」によって手厚い経済保障を享け、現代のトップクラスの支配階級に勝るとも劣らない経済生活を営んでおり、中世後期・近世・現代の天皇が支配階級の一員にほかならないことは疑問の余地がない。

さらに、これらの非《天皇制》的天皇が、やはり権力者の一員にほかならなかったこともまた、疑いないところである。たしかに、これらの非《天皇制》的天皇は、古代・中世前期・近代の《天皇制》的天皇が《天皇制》的権力機構のトップにたち、まさに君臨しているのと違って、トップの座から滑り落ちているのであって、だからこそ非《天皇制》的天皇とみなされねばならないのだが、権力機構のトップだけが権力者であるのではない。もはや君臨することのできない天皇も、非《天皇制》的権力機構の一環にくみこまれ、それぞれの時代の支配階級の「繰り人形」の役割を演じ、非《天皇制》的権力の「侍女」として機能し、そのことによって天皇たりえ、権力者の一員としての座を保持しつづけることができたのであった(10)。

だから、天皇が、非権力者であって支配階級を超越した、搾取とは無縁の、ヨーロッパの君主・皇帝とは異質の存在であったが故に、「万世一系の皇室」たりえたという津田の確信は、歴史学的にいって全く根拠のない、観念論にすぎない。

唯物史観ぎらいの津田には、搾取・支配階級・国家権力機構といった科学的な概念や、経済と政治の相関と乖離等等といった近代歴史学上の常識を、うけいれることができず、ファナティカルな国粋主義的法学者・穂積八束の「二重政体論」と本質的に等しい「国家論」によって、「万世一系の皇室」擁護の熱弁をふるったのだが、天皇が常に支配階級の一員であり、津田が天皇の通例的・本質的形態とみなした非《天皇制》的天皇すらも、権力機構の一環に組みこまれた権力者の一員であった、という紛れもない史実を、津田は歴史学者にふさわしい冷徹な眼でとらえることはできなかったのである。

明治以降現在にいたるまでの天皇論は、大きくいって、次の四つに分類されると私は考えている。

(1) 「皇国」概念(11) これは、幕末の国学興隆のうちに形成され、尊皇攘夷運動・尊皇倒幕運動のなかで凝固して、明治維新以後の支配イデオロギーの骨格となったもので、万国対峙という国際情勢に対応し、儒学的思惟から離脱するという、幕末期の国民的課題に対する国学的対応（幕末日本的ナショナリズム）の所産にほかならなかった。

(2)　天皇機関説　専制的＝絶対主義的「明治憲法」についての、ブルジョア改良主義的解釈にもとづく天皇論である。美濃部達吉によるこの説は、日本における市民層の当時における未熟成の故に、多くの限界をともなっているとはいえ、それは明らかに「明治憲法」的天皇の地位についての大正デモクラシー下の基本的に改良主義的解釈にほかならず、穂積八束のごとき(1)的な憲法論と対立するものであった。

(3)　「天皇制」概念　一九三一・三二年の日本共産党の綱領策定過程において定立され、戦後にいたって、革命運動概念をこえて広く社会科学の学問領域において、学術概念として定着した。

(4)　NEO「皇国」概念　戦後における津田左右吉の「万世一系の皇室」擁護論に代表され、石井良助の『天皇』（一九五〇年・弘文堂）もこれに属する。(1)のうちから国粋主義的・非合理的主張を取り除き、ブルジョア改良主義的に「皇国」概念を再構築している。NEO「皇国」概念とみなす所以である。

(2)が、近代「天皇制」に対する市民的批判であり、(3)は近代「天皇制」および《天皇制》に対する左翼的批判とさまざまな近代合理主義的批判にほかならないが、(1)は、近代「天皇制」擁護の言説として出発しながらあらゆる《天皇制》擁護に拡大され、(4)が、現代の「象徴天皇制」擁護の言説であることについては、まったく疑問の余地はない。

なお、「皇国史観」は、(3)の出現に危機感をもった体制側のつくり出したイデオロギーであって[12]、

(1)の派生形態と考えるものであるが、ブルジョア共和主義的な見地からする天皇批判が微力なところに、明治以降現代にいたるまでの天皇論についての一つの特徴がある、と私は考える。
津田の天皇論をこのように位置づけた上で、津田説の継承を主張する、網野氏の「中世天皇論」についての批判的検討にうつりたい。

2 網野善彦氏の「中世天皇論」の枠組

網野氏の「中世天皇論」の枠組を、『日本中世の天皇と非農業民』に則して検討することは容易なことではない。この大著を一読して大いなる不満を抱いた私は、この不満が妥当なものかどうか、を確かめるために再読・三読して、網野氏の「中世天皇論」の枠組を正確に理解しようと努めたつもりだが、それでもなお正確に理解できたという自信をもてない。私が中世史の専門家ではないから、理解できないのだとは考えてはいない。たしかに私は中世史に関する限りプロではないが、単純なアマチュアでもなく、いわばノンプロのレベルだと考えているから、再読・三読しても十分理解できないとすれば、その理由が奈辺にあるのか、改めて考えざるをえないのである。

思うに私にとってこの本が難解であるのは、供御人・鋳物師をはじめとする網野氏のいわゆる「非農業民」についての実証的成果とその「中世天皇論」との間にある或る種の乖離に起因していると思われ、この乖離が気になる私には、網野氏の「中世天皇論」の枠組についての理解が妨げられることとなる。

さらに今一つ踏みこんでいえば、この小稿の冒頭で強調した、近代「天皇制」との関わりで中世の天皇もしくは《天皇制》を論ずべき方法的自覚が、網野氏の大著から読みとれない（明示的に論じられていないだけでなく）うえに、網野氏のこの書に示された《天皇制》に関する研究史理解が、その津田説評価をはじめとして多くの場合、どうして網野氏がこういう研究史理解をするのか、私には不可解なことが、私の網野説理解を一層困難にしているのである。

そうはいっても、いきなり批判点を呈示するわけにはゆかないので、私が理解しえた限りでの、網野氏の「中世天皇論」の枠組の要約をまず示すこととしよう。

網野氏は、津田左右吉と石母田正の見解を対比した本書の序章において、自らの「中世天皇論」の課題を次のように設定している。

私もまた、石母田と同じく歴史の法則を求め、それ故に歴史学を科学と考える立場に立つものであるが、（中略）私はむしろいまこそ、戦前・戦後を通じ、自らの歴史学を賭けてその学問的成果を主張しつづけた津田、恐らくそれ以後のいかなる史家よりもきびしい現実との緊張関係の中からその史観をきたえあげていった津田の姿勢に学び、それをうけつぎのりこえるべきであり、また津田によって明らかにされた日本人の〈生活〉の豊かな実相をさらに深くさぐることによって、世界の諸民族の民衆の心をつなぐ広い道筋をひらかなくてはならない、と考える。津田の天皇論を克服することは、その意味でいまもわれわれに課された緊急の課題である。（九頁）

このように設定された課題について、「社会構成史的次元」と「民族史的次元」という一九六二年以来の網野氏独自の二元論的歴史把握によって追求さるべきだと強調し（五八二頁）、さらに、

各時代の百姓の実態を明らかにするとともに、その本質をさまざまな角度から解明することは、天皇の問題、「公」の問題を追求するための最も重要な課題の一つにほかならないのである。本書においては、そうした課題の他の一

つ、非農業民、山野河海などの境界領域の問題に焦点を合せる。（一九頁）

と問題を特定する。

そして、「非農業民というのは、農業以外の生業に主として携わり、山野河海、市・津・泊、道などの場を生活の舞台としている人々、海民・山民をはじめ、商工民・芸能民をさしている」（二七頁）が、比較的早くこの存在に注目した戸田芳実氏も「最近ではこの言葉を使用することに、消極的、否定的となっている」（二七頁）が、「もし非農業民という言葉を使うことが不正確であるなら、もはや農民という用語自体も、きわめて不適切といわざるをえないであろう。問題は、このような用語をあれこれ詮索・論議することにあるのではなく」（二八頁）と開き直った反論を展開し、「非農業民」が天皇存在と深くかかわっていたとするその主張を、第一部「非農業民と天皇」全三章をはじめ、第二部・第三部の実証的分析によって呈示している。

他方網野氏は、序章II「戦後の中世天皇制論」を中心に前近代の天皇論の研究史について検討し（不十分かつ不正確だと私は思うのだが）、自らの見解を次のようにのべている。

私は、なによりもまず、（中略）（天皇が）古代から現代まで「ともかく存続して」いるという「はじめから誰にもわかりきったこと」を素直に認めるところから出発すべきである、と考える。（中略）もとよりそれぞれの時期の権力者が、天皇を〈利用〉してきたことも疑いない事実であり、古代・中世・近世・現代の国家史の中に天皇を正確に位置づけるための研究は、今後ともさらに一層充実される必要のあることもいうまでもない。しかし天皇という地位自体に利用されうるなにかがあったという問題は、さきの事実を認めない限り、本当には浮び上ってこないであろう。（一八頁）（この問題についての私見は、本書**論文六**参照）

このような見地から、「国文学・民俗学・民族学・文化人類学等々の諸学者との、共通の課題に立向うものとしての相互にとらわれぬ緊密な協力が不可欠、と私は考える」（一八頁）と網野氏は強調する。協同すべき関連学問領域のうちに、《天皇制》研究について最も豊富な研究蓄積をもっている経済学・法学・政治学が、意識的か無意識的にかは判断し難いが、取り除かれているところが注目される。文脈からいって「国家史の中に天皇を正確に位置づける」よりは、氏のいわゆる「民族史的次元」の天皇に、氏の関心は収斂している。

したがって、第一部第一章「天皇の支配権と供御人、作手」の事実上の結論部分ともいうべき「五　天皇支配権と供御人」において、

この「大地と海原」に対する支配権は、弥永（貞三）も指摘するように、通常の私的な土地所有の権利が成立する世界とは、明らかに次元を異にしている。かつて津田が力説した、「皇室」の「非政治的」「自然的」な、また思想的・文化的性格は、まさしくこの次元の問題を指摘したものとして、むしろ積極的に肯定したうえであらためて考えてみなくてはなるまい。それは別稿で「民族史的次元」と表題した世界の問題であり、いわゆる統治権的支配・構成的支配はここにその淵源の一つを求めることができよう。この問題は「社会構成史的」な次元のそれとは、一応別個に独自な追求を必要とするので、それを通して、こうした支配権は世界の諸民族の社会にはいかなる形で存在するのか、天皇制の長期にわたる存続という現実を担う日本の社会の特質は、そのなかにあって、どこに求めることができるのか。（九八〜九九頁）

という指摘として結実している。

こうして網野氏の「中世天皇論」は、津田天皇論の積極的継承という一面を明確にもっているのであるが、津田がはっきりと否定した、前近代における庶民と天皇の関わりを、「非農業民」と天皇との関わりという形で積極的に肯定しているところに差異がある。このことを「津田の天皇を克服

する」（九頁）作業の一環と網野氏は考えているのだろうか。氏は、津田の天皇論のどの部分が克服さるべきか、本書によってどの部分を克服したと判断しているのか、ともに明示していないので、不敏の私には頓と解りかねた。

また、石母田と同じ立場に立つ（九頁）という網野氏の立場が、本書のどこに具体的に貫徹されているのか、これまたよくわからなかった。なにしろ、国家史的観点を徹底的に排除した「民族史的次元」にもとづく研究が、どうして石母田と同じ立場に立ったといえるのだろうか。この節の冒頭でのべたように、私にとっては、こういう大局的観点からいってははなはだ理解困難な大著であった。

ただ次のように考えれば、一応は理解できる。というのは、本書は網野氏の中世《天皇制》論そのものではなく、だから国家史的観点からの検討は一切捨象されており、氏の「民族史的次元」からだけ把えた中世天皇論であって、それ故の一面性を到底免れることはできないが、それでもなお本書は、氏の中世《天皇制》論の〈序説〉にほかならないという理解である。事実氏は、今年（一九八五年）の「思想」五月号に、「歴史の想像力」というテーマで山口昌男氏と対談して、本書では展開されなかった前近代の《天皇制》を論じている。

この対談を考慮にいれてもなお氷解しない、本書に対する私の根本的疑問を、次節において率直に展開しよう。

3　網野「中世天皇論」批判

すでに指摘したように津田の天皇論の本質は《階級的視点を拒否する》ところにあったが、津田説を積極的に「うけつぐ」（九頁）網野氏は、まさにこの本質を、「かつて津田が力説した、〈皇室〉の〈非政治的〉〈自然的〉な、また思想的・文化的性格」として、「むしろ積極的に肯定」（九八頁）した。

網野氏にも反問したい。天皇は、どの時代にせよ非権力者であったり被支配階級であったことが一度でもあっただろうか。《天皇制》権力機構のトップに君臨する「権力的天皇」は勿論のこと、権力機構のトップの座から滑り落ちた非《天皇制》的天皇＝「儀礼的天皇」すらも権力者であったことは、先に指摘したとおりである。「儀礼」といっても国家権力の「儀礼」を分掌するのだから、非《天皇制》的権力機構の一環に天皇が組みこまれていない限り、「儀礼的天皇」たりうる筈もないのである。

石井良助『天皇――天皇の生成および不親政の伝統――』（一九八二年・山川出版社）のように、「権力的天皇」と石井のいわゆる「不親政」の「儀礼的天皇」のいずれが天皇の本質であるか、という二者択一の議論は、第一に「権力的天皇」は常に「儀礼的天皇」の機能をも兼ね備えていた紛れもない史実（古代・中世前期・近代の天皇をみよ）、さらに第二に、古代《天皇制》権力機構のトップの座に天皇が「権力的天皇」としてかつて君臨し、また「儀礼的天皇」でもあった、という史実こそが、非《天皇制》的権力機構の下における天皇を「儀礼的天皇」として存続せしめた歴史的背景としての疑うべからざる史実、を配慮しない空疎な議論として、石井説は否定されざるをえない。

津田の《階級的視点を拒否する天皇論》を網野氏が「積極的に肯定」するのは、網野氏自身も階級的視点についてアイマイなところがあるからではないか、と私は考える。網野氏は次のようにいう。

私の場合も、もちろん私の理解している限りでですが、マルクス主義の有効性は依然あると思っているし、マルクスの思想は、立派なものと思っています。だから私は依然として、マルクス主義者だと自分は思っているわけです。(前掲「思想」三頁)

だがしかし、マルクス主義の有効性やマルクスの思想の立派さを認めるのは、何もマルクス主義者に限られない。津田のような頑な反共主義者でないかぎり、リベラルな学者であれば誰しもそう考えるであろう。問題は、階級的視点を自らの歴史分析のうちに貫徹できているかどうか、たとえば、民族という階級的次元とは異なった局面の歴史分析に際しても、階級的視点が堅持されているかどうか、にマルクス主義者かどうかはかかっている、と私は考える。

本書の「非農業民」の実証的分析には、階級的視点にもとづく配慮がなされてはいる。だがしかし、天皇と「非農業民」との結びつきという局面になると、階級的視点が極めて稀薄になってしまっていることは疑いない。天皇が歴史上長く存続してきたのは、「大地と海原」に対する根源的＝民族的な性格に由来する支配権を天皇が有しており、これを媒介として天皇と「非農業民」は結びつき、いわば「非農業民」が天皇に《すりよって》これを利用する、という民族的＝庶民的支えがあったからだ、とするその中世天皇論は、階級的視点の欠如にもとづく重大な難点がある、と私は考える。

　古代から現代にいたるまで、天皇を積極的に利用できたのは、支配階級だけであって、庶民や国民が天皇を利用することなど考えることもできなかった。天皇の歴史についていささかでも知る者にとって、これは歴史の真実ではなかろうか。

　中世の「非農業民」にも階級分裂が明確に存在していたことは、本書の「供御人」「海民」「惣官」等の分析からも十分にうかがわれる。とするならば、「非農業民」一般が天皇に《すりよって》これを利用しているのではなく、「非農業民」のうちの支配階級が天皇に《すりよって》これを利用していたのだ、と判断すべきではないのか、という本質的批判点が浮上してくる。津田が、前近代の庶民は天皇とかかわることはなかった、と繰りかえし強調した妥当な指摘[13]が想起されねばならない。どうして網野氏は、津田の妥当な指摘を顧みず、その誤った観念論的主張を現代的に再興しようとするのか、私には全く不可解である。

　網野氏に対するこの本質的ともいうべき批判が妥当とするならば、天皇を「民族史的次元」でとらえるべきだとか、天皇の「大地と海原」に対する支配権も「民族史的次元」の世界の問題だといった、本書を根底において支えている網野氏の発想や主張は、根底から覆ってしまったこととなる。そもそも網野氏が援用する佐藤進一氏の統治権的支配論は、敗戦直後の「中世国家論争」に淵源し、日本中世国家論の研究領域の問題として提起された見解である。天皇の国土（「大地と海原」）に対する支配権は、国家論の領域の問題ではなくて、「民族史的次元」の問題としてどうして扱われなければならないのか。天皇は《自然的な》民族的な存在だ、とア・プリオリに網野氏が考えているからではないのか。

世界史的範疇としての近代「天皇制」を全く理解できず、《階級的視点を拒否する》津田の天皇論が非歴史的な観念論にすぎなかったことはすでに指摘したところである。また一体どういう方法的見地に立って天皇と《天皇制》を論じうるか、についての網野氏の呈示――「民族史的次元」からする分析――は、方法的呈示の役割を果たしていない、と私は考える。なぜならば、中世の天皇だけではなく、この見地に立っては、近代「天皇制」も分析できないからである。網野氏は恐らく、近代「天皇制」を考慮外において、主として前近代の《天皇制》を分析する方法基準として「民族史的次元」を呈示したのであろうが、世界史的範疇としての近代「天皇制」を正確にとらえうる方法のみが、前近代の天皇および《天皇制》を正確にとらえうる方法となるのであって、「社会構成史的次元」と峻別された「民族史的次元」といった二元論によって解明されうべくもない（本書**論文一四**および**あとがき**参照）。階級的視点の堅持を媒介とする国家論によって、天皇と諸階級、天皇と国家権力、を追求する途こそが、天皇および《天皇制》を解明する研究の王道である。(14)

註

（1） 安良城「歴史学からみた天皇制」（『日本の科学者』二〇巻四号、一九八五年、本書**論文二**）。
（2） 『津田左右吉全集』（二三巻・一九六五年・岩波書店、三五五頁）。
（3） 前掲（1）論文。
（4） 同右
（5） 佐々木惣一と和辻哲郎、および、尾高朝雄と宮沢俊義、との論争。
（6） 前掲（1）論文。

（7）この理解は、『津田左右吉全集』における津田の天皇論についての全面的検討を経た私の結論である。
（8）前掲（1）論文。
（9）同右。
（10）同右。
（11）この概念に密接不可分なものとして「国体」概念が存在するが、この「国体」概念は、特に「天皇制ファッシズム」期には、ヨーロッパを含めた「政体」一般とは異なる特殊日本的「政体」概念として使用されたが（例えば『国体の本義』一九三七年）、もともとは、「我が国体」といった用語例が示すように「我が政体」と同義であったものが、穂積八束が「国体」と「政体」を区別する憲法論を展開したこともあって、「天皇制ファッシズム」期に特に特殊な概念に転化したと考えるが故に、《天皇制》を右から捉えた概念としては、「皇国」概念を「国体」概念より、より包括的なものとみなした。
（12）永原慶二『皇国史観』（一九八三年・岩波書店）、尾藤正英「皇国史観の成立」（『講座・日本思想』第四巻・一九八四年・東京大学出版会）は、いずれも、本文で指摘した(3)「天皇制」概念が、労働運動・農民運動・学生運動・革命運動に滲透してきた状況に対する体制的対応として、「皇国史観」が成立してきたという、「皇国史観」成立の基本的契機を看過しているために、「皇国史観とは誰々によって形成されてきたものなのかを問いなおすと、正確に答えることは存外むつかしい」（永原、一八頁）、「一九四〇年代前年に、このような表現（皇国史観）が生まれてきた経過については、いま詳らかにすることができない」（尾藤、三〇〇頁）といった不正確で（一九四〇年代前半になってやっと「皇国史観」といった表現が生まれてきたのではない）、「皇国史観」の成立過程を不詳とする謬見が横行するのは遺憾である。
（13）津田の天皇論についての基礎論文、「日本歴史の研究における科学的態度」（「世界」一九四六年三月号）、「建国の事情と万世一系の思想」（「世界」一九四六年四月号）参照。
（14）本書に対する批判的検討としては、「日本読書新聞」一九八四年一一月一二日号の永原慶二・三浦圭一・桜井好朗氏の座談会、「史学雑誌」一九八四年一二月号の永原慶二氏の書評、戸田芳実氏による書評（「新しい歴史学のために」一七七号、一九八五年）があり、それぞれ適切な指摘をおこなっている。この小稿は、これらの論考がとりあげなかった基本的問題点について論じた。生活史・「習俗の世界」という「民族史的次元」から中世天皇をとらえなおし、津田の天皇論を継承・再興しよう、という意欲的な網野氏の主張も、感性的論議の故に、天皇および《天皇制》研究の王道からはずれているのではないか、という危惧の念を私はもった。論点を絞ったことと与えられた紙数の制約によって、なお論ずべき多くの批判点を本文でのべることができなかったので、ここで簡単な指摘をおこなおう。

(イ) 私は網野氏のように、天皇が「ともかく存在していた」という事実の確認から天皇研究を再出発させるべきだ、などとは毛頭思っていない。歴史学を含めた社会科学の天皇研究はそれなりに厖大な蓄積をもっている。研究史についての理解不足の網野氏には、研究の現況について無理解なピントはずれの発言が目だつ。たとえば、近世天皇の存在意義をどう理解するか、についての網野氏の〈御説教〉（一四八頁）などはその典型である。

(ロ) 「非農業民」という概念が成立しなければ「農民」という概念も成立しない、というのは詭弁である。男性・女性という区別について、女性ではなく非男性という概念をたてるべきだと新しく主張して批判され、非男性がよくなければ男性概念もなりたたない、と強弁する類の詭弁にすぎない。

(ハ) 本書の序章で、国家史についての津田と石母田の見解が、「奇妙ともいえるほどに一致した趣旨の発言をしている」（三頁）とみなすのは、事実誤認も甚しい。「国家の成立しない前には氏族による原始共産社会が存在したというような仮設は、上代社会や未開民族の研究家によって一般的に承認せられているものではない」「奴隷という特殊な階級のものはニホンには全くありませんでした」といった上代史家としての津田の見識が問われる嗤うべき謬論を合理化しようとする津田の辯と石母田の説が「趣旨」で一致する筈がない。論旨からはなれて、表現という現象形態を《つまみ喰い》するから、《奇妙な一致》が《発見》されることとなる。総じて序論Ⅰはきわめて主観的で全く讃同できない。

(ニ) 南北朝内乱期は、「社会構成史的次元」からいっても画期であった。ただその意味内容が家父長的奴隷制から農奴制への転換ではない、というだけのことである。また、南北朝期を「民族史的次元」の転換期とみなすのも問題が多い。その主張の究極的根拠の一つであるが、中世語から近代語へ南北朝期に転換した、というのは国語学史上の一説にすぎず、論議の余地ない定説ではない。『日葡辞書』の意義からしても戦国期こそが転換点ではないのか。

(ホ)　被差別民と天皇の不可分な関連という主張は、論理的に飛躍のある短絡的な主張であり、その非人論は謬っている。

(ヘ)　以上の点とともにさらに「儀礼的天皇論」をはじめとするその幾つかの難点を批判した「天皇と《天皇制》」と題する別稿〈**本書論文五**〉が準備されている。なお、安良城「網野善彦氏の近業についての批判的検討」(「歴史学研究」五三八号、一九八五年、本書**論文一**)も参照されたい。

（一九八五年）

四　網野善彦氏の近業についての批判的検討（再論）

——網野氏の反論に反論する——

はじめに

一九八五年二月に、「網野善彦氏の近業についての批判的検討」（『歴史学研究』五三八号・本書論文一）——本稿では以下A批判とよぶ——と、六月に「世界史的範疇としての天皇制——網野善彦氏の『中世天皇論』についての批判的検討——」（『歴史科学』一〇一号・本書論文三）の二論文を私は発表した。

網野氏のA批判に対する反応は敏速であって、この年の五月初めには店頭にならんだ「思想」五月号での「歴史の想像力」と題する山口昌男氏との《対談》において、網野氏は私の網野「無所有論」批判に対していち早く釈明するところがあった。

さらに同じ五月に刊行された「年報中世史研究」一〇号に掲載された「日本中世の自由について」——本稿ではC反論とよぶ——のなかで附註のかたちではあるが、そして決して全面的・網羅的ではないが、それでも網野流の反論を展開している。

この反論は、「とくに今川氏の無縁所を中心に、安良城から多くの批判を受けた。教えられるところ少くない」（九四頁）としながらも、新たに幾つかの論拠を掲げて、基本的には自説を堅持する旨宣言している。

たとえば、私がA批判において、「人間とは所有する動物のことであって」「動物でもある人間を他の動物から区別する基本的なメルクマールとしては、しばしば人間だけが他の動物と違って道具を〈もち〉家畜を〈もつ〉という点が指摘・強調されてきた。〈もち〉〈もつ〉が所有を意味することは全く疑問の余地がない」（本書二四頁、A批判についての引用頁は、全て本書**論文一**の頁数）と指摘したことに対して、網野氏は「そこに人間の本質を見出すことは、人類を破滅に導く思想につながるものとして私は拒否する」（九三頁）と断言する。

網野氏は安良城と自分との間にある見解対立の根底には、「根本的には歴史、さらには人間そのものに対する見方の相違に関わる問題を含んでいる」（八八頁）のであって、《自分は安良城とは思想が違うのだ》、だから見解が違うのだ、と極論するに等しい主張をのべている。

たしかに歴史学は、自然科学と違って、他の社会科学同様に、イデオロギー的科学なのであって、したがって、皇国史観に立つ歴史家とマルクス主義的史観をもつ歴史家が論争しても、その思想が対極的に違うが故に、実りある生産的な論争は期待すべくもない。

網野氏の近業をつぶさに検討しながらつくづく感じ、このC反論を熟読してみてその感をさらに深めたところであるが、私も網野氏との思想の違いを感じないわけではなかった。だがしかし、網野氏から《お前の思想は「人類を破滅に導く思想につながる」》と断罪されてみると、全然そうは考えていない私からすると、網野氏と私との間には、皇国史観とマルクス主義的史観との間にみられるような対話不可能な断層・深淵があるのかなあ、と一寸は考えてみたが、網野氏も「歴史を科学と考える立場に立つ」（網野『日本中世の非農業民と天皇』（一九八四年・岩波書店）九頁）と明言しているのだから、もし本当に網野氏がそう考えているのならば、科学的歴史学を標榜する私と網野氏との間には、思想こそ違え歴史科学という共通の場が存在すると考えられるのであって、本稿はこの見地に立って、網野氏の反論を批判的に検討・吟味することによって日本歴史の展開についての共通の認識に到達する途を探ってゆきたいと思うのである。

以下、具体的な検討に入るに先立って、一つだけ確認しておきたいことがある。それはほかでもない。「人間は所有する動物である」という私の指摘は、事実認識のレベルでの問題であって思想の問題では決してない、ということである。「人間は所有する動物である」という自然科学的にも社会科学的にも確認できる事実認識について、これを「人類を破滅に導く思想につながるもの」として私は拒否する」という網野氏の見解は、確かに網野イデオロギー＝思想ではあるが、「人間は所有する動物である」という私の指摘は、そのような意味での特定のイデオロギー＝思想では決してないのである。

網野氏の見解が網野イデオロギーにすぎないと私がみなすのは、その主張が何等自然科学的・社会科学的事実認識にもとづいて根拠づけられていず、網野氏がただそう思っている、ただそう判断している、というだけのことだからである。しかも網野氏は、一方では、私見を「人類を破滅に導く思想につながる」と「拒否」されながら、他方では、「人間は所有する動物である」という真理を事実上認めることにならざるをえない指摘もおこなっており、この「拒否」は、良く考え抜かれていない感性的で衝動的な判断ではないかと思われる。

という意味はこうである。網野氏はC反論で「人間にそれ――自然を〈所有〉し、〈支配〉しつくそうとする志向のあることはいうまでもない」（九三頁）と確言されている。とするならば、この「志向」は一体どこから生じてくるのだろうか。「志向のある」ということは、内在的な要因から、すなわち、人間の本質そのものから、生じてくる以外ありえないのではなかろうか。この「志向」が人間に内在的なその本質――「所有する動物」というこの本質――から生じていることを否定するならば、一体どんな外的要因が人間にこの志向を生み出させているのか、事実と論理にもとづいて明らかにされねばならないのであるが、何か人間をたぶらかして「所有」を「志向」させ「人類を破滅に導」こうとする悪魔の存在でも網野氏が想定しないかぎり、外的要因にこの「志向」の原因を求めることが不可能なことは自明ではあるまいか。

網野氏は、人間が有史以来「所有」を「志向」しつづけてきている歴史的現実を認め、このことによって、人間の本質が「所有する動物である」ことを事実上認めざるをえない筈の立場に立ちながら、これを自覚せず、「人間とは所有する動物である」という、自然科学的にも社会科学的にも確定している科学的事実認識を、「人類を破滅に導く思想につながる」と感性的に「拒否」するイデオロギー的主張を断言的にのべているにすぎないのである。

もちろん、私は「所有する動物」という規定のみで人間の本質をとらえつくせるとは考えていない。だがしかし、「所有する動物」という規定は、人間の本質についての最も基礎的な規定だと考える。網野氏に反問したい。(A)「人間は所有する動物」を「拒否」するとするならば、それでは「人間は所有しない動物」すなわち網野流の(B)「〈無所有〉の動物」なのかどうか。所有の観点から人間の本質をとらえれば、(A)か(B)かいずれかである。そしてもし網野氏が(B)の立場に立つとするならば、人間の「所有」への志向を、「〈無所有〉の動物」という人間の本質から、どういう事実と論理にもとづいて解明できるのか、感性的ではない論理的で明快な網野氏の回答を期待する。

歴史認識・人間認識の根本問題に関わる一般的な検討はこれで終え、「はじめに」の最後にC反論についての総括的な感想をのべておきたい。

正直いって、このC反論を一読して私はがっかりした。何故か。それは、御成敗式目第四二条についての反論（この反論についても、私はもちろん同意できないのだが）をのぞくと、A批判に対する網野氏の反論は、ほとんど反論の態をなしていないとみなされるからである。

たとえば、私が中世の百姓を「自由民」（カッコ付きに注意）でありながら「非」自由の側面を重視すべきだと指摘し、何故中世の百姓をこのように理解・把握しなければならないのか、「所有論」の見地からA批判で明らかにしておいたのであるが（一二～一六頁）、これに対して網野氏は、このC反論において、安良城の見解は「〈非自由〉なる〈自由民〉、隷属民である〈自由民〉という、この論理的には矛盾する発言」（七七頁）だと批判するのであるが、この批判は、一九八二年の網野氏と阿部謹也氏との『対談・中世の再発見』（平凡社）における網野氏の私に対する批判（同書一九六頁）の単なる繰りかえしにすぎず、この網野批判に対してこたえ反論しているA批判に対する反論としては、C反論は反論の態をなしていないのである。

私は、網野氏から批判をうけて、説明不足もあったことだから、そのような誤解もありうるだろうとして、私見は一見論理矛盾のようにみえながらも、「所有論」を媒介に入れれば何等論理矛盾ではない所以を、A批判において述べておいた(一三頁)。A批判を読みこれに反論しようとするC反論は、当然のことながら、「所有論」を媒介としたA批判における私見を対象として、「所有論」を媒介としても論理矛盾は解消されていない、と反論する必要があるのに、A批判以前の一九八二年の網野主張をただ繰り返すとは、全くお粗末の一語につきて、反論の態をなしていない、とみなすほかはないのである。一体網野氏はA批判をキチンと読み、チャンと理解できているのであろうか。

同様のことは、〈共同体の構成員は自由民である〉という新網野説の根幹をなす網野テーゼについても言いうる。私はA批判においてすでに、この網野テーゼは、古典古代共同体に特有な現象を、前近代のあらゆる共同体に共通する超歴史的なものとして不当に拡張解釈している、と批判しているのである(四〇頁)。とするならば、A批判を知った後に書かれたC反論では、当然のことながら、網野テーゼを単に繰り返し強調するだけではなく、A批判にこたえた形で、つまり、不当な拡張解釈ではない所以を明示して反論する必要があるのに、それもなされていない。だから、C反論は、網野テーゼの存立如何にかかわる根底的なA批判を無視して、自説をただ繰りかえしているにすぎないのだから、これまた反論の態をなしていない、というほかはないのである。

網野氏は、古ゲルマン・古典古代についての仲手川良雄・弓削達氏の見解を「ひとまず前提において」(七六頁)として、あたかも仲手川・弓削氏の見解によって網野テーゼは根拠づけられているかの如く主張しているのであるが、それは虚構以外の何物でもないのであって、仲手川・弓削氏の見解と網野テーゼは明白に異なっているのである。この点について、確認しておきたいことがある。

第一に、古ゲルマン・古典古代と古代日本が、同じ古代といっても性格の極めて異なる社会であることは、厖大な蓄積をもつ古代史研究が確証してあまりあるところであって、「古代史について全く自信がありません」（前掲・網野・阿部『対談・中世の再発見』（九五頁））と自認する網野氏が、この点についてくちばしを入れる余地はほとんどないのである。古ゲルマン・古典古代の状況から古代日本をそれらと同様に類推するなどということは、学問的にいって問題にもならない。

第二に、仲手川・弓削氏ともに、古ゲルマン・古典古代に問題を限定して論じているのであって、そこでの共同体の成員が自由であるからといって、古代日本の共同体の成員＝公民も自由であるとか、ましてや洋の東西・時代の如何を問わず《共同体の成員は自由民である》などといった網野流の超歴史的な論議は一切していないのである。だから、この仲手川・弓削氏の理解を「ひとまず前提において」も、仲手川・弓削氏の見解と網野テーゼとの間には、小川なら一跨ぎもできようが、一跨ぎなど到底できない利根川や淀川のごとき大河が横たわっていて、橋をかけるなり舟でわたるなり、学問的工夫をこらさない限り、仲手川・弓削説は網野テーゼの妥当性を一切保証していないとみなさざるをえないのである。

第三に、古ゲルマン・古典古代に限定した仲手川・弓削両氏の研究成果に学んで、そこから網野氏がヒント・着想をえて、《共同体の成員は自由民である》という超歴史的な一般法則化が可能ではないか、と網野テーゼを思いつくのはもちろん網野氏の自由である。だがしかし、それはあくまで思いつき・ヒント・着想にすぎないのであって、それだけであれば学問的見解たりえないのである。たしかに、思いつき・ヒント・着想が、学問・研究の出発点となって、それにもとづく学問的営みを経て見事な研究成果として結実する場合もあるし、空振りに終る場合もある。要は、思いつき・ヒント・着想が、どんな学問的営み（この場合、利根川・淀川を渡るための学問的工夫）に媒介されているかにある。

C反論を一読して全く驚いたことに、網野氏の場合、思いつき・ヒント・着想それ自体がストレートにそのまま学問的主張の基軸に据えられているのである。網野テーゼのごとき超歴史的主張は、仲手川・弓削氏はもちろんのこと、歴史上の自由民について論じてきたあらゆる研究者も一切認めていない（何故、あらゆる研究者が認めないのか、その理由を網野氏は深く考えてみたことがあるのだろうか）研究史上の明々白々たる事実を前にして、これを無視して、何の学問的営みを媒介とすることもなしに、思いつき・ヒント・着想それ自体を学問的主張の軸に据えるのは、学問の常識を無視する暴挙といっても何等差支えないのではなかろうか。

網野テーゼが鮮明に主張されるようになったのは、A批判で指摘したように（一四頁）、一九八一年四月の『中世の風景』（中央公論社）「あとがき」からであって、『日本中世の民衆像』（岩波書店）の初版が一九八〇年一〇月であるから、僅か半年の間に、それまでのカッコ付きの「自由民」からカッコのとれた自由民そのものへ、「方向音痴的転向」が生じたのだが、A批判においてすでにこの「転向」について「キチンとした学問的釈明」を網野氏に求めた（一五頁）のであるが、このC反論においてもその釈明は果されていない。

そもそも網野テーゼが学問的に成立しうるかどうかは、その超歴史的な主張が如何なる学問的根拠にもとづいて成立しているのか、にかかっているのだが、網野氏が網野テーゼの根拠として「ひとまず前提」とした仲手川・弓削見解と網野テーゼとの間には、すでに指摘したように、利根川・淀川の如き大河が横たわっているのであって、これを渡る学問的工夫なしには、仲手川・弓削見解に網野テーゼを結びつけることはできないのであり、したがって網野テーゼは、仲手川・弓削見解を「ひとまず前提」にもできないのである。

網野氏が網野テーゼを思いつき公表した一九八一年四月からC反論まで約四年が経過している。にもかかわらず、網野テーゼの超歴史的法則が学問的に成立しうる根拠がしっかりと固められず、このテーゼによる歴史解釈のみが先行しているのだが、それは恐らく、網野テーゼを学問的に確かなものと正攻法で論証することは容易なことではないので（正確にいえば、不可能だと私は思うのだが）、このテーゼによれば、歴史をこのように新しく解釈できるという仕方で、網野氏はこのテーゼの歴史学界における市民権をえようとしているのだ、と私は推測している。

だがしかし、A批判ですでに指摘し、本稿でのこれまでの検討・吟味だけからでもすでに明らかなように、網野テーゼが学問的に成立することは、論理的にも実証的にも、絶望的であると私は考える。こういう絶望的テーゼにしがみついて、さまざまな「新しい」歴史解釈を試みたところで、所詮それは砂上の楼閣にすぎないのではなかろうか。以下、具体的に網野テーゼが絶望的な所以を示したい。

1 「無所有論」・「自由民論」批判

網野氏は山口昌男氏との《対談》（『思想』七三一号・一九八五年五月号）で、A批判に言及して、「私はたまたま〈無所有〉という言葉をつかって、今度安良城さんに叱られた」（一二二頁）とのべ、「無所有」論について釈明しているが、その内容はC反論とほぼ同じであるので、より詳しいC反論における「無所有論」についての釈明を次に引用しよう。

当面、安良城の批判をはじめ、しばしばきびしい批判をあびてきた〈無所有〉についてここで若干ふれるにとどめたい。もとよりこれは〈だれのものでもない〉という日本語を表現するには〈共有〉という概念では表現し切れないものが残るところから、苦しまぎれに私自身が用いた語であり、この点はいまもかわらない（九三頁）

最後の部分の意味するところが、やや不明瞭でスッキリした表現になっていないが、察するに、私がA批判において、「原始社会の所有形態については、二つの学説がある。（中略）無所有である、などという学説は一切存在しないのであって、この共有説・私有説の二つだけが学説という名に値し、いずれも原始社会の所有形態を論じている。ところが、無所有論はつきつめていえば、無所有なのだからそもそも所有形態を論ずる必要がなく、所有がなかったから人は自由だったというのである。（中略）網野氏自身がその成果の吸収を強調してやまない考古学・民族学・文化人類学の最新の研究成果もまた、原始社会の基本的な所有形態を共有とみなしている。無所有などという学説の存在を私は知らないのだが、網野氏は彼以外の無所有論者を一人でもあげることができるのだろうか」

(二四〜二五頁)と批判したのに対して、網野氏は、もちろん「無所有説」は他には一切なく、「苦しまぎれに私自身が用いた語」で網野氏ただ一人の独自の説であるが、もともと「だれのものでもない」という内容は「〈共有〉という概念では表現し切れないものが残る」が故にこそ、あえて「無所有」とのべたのだから、共有を強調する安良城の批判は的はずれで網野説とはすれ違いの論であり、だから、安良城の批判は有効ではないので、「無所有論」については「この点はいまも変らない」ということだろう。

だがしかし、この網野反論はおかしいのではなかろうか。

だいいち、無所有と共有は範疇的にいって全く違うのであって、「だれのものでもない」という内容は「〈共有〉という概念では表現しきれない」などという次元の問題ではない。なぜならば、共有とは所有の一形態のことであって、平たくいえば「みんなで共同でもつ」ということなのだから、非所有である「無所有」とはまさに範疇的に無縁である。しかも、網野氏の前掲『無縁・公界・楽』における「無所有論」は、このC反論におけるようなごく平凡・陳腐な内容のものではなかった筈で、そこでは、「有主・有縁・私有」に対して「無主・無縁・無所有」を対立させ、原始の自由は「無所有」によって基礎づけられていると繰りかえし繰りかえし主張したのではなかったのか。

「だれのものでもない無所有の場は、人間の歴史を遡れば遡るほど広かった」というのは当り前の話であって、『無縁・公界・楽』がこの当り前のことだけを平凡に主張していたのであれば、私は何もそういう意味での単純平凡な「無所有論」を批判などしなかった。そうではなくて、「だれのものでもない無所有」こそが原始の自由を基礎づけている、といった突拍子もない暴論を網野氏が尤もらしく主張したから、原始の自由は共有に基礎づけられているという定説にもとづいて網野批判を行なったのである。もし、網野氏がそのかつての主張、『無縁・公界・楽』でのこの主張、を忘却してしまっているのであるならば、網野氏は自著『無縁・公界・楽』を改めて再読すべきである。

網野氏のC反論における釈明にもかかわらず、原始の自由は「無所有」と全く無関係であることは明らかである。「だれのものでもない」「無所有」は、必然的に人間の〈だれとも〉無関係にならざるをえない。なぜならば、所有とは人間と人間の関係の一表現であるから（安良城『幕藩体制社会の成立と構造』一九五九年、増訂第四版一九八六年・有斐閣、一五一頁(24)）、「無所有」とは非所有にほかならないのであるから、「無所有の場」には、人間と人間の関係が及ばない、ということにならざるをえない。ところで、自由とはこれまた人間と人間の関係の一表現である。とするならば、原始における人間と人間の関係の表現である〈原始の自由〉が、人間と人間の関係が及んでいない「無所有の場」と無関係となるのは論理必然的である。

これに対して〈共有〉は全く異なる。何故ならば、〈共有〉は私有とあいならぶ所有の一形態であって、したがって〈共有〉は人間と人間の関係の一表現であり、しかもすでに指摘したように、〈共有〉は〈みんなで共同してもつ〉なのである。かつ、原始の段階の〈共有〉は〈みんなで共同して平等にもつ〉というのが本来的形態と考えられ、その〈共同して平等に〉という特質にもとづいて〈原始の自由〉が成立しているのである。

〈原始の自由〉が、「無所有」ではなく〈共有〉に基礎づけられている、とみなされねばならないのは、このようにして、「無所有」はその本質からいって〈原始の自由〉と無関係であり、〈共有〉

はその本質からいって〈原始の自由〉の基礎となっているからである。A批判が網野説を排して、〈原始の自由〉は〈共有〉に基礎づけられていると強調した所以はここにある。

ところで、たしかヘーゲルだったと思うが、《神が人間をつくるのではなく、人間が神をつくるのだ》という名言を吐いている。歴史上に現われる諸民族の神々は、それぞれの民族の文化的発展段階に応じてその民族自らの姿に似せて創り出されたものである、というのがその含意である。

網野氏は「だれのものでもない無所有の場は、人間の歴史を遡れば遡るほど広かったことは当然であり、人間はそれを、精霊、神、仏等の〈もちもの〉として」とみなし、これを前提に新「無所有論」をC反論で展開しているのだが、そもそも「精霊・神・仏のもちもの」という観念が存在しうる前提には、精霊・神・仏をあがめる（ヘーゲル流にいえば創り出した）人間そのものが「もちもの」を〈もっていた〉事実が存在しなければならない。もしも人間が「もちもの」を《全くもっていなかった》＝無所有ならば、その人間には「もちもの」という所有観念が存在しうる筈がないのだから、精霊・神・仏の「もちもの」などという認識が成立しうる筈もない。網野氏の主張が成立するためには、人間のもとにおける「もちもの」＝所有が前提されねばならない、という網野氏が夢想だにしなかった結論に到達するのである。

宗教という、人間以外の動物にはみられない人間独自の営みもまた、こうして人間の所有に基礎づけられている。遺憾なことに、網野氏は重症の「無縁病」＝「無所有病」に罹ってしまっているために、「無所有」ばかり気になって、人間の共有・私有という所有の果している人類史上の役割と意義がみえなくなってしまっているのである。残念というほかはない。

『無縁・公界・楽』・『日本中世の民衆像』までの網野氏は、中世百姓の「自由民」的性格を原始の自由の残影とみなす視角から追求していた。だから、原始の自由は時代の下るとともに薄れてゆくから、それはカッコのついた「自由民」とならざるをえなかったのである。ところが、『中世の風景』「あとがき」からは、一転して《共同体の成員は自由民である》という御題目を掲げて、中世百姓の自由を論ずる転換が生じたのである。中世の百姓が共同体を構成していたことは明らかであるから、忽ちにして中世の百姓はカッコのとれた自由民そのものとなってしまう。それだけではない。前近代の農民は全て共同体を構成していたから、日本古代の公民・近世の百姓は、中世の百姓とともに全て共同体の構成員であるから、おしなべてカッコのとれた自由民そのものということになる。

A批判においては、私はこの網野テーゼを批判して、「ヨーロッパ封建制下の農奴は、もちろん自由民ではありえない封建的な私的隷属民であるが、その農奴が農村共同体の構成員であるという、まったく疑問の余地のない、あまりにも常識的に知られている史実が、網野説の迷論たる所以を証明してあまりあるものといえよう」（二二頁）と指摘しておいた。

これに対して網野氏はC反論において(a)「〈農奴〉のこれまでの通説的規定は安良城のいう通り、〈封建的な私的隷属民〉であろうが、また同時に〈共同体の構成員〉であり」(b)「近世の百姓—平民を共同体成員—自由民としての側面から考えることによって」近世の「公」・「公儀」としての江戸幕府の「問題をはじめて正面にすえることができると思われる」（九二頁）と主張している。網野氏は、共同体の構成員を、カッコの取れた自由民そのものと積極的に主張する反面、ここでのように「自由民としての側面」をもつものともとらえている場合がある。〈そのもの〉と〈側面をもつ〉とでは厳密にいえば異なるのであって、〈側面をもつ〉といえば〈他の側面〉として、隷属民的側面をもつことも考えうるのであるが、その場合はカッコの取れた自由民を強調する現在の網野氏の主張と矛盾することからして、〈自由民そのもの〉と「自由民としての側面」は同義であろう。以上の理解を前提とするとき、この網野指摘は、(a)(b)というあい矛盾する論点をかかえていることとなる。何故ならば、文脈からいって、ここでの(a)の農奴と(b)の近世の百姓＝自由民は同一物であって、網野説によれば隷属民である農奴という規定と自由民としての百姓という規定は論理矛盾であるが故に両立し難いと指摘・強調（七七頁）しているからである。ここにおいて、網野テーゼの学問的当否・命運にかかわる根本的な重大問題が発生する。

通説にしたがえば、近世の百姓は封建的隷属民である。土地緊縛をはじめとするさまざまな近世百姓の封建的隷属状況は、この通説を疑わしめる余地を一切残していない。他方、近世の百姓が村落共同体の構成員であることも全く疑問の余地がないのだから、網野テーゼによれば、近世の百姓は自由民そのものとならざるをえない。ところで、先に確認したように、隷属民であって同時に自由民であるというのは論理矛盾であると網野氏は強調している。かくて、近世の百姓は隷属民か自由民か、(a)(b)いずれが妥当か、二者択一の前に網野氏は立たされる。近世の百姓が封建的隷属民ではなく自由民そのものであるとするならば、狂気の沙汰であろう。近世の百姓が隷属民であるとすれば、網野テーゼは一挙に瓦解する。共同体の構成員でも隷属民が存在するということになるから。

農奴という概念は、ヨーロッパ封建社会の史実＝農民の実態の史的分析から抽出された概念であるから、農奴範疇はいかなるものか、確かめてみよう。農奴範疇は、ヨーロッパの歴史学における法制史・経済史の領域において定立され、やがて歴史学の全領域にわたって中世封建社会の歴史分析にとっての基礎範疇の一つとなったのであって、この農奴範疇の理解にとって大事なことは、封建社会の自由民ではない、特定の封建的隷属農民を抽象化して農奴範疇が措定された、という紛れもない事実の確認である。

だから、ヨーロッパ農奴制下の農奴は、農村共同体の紛れもない構成員でありながら、いささかも自由民的側面をもちえない封建的な私的隷属民であることは、先に引用したようにすでにA批判において指摘した（二一頁）とおりであって、厖大な理論的・実証的研究蓄積に支えられて定説として確立されているのである。

このようにして、ヨーロッパの農奴は疑いもなく封建的な私的隷属民であって、自由民の側面などいささかも持ち合わせていないのだが、他方、農奴が農村共同体の構成員であることも明瞭であるから、網野テーゼに従えば自由民そのものということになる。しかし、隷属民であって同時に自由民であるのは論理矛盾であると網野氏は繰りかえし強調するところであるから、ヨーロッパの農奴は隷属民か自由民か、という二者択一の問題に網野氏はここでも直面せざるをえない。ヨーロッパの農奴を自由民とみなせば、これまた狂気の沙汰であり、隷属民とみなせば、網野テーゼは根底から覆えってしまう。

結論は簡単である。近世の百姓もヨーロッパの農奴も封建的隷属民であって、《共同体の成員は自由民である》などと主張する網野テーゼは学問的には全く成立の余地がない。本稿「はじめに」の末尾において、「網野テーゼが学問的に成立することは絶望的である」とのべたのは、この故である。

このように、学問的にはナンセンスな網野テーゼを網野氏が主張するに到った背景には、農奴範疇の何たるかを網野氏が正確に知らなかったからではないか、と愚考する。網野氏は一九八二年に次のように明言している。「ただいまのところ私の一番わからないのは農奴制についてですね。奴隷は非常にはっきりしている。しかし農奴制はともあれ〈自立〉した農民が前提にあるわけですね。けれども前近代での〈自立〉はなんらかの共同体の存在を必ず伴わざるをえない。とすると、そこに共同体そのものの論理それ自体の力の作用が入ってくる。つまりその成員として〈自由民〉としての一面を持つ、隷属を拒否する側面がでてくると思うんです」（前掲『対談・中世の再発見』一一〇～一一一頁）。

この文章を一読すれば、「つまり」の以上と以下の間に論理的な断絶があって、「つまり」以下に論理的な飛躍・短絡的な主張が典型的に現われていることがすぐわかるのだが、それは、「自立」概念についての不正確・恣意的理解に起因して農奴範疇の何たるかを網野氏が「わからない」からであろう（〔補註〕参照）。ところで、網野氏がこのナンセンスな網野テーゼに固執するのは別の理由もある。すなわち、前近代の「公」は〈自由民そのもの〉の存在を前提としない限り解明できない、というこれまた独断的な強い思いこみを網野氏がもちつづけているからである。

ここでヨーロッパ封建制のもとにおける「公」について考えてみよう。ヨーロッパ封建制の下でも、私的な封建領主とともにこれを編成・統轄する国王が存在し、その王権は公権として機能していた。この公権としての王権の中世社会で果していた機能と役割の解明が、ヨーロッパの歴史学における中心的研究テーマの一つである中世国家論にほかならないのである。このヨーロッパ中世国家論については、翻訳も日本の西洋史家の研究も多数ある。網野氏がこれをひもとけば、中世社会の「公」が、中世農奴を自由民そのものとしてとらえない限り解明できない、などといった網野氏の思いつきの迷妄たる所以がよく理解できる筈である。ヨーロッパ中世農民の基軸をなす農奴(この他にもちろん自由農民もいる)は、先にも指摘したように、封建的隷属民のうちの特定のものであるから、自由民としての側面など論理的にも事実的にももちうる筈がない。だから、ヨーロッパの歴史学界では、王権という「公」が、封建的私的隷属民に対する農奴制支配の存在を前提として論じられているのである。網野テーゼが学問的に存立することが絶望的なのは、この「公」についても言えるのである。

このようにして、中世の百姓は自由民である、という誤った網野説を維持・擁護しようとして考えだされた網野テーゼ=新網野説の支離滅裂ぶりは目を蔽うものがある。誤った議論を潔く撤回しないで、思いつきで辯護をしようとすれば、誤謬の上に誤謬を、屋上屋を重ねざるをえないこととなる。

網野氏は《共同体の成員は自由民そのものである》という恣意的で独善的な網野テーゼ=思いつきに到達し、それまでの網野説を維持・擁護できる「魔法の杖」を手に入れたと錯覚したのではなかろうか。確かに、前近代の日本の農民は全て農村共同体を構成しているから、網野テーゼという「魔法の杖」を振り廻しさえすれば、実証とか論証といった手間・隙のかかる学問的営みを省略して、網野説を維持・擁護できると真面目に考えているのではなかろうか。そうだからこそ、前近代の日本の農民は全て自由民そのものであるというその「独創的な」説に立って、前近代の「公」についてあれこれ恣意的に解釈してみせ、古代の公民・中世の百姓・近世の百姓をおしなべて自由民そのものとして把えなければ、「公」も天皇も歴史的に解明することはできないのだ、と唯我独尊の主張を繰りかえしているのではなかろうか。また、自由民そのもので構成されている古代・中世・近世の日本社会は、網野説によれば階級社会というより自由社会になってしまうのではなかろうか。なにしろ、たとえば荘園年貢も、領主と自由民との契約（九一頁）だそうだから。

論じきたってここにいたると、正直のところ、網野氏との対話は不可能なのではないのか、糠に釘、蛙の顔に小便、なのではないのか、という絶望感に襲われる。どんなに歴史科学に即した批判を加えても、《たしかにそれは通説にもとづく批判だろうが、俺はもともと通説など一切信用していないから、俺はそれにこたえない（答えない、のと、有効な批判をうけたと思わない、という二重の意味において）、俺は自分独自の考えを堅持する》という、本質的にいって問答無用＝討論無用の姿勢（反論しにくい論点についてはこのように頬かむりして批判に答えないが、反論可能と考える論点については猛然と反論する、という身勝手さがある）とみなさざるをえないのだから。先にも指摘したように、A批判の存在にもかかわらず、これを無視してA批判以前の見解をただくりかえし強調するところにこのことはよく示されている。したがってC反論における御成敗式目第四二条の解釈についての反論を除くと（これが《猛然と反論する》典型だが、もちろんこの反論についても〔後記〕〔追記〕で述べたように同意できないのであって、これは誤っている反論ではあるが、それでもまあ反論の態をなしているとはいえよう。本書**論文一一**も参照）、どれもこれも反論の態をなしていないことを網野氏は自覚していないのではなかろうか。

かくて、A批判を無視してこれにこたえることなく、ただ網野テーゼを繰りかえし強調するにとどまるC反論は、新興宗教の教祖の御託宣と本質的に異なるところはない、と批判されてもやむをえないのではなかろうか。

網野宗の信徒は、御託宣＝網野テーゼは良くはわからないが、しかし新しい人類史として何か意味があるのではないか、と考えるかも知れないが、歴史学界は何も網野宗の信徒だけで構成されているのではない。網野氏は、その感性のひらめきに頼ることなく、その主張の学問的根拠を歴史科学的に明らかにし、問答無用と批判を無視して答えることなく自己主張を繰りかえす、その独善的な姿勢を改める必要があるのではないだろうか。

2　網野説の論理とレトリック批判

『無縁・公界・楽』を一読したものは誰しも、網野氏の博識と「無縁の存在」が中世社会の隅々にまで滲透しているというその主張に驚かされるに違いない。気づきもせず、考えてもみなかったような事柄が、豊富な史料をかかげて、これでもか、これでもか、と畳みかけられてくるのだから。史料をかかげて主張することが実証的だとするならば（もちろん、実証とはそんな単純なものではないのだが）、『無縁・公界・楽』ほど実証的書物はないということになろう。もちろんそれは『無縁・公界・楽』の虚像にすぎないのであって、私のみるところ、この書物ほど非論理的・非実証的で論理の飛躍と短絡的な主張を繰りかえす歴史書も珍しい、ということとなる。というのは、無縁所や公界所の歴史的実態が史実としてどうであったか、という関心よりは、「無縁の原理」という網野イデオロギーによって日本の中世社会をどう解釈できるか、というところにこの書の重点があって、多少は史実の解釈に無理があって不正確であったり（前掲「歴史学研究」五三八号、本書論文一・三七〜三八頁参照）、非論理的で論理の飛躍と短絡的な主張があるにせよ、そのような少々の欠陥は、中世社会の新しい解釈において網野説の「無縁の原理」の有効性が確認されればよしとする、網野氏の姿勢がヒシヒシと感ぜられるからである。

網野説にきわめて批判的な私も、網野氏の壮大な知的冒険に敬意を払うことにやぶさかではないのだが、網野氏の労作を読むたびごとに、その感性におぼれた叙述については眉に唾をつけて読みとばし、もっと歴史科学的認識に徹しなければいけないのに、と独り言をつぶやくのが常である。どうして私がこのような感想をいだくのか、以下網野説の論理とレトリックを批判的に解析することによって、その客観的な根拠を示すことにしよう。

網野氏は、「青方文書」の応安六年の一揆契状の第三・四条を史料として掲げ、これを「無縁論」の見地から分析した勝俣鎮夫氏の見解に全面的な賛意を表している（九九頁）。すなわち、「一揆中の成員の相論に際し、成員各人が〈兄弟・叔甥・縁者〉という関係にかかわることもなく、個人の主体的判断にもとづき理非の意見の開陳をすること」「〈縁者・重縁〉の関係を断ちきって、衆議の決定を尊重した行動をとることが定められている」が故に、「〈無縁〉という状況の設定こそ、一揆成立の基本要件であった」という勝俣見解にもとづいて、「一揆は〈無縁〉の場ということにならざるをえない」（九八頁）と網野氏は強調するのだが、これこそまさに論理の飛躍・短絡的主張の典型的事例というほかはない。何故か。次の応安六年の一揆契状の第三・四条をみられたい。

一、この人数中において、所務・弓箭以下相論出来の時は、談合を加へ、多分の儀に依り相許さるべし、若し異儀の輩あらば、縁者・重縁に依らず、一同、道理の方人たるべしと云々、次にこの中において、公私につき、一人の大事は面々一同の大事と思はるべきものなり

一、この人数中沙汰ある時、兄弟・叔甥・縁者・他人によらず、理運・非儀の意見、心底を残すべからざるものなり、猶々偏頗私曲あるべからず（原文、和様漢文体）

右掲史料を一読すれば、この一揆契状で絶ち切られた「縁」は、「兄弟・叔甥・縁者」という「血縁関係」「姻戚関係」にほかならないのであるが、「世俗の縁」一般が、絶ち切られていることをうかがわせる内容では一切ない。「血縁」「姻戚」は確かに「世俗の縁」であるが、「血縁」「姻戚」とはいっても数々の「世俗の縁」のうちの一つにすぎない。一揆契状において「血縁・姻戚関係」が否定されたからといって、どうして一挙に「世俗の縁」一般が絶ち切られている「無縁」ということになるのか。この一揆契状が、「血縁」「姻戚」を絶ち切ることによって、新たに「地縁」にもとづく一揆結合を成立せしめていることは、「地縁」成立という史料的表現は一切みられないにもかかわらず、疑問の余地がないのではなかろうか。眼光紙背に徹して史料解釈を行なうべきであろう。

「世俗の縁」とはさまざまな契機によって成立するのであって、ある個人をとってみれば、主従の縁（支配・従属の縁）、親子の縁・親族の縁（血縁）、夫婦の縁・姻族の縁（姻戚の縁）、座構成員相互間の縁（団体員の縁）、農村共同体・都市共同体構成員相互間の縁（地縁）、仏縁（宗教上の縁）等々といった複雑な「世俗の縁」をとり結んでいる。だから、そのうちの一つの縁がたち切れたからといって、そ

のことから直ちに「無縁」となってしまうことはありえないのであって、だから勝俣＝網野氏のこのような主張は、論理の飛躍・短絡的な主張とみなすほかはないのである。したがってこの一揆契状についていえば、勝俣＝網野氏のような主張は全くの誤断である。正しくは、《血縁関係・姻戚の否定にもとづく新たな地縁関係の成立こそが、一揆形成・存立の基本的要件であった》とみなすべきであろう。従来の松浦党一揆の諸研究に照してみても、この私見について疑問をさしはさむ余地はないのではなかろうか。一揆の形成・存立を支えた地縁結合とは、世俗の縁にほかならず、網野＝勝俣流の「無縁」とは、それこそ無縁というほかはないのである。

このような論理の飛躍と結びついた網野氏のいい加減な実証は、一揆の分析に際してたまたま偶然的に生じた瑕瑾であろうか。この点を確かめるために、A批判においてとりあげた、江嶋公界所についての網野氏の論理と実証の在り方を立ち入って再吟味してみよう。江島公界所の性格を実証的に明らかにするためには、天正七年の五ヵ条からなる北条氏照掟書のうち、第四条・第五条をワンセットとして正確に分析することが必須となる（A批判四四頁・本書三二〜三四頁）。

第四・第五条を一読して、直ちにこれは「他人之主取」禁止条項に他ならないと判断されるのだが、網野氏は、第五条は引用せず、第四条においては、重要部分を省略して引用している（『無縁・公界・楽』六九頁）。第四条・第五条をワンセットとして取扱わなければ、江嶋公界所の性格を正しく把握できないのに、何故網野氏が第五条を引用して読者に示さなかったのか、全く不可解なのであるが、それにもまして不可解なのは第四条の重要部分の省略である。この点についてA批判は、「これほどひどい史料省略はあるまいと思うし、これほど強引きわまる我田引水の強辯にも、ただただあきれるばかりである。なぜならば、引用された史料の省略部分は、〈号里被官儀者、当方御法度候条〉であって、それは、〈江嶋中之者、他人を主人与号事令停止畢〉の理由なのである。どうしてこの文言を省略しなければならないのか。まったく不可解な省略というほかはない」(三三頁)と批判したのである。さて、網野氏はこの史料をどう読んでいるのか。第四条冒頭の一句「江嶋ニ有なから、他人の主取致之事、令停止畢」について網野氏は「江嶋の人々は、主をもつことを許されなかった」(六九頁)と解釈している。もちろん誤釈である。網野氏のような読み方は、「江嶋ニ有なから、主取致之事、令停止畢」と史料に表現された場合に限って成立する。だから網野氏の読みは、本来の第四条にある「他人の」という表現を無視したことから必然に生じた誤釈なのである。

この掟では、この「他人の」こそが、後北条氏が最も関心を寄せた重点的な指示であって、網野氏ともあろう人が、こんなプリミティブな史料誤釈をおこなうとは信じ難いのであるが、それではこの誤りは何故生じたのであろうか。それは他でもない。網野氏が「無縁病」にとりつかれ、「無縁の原理」に自己陶酔して酔払ってしまっているからだと私は考える。酔眼では史実を正確にとらえることは不可能である。だからこそ網野氏は、A批判において「公界所江嶋が内部に主従関係をもち、それが後北条氏権力という世俗との縁によって支えられていることは明瞭であるまいか。(中略)こんな江嶋公界所を〈世俗との縁の切れた無縁の場〉であるなどというのは、烏を鷺といい、黒を白というにひとしい」(三四頁)という批判をうけざるをえなかったのである(この批判に対して、網野氏は堂々と反論できるであろうか。C反論において網野氏は頬かむりして一切言及せず、もちろん自己批判もしていない)。

そしてさらに、「同じ一つの〈掟〉について、自説にとって都合の悪い第五条は引用しないで隠し、引用する第四条の場合も自説に都合の悪い部分を省略して自説にとって都合の良いように史料を改竄している、と疑われ邪推されても致し方のない、江嶋公界所についての網野氏の叙述は、李下に冠を正さず、という諺もあることだから、根本的に改善する必要があろう」（三五頁）と私は指摘せざるをえなかったのである。

さて、江嶋公界所についての網野氏のこの致命的な誤断をつぶさに考えてみると、この致命的誤断は、先に検討した松浦党一揆における誤断と同一パターンの誤断とみなすことができるのである。という意味はこうである。

一揆の場合には、血縁関係・姻戚関係が否定されれば即「無縁」と網野＝勝俣氏は判断して、別の世俗の縁、すなわち地縁関係が新たに成立していることを網野＝勝俣氏は看過しているのである。同様に江嶋公界所の場合も、「他人の主取」禁止という、一つの主従関係の禁止即「無縁」であって、「他人の主取」以外の主従関係の存続容認（というよりは正しく維持＝強化なのだが）については、これまた網野氏は夢想だにしていないのである。

このようにして、一揆についての誤断も江嶋公界所についての誤断も、まさに同一パターンに属する誤断であって、それは単なる偶然の一致とは考えられず、網野氏の歴史認識の欠陥が、実証レベルにおける誤断として繰りかえし繰りかえし現われてきているのだ（紙数の関係で例示を省くが、なお幾つもある）、と考える。

先にも指摘したように、世俗の縁は複雑な構造をもっており。一つの縁が絶ち切られてもなお幾つもの世俗の縁が残っていたり、一つの縁が切れたかわりに新たな縁が発生してくるというのが、世俗の縁の歴史的形態である。この世俗の縁の複雑な構造、その歴史的形態、を全く理解していない網野氏は、一つの世俗の縁が絶ち切れている史実を発見すると、そこから一挙に短絡的に、世俗の縁が一切絶ち切られている網野流「無縁」と恣意的に断定し、史実にもとづいて網野流「無縁」は「実証」された、一揆も「無縁の場」であり、江嶋公界所も「無縁の場」である、と主張するのである。しかしながら、「無縁の原理」に自己陶酔して酔払っている網野氏の酔眼の必然的帰結としての、典拠史料のプリミティブな誤読にもとづく立論の故に、その主張は、根底から覆ってしまっているのである。

このように、網野氏は「無縁病」にとりつかれているために、その『無縁・公界・楽』においては、「なんでもかんでも無縁と結びつけたがる、その場限りの御都合主義的な史料解釈」（本書三八頁）にしばしば陥っている。『無縁・公界・楽』における網野氏の史料誤釈は、一、二にとどまらず相当数にのぼり、しかもそれが枝葉末節でなく、網野氏の主張の根幹に触れる部分における史料の誤読・逸読にほかならないことは、A批判（本書**論文一**）においてつぶさに検討したところである。

すなわち、網野「無縁論」にとってキータームというべき無縁所の理解そのものに難点が孕まれており、それ故に、無縁所・江嶋公界所・座配の公界衆・山田三方＝公界・「結城氏新法度」蔵方・松浦党一揆等々についての網野氏の「無縁論」的分析が全て覆ってしまっている疑問の余地ない現実は、そもそも網野流「無縁論」が日本中世社会の分析と理解にとって何の役にも立たない、酔眼的空論だったことを暗示しているのではなかろうか。

なお『無縁・公界・楽』において特徴的に現われている〈無縁は公界であり、公界は楽である〉という網野氏の論理的レトリックについていえば、これはセンセーショナルな影響を狙うアジテーターがよく用いる不正確なレトリックに等しい、と私は考えている。

無縁・公界・楽は、いずれも戦国時代に併存しているのだから、相互に関連しあう側面があることは疑いない。その関係を単純化して図示すれば、第1図のごとくミツワ石鹸のトレードマークのようになる。ところが《無縁は公界であり、公界は楽である》という網野定式を字義通りにとって図示すれば、第2図のように同心円とならざるをえない。

第1図

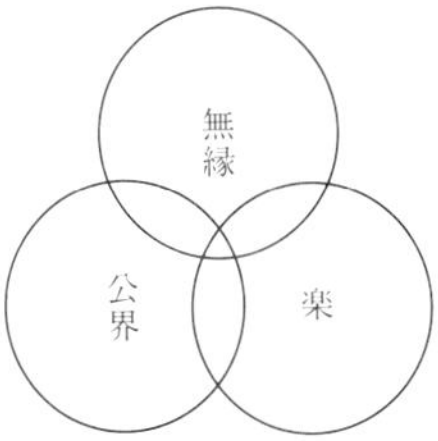

第2図

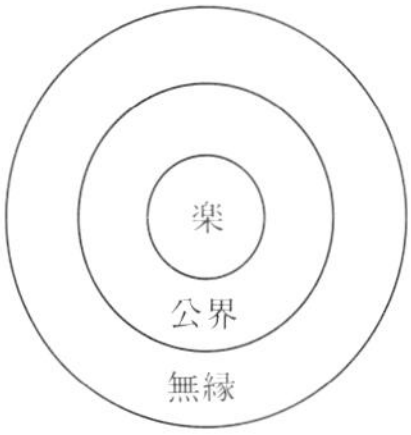

しかしながら、感性的認識ではなく、歴史科学的に厳密にいえば、もちろん《無縁は公界ではなく、公界は楽ではない》。

別稿において（本書**論文一二**）具体的に指摘するように、公界とは、古代における「公廨」を中世的に引きついだ言葉であって、「公廨」が役所＝公という語義をもっていたが故に、中世の公界が多義的とはいえ、「公」という語義において広く使われているのである。だから、『塵芥集』の「公界の道」は、《私道ではない公道》という意味であって「公界の大道」も同様である。したがって網野氏のように「道路は〈公界〉そのものであった」（七二頁）というのは不正確である。何故ならば私道は道路ではあるが、「公界の道」ではないからである。このように考えると、《無縁は公界ではない》ということが判然とする。「無縁は公界である」という網野氏の主張は、その主要根拠がA批判によってすべて覆されてしまっているので、A批判と「公廨」→「公界」の事実を重ね合わせるとき、《公界は無縁ではない》ことは明らかであり、ましてや《公界は楽ではない》。

網野流のレトリックは、《鼠も四つ足、猫も四つ足、虎も四つ足、したがって、鼠は猫であり、猫は虎である》という馬鹿げたレトリックと本質的には同じなのである。何故ならば、極めて部分的な共通部分だけを重視して多くの異質部分を捨象して主張する点において、両者は共通した論理構造をもっているからである。《虎猫は虎ではない》。

論じきたってここにいたれば、『無縁・公界・楽』が日本中世社会のいたるところで「無縁」を「発見」・「実証」しえた秘密を解きあかすことができたと思うのである。それは第一に、複雑多様な世俗の縁の構造とその歴史形態を理解していないために、史料を誤釈することによって「無縁」ならざるものを「無縁」と誤断する「実証」を行なって、「無縁」の存在を甚だしく過大評価し、第二に《無縁は公界であり公界は楽である》というナンセンスなレトリックによって、これまた「無縁」ならざる公界や楽にまで「無縁」を押し広げてしまっているからである。つまり、網野氏の誤った《論理とレトリック》が、この『無縁・公界・楽』において、実在の「無縁」を何十倍にも拡大した虚像に「創作」してしまったのである。

『無縁・公界・楽』に対するA批判と本稿による理論的・実証的批判に対して、網野氏が逐一真正面から対決・反批判しない限り、特に史料の誤釈と指摘された数々の論点について一々釈明と反論ができない限り（C反論はこの点について頬かむりして一切反論していない）、『無縁・公界・楽』は、歴史学的にいって破産状況にあるといっても過言ではあるまい。『無縁・公界・楽』の実証レベルの著しい低俗性に気づかなければ、これほど斬新で実証的な書物はないという錯覚に陥ってしまう。網野氏のすぐれた実証的研究『中世東寺と東寺領荘園』（一九七八年・東京大学出版会）の存在故に、『無縁・公界・楽』も実証的であろうと即断するわけにはゆかないのである。

さて私は、A批判において、『無縁・公界・楽』の叙述の改善について、ごく控え目に三点にわたって網野氏に最少限の要望をしておいた（二五・三四・三六頁）。

これに対して網野氏はC反論において、「安良城の拙著に対する〈叙述の改善〉については、友人としての率直な忠告として深謝しつつ、不十分なものであることは重々承知の上で、なおそのまま読者の批判の前に委ねつづけることとしたい」（九三頁）と述べている。私はこの三点については、網野氏のいうような「不十分」ではなくて、全くの誤謬だと考えるものであって（不十分な点ならこの三点以外にも多々あるのであって、それには目をつぶって、歴史家であれば誰でも認めざるをえない筈の理論的・実証的な全くの誤謬のみの改善を要望したつもりである。「不十分」と「誤謬」は範疇的にことなる。「不十分」は、説明を補足すれば「不十分」が解消してその見解を維持できるということにほかならない。これに反して誤謬はどんなに補足しても無駄であって、全面的に訂正しなければならないのが誤謬である）、網野氏は私の三点の指摘について真面目に「不十分」と考えているのであろうか。この三点について、今なお網野氏は全くの誤謬であることに気付かれていないのだろうか。網野氏は事態を正確に判断し、的確に表現する必要があるのではなかろうか。とはいえ、著者が「不十分」であるけれども「読者の批判の前に委ねる」というのだから、私としては叙述の改善についてはあきらめるほかはなかろう。いやがる馬に水を呑ませることはできないのだから。だがしかし、江嶋公界所の引用史料の中略箇所については、是非原史料どおりに改めるべきである（これは叙述の改善ではなく、引用の改善にすぎない）、と私は考える。

何故ならば、『無縁・公界・楽』が対象としている一般読者（「まえがき」六頁）が、引用史料を十分に理解できるようにするためには、根拠のない史料中略は百害あって一利もないからである。読者の批判を封じかねないこの省略を、自己批判して、原史料のとおり復元するのが、著者の読者に対する義務である。復元しても行数も動かず、印刷技術的にも極めて容易である。増刷に際してキッチリと引用ぐらいは改善すべきである。網野氏もって如何となす。

〔後記〕与えられた紙数の制約上、このあと書き続ける予定であった、〈三、自然経済・貨幣経済論批判、四、式目第四二条解釈批判、むすび〉を割愛せざるをえなかった。四〇〇字六〇枚というスペースを編集委員会より頂いたのだから、書き様によっては、割愛部分も書きこむことができたのだが、敢えてその途を選ばなかった。簡略化せず、学部学生でも理解できるように、具体的に網野批判を行なう必要があると判断したからである。その為に未完となったが〈三、四、むすび〉は、私の『日本封建社会成立史論』下巻に掲載する（本書**論文一一**で四について論じてある）。なお僅少とはいえ若干のスペースが残っているので、〈三、四、むすび〉についての、コメントをつけておこう。

三、自然経済・貨幣経済論批判　本文において「網野氏は農奴範疇の何たるかを知らない」と批判したが、範疇は実態の一側面を抽象化して作られるというその本質故に、範疇は実態そのものではない、ということを網野氏は全く理解していないが故に、「網野氏は範疇の何たるかを知らない」、と反論できる。「商品経済に対置して自給自然経済をおくだけの、貧困な概念規定で問題を割り切ることは、歴史の豊かさを殺してしまうことになろう」（九一頁）などというのは、網野氏の「貧困」な範疇理解を自ら暴露しているというほかはない。網野氏がその『日本中世の非農業民と天皇』（一九八四年・岩波書店）で検討した鎌倉期の供御人が現物＝生産物で貢納しているという紛れもない事実を、網野氏は鎌倉期の自然経済的性格の反映とみないでこれを貨幣経済発展の現象として理解するのであろうか。ある社会において、商品交換＝流通がみられるからといって、ただそれだけでは、その社会の自然経済的性格を否定できないことは自明のことではなかろうか。網野氏に、ドイツ歴史学派によって定立されマルクスも多用した自然経済・貨幣経済概念の有効性についての学説史の検討を望みたい。

四、式目第四二条解釈批判　鎌倉・室町・戦国・近世の一三～一六世紀の「移動の自由」と土地緊縛の歴史を総括することによって、網野氏の第四二条解釈に反論しこれを批判する。「移動の自由」とは、もともとヨーロッパ法制史研究の領域で定立された概念の輸入語である。したがって、この輸入語に対応する日本中世語は何か、という問題が必然的に発生する。網野氏は、ヨーロッパ中世における自由に近い日本の中世語は、無縁・公界・楽だと主張する。だがしかし、百姓の去留は無縁であるとか、公界であるとか、楽であるなどといった史料的表現が存在するのだろうか。私は、むしろ「随意」という中世語が、ヨーロッパ的自由に最も近いと考えるものであるが、百姓の去留が随意である、といった史料的表現に接したことはない（御成敗式目の註釈書は別として）。それは、何も随意という中世語が自由の日本的表現でないからではなく、そもそも日本の中世には「移動の自由」という概念が存在しなかったからだと考える。

貨幣経済が進展してきて、現実に百姓の移動が可能となってくる室町・戦国期においては、この第四二条は立法の趣旨から離れて独り歩きして、居住権のみならず「移動の自由」を保証する条項として機能することは、「青方文書」の一揆契状によって知ることができるが（村井章介・石井進・石母田正氏によるこの一揆契状についての理解には重大な誤解がある。本書論文一一・二五九頁以下）、A批判のごとく鎌倉期はしからずと考える。

網野氏は「そもそも〈浪人を招き居え〉田畠を満作させ、〈逃亡〉する海民を浦に定着させることが荘園支配者や預所・地頭などの大きな課題であったこの社会が、平民百姓の移動の自由を認めることなしには、根本から成り立ち難かったのは、余りにも当然」（九一頁）と主張するが、「浪人」とは浮浪人のことであろうが、もし本当に中世の百姓に「移動の自由」があったとするならば、そんな「浪人を招き居え」ないで、「荘園支配者や預所・地頭」は堂々と他領の百姓を合法的に「招き居え」ることができたであろう。にもかかわらず、そのような事例が普遍的であるという史料の紹介や主張の存在を知らないのである。というより、他領の百姓を「招き居える」ような事例がまったく存在しないことは疑問の余地がない。このような中世史の本質に根ざす史実自体が、百姓の「移動の自由」がそもそも存在していなかったことを暗示している。網野氏の主張は逆立ちしているのではなかろうか。

なお私は、網野氏が批判するような「〈去〉を〈居〉と同義」（九〇頁）などとは昔から全く考えていなかった。第四二条の「去留」は、A批判（本書**論文一**一九頁・論文**一一**）のように居住権にかかわる、との法解釈上の観点から、「移動の自由」と誤解されかねない史料的表現の「去留」をあえて用いず、居住権の問題とみなすべきだとの積極的意図をこめて〈居留〉としたのである。それは、一九六九年の『歴史学における理論と実証』第Ⅰ部公刊の折であった。

第四二条を私が積極的にとりあげたのは一九五六年の歴研大会共通論題における私の報告においてであるが、その際すでにこの第四二条を「居住」の問題として明示的にとりあげていたことは、大会報告集（歴史学研究会編『時代区分上の理論的諸問題』一九五六年・岩波書店、六六頁）によって確認できるところであるが、「移動の自由」とも理解する不徹底性＝《矛盾》があったが、その翌年の一九五七年には、「移動の自由」を否定する見地にいち早く立ち、したがって、社会経済史学会編『封建領主制の確立』（一九五七年・有斐閣）の安良城「補論」においては、もはや「移動の自由」を論じていない（一九九頁）。歴研大会報告での「居住」を「居留」に積極的に改めたのは、既に指摘したように一九六九年である。

むすび　ヨーロッパ的意味での自由に近い日本の中世語は「随意」と考えるが（本書**論文一**二）、ヨーロッパの自由権のごとき随意権は遂に成立しなかった。日本中世の百姓が「非」自由民だったからである。A批判において、前近代の自由は所有との関わりで論ずべきである（一五頁）と網野テーゼを批判したが、C反論はこれを黙殺しているために、一体、古代・中世・近世社会は階級的社会なのかどうか、がボヤケてしまい、「公」と階級支配との関連という、「公」にとっても最も本質的な問題が網野流論議では完全に欠落してしまっている（「領有」概念の欠落が深く関連）。また、網野テーゼに立つ限り、A批判で既に指摘したように、「アジア的隷属・荘園制的隷属・封建的隷属〈農奴制的隷属・隷農制的隷属〉等々といった、奴隷制的隷属と異なるもろもろの隷属の歴史的諸形態を識別できず、これらの隷属民を一律に自由民に解消してしまう謬論におちいって」（二一頁）しまうことを、網野氏の所有論の欠陥（「無所有」か私有かの二者択一の論議で共有が欠落し、領有概念が欠如）と関連させて論ずる。要するに「むすび」は、総括的な網野批判である。

以上が〈三、四、むすび〉のコメントであるが、最後にC反論について一言のべておきたいことがある。私は荘園年貢を「一年切」の契約とは考えられない、とA批判において主張した（一八頁）のに対して、網野氏は荘園年貢は契約であるとの見地に立って、私見が契約一般を否定していると曲解して、暗に私を批判しているが（九一頁）、いうまでもなく網野氏の誤読である。「一年切」契約の否定がどうして契約否定一般となるのか。それとも網野氏は、荘園年貢は「一年切」の契約であって、毎年契約が更新されていた、と主張するのだろうか。

また私は「無縁所の特権がすべて戦国大名によって与えられた」（C反論九四頁）などと網野氏に批判されたような主張はしていない（A批判・本書**論文一**二八〜二九、四三頁）。網野氏はA批判をキチンと正確に読むべきであって、網野氏のC反論のように、人の意見を勝手に改悪して恣いままに「批判」すべきではない。

なお、別稿「無縁所・公廨＝公界・随意」が準備（本書論文一二）できており、積極的な私見が実証的に展開されることとなっている。本稿の補完的役割を果すであろう。（一九八六・二・一七）

〔追記〕　本稿校正中に、C批判も収録されている網野『中世再考　列島の地域と社会』（日本エディタースクール）の恵与をうけた。

ところでC批判の註（17）にかなり重要な叙述の変更が行なわれているので、網野氏が新たに主張された(1)式目四二条の「領主」は「地頭」ではなく、「〈領主＝地頭〉としてこの法を解釈することから、安良城のような誤った解釈がでてくる」(2)「〈去〉を〈居〉と同義」とする「誤読」と「不注意は直ちに訂正される必要があろう」(3)永原慶二・工藤敬一氏のみならず網野氏自身が「安良城と同じ誤りを犯している」と新しく告白して、「安良城の誤読の影響はかくも甚大であった」（四八・四九頁）、とする新見解について論評を加えておきたい。

もちろん、(1)〜(3)の全てが誤断である。すでに〔後記〕でのべたように、「去留」を、「居留」と置き換えたのは、「不注意」な「誤読」などでは全くない。「不注意」なのは網野氏自身ではなかったのか。ましてや、網野氏の「不注意」な「誤読」について、私が責任を負わされる理由は一切ない。したがって、(2)(3)は問題にもならない。馬鹿げている。

(1)についても同意し難い。関東御分国・関東御領を統轄している幕府が、地頭を含めた領主一般を規制するのは当然であるが、だからといって、四二条を地頭非法禁止規定とみなす通説を否定しうる筈もない。四二条は、百姓の妻子の身柄を実力で抑留し、「百姓」を不法に「下人」化しようとする地頭非法を禁止する法規であって、「移動の自由」とは無縁である（本書論文一一）。

百姓が他村に移住すれば「間人」とならざるをえない中世農村社会の閉鎖性、さらに、他領の百姓を《合法的》に招き寄せた史実が一切認められない史料状況を看過して、中世百姓の「移動の自由」を網野氏のように論ずることは全くできない。

〔補註〕本文で「〈自立〉概念についての不正確・恣意的理解に起因して農奴範疇の何たるかを網野氏が〈わからない〉」（一〇一頁）とのべておいたが、今少しく説明をくわえれば、次のようになる。

《自立》という概念は本来経済史的概念であって、それは、(1)生産手段と結合し(2)家族を自律的に形成しており(3)個別的に家計を維持し(4)共同体を構成している、前近代社会の非奴隷的な（奴隷は(1)〜(4)を全部欠いている）農民の特徴的存在形態についての経済史的規定なのである。だから、《自立》農民は自由民か非自由民か、といった身分的もしくは法的な基準にもとづく規定とは、《自立》はそもそも次元を異にする規定なのである。したがって、このような《自立》農民のうちには、もちろん自由農民も含まれるが、他方、農奴・封建的隷属民に代表される非自由な隷属農民もまた全て含まれる。だから、《自立民》＝《共同体成員》即《自由民》では全くありえないのである。

網野説は、《自立》という経済史的概念についての全くの誤解の上に成り立っている。つまり網野氏は、《自立》とは自由・非自由とは次元を異にした経済史的概念であることに全く思い及ばなかったために、自立している共同体構成員は全て自由民そのものである、という非学問的な暴論を堂々と主張できたのである。

また網野氏は、(1)共有(2)私有(イ)領主的上級所有(ロ)農民的＝ゲヴェーレ的下級所有(3)領有（公）という、前近代における所有の歴史的形態を配慮して処理さるべき問題を、(a)無所有か(b)私有か、という貧困かつ誤った所有論理解で処理しようとした。網野説が謬論に陥るのは必然的である。

（一九八六年）

五　天皇と《天皇制》

はじめに
——わがライフ・スタディとしての《天皇制》[1]研究——

《天皇制》研究は、私のライフ・スタディである。経済学・歴史学の研究を志した二〇《はたち》（一九四七年）の折より、一五年戦争を積極的に始めた責任と、その終結点としての敗戦に責任を負う近代「天皇制」[2]と日本歴史における《天皇制》を生涯かけて研究しようと私は考えた。

だから、私の二〇代の研究は、太閤検地研究に収斂されたが、それは、近代「天皇制」の物質的基礎としての地主的土地所有を究明する前提としての太閤検地研究にほかならなかった。この点について、一九五七年、私は次のように私の太閤検地研究の背景について説明した。

以上のごとき諸点を内容とする旧稿（「太閤検地の歴史的前提」[3]「太閤検地の歴史的意義」[4]）は、したがってまた、その問題提起を次のごとく簡約化しうるであろう。

すなわち、総体的奴隷制としての律令体制社会の解体より、直ちに農奴制に移行しうるかと問題を提起し、日本においては、家父長的奴隷制に基づく荘園体制社会を必要な経過点として、応仁の大乱に始まる一世紀半の戦国期の動乱を経過して、社会構成を規定する農奴制の一般的成立が見られると。

このあくまで仮説的な問題提起は、一方においては、アジア社会の一環としての日本社会の特殊な発展を、発展段階追求の形で表明したものであり、かくのごとき、通説と異なり、一見奇異とも思えるこの問題提起は、他方においては、次のごとき明治維新の評価を前提として提起されたものでもある。この点を略説すれば次のごとくである。

すなわち、日本近代社会の起点としての明治維新は、第一に、幕藩体制社会の内部的崩壊、第二に、西ヨーロッパ資本主義との接触の、二つの歴史過程の統一的所産であり、したがって、それは、ペルリ来航より始まって明治二三年の帝国議会成立に到る歴史的変革と理解される。ところでかかるものとしての明治維新は、大別して次の三段階に区別されよう。

（1） ペルリ来航↓明治四年七月

（2） 廃藩置県↓西南役

（3） 西南役終了↓明治二三年帝国議会成立

ところで明治維新をして、徳川幕藩体制社会を止揚し、日本近代社会の起点としての明治維新たらしめたのは、いうまでもなく、土地永代売買解禁・田畑勝手作制限撤廃を始めとして、徴兵制・官僚制・秩禄処分の実現を必然的に要請するところの地租改正を中軸とする第二段階に他ならず、したがってまた、明治維新の理解は、地租改正を中軸とする一連の土地制度の変革の歴史的意義解明を措いては果たされえない。

かくのごとき観点よりする明治維新の歴史的意義は、世界史的にいえば、一八六一年の旧ロシアにおける農奴解放、一八〇七年以降のドイツにおけるシュタイン・ハルデンベルクの改革とその歴史的本質を等しくする性格の農奴解放にあったと考えられる。すなわち、後進国として、上からの資本主義育成のための前提としての農奴解放に他ならなかったと理解されるのである。

すなわち、明治維新が、旧ロシア・ドイツの農奴解放・農民解放に比定される所以は、まさにそれが、上から形式的に実現されたものであり、封建的生産関係一般を廃棄したものではなく、封建的生産関係の一形態たる大名領主―本百姓間の、本来的農奴制関係を一定の仕方で、すなわち有償解放（秩禄処分を見よ）で変革したに過ぎず、上からの資本主義育成によって必要な側面においてのみ、すなわち、封建的生産関係の一形態のみを否定したに過ぎないからである。この点は、上からの資本主義育成が、明治維新を通じて樹立された天皇制絶対主義権力によって推進されるという事態の中に集中的に表現されている。

かくのごとき明治維新は、旧ロシアの一八六一年の農奴解放、ドイツのシュタイン・ハルデンベルクの改革とその歴史的本質を等しくすると理解されながらも、この三国の農奴・農民解放は、それぞれ異なった歴史的形態を通じて実現され、かつ三国のその後の歴史的発展の差違を生み出している。このことを、当面の観点より整理すれば、改革の対象となったそれぞれの農奴制の本来的構造の差違、および、改革直前におけるその事実上の解体の仕方・度合の差違（このことは究極的には、本来的農奴制下の生産力発展度とその仕方の差違によって規定されている）に由来していると考えられる。

以上のごとき明治維新の理解は、必然的に次の二つの側面にわたる研究を必要とする。

（1）上からの資本主義育成の前提たる、農奴解放としての地租改正の実体とその歴史的帰結。

（2）改革の対象となった幕藩体制下の農奴制の本来的構造と、その徳川時代を通じての変容。

第一の問題点は、地租改正及び明治期地主制の研究を必要とし、第二の問題点は、太閤検地に規定せられた幕藩体制下の農奴制の構造、および、幕藩体制下における地主制形成の研究を必要とする。

旧稿が、地主制研究の前提として追求された所以はここにある。[5]

私の二〇代が太閤検地研究に集中していたのに対して、私の三〇代は、幕末・明治・大正期の日本地主制史研究にあてられた。この研究が一段落した一九七四年には、近代「天皇制」を「世界史的範疇としての天皇制」（本書論文二）とみなす見解に到達し、山崎隆三編『地主制』（シンポジウム日本歴史一七）の討論でこの見解をのべ（二二四頁）、さらに一九七七年の「法則認識と時代区分」（岩波講座

『日本歴史』別巻1）において次のように論じた。

ひとしく、ブルジョア革命を回避しながら、上からの資本主義の展開をはかる絶対主義的国家権力でありながら、その権力形成過程・権力機構・支配体制等々において、それぞれが歴史的独自性をもたざるをえなかった、ツァーリズム・カイザートゥムとならぶ後進資本主義権力の一類型――世界史的範疇としての天皇制――（六六頁）

ツァーリズムがロシア一国にのみ特徴的に成立した権力でありながら、世界史的範疇であるのと同様に、天皇制も日本のみに成立した独自な権力でありながら、世界史的範疇たりうる。（九二～九三頁）

一九五七年の旧ロシア・ドイツとの対比が経済的＝下部構造的側面に重点をおいたのに対して、一九七七年のそれは、権力的＝上部構造的側面に視点を絞ったものであって、両者が相照応して一つの統一的な一貫した認識のもとにあることは、読者も了解されるであろう。

この見解は、一九八五年の「歴史学からみた天皇制」（「日本の科学者」四月号、本書**論文二**）において、次のごとく敷衍された（五三頁）。

(1) ツァーリズム・カイザートゥム・「天皇制」は、理論的にいえば、いずれも上からの資本主義育成をになう後進資本主義国における絶対主義的権力として、共通に理解すべきである。

(2) このような抽象的・一般的共通性を前提とした上で、にもかかわらず、その権力形成過程・権力機構・権力構造のいずれもが独自性をもたざるをえなかった歴史的権力範疇として、この三者のそれぞれを個性的な独自的存在としてとらえるべきである。

(3) この三者は、いずれもロシア・ドイツ・日本という一国のみに特徴的に成立した権力であるが、一九～二〇世紀の世界史のなかでそれぞれ規定的な役割を演じた。その意味で世界史範疇といえる。

(4) このような意味での世界史的範疇としてツァーリズム・カイザートゥムをとらえる視点は、すでに学界の共通認識となっているといえるが、「天皇制」も同様にとらえられるべきである。ツァーリズムをカイザートゥムにアナロギーして説明したり、逆にカイザートゥムをツァーリズムにひきつけて説明することがナンセンスであるのと同様に、ツァーリズム・カイザートゥムにアナロギーして「天皇制」を説明すべきではなく（これまでしばしばそのように扱われてきたのだが）、「天皇制」そのものの分析から、歴史的範疇としてはツァーリズム・カイザートゥムとあいならんで異なる（抽象理論的には同一）「天皇制」を明らかにすべきである。

さて、私の四〇代は、沖縄史研究に没頭するのだが、ここでも、天皇と沖縄について十分な検討をおこなった。〔安良城「沖縄の地域的特質――日本相対化の歴史的必然性を中心に――」（季刊「現代と思想」三三号・一九七八年）、および本書**論文八**参照〕

また、私の五〇代は大阪に移って、沖縄における被差別民研究の成果を基礎として、本土の未解放部落の史的研究に専念するのだが、ここでも「天皇と被差別部落」というテーマにも批判的にキッチリと取り組んできた（本書八三頁㈭）。

このようにして私は、《天皇制》研究をライフスタディとしてきたのであるが、四〇年に及ぶこの研究の一端をここで述べることとしよう。

1　最近における国民の天皇観と中曽根首相の天皇論

一九八六年三月八日の衆議院予算委員会で、日本共産党の正森成二議員と中曽根首相との間に《天皇制》をめぐって、ホットな論争がくりひろげられた、と新聞（「朝日」・「赤旗」）は報道してい

「君が代」斉唱の情況　　　　(%)(文部省作成)

	「日の丸」			「君が代」		
	小学校	中学校	高等学校	小学校	中学校	高等学校
和歌山	98.0	97.3	71.1	33.9	25.0	0
鳥取	98.9	100	75.9	94.5	89.3	10.3
島根	99.4	100	97.6	97.1	96.6	97.6
岡山	99.6	99.5	98.6	94.5	91.8	90.1
広島	79.7	76.7	31.2	32.7	14.3	1.1
山口	100	100	100	99.2	99.5	100
徳島	100	100	100	100	100	100
香川	100	100	100	100	98.8	97.0
愛媛	100	100	100	100	100	100
高知	45.0	45.7	73.2	26.3	25.0	12.2
福岡	97.2	89.1	100	80.3	56.2	96.3
佐賀	100	100	100	97.5	97.9	89.2
長崎	99.8	99.5	100	99.5	99.5	100
熊本	100	100	100	98.3	99.1	98.3
大分	93.2	90.2	100	72.6	71.4	96.4
宮崎	100	100	100	100	100	95.2
鹿児島	100	100	100	100	100	100
沖縄	6.9	6.6	0	0	0	0
札幌市	83.4	59.7	100	14.9	5.6	71.4
川崎市	100	100	80.0	98.1	95.7	0
横浜市	96.8	87.1	100	43.4	18.2	33.3
名古屋市	99.6	100	91.7	99.2	99.0	33.3
京都市	100	100	77.8	3.0	0	0
大阪市	91.1	75.4	60.0	59.9	10.8	10.0
神戸市	97.0	100	0	75.8	80.0	0
広島市	96.9	87.5	100	81.1	20.8	0
北九州市	100	100	100	98.6	89.4	100
福岡市	95.4	91.2	100	82.4	38.6	75.0
平均	92.5	91.2	81.6	72.8	68.0	53.3

第1表　1984年度卒業式における「日の丸」掲揚,

	「日の丸」			「君が代」		
	小 学 校	中 学 校	高等学校	小 学 校	中 学 校	高等学校
北 海 道	77.8	80.5	95.2	20.4	16.9	26.6
青 森	98.2	99.5	97.1	94.7	97.1	89.7
岩 手	98.0	98.7	100	95.4	89.5	100
宮 城	99.1	99.5	81.0	98.7	99.5	48.1
秋 田	97.4	98.0	100	69.4	74.8	100
山 形	98.7	100	100	71.0	75.8	37.3
福 島	99.8	99.6	96.6	99.3	96.4	59.8
茨 城	99.7	99.5	97.1	97.5	96.8	84.3
栃 木	99.8	98.8	100	99.6	99.4	100
群 馬	98.6	98.3	100	94.8	87.3	98.6
埼 玉	97.6	95.2	48.6	86.6	78.6	9.7
千 葉	99.5	99.1	89.9	96.8	97.0	60.5
東 京	93.1	92.4	37.8	69.1	61.7	4.5
神 奈 川	80.0	87.2	43.6	48.8	50.0	4.5
新 潟	99.6	99.6	67.0	99.7	96.8	12.3
富 山	100	100	100	100	100	95.2
石 川	98.3	99.1	100	82.8	76.4	43.8
福 井	99.1	100	96.6	99.1	100	93.1
山 梨	95.3	97.9	100	80.7	80.4	100
長 野	92.9	92.1	15.3	7.8	6.8	0
岐 阜	100	100	100	99.5	99.0	97.8
静 岡	99.4	100	97.9	98.1	98.1	76.3
愛 知	100	100	100	99.6	100	99.3
三 重	90.8	92.0	83.9	37.5	31.4	5.4
滋 賀	92.6	86.8	86.8	44.2	28.6	2.6
京 都	76.9	74.2	9.5	0.7	0	0
大 阪	55.8	54.0	85.2	18.3	10.7	0
兵 庫	93.4	87.4	92.1	48.0	52.3	41.7
奈 良	95.3	84.3	85.7	81.0	59.8	51.4

る。「議事録」によれば、中曽根首相は次のように論じている。

大部分の国民は、大多数の国民は、この二千年に近い伝統と歴史と文化を持っておる日本の国を愛惜し、そしてその一つの中心であった日本の天皇制というものを守っていきたい。それでそのためにあの終戦、あるいは終戦後みんな努力して天皇制を守ろうということで、今日日本があるわけであります。

大多数の、もう九九％の国民、九九％に近い国民は、やはり二千年近いこの伝統と文化を持っておる日本、及び天皇を中心に生きてきた日本のこの歴史とそれから我々の生活を守っていこうと考えておる。これは戦争に勝っても負けても、一貫して流れてきている民族の大きな太い流れであります。

国民の大多数は、すなわち、「もう九九％の国民、九九％に近い国民は、……天皇を中心に生きてきた日本のこの歴史……を守って行こうと考えておる」という中曽根見解は、彼がしばしばおこなう政略的発言とは異なる本音の吐露であろうか。

文部省が一九八五年九月六日に発表した、日の丸・君が代に関する第1表を参照されたい。もし、「国民の九九％、九九％に近い国民」が、現在の天皇存続や、《天皇制》の歴史に肯定的だったとするならば、第1表のような状況が生ずるはずがない。なにしろ、天皇を賛美する「君が代」を小・中・高校の卒業式で全く歌わないか、ほとんど歌わないのは、沖縄をはじめとして何府県にも及んでいるからである。どうして「国民の九九％、九九％に近い国民」が天皇と《天皇制》を肯定しているといえようか。文部省の調査自体が中曽根発言の政略的主張＝虚勢＝デタラメさを証明してあまりある。

そこで、文部省調査という官製の調査ではない、より客観的な調査と統計によって、国民の最近の天皇観について確かめてみよう。

一九七八年、NHKは大がかりな『全国県民意識調査』をおこなった。その調査要項は、次のごとくである[6]。

一、調査の意図

この全国県民意識調査は、国民の意識の地域的な特性をとらえ、そのような特性を生み出した背景を明らかにして、国民の意識の構造を地域の側面から分析しようとするものである。

昭和五一年から準備にかかり、各都道府県の二〇〇人にのぼる学識経験者のご協力をいただき、六都府県での予備調査を経て本調査を実施した。

二、調査事項

生活意識、人間関係、社会・政治意識、宗教・道徳感〔ママ〕など、意識の広い領域にわたって全国共通に約一〇〇問、その他に、都道府県ごとに異ったいくつかの質問をし、さらに、調査相手の属性として、つぎの調査をした。

性、年齢、学歴、職業、他県居住歴（一年以上）、主な成育県

三、調査方法

個人面接法

四、調査期間

昭和五三年二月から五月にかけて実施した。（中略）

五、調査対象

一六歳以上（昭和三七年以前生まれ）の国民。

六、サンプリング（調査相手の選び方）

(1)調査相手数

一都道府県あたり九〇〇人、全国合計四二三〇〇人。

第2表　天皇は尊敬すべき存在だと思うか　(%)

そうは思わない (B)	どちらとも言えない	わからない・無回答		そう思う (A)	そうは思わない (B)	どちらとも言えない	わからない・無回答
30.7	12.4	3.8	26 京都	49.9	32.5	11.8	5.7
25.4	7.3	6.4	27 大阪	48.4	27.7	18.4	5.5
25.5	12.8	7.0	28 奈良	52.2	27.0	15.8	4.9
27.1	10.9	6.5	29 兵庫	53.6	29.3	13.2	3.9
23.5	12.4	5.3	30 和歌山	56.2	28.1	12.4	3.3
23.0	11.5	6.8	31 鳥取	59.6	22.4	11.2	6.9
25.4	10.7	5.8	32 島根	64.3	18.0	11.1	6.6
21.2	14.3	6.1	33 岡山	61.4	22.0	13.1	3.4
26.0	15.3	6.2	34 広島	57.7	28.1	8.9	5.3
25.4	14.7	5.0	35 山口	70.8	20.7	5.8	2.6
24.9	10.8	6.2	36 徳島	61.5	22.8	11.4	4.3
25.5	16.8	4.2	37 香川	64.2	18.8	12.9	4.2
25.5	13.7	7.4	38 愛媛	63.0	22.9	9.8	4.3
28.3	19.2	6.5	39 高知	50.9	27.8	14.0	7.3
23.0	15.0	7.0	40 福岡	60.2	20.6	12.6	6.6
20.8	8.8	3.1	41 佐賀	67.4	18.0	10.2	4.5
22.7	12.4	4.3	42 熊本	70.8	19.4	6.3	3.5
18.7	10.2	5.4	43 長崎	66.7	16.1	9.7	7.4
23.3	12.0	3.8	44 大分	57.7	20.6	15.4	6.4
28.9	13.7	4.8	45 宮崎	65.5	18.8	9.1	6.6
22.8	16.5	4.8	46 鹿児島	64.9	15.0	13.7	6.4
20.4	18.3	6.7	47 沖縄	35.7	37.1	13.3	13.8
26.9	12.4	4.2					
20.9	11.4	7.8					
25.1	13.8	7.1	全国平均	55.7	25.1	13.8	5.4

(2)調査地点数

一都道府県あたり六〇地点、全国合計二八二〇地点。

(3)サンプリングの方法

二段階、無作為抽出法。

この調査が大がかりであるというのは、全都道府県ごとに九〇〇人を選ぶという大規模な調査対象にもとづいているからである。後に検討する「朝日」・「読売」などの世論調査が、全国で三〇〇〇人であるのに対して、このNHK調査は、実に四万二三〇〇人という新聞世論調査の一四倍をこえる調査対象にもとづいているところに、この調査の確度の高さが保証されているのである。

そこで、この調査を利用して国民の天皇観を確かめてみよう。(7)第2表と、それにもとづく第1図を参照されたい。

この第2表と第1図によれば、中曽根発言のデタラメさは一目瞭然である。

何故ならば、国民全体の四分の一、二五・一%は、「天皇は尊敬すべき存在だと思わない」と断言

		そう思う(A)
1	北海道	53.0
2	青　森	60.8
3	岩　手	54.7
4	宮　城	55.5
5	秋　田	58.8
6	山　形	58.7
7	福　島	58.0
8	栃　木	58.4
9	群　馬	52.5
10	埼　玉	54.9
11	茨　城	58.1
12	東　京	53.6
13	千　葉	53.4
14	神奈川	46.0
15	新　潟	55.1
16	富　山	67.3
17	石　川	60.6
18	福　井	65.7
19	山　梨	60.7
20	長　野	52.7
21	岐　阜	55.9
22	静　岡	54.6
23	愛　知	56.5
24	三　重	59.8
25	滋　賀	54.0

第1図

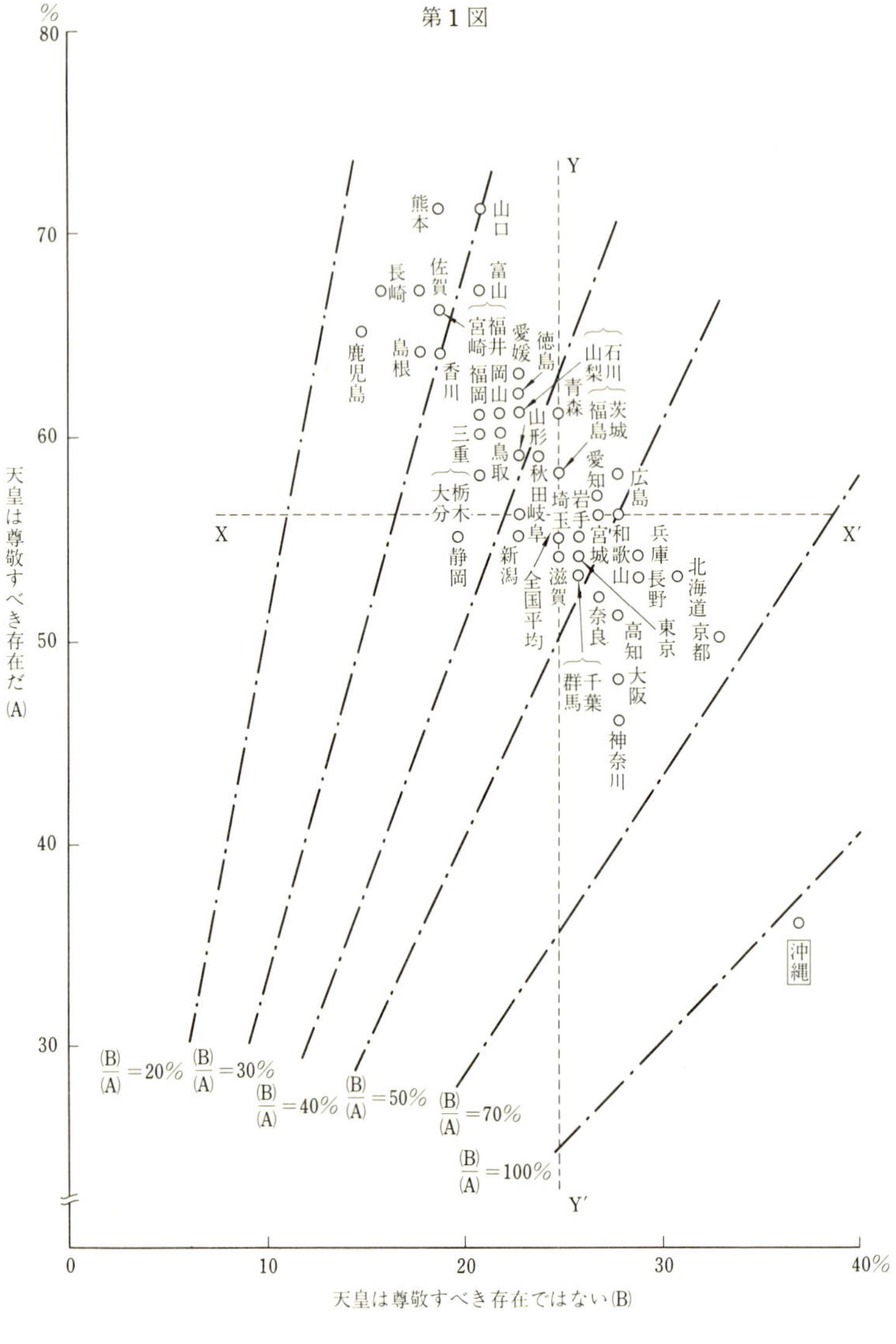
%
80
70
60
50
40
30
天皇は尊敬すべき存在だ(A)
0
10
20
30
40%
天皇は尊敬すべき存在ではない(B)
X
X′
Y
Y′
熊本
山口
長崎
佐賀
富山
宮崎
福井
鹿児島
島根
香川
福岡
岡山
愛媛
徳島
山梨
石川
青森
山形
福島
茨城
三重
鳥取
秋田
愛知
広島
大分
栃木
埼玉
岩手
岐阜
和歌山
兵庫
宮城
静岡
新潟
全国平均
滋賀
長野
北海道
東京
奈良
高知
京都
群馬
千葉
大阪
神奈川
沖縄
(B)/(A)=20%
(B)/(A)=30%
(B)/(A)=40%
(B)/(A)=50%
(B)/(A)=70%
(B)/(A)=100%

しており、「天皇を尊敬すべき存在だと思う」者は、国民の約半数、五五・七％にすぎないからである。しかも、沖縄においては、全国唯一つとはいえ、天皇を尊敬しない人間が尊敬する人間を上廻っており、神奈川・京都・大阪では、天皇を尊敬する者は住民の半数に達していない。「国民の九九％、九九％に近い国民」が天皇と《天皇制》を肯定している、などというのは戯言《たわごと》にすぎない。

ところで、国民は《天皇制》を政治的にどう判断しているのだろうか。この点については、一九八三年参議院選挙における比例代表制にもとづく全国区の政党得票が、一つのデーターとなる。政党を選ぶ、というこの選挙は、国民の《天皇制》についての政治的判断を解析するための好個の資料である。という意味はこうである。

政権党である自民党の支持者のうちには、もちろん反《天皇制》的考えをもつものもあるかも知れないが、それはあってもごく少数と考えられ、他方、戦前より近代「天皇制」の打倒を党の綱領にかかげ、戦後も《天皇制》批判を堅持している共産党の支持者のうちにも、親天皇的信条の持主も含まれていると思われるが、それも少ないと思われるので、都道府県別の自民党と共産党の得票の比率は、国民の《天皇制》に対する政治判断の地域的表現とみなすことができるからである（社会党をはじめとする他の中間政党は、《天皇制》についての政治判断ではとくにその支持者を判然と区別できないが、より自民党寄りと考えられる）。したがって、第2表における(A)「天皇を尊敬すべき存在だと思う」(B)「天皇を尊敬すべき存在だと思わない」の比率、すなわち、(A)／(B)を「親天皇系数」とみなし、参議院全国区における自民党得票数を分母とし共産党得票を分子とするこの比率を「反天皇制系数」とみなして数値を求めれば、第3表をえられ、これにもとづいて「親天皇系数」と「反天皇制系数」の相関図を作成すれば、第2図がえられる。

第2図は、天皇に対する尊敬度と《天皇制》に対する政治的判断についての地域的相違を一望のもとに鳥瞰する、現代における天皇問題を解明するためのマスターキーである。マスターキーなる所以は、逐次示されてゆく。

さて、第2図の縦横の点線は全国平均値を表示したものであるが故に、Ⓐの諸県は、全国平均よりも「親天皇系数」が高く「反天皇制系数」が低い。これに対して、Ⓑの都道府県は、全国平均よりも「親天皇系数」が低く「反天皇制系数」が高い。ⒶとⒷはまさに対照的である。ⒶとⒷの対照性は、Ⓐの鹿児島とⒷの京都を対比すれば、歴然たるものがある。鹿児島の「親天皇系数」四・三三―「反天皇制系数」〇・〇六八、京都の「親天皇系数」一・五四―「反天皇制系数」〇・六五九、の数値がこの対照性を明示している。鹿児島と京都は、国民の天皇認識について地域的な差違、北極と南極、を示すものであり、二極対抗とみなすことができよう。

ここで対抗というのは、二一世紀の未来に向かって、Ⓐの諸県の動向が、Ⓑの都道府県にも滲透してゆくのか、それとも、Ⓑの都道府県の指向が、Ⓐの諸県に滲透してゆくのか、二つの途の対抗がこの第3表・第2図から読みとれるからである。[8]

この地域的二極対抗の基礎に、それぞれの地域住民の親天皇認識と反天皇認識の対抗があることはいうまでもない。親天皇認識の地域的極北である鹿児島においてすら、第2表が示すように、住民の一五%は「天皇を尊敬すべき存在と思わない」と考えている。京都では、住民の三二・五%、三割をこえて「天皇を尊敬すべき存在と思わない」のである。

反天皇認識は、戦後四〇年の歴史のなかで国民のなかにしっかりと根を下ろしているのである。

この認識は、まだ国民の多数を捉えるにいたっていないが、この認識をもつ国民はいまだ少数とはいえ無視しがたい存在として育ってきており、北海道から鹿児島・沖縄にいたる日本の全土にわた

第3表

	親天皇係数	反天皇制係数		親天皇係数	反天皇制係数
1 北海道	1.73	0.260	26 京都	1.54	0.659
2 青森	2.39	0.161	27 大阪	1.75	0.669
3 岩手	2.15	0.174	28 奈良	1.93	0.326
4 宮城	2.05	0.132	29 兵庫	1.83	0.380
5 秋田	2.50	0.213	30 和歌山	2.00	0.293
6 山形	2.55	0.132	31 鳥取	2.66	0.126
7 福島	2.28	0.242	32 島根	3.57	0.157
8 栃木	2.75	0.090	33 岡山	2.79	0.228
9 群馬	2.02	0.144	34 広島	2.05	0.192
10 埼玉	2.16	0.346	35 山口	3.42	0.203
11 茨城	2.33	0.142	36 徳島	2.70	0.202
12 東京	2.10	0.431	37 香川	3.41	0.129
13 千葉	2.09	0.234	38 愛媛	2.75	0.143
14 神奈川	1.63	0.387	39 高知	1.83	0.292
15 新潟	2.40	0.127	40 福岡	2.92	0.240
16 富山	3.24	0.118	41 佐賀	3.74	0.099
17 石川	2.67	0.129	42 熊本	3.65	0.079
18 福井	3.51	0.108	43 長崎	4.14	0.123
19 山梨	2.61	0.116	44 大分	2.80	0.113
20 長野	1.82	0.310	45 宮崎	3.48	0.106
21 岐阜	2.45	0.155	46 鹿児島	4.33	0.068
22 静岡	2.68	0.174	47 沖縄	0.96	0.325
23 愛知	2.10	0.266			
24 三重	2.86	0.178			
25 滋賀	2.15	0.270	全国平均	2.22	0.253

第２図

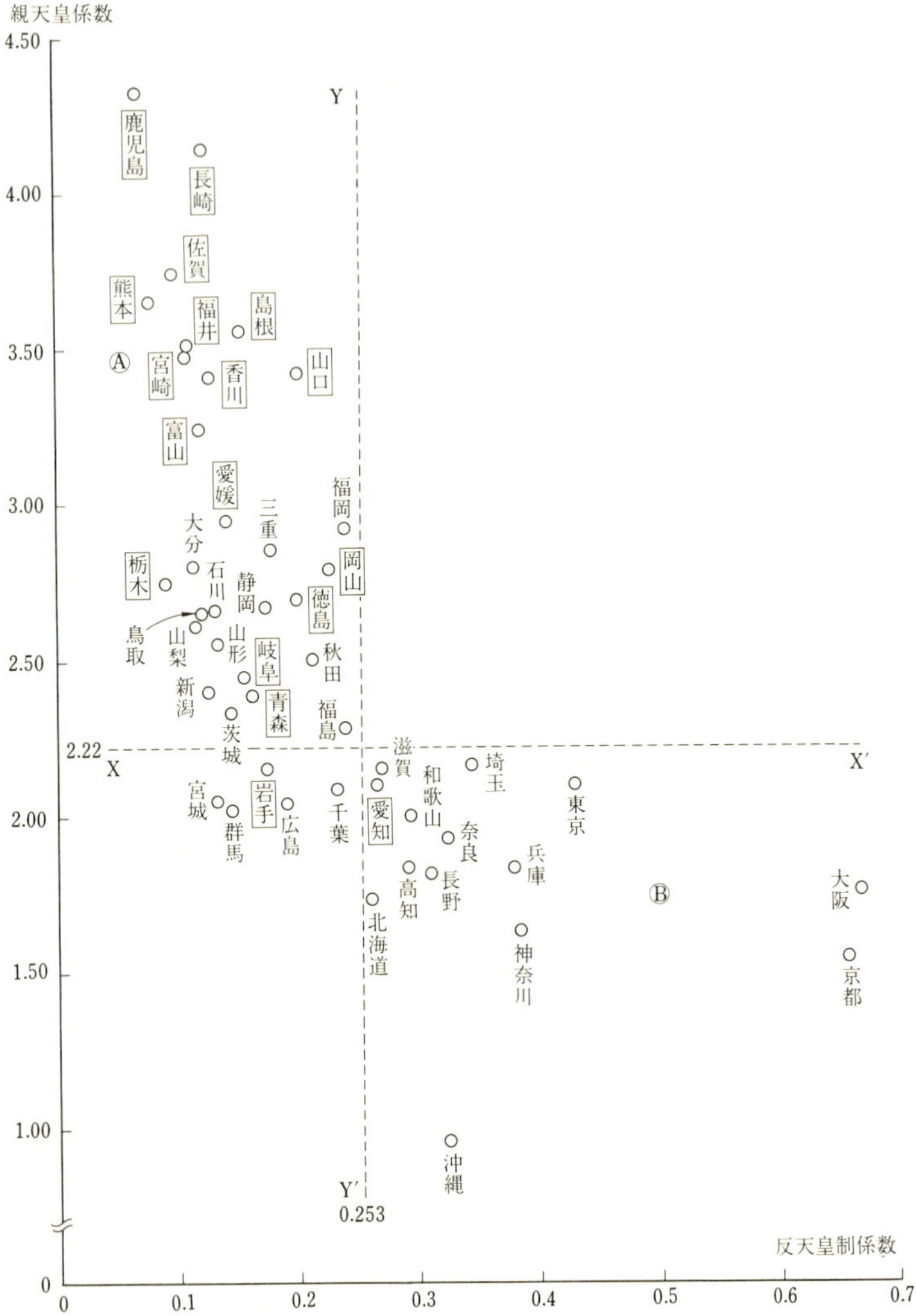

注）□枠で県名を囲んだ県は，第１表での君が代斉唱率90％以上の県。

って根を生やしており、日本の未来の展望にとって、一粒の麦・地の塩である。「国民の九九％、九九％に近い国民」が天皇と《天皇制》を肯定している、というハッタリ的な中曽根発言は、かかる厳然たる事実を熟知したうえでの虚勢にすぎない。国民のなかに根付いている反天皇認識を危惧するからこそ、教科書検定を通じて天皇評価・天皇賛美を教育に持ちこもうとしたり、第1表のような数値を公表して、君が代の斉唱を教育の場で義務づけようとしているのである。

戦前の近代「天皇制」は、資本家と地主という全支配階級の全面的支持の下に、①官僚統轄、②軍隊統帥、③教育支配、を通じてその専制的支配を実現していた。歴史は逆もどりしないから、現在の「象徴天皇制」を①②③を備えた戦前の近代「天皇制」に逆行して復活させることは、到底できないのであるが、後に検討するように、天皇は、君主であるが故に、保守の象徴、秩序の象徴、支配階級の象徴、というヨーロッパを含めた君主一般のもっている機能を持つ存在の故に、現状肯定・美化の手段として、国家独占資本主義的権力機構とその基礎をなす現代支配階級によって政治的に利用され、「侍女」＝「操り人形」の役割を演じている（**本書論文六**）。

日本国憲法における「象徴天皇」と主権在民の併存という矛盾的・妥協的規定につけこんで、天皇を元首化しようとする反動的な動向は、このことによって憲法に明示された主権在民規定を休眠させ実質的に改憲しようとする企てにほかならない。最近とみに明らさまになってきた、教科書検定を通じて、教科書における記述の天皇評価・賛美の方向へのねじ曲げ強制は、このような脈絡で理解されるべきであろう。

皇太子外交等々に浮彫りされる「象徴天皇制」からの逸脱も、戦前の近代「天皇制」を支えた①②③のうち、③の教育支配に支えられ、①の官僚統轄はいまだに手付かずの状態であり、②の軍隊統帥についていては潜在的な状況にとどまっているところに、いわゆる「天皇制復活」の現段階的特徴をみることができる。天皇の元首化は、先にも指摘したように、憲法に明示された主権在民を休眠化させることによって実質的な改憲状況をつくりだし、国民を保守の枠内に上から押さえこもうとする企てであるが、それ以上でもそれ以下でもない。だから、この動向は、はっきりいってしまえば、近代「天皇制」復活を指向するものではない。そういう歴史の逆行はありえないのである。

つまり、保守の象徴、秩序の象徴、支配階級の象徴、としての天皇を、国家独占資本主義が如何に有効に利用して「侍女」の役割を十全に機能させるか、というのが体制側のテーマであって、①②③に支えられた、あらゆる階級に超越して君臨する専制的な近代「天皇制」の復活をもくろむという、時代錯誤的な課題を国家独占資本主義は追求していないのである。独占資本は、国家を自在に操れるだけ強力になっており、近代の幼弱な資本が、近代「天皇制」の庇護なしには資本主義的発展を遂げえなかった明治以降の戦前状況とは段階的に異なっている。だから、いわゆる「天皇制復活」反対というスローガンを現時点において掲げることは、その「天皇制」という概念をどう捉えるのか、という論点とかかわって、歴史学的にいえば、不正確・不適切というほかはないのである。

さて、第2表の数値は、一つの問題を投げかけている。それは他でもない。「天皇を尊敬すべき存在とは思わない」人間が、国民の四分の一、二五・一%も存在するにもかかわらず、そのことが、戦前より近代「天皇制」の打倒を綱領に掲げ、戦後も一貫して《天皇制》批判を堅持している共産党支持率（あらゆる世論調査によれば数％の域をこえていない）との間にみられる大幅な乖離である。もちろん、国民の政治意識は、《天皇制》に絞られて形成されているわけではなく、経済的・文化的・心情的等々の複雑な要因によって醸成されるのだから、この大幅な乖離は別に異とするにたりないのだが、このことは、体制変革にとっての一つの暗示と私には思われる。という意味はこうである。

君主制から他の政体、つまり共和制、への移行の世界史的動向をみると、君主制から共和制への移行は、(イ)敗戦にもとづく革命による皇帝の責任追及、もしくは、(ロ)革命による王制転覆、の二つの場合に限られている。

(イ)は、第一次大戦後のロシア皇帝・ドイツ皇帝の運命が典型的であり、第二次大戦後のイタリア国王も同様である。(ロ)については、クロムウェル革命におけるイギリス国王、フランス革命におけるフランス国王が典型である。いずれも、処刑された。

(イ)(ロ)いずれも革命である。

革命なしに君主制が転覆された事例は存在しないのである[9]。だから、革命期ではない現時点でのこの乖離は、歴史家の眼からすれば、不可解ではない、理解できる、ということとなる。

さて、一九七八年・一九八三年のデーターにもとづく第3表・第2図の示すところは、現在でも通用するであろうか。幸いなことに、中曽根首相が政略的に演出した、天皇在位六〇年祝賀祭典なる奇怪な企てに関連した世論調査が、一九八六年の今年に入って、「読売」「朝日」二紙によって実施された。その結果は、これまた、第3表・第2図を支持・保証している。

第4表　皇室に対する親しみ　(%)

	20代		30代		40代	50代	60歳以上	計
	前半	後半	前半	後半				
持っている	22	23	34	42	54	63	76	51
持っていない	70	66	56	41	34	25	15	37

「読売」は、一九八六年二月二二〜二三日の調査結果を三月一七日に公表し、「朝日」は、一九八六年三月一二〜一三日の調査を、四月七日に公表している。それによれば、今の天皇に対して、「尊敬している・親しみを感じている」のは、「読売」では五七・六%、「朝日」では五五%であって、天皇について「何も感じない」「無関心」は、「読売」では三二・八%、「朝日」で四〇%となっている。そしてさらに、「元首の地位を明確にし、天皇の権限を強めた方がよい」──「読売」三・九%、「天皇の権威を今より高める方がよい」──「朝日」四%、と戦前「天皇制」への回帰を指向する国民はきわめて少数であって、天皇制の廃止を希望する国民──「読売」では五・六%、「朝日」では九%──より少ない事実が、現行の「象徴天皇制」の支持率が「読売」七二・四%、「朝日」八四%と高い点[10]とともに注目される。

このようにして中曽根首相の発言のデタラメさは全く疑問の余地がないのだが、ここで注目すべきは「朝日」の世代別の皇室観についての数値である。皇室に親しみをもっているのは、全体として五一%なのだが、第4表が示すように、世代別でみれば三〇代前半までは皇室に親しみを感じないものが親しみを感ずるものより圧倒的に多いのである。皇室に親しみをもっていない(三七%)、の内容は、別の設問における天皇について何も感じない(四〇%)、反感(二%)に照応しているのだから、若年層における皇室・天皇に対する無関心ぶりは注目に値する。

「読売」の調査も同様の傾向と数値を指摘しており、このような天皇・皇室にきびしい国民の意向に対する体制側の対応策が、教科書検定における天皇肯定の記述の強要となり、文部省が第1表のような数値を公表して教育現場に強圧的に君が代を持ちこもうとする企てとなっているのである。

ここで第2図にもどろう。「親天皇系数」が高く「反天皇制系数」の低いⒶの諸県の多くは、第1表における君が代斉唱率九〇%以上の県である（第2図において□枠で県名を囲んである）。逆に「親天皇系数」が低く「反天皇制系数」が高いⒷの都道府県は君が代斉唱率がきわめて低いのも第1表の示すとおりである。地域住民の天皇観がその地域の君が代斉唱率に大きく影響を及ぼしていること（PTA活動などを通じて）は疑いない。

それだけではない。君が代斉唱率は日教組の組織率とも関連がある。一九八五年の文部省調査にもとづく府県別の教員団体加入状況の第3図を参照されたい。

等しく日教組と呼ばれていても府県ごとに運動方針が違っていて、一概に論ずることはできないのだが、しかしながら、第3図を第1表と対比してみるならば、君が代斉唱率と日教組組織率との間に逆比例的関係が存在していることは、大凡の傾向として認めることができる。とくに、日教組の組織率が三〇%を割っている栃木・岐阜・島根・山口・徳島・香川・愛媛・長崎の諸県がすべて、君が代斉唱率九〇%以上の県であることは、君が代問題は組合運動の視点からも論ぜられればならないことは明らかである。

ところで、九州の諸県はすべて、第2図における「親天皇系数」が高く「反天皇制系数」の低いⒶに位置し、第1表でも殆どの県の君が代斉唱率は九〇%以上である。しかも、九州は自衛隊・防

第３図　都道府県別教職員団体加入状況

日教組　日教組以外の教組　非加入

都道府県名	教職員総数
1 北海道	62,991
2 青　森	16,977
3 岩　手	17,054
4 宮　城	20,977
5 秋　田	13,579
6 山　形	12,831
7 福　島	23,234
8 茨　城	26,910
9 栃　木	19,131
10 群　馬	18,480
11 埼　玉	52,776
12 千　葉	47,410
13 東　京	99,227
14 神奈川	61,957
15 新　潟	27,084
16 富　山	11,993
17 石　川	12,327
18 福　井	9,133
19 山　梨	7,987
20 長　野	21,528
21 岐　阜	20,175
22 静　岡	32,610
23 愛　知	55,810
24 三　重	17,833
25 滋　賀	12,506
26 京　都	22,912
27 大　阪	79,958
28 兵　庫	51,570
29 奈　良	13,937
30 和歌山	12,965
31 鳥　取	8,136
32 島　根	9,669
33 岡　山	20,869
34 広　島	27,350
35 山　口	16,026
36 徳　島	9,891
37 香　川	10,696
38 愛　媛	16,019
39 高　知	9,791
40 福　岡	42,497
41 佐　賀	9,542
42 長　崎	17,225
43 熊　本	18,420
44 大　分	14,851
45 宮　崎	12,513
46 鹿児島	20,429
47 沖　縄	16,243
合　計	1,182,929

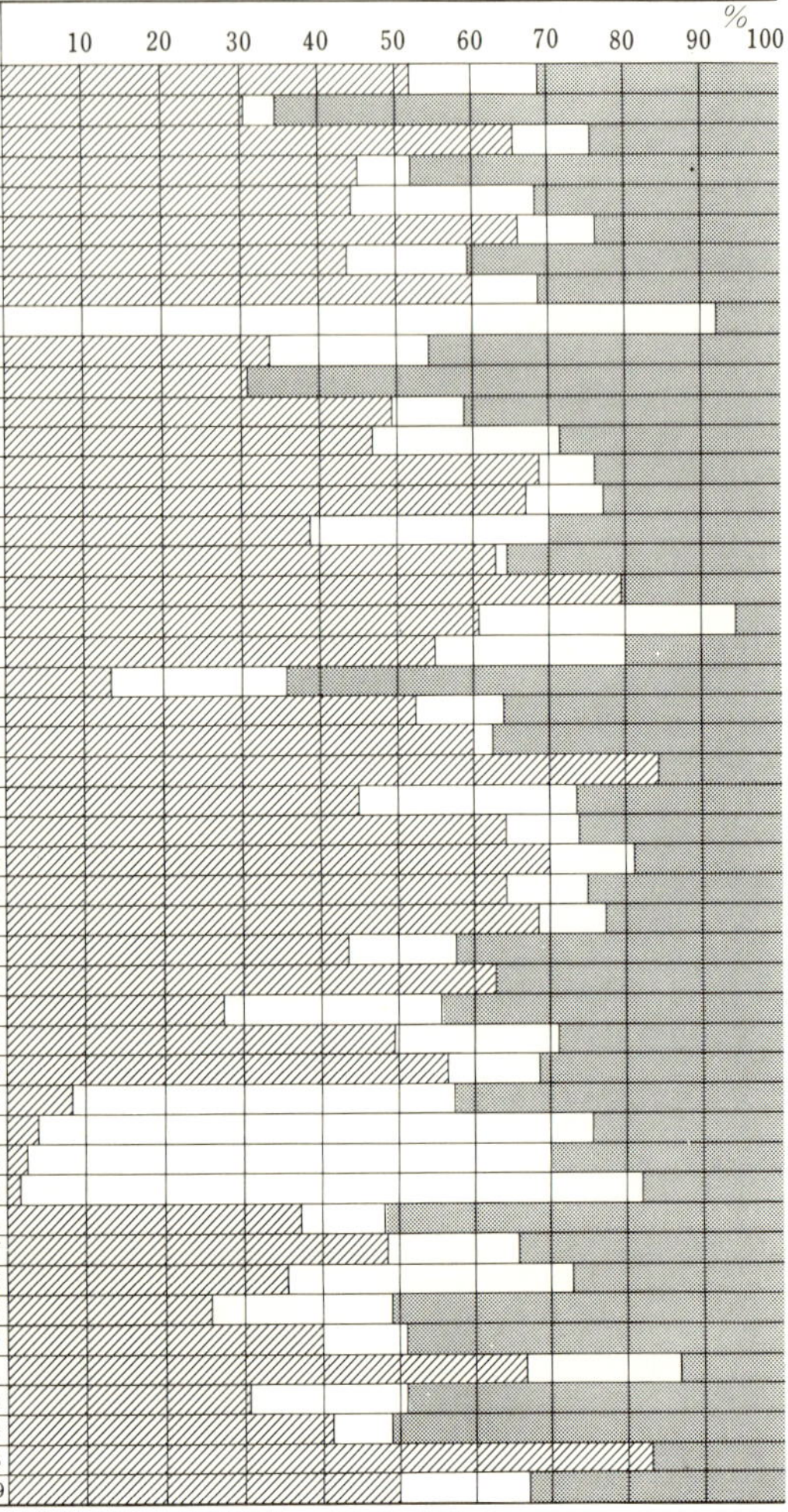

この図については伊ヶ崎暁生氏のご好意によって入手できた．

第4図

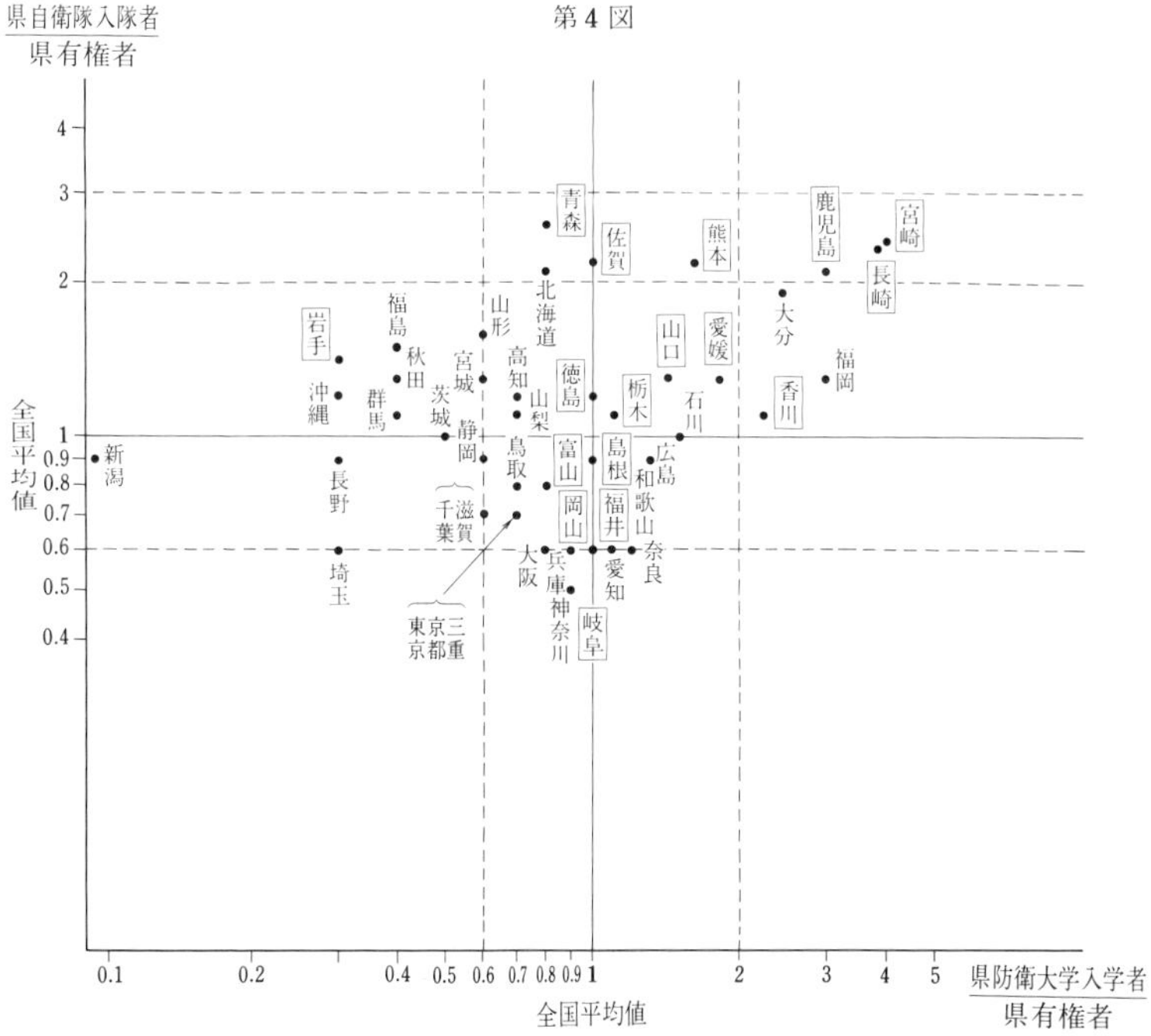

註　1）　□枠で県名を囲った県は，第1表における君が代斉唱率90％以上の県である。**第2図も参照。**

2）　図は全国平均値を1として，各県の数値の比率を算出した。いずれも1982～84年の3年間の平均値である。

3）　県有権者を分母としたのは，幾つかの調査・リポートによれば，入隊・入校者の家族（特に父母と年長者）の意向が強く働いていると判断されたからである。

4）　実数値を示さないのは，ニュースソースの秘匿との関係である。

衛大学の集中的な隊員・学生の供給県となっている。一九八二〜八四年度の信頼しうるある資料によれば、福岡・大分・長崎・佐賀・熊本・宮崎・鹿児島は、第4図が示すように、人口比率からいって極めて高い割合で自衛隊員・防衛大学生を送り出している。

大元帥であって陸海軍を統帥した近代「天皇制」下の天皇（本書**論文七**参照）と違って、現代の天皇は、もちろん自衛隊を統帥しているわけではないが、にもかかわらず、自衛隊は天皇に接近し、できるだけ緊密な関係をもとうとし、天皇もまたこれを積極的に容認しようとしていることを示すさまざまな事例をわれわれは知っている。

そのように自衛隊の隊員の集中的供給地が九州であるという事実と、これまで指摘した第2図・第1表における九州の位置づけとの間には内的連関があるものと考えられる(11)。

この点については、さまざまな側面から検討する必要があるが、紙数の制約上ここではさしあたり次の三点を指摘するにとどめよう。

第一に、鹿児島は山口とともに、明治維新期に薩長同盟によって徳川幕府を倒し、近代「天皇制」成立の原動力となり、その下での軍閥の主流をなした。陸軍の長閥（山県有朋・桂太郎）、海軍の薩閥（東郷平八郎・山本権兵衛）はあまりにも周知の事実であるが、近代「天皇制」下において多くの職業軍人が九州では輩出した。その歴史的背景が現在にも影響を及ぼしている。

第二に、九州は、朝鮮・中国大陸・台湾という、日本帝国主義の植民地・半植民地に最も隣接した内地であって、これら植民地・半植民地の下級官僚・警官・教員の多くを九州は供給し、それ故に、日本帝国主義のおこぼれに九州はあずかることができた。この後遺症が玄洋社という戦前からの右翼の伝統も加わって、《天皇制》批判の力を戦後も弱め農村県が多いことも手伝って保守の牙城となり、自衛隊員の集中的・中核的供給地となっていると考えられる。

第三に、九州は県民所得の低い県が大多数を占めている。殆どの炭鉱がつぶされ、八幡製鉄所も地盤沈下している九州では、自衛隊は就業場所という側面を他の地域以上にもっているのである。

以上三点が、九州が自衛隊の中核的・集中的隊員供給地であることについてのさしあたっての指摘である。

第4図はまた、自衛隊の存立基盤について一つの傾向を示している。すでに指摘したように、九州は防衛大・自衛隊に対する全国平均以上の供給地であるが、他方、東北・北海道は、防衛大への進学者は全国平均以下であるにもかかわらず、自衛隊入隊者は全国平均を上廻っている。九州も東北も県民所得の低い地域であるが、九州は日本帝国主義のおこぼれを享けることのできた地域であるのに、東北は日本帝国主義の被害を諸にうけて昭和恐慌期においては、「人身売買」で世情をにぎわした地域であるが、この地域で自衛隊入隊者の率が高いという第4図の示す事実は、国民と自衛隊について、色々と考えるべき問題を孕んでいるというべきであろう。

2　天皇と《天皇制》にかかわる二、三の理論的・実証的問題

天皇の存在、即、《天皇制》ではないこと、したがって、天皇家の出現を歴史学的に確認できる六世紀以降の約一五〇〇年の日本の歴史が、天皇家を中心に展開してゆく《天皇制》の歴史ではない

こと、この一五〇〇年の歴史のうち、《古代天皇制》、《中世天皇制》（鎌倉期にかぎる）、近代「天皇制」、の約九五〇年が《天皇制》とかかわっているのであって、室町期には室町幕府権力、徳川期には幕藩制的権力、敗戦後には国家独占資本主義権力、といった非《天皇制》的権力の下にあること、以上の点は《天皇制》を歴史科学的に把握するための最も基礎的認識であることは、前掲安良城「歴史学からみた天皇制」（本書論文二）において詳細にのべたところである。

ところで、《古代天皇制》の成立・存続を抜きにして、あらゆる時代の天皇・《天皇制》を論ずることができないのは当然であって、ここに近代・現代の天皇にもつきまとっているその前近代的性格の淵源を求めることができるのであるが、近代「天皇制」についての正確な認識なしには、前近代の《天皇制》や天皇存在、そしてまた現代の「象徴天皇制」を的確にとらえることはできない、ということも十分に理解される必要がある。

これまた前掲安良城「歴史学からみた天皇制」で指摘しておいたが、「天皇制」という言葉・概念は近代「天皇制」を把握するものとしてもともと成立してきているのだから、近代「天皇制」の正確な認識こそが必須となるのである。人間についての科学的認識の確立が猿についての科学的認識を可能とさせたのと全く同様に、近代「天皇制」の正確な認識こそが《古代天皇制》や《中世天皇制》の的確な認識を助けるのである。こういう方法的見地に立たない、天皇がどの時代にも存在していたというわかりきった事実から天皇研究を再構築すべきだ[12]、などという網野善彦流の無方法的な中世天皇論が、中世天皇についての虚像の強調に陥ってしまうのは必然的である。

天皇は、常に支配階級の一員であり、秩序の象徴、保守の象徴、支配階級の象徴、としての天皇として存在しており、だからこそ、支配階級にとって常にさまざまな利用価値があるのだが（本書論文六参照）、日本歴史上のどの時代をとってみても、天皇が国民や庶民であったことはいまだかつて一度もなく、国民や庶民を代表する言動も一切なかった。また、国民や庶民が天皇を利用するなどということは歴史上一切なかった。

だから、権力的天皇と儀礼的天皇のいずれが、天皇の本質であるか、といった議論（津田左右吉・石井良助にはじまり最近の網野善彦氏[13]）は、問題のたて方がそもそも間違っている（本書論文六参照）。《古代天皇制》下の天皇、鎌倉期の《中世天皇制》下の天皇、近代「天皇制」下の天皇が、権力的天皇と儀礼的天皇の両面を兼ね備えており、非《天皇制》的天皇に転落した室町期の天皇と近世の天皇が儀礼的天皇たりえたのは、その前身が権力的であったが故にもっていたその儀礼的側面が、新たな非《天皇制》的権力によって温存・利用されている、という歴史的事実によっても明白である。

ところで、一五〇〇年に及ぶ天皇の長期的存続についていえば（本書論文六）、前近代の天皇の長期的存続に問題の本質がある。なぜならば、近代「天皇制」下の近代天皇は八〇年、現代「象徴天皇制」下の現代天皇は四〇年、にすぎないからである。

この点については、前近代アジアの歴史と辺境日本という視点から、つまり日本歴史における異民族支配の欠如との関わりでも論ずべきであろう。一般に異民族支配は被征服民族の王を抹殺する。東アジアの最東縁の島国である日本は、幸運にも異民族支配を前近代においては経験しなかった（モンゴルの来襲があったとはいえ）。このことが、南北朝内乱によって天皇は《中世天皇制》下の天皇の地位より滑り落ちながらも、室町幕府権力によって抹殺されず、その儀礼的役割によって室町幕府に奉仕する血筋の貴い「侍女」としてその存続を許されているのである。そしてまた、非《天皇制》権力の下においても、権力者・支配階級の操り人形・走狗に甘んじてきた天皇の特質が、天皇の長期存続を支えた理由の一つでもある。しかしながら、歴史の可能性として天皇消滅の二回の可能性が存在したと考える。その一つは戦国期の織田政権の下であり、他の一つは敗戦後の占領体制の下である。

織田信長は「神・仏を信ぜず」というそのイデオロギーと、中世的権威を政略的に利用することはあっても、必要とあらばいつでもこれを見棄てて滅ぼす行動性をもっていたので、本能寺の変で横死せず、全国制覇を遂げた暁には、将軍足利義昭を放逐したように、天皇も放逐される可能性を秘めていたと私は考える。

敗戦後の占領期には、異民族支配であるが故に、天皇の命運はまさに風前の灯だった。しかしながら、第一に、天皇を利用して占領を効率的に進めようとする占領軍（とくにアメリカ）の政策、第二に、天皇存続を熱望した日本の支配階級の画策、第三に、《天皇制》批判が国民レベルにおいて滲透していない状況、第四に、占領という異民族支配に対する抵抗感が、天皇を民族的シンボルと誤解する風潮の強い底流、第五に、天皇自身の占領政策に対する積極的追従（例えば、本書論文七参照）、によって天皇は漸く存続しえたのである。

むすびにかえて

天皇の存在を日本の文化的象徴・民族的象徴とみなす体制側の一部知識人の言説は、現在の皇室の反文化的・反民族的・反国民的性質を逆立ちしてとらえている。日本国民の多くは、その民族的始源について深く知りたい、という知的願望をもっている。広くいって衰えることのない歴史ブーム、とくに、高松塚古墳・藤ノ木古墳に対する国民の関心の高さは疑問の余地がない。いわゆる「天皇陵」に対する考古学的な発掘を宮内庁がさまざまな理由をつけて許可しないのは、日本民族の民族的起源を科学的に知りたい、という国民の「公的な」文化的で切実な要望を、万世一系のイデオロギー基盤の崩壊を恐れるという天皇家の「私的な」利害関心によって抑えつけている、と日本人歴史家の一人として学問的に批判せざるをえない。むしろ、いわゆる「天皇陵」の発掘許可こそが、国民の共鳴をえて、万世一系イデオロギーは壊滅しても、天皇家がより長く存続しうるより賢明な途を、天皇家と宮内庁は選んだことになるのではなかろうか(14)。

また、天皇の存在を日本の文化的象徴・民族的象徴とみなす一部知識人の言説については、国民は暗黙の拒否をおこなっている。

ふたたび第2図を参照されたい。約一〇〇〇年、天皇の住う御所の存在した京都は、日本文化が最も集約された地域であるが、ここは、最も「反天皇制系数」が高く「親天皇系数」が最も低い地域であり、もともと、磐井の乱はじめ天皇支配に服属しない熊襲・隼人という異族の地九州が、「親天皇系数」が最も高く「反天皇制系数」が最も低いⒶに属し、しかもそのような状況は、明治維新以降たかだか近代一〇〇年の歴史がつくりだしたという、第2図が示す皮肉な事実は、天皇を文化的・民族的象徴とみなす体制寄りの一部知識人の言説に猛省をうながすものといえよう。

このようにして、天皇ならびに《天皇制》をどう把握するかは、日本の歴史と未来についてどのように考えるか、に深くかかわっている。

〔後記〕 与えられた紙数の制約によって、歴研アカデミーの講演では述べた、天皇の戦争責任と天皇の人柄については割愛せざるをえなかった。簡単なコメントを加えておこう。

戦前の大日本帝国憲法においては、開戦と終戦は天皇の大権事項であった。だから、開戦には必ず天皇の詔書が必要であった。これなしには、如何なる内閣といえども開戦することはできなかった。だから、太平洋戦争の開始にあたって、一九四一年一二月八日に、対米英蘭開戦の詔勅を発している。天皇の戦争責任は歴然たるものがある。天皇がそのもっていた権限にもとづいて開戦の詔勅を拒否すれば、あの悲惨な結末に終わった太平洋戦争は始められなかったのである。天皇のこの開戦責任をボカシて、敗戦時の「英断」のみをもてはやす御用評論家の天皇買弁ぶりは、国民の目にもはっきりと理解されている。一九八六年四月一〇～一三日の間の時事通信社の世論調査によれば、過半数に近い国民の多数は、天皇の戦争責任を確認している。(12)

にもかかわらず、天皇は自らの戦争責任を容認しない。それどころか、一九七五年一〇月三一日の記者会見において、「また陛下は、いわゆる戦争責任についてどのようにお考えですか」という記者の質問に対して、「そういう言葉のアヤについては、私はそういう文学方面はあまり研究もしていないので、よくわかりませんから、そういう問題についてはお答ができかねます」といった狡猾的言辞をろうしている。誰が文学者と天皇を考えているか。天皇存続のために恥辱に耐え万感の想いをこめていわゆる「人間宣言」をした天皇が、人間としての戦争責任をどう考えているのかが問われているのである。このようなハグラカシは、天皇の人格（神格ではない）＝人柄の狡猾さ＝悪さを実証している。だから、天皇は、一九八七年に沖縄で開かれる海邦国体に、自分はまだ沖縄に戦後一回も行ったことがないからぜひ行きたい、などと臆面もなくハシャイでいる。沖縄戦において天皇の軍隊によってヒドイ目にあった沖縄の民衆に、死ぬ前に一言でも詫びをいいたいから沖縄に行きたい、というならまだ話がわかる。戦後一度も行ったことのない沖縄に物見遊山に天皇は行きたいのか。

国民、とくに庶民のモラルにおいては、無責任な人間はヒンシュクに値する。天皇が御用ジャーナリストの大同唱和にもかかわらず、人柄が悪い狡猾な人格（神格ではない）であることは疑いない。この点については、天皇の沖縄行発言のために、またまた沖縄県民がはなはだしい迷惑を蒙っている事実を具体的に明らかにしつつ、天皇の人柄の悪さを具体的に論ずる別稿（本書**論文七**）ができあがっている。天皇の相撲好きは天皇の人柄の好さを一切保証していない。

（一九八六・五・六）

註

なお、歴研アカデミーではのべた、《天皇制》と沖縄、については、紙数の都合上割愛したが、別稿ができあがっている（註（7）参照、本書**論文七・八**）。

（1）《天皇制》は、近代「天皇制」概念を基準として抽出された超歴史的な概念の私なりの表現である。この点については、安良城「歴史学からみた天皇制」（「日本の科学者」一九八五年四月号、安良城『幕藩体制社会の成立と構造』増訂第四版・一九八六年・有斐閣に所収、本書**論文二**）参照。

（2）近代の「天皇制」を超歴史的な《天皇制》概念と区別して、本稿は表現を変えている。

（3）「歴史学研究」一六三・一六四号、一九五三年（後に、安良城『封建社会成立史論』上・一九八四年・岩波書店所収）。

（4）「歴史学研究」一六七号・一九五四年（後に、前掲安良城『幕藩体制社会の成立と構造』一九五九年所収）。

（5）社会経済史学会編『封建領主制の確立――太閤検地の諸問題――』（一九五七年・有斐閣）所収の安良城「補論」、同書、一五五頁以下。

（6）この調査結果は、一九七八年に、ＮＨＫから『全国県民意識調査　結果の概要』として調査のデーターが公表されている。

（7）安良城「沖縄の地域的特質」（季刊「現代と思想」三三号・一九七八年、二六〇頁以下）。なお、一九八五年の地方史研究協議会の沖縄大会において、沖縄と《天皇制》について論じた。この報告については、「琉球・沖縄と天皇・《天皇制》」（本書**論文九**）と題して一九八七年に地方史研究協議会編『琉球・沖縄――その歴史と日本史像――』（雄山閣）のうちに収められ、刊行された。

（8）マルクス『資本論』、エンゲルス『反デューリング論』、レーニン『一九〇五年～一九〇七年のロシア第一革命におけるロシア社会民主党の農業綱領』によって、提起され具体化されたこの理論は、歴史の必然性を偶然性との絡みあいのなかで貫徹するものとして把えつつ、単線的な歴史必然論を排して、歴史展開の可能性をしかも法則的に追求する（つまり複線的な）という、人類史の理解にとって豊かな方法的基準をわれわれに遺している。この「二つの途」論はさまざまなかたちで深められる必要がある。たとえば、レーニンのプロシャ型はもともとは、イタリア型として捉えられていた。それがどうしてプロシャ型になったのか。これまで全く看過されているレーニンの「二つの途」理論形成過程の歴史からわれわれは学ぶべき多くの遺産を見出すことができるのである。この点について論じた別稿（「レーニンのイタリア型とプロシャ型について」）がすでにできあがっている。

（9）ギリシャは第一次大戦以後、それまでの君主制から共和制へ、そして、君主制への復帰、さらに軍部独裁から共和制へと激しい転変がみられる。軍部独裁から共和制への移行は、平和的におこなわれたとはいえ、やはり、私は革命とみる。

（10）「朝日」「読売」両紙ともに「象徴天皇制」の世論調査における支持率の高さによって「象徴天皇制」は国民に定着したと強調しているが、即断ではなかろうか。百年・数百年のタイムスケールで歴史を眺める歴史家の立場からすれば、いかにテンポの早い時代とはいえ、たかだか四〇年の歴史によって、そのような判断を下すのは早計ではあるまいか。だいいち、「朝日」調査によれば、国民の九％（「読売」では五・六％）が《天皇制》の廃止を望んでおり、天皇に親しみを感じない国民が四〇％も存在するからである。

（11）九州に属さない、栃木・山口にも全く同様な現象が生じている。(1)「親天皇系数」の高さ、「反天皇制系数」の低さ、(2)君が代斉唱率の高さ、(3)日教組組織率の低さ、(4)自衛隊員供給率の高さ、(1)〜(4)の内面的連関は、九州地区だけでなく、栃木・山口においても確認できる（第2図・第1表・第3図・第4図参照）。教育効果の恐ろしさを感じないわけにはゆかない。戦前・戦中が思いおこされる。

（12）網野善彦『日本中世の非農業民と天皇』（一九八四年・岩波書店、一八頁）。

（13）一九八五年の「思想」五月号における山口昌男氏との《対談》。津田左右吉・石井良助の天皇論と網野氏の中世天皇論批判については、安良城「世界史的範疇としての天皇制——網野善彦氏の中世天皇論批判——」（「歴史科学」一〇一号・一九八五年、本書**論文三**）参照。

（14）本稿脱稿後、いわゆる「継体陵」が継体陵ではありえないことが、一九八六年の考古学的調査によって歴然となった（すでに一九七二年の早くから学界では、そう考えられていたが）。さらに、一九八八年七月二八日に茨木市教育委員会は、五世紀前半の出土埴輪が新しく発見されたと発表した。いわゆる「継体陵」が継体陵でありえないことはここに確定した。いわゆる「天皇陵」の学問的公開の妥当性はここに確証された。他人の墓を自分の先祖の墓だ、とさしたる根拠もなしに主張する天皇家のアンチモラルは、すみやかに是正さるべきである。

(15) この調査によれば、天皇の戦争責任について「関心がない」五・八%、「わからない」一三・九%、さらに「全面的にある」七・八%、「幾分ある」三八・五%、計四六・三%が天皇の戦争責任を認識し、天皇に戦争責任が「ない」三三・九%を大幅に上廻っている。

参考文献

野呂栄太郎『日本資本主義発達史』一九三〇年(岩波文庫版)。

山田盛太郎『日本資本主義分析』一九三四年(岩波文庫版)。

平野義太郎『日本資本主義社会の機構』岩波書店・一九三四年。

歴史科学協議会編(編集・解説 犬丸義一)『歴史科学大系17 天皇制の歴史(上)』校倉書房・一九八六年。

宮地正人『天皇制の政治史的研究』校倉書房・一九八一年。

井上清『天皇・天皇制の歴史』明石書店・一九八六年。

『法学セミナー増刊・総合特集シリーズ1 現代天皇制』日本評論社・一九七七年、『同29 これからの天皇制』一九八五年、『同33 天皇制の現在』一九八六年。

文化評論『天皇制を問う総特集』(保存版) 新日本出版社・一九八六年。


(一九八六年)

六　天皇の長期的・持続的存在についての分析視点をめぐって

――網野氏の批判にこたえる――

網野善彦氏が、その「南北朝動乱をめぐって」（『歴史学研究』五六一号・一九八六年）注(41)において、次のように「天皇と《天皇制》」（歴史学研究会編『天皇と天皇制を考える』一九八六年・青木書店、所収）における私の網野批判と私の積極的主張に対して、はなはだ高姿勢の反論・批判を行なっている。ここで《はなはだ高姿勢》というのは、「全くの的外れ」「まことに底の浅い俗論」といった、拙論を批判する網野氏の論調をさすことはいうまでもない。

この網野主張を一読して、ジャーナリズムにおける網野氏の影響力を考えれば、馬鹿げた俗論的反論・主張だと一笑して黙殺する（そうするべきかも知れないが）訳にはゆかない、と私は考えた。この小論は、このような網野主張に真正面から全面的に対決して、これを批判しつくす目的をもって執筆された。

網野氏の主張を全文紹介すれば、次のような内容である。

なお安良城盛昭「天皇と《天皇制》」では、拙論を津田左右吉、石井と本質を同じくする議論として批判しているが、本書及び本稿、山口昌男との対談「歴史の想像力」（『思想』七三一号、一九八五年）、「インタヴュー　中世民衆と天皇像からの照射」（『天皇制の現在』日本評論社、一九八六年）等々において、種々のべたように、また注24前掲拙著でも強調したように、前近代についていえば、建武新政ないし南北朝期までの天皇は権力者としての側面と、権威―儀礼的な側面を兼ね備えたものと当初から私は考えており、室町幕府の南朝吸収後、天皇は権力を失ったとするのが正確と思われる。この意味で、安良城の拙論に対する批判は全くの的外れであり、また日本は「島国」の故に異民族支配をうけなかったことが、前近代の天皇を長期にわたって存続させた、という安良城の主張は、まことに底の浅い俗論を出ていないと思う。このような俗論にとどまることなく「《天皇制》研究」を「ライフスタディ」とする安良城による、古代から鎌倉期までの天皇制、建武新政等についての、本格的な実証的・理論的研究の出現を待望したいと思う。

さて、この網野氏の主張ほど不可解なものはない、と私は思う。なぜそう思うのか。網野氏がこの反論・批判を公表するにいたった根源となった私の網野批判と私自身の積極的主張は次のようなものであった（本書**論文五**）。やや長文であるが、事態を正確に示すために、要約せずそのままのかたちで引用したい。

天皇の存在、即、《天皇制》ではないこと、したがって、天皇家の出現を歴史学的に確認できる六世紀以降の約一五〇〇年の日本の歴史が、天皇家を中心に展開してゆく《天皇制》の歴史ではないこと、この一五〇〇年の日本の歴史のうち、《古代天皇制》、《中世天皇制》（鎌倉期にかぎる）、近代「天皇制」、の約九五〇年が《天皇制》とかかわっているのであって、室町期には室町幕府権力、徳川期には幕藩制的権力、敗戦後には国家独占資本主義権力、といった非《天皇制》権力の下にあること、以上の点は《天皇制》を歴史科学的に把握するための最も基礎的認識であることは、前掲安良城「歴史学からみた天皇制」（安良城『幕藩体制社会の成立と構造』増訂第四版・一九八六年・有斐閣所収、本書**論文二**）においで詳細にのべたところである。

ところで《古代天皇制》の成立・存続を抜きにして、あらゆる時代の天皇・《天皇制》を論ずることができないのは当然であって、ここに近代・現代の天皇にもつきまとっているその前近代的性格の淵源を求めることができるのであるが、近代「天皇制」についての正確な認識なしには、前近代の《天皇制》や天皇存在、そしてまた現代の「象徴天皇制」を的確にとらえることはできない、ということも十分に理解される必要がある。

これまた前掲安良城「歴史学からみた天皇制」で指摘しておいたが、「天皇制」という言葉・概念は近代「天皇制」を把握するものとしてもともと成立してきているのだから、近代「天皇制」の正確な認識こそが必須となるのである。人間についての科学的認識の確立が猿についての科学的認識を可能とさせたのと全く同様に、近代「天皇制」の正確な認識こそが《古代天皇制》や《中世天皇制》の的確な認識を助けるのである。こういう方法的見地に立たない、天皇がどの時代にも存在していたというわかりきった事実から天皇研究を再構築すべきだ、などという網野善彦流の無方法的な中世天皇論が、中世天皇についての虚像の強調に陥ってしまうのは必然的である。

天皇は、常に支配階級の一員であり、秩序の象徴、保守の象徴、支配階級の象徴、としての天皇として存在しており、だからこそ、支配階級にとっては常にさまざまな利用価値があるのだが、日本歴史上のどの時代をとってみても、天皇が国民や庶民であったことはいまだかつて一度もなく、国民や庶民を代表する言動も一切なかった。また、国民や庶民が天皇を利用するなどということも歴史上一切なかった。

だから、権力的天皇と儀礼的天皇のいずれが、天皇の本質であるか、といった議論（津田左右吉・石井良助にはじまり最近の網野善彦氏）は、問題のたて方がそもそも間違っている。

《古代天皇制》下の天皇、鎌倉期の《中世天皇制》下の天皇、近代「天皇制」下の天皇が、権力的天皇と儀礼的天皇の両面を兼ね備えており、非《天皇制》的天皇に転落した室町期の天皇と近世の天皇が儀礼的天皇たりえたのは、その前身が権力的であったが故にもっていたその儀礼的側面が、新たな非《天皇制》的権力によって温存・利用されている、という歴史的事実によっても明白である。

ところで、一五〇〇年に及ぶ天皇の長期的存続についていえば、前近代の天皇の長期的存続に問題の本質がある。なぜならば近代「天皇制」下の近代天皇は八〇年、現代「象徴天皇制」下の現代天皇は四〇年にすぎない。

この点については、前近代アジアの歴史と辺境日本という視点から、つまり日本歴史における異民族支配の欠如との関わりで論ずべきであろう。一般に異民族支配は被征服民族の王を抹殺する。東アジアの最東縁の島国である日本は、幸運にも異民族支配を前近代においては経験しなかった（モンゴルの来襲があったとはいえ）。このことが、南北朝内乱によって天皇は《中世天皇制》下の天皇の地位より滑り落ちながらも、室町幕府権力によって抹殺されず、その儀礼的役割によって室町幕府に奉仕する血筋の貴い「侍女」としてその存続を許されているのである。そしてまた、非《天皇制》権力の下においても、権力者・支配階級の操り人形・走狗に甘んじてきた天皇の特質が、天皇の長期存続を支えた理由の一つでもある。しかしながら、歴史の可能性として天皇消滅の二回の可能性が存在したと考える。その一つは戦国期の織田政権の下であり、他の一つは敗戦後の占領体制の下である。

織田信長は「神・仏を信ぜず」というそのイデオロギーと、中世的権威を政略的に利用することはあっても、必要とあらばいつでもこれを見棄てて滅ぼす行動性をもっていたので、本能寺の変で横死せず、全国制覇を遂げた暁には、将軍足利義昭を放逐したように、天皇も放逐される可能性を秘めていたと私は考える。

敗戦後の占領期には、異民族支配であるが故に、天皇の命運はまさに風前の灯だった。しかしながら、第一に、天皇を利用して占領を効率的に進めようとする占領軍（とくにアメリカ）の政策、第二に、天皇存続を熱望した日本の支配階級の画策、第三に、《天皇制》批判が国民レベルにおいて滲透していない状況、第四に、占領という異民族支配に対する抵抗感が、天皇を民族的シンボルと誤解する風潮の強い底流、第五に、天皇自身の占領政策に対する積極的追従、によって天皇は漸く存続しえたのである。

この文章を一読されれば、読者は私の網野批判が次の二点にあったことを確認できるであろう。①網野氏の天皇論は無方法的である。②権力的天皇と儀礼的天皇のいずれが天皇の本質か、という網野流の論議は「問題のたて方がそもそも間違っている」。

さて私のこの網野批判に対して、網野氏は①については言及すらせず頬かむりして②に限って反論し、網野氏が南北朝期までの天皇を権力的天皇と儀礼的天皇を兼ね備えた存在とみなしている事実を私が看過・無視しているが故に、私の批判は「全く的外れ」だといわれるのである。どうしてそんな反論ができるのだろうか。

南北朝期までの天皇を網野氏は権力的天皇と儀礼的天皇を兼ね備えた存在とみなしていない、などと私が誤解して批判しているのならば、この網野反論は有効なのだが、私の網野批判はそんな誤解の上になりたっているのでは全くない。網野氏は私の網野批判を正確に理解すべきである。網野氏も権力的天皇と儀礼的天皇の共存を容認している、というごく素直な網野理解を前提とした上で、なおかつ「権力的天皇と儀礼的天皇のいずれが天皇の本質かという（網野氏の）問題の立て方」に論点の的をしぼって私は網野批判を行なったのである。

とするならば、南北朝期までの天皇を権力的天皇と儀礼的天皇が一身に併存していると網野氏が認識していた事実をいくら挙げつらってみたところで、それは所詮反論の態をなさない無意味な議論であって、安良城が批判するような「問題の立て方」を網野氏は一切しなかった、と事実にもとづいて網野氏がその反論を展開しない限り反論の態をなさない筈である。しかしながら、そんな主張＝反論は、網野氏は口が裂けてもできないのではなかろうか。論より証拠、参照すべき文献として網野氏がこの反論であげた山口昌男氏との対談「歴史の想像力」（「思想」七三一号・一九八五年）で次のように網野氏はのべている。

網野　（前略）いままでの天皇論には二つの非常にはっきりした系譜があるように私は思う。一つは儀礼的な、山口流にいえば、パフォーマンスをする天皇こそ天皇の本質だという議論と、もう一つは権力をもつ専制的な天皇こそが天皇の本質なんだ、という考え方の二つですね。天皇制に反対する方にも賛成する方にも、この両方の評価がはっきり分かれているんですよ。戦前では平泉澄は権力的な天皇を本質と考えるほうに属すると思うんだな。だから後醍醐を非常に高く評価することになるし、権力者としての後鳥羽を高く評価するという方向にいく。

保田與重郎はみなさんが読めというので読んでみたけれども、保田は逆ですね。つまり後鳥羽の取り上げ方にしても、幕府と対決した後鳥羽ではなくて、文化的な天皇としての後鳥羽を評価する。だから農耕儀礼を主催する、オオミタカラの頂点にいるものとしての天皇こそが天皇の本質だというふうにくるわけね。

戦後も同じなんですよ。石井良助氏は「刃に血塗らざる伝統」ということを言って、天皇の本質はまさに不執政であるところにある。権力をもたない、行使しないのが天皇の本質だとする。ところが一方、戦後の天皇制肯定者の中でも村松剛氏は全く逆なんですね。村松氏は文学者だから天皇を平泉的な見方とはちがって生々しい人間としてとらえるのだけれども、「後醍醐帝なくしては明治大帝なし」ということをはっきりいっている。つまり天皇の歴史の中で評価すべきは古代の専制君主的な天武、そして後醍醐、明治とくる。これこそ天皇らしい天皇というわけ。ところが石井良助氏の方から見ると、「この三大天皇こそ天皇史上最悪の天皇だ」ということになる。石井さんはそう言うわけですね。

これは天皇制否定論者の方にもあるわけだ。たとえば安良城盛昭氏の場合は平泉・村松型になる。つまり天皇制は天皇が国家機構の頂点にあり、支配のため究極的権威を持ち、最大の搾取者であった場合のみにあてはまる概念だ。だから天皇制は古代と戦前の近代、それから中世の前期、それしかない。あとの天皇は儀礼をもって権力者に奉仕する「侍女」にすぎないので、支配階級の「あやつり人形」だというわけです。永原慶二さんもどちらかといえばこの見方だったでしょうね。だから平泉・村松型とは正面衝突する。しかし、保田・石井とは完全にすれちがってしまうんですね。天皇制批判者の側で、儀礼的不執政的天皇を本質だとはっきり言い切る人は吉本隆明氏はそれに近いのかもしれないけれども、歴史家にはいない。ただそちらの面を考えなければ天皇の本質はつかみ切れないという考えが最近、強くなっていますね。黒田さんはその一人だろうし、永原さんもその点を主張しはじめている。だから批判者のほうも、、批判の論点をどっちに向けるかというところで二つに分れる。権力をもっている天皇のほうに矛先を向けるか、儀礼の主催者としての天皇の矛先を向けるか、それとも双方ともに向けるかということが当然出てくるわけですね。（中略）「天皇制の深層構造」を読んでも山口さんはさきほど言った権力者天皇じゃなくって、私の分類によれば、むしろパフォーマンス天皇が本質という意見だと理解しているんですけども。

山口　そうですね。

（中略）

網野　（中略）しかし山口説はさきほどいった天皇論の一つの系列にはっきり入ると思う。つまり摂関家と天皇、将軍と天皇。実権は前者、後者は神がかり。だからさっきの分類で言えば一種の不執政説だよね。そうした不執政の構造を解明する上で非常に有効な議論だとは思うんですよ。

ところが天皇は、出発点のところで「刃に血を」塗っている。天智、天武がいなければ天皇制もできないし、天皇もつづきはしない。だからたとえば後醍醐は、そういう不執政を支える構造そのものをぶち壊そうとするわけですよ。だから彼は貴族たちからも反発をくらって結局は没落するんだけれども、その構造に正面から挑戦した中世唯一の天皇でしょうね。天武にもそういうところがある。だから政治権造の方からいえば、貴族の方からいえば、貴族の合議体と天皇との関係になってくるわけです。太政官の合議体、公卿会議と天皇との関係ですね。

そういう経緯があるから、一方の側村松剛氏は、後醍醐がいたから明治大帝があり得たんだというわけです。いまの山口さんのお話は、象徴天皇のあり方を解明する上には有効だし、いま天皇護持論者はもっぱら不執政論、儀礼主催者の側面を前面に押し出して、来るべき「代がわり」にそなえて必死になっているわけだから、その足元をすくうためにはもっと天皇のパフォーマンスの深部を白日にさらす必要がある。天皇古墳を発掘することだって大いに必要なわけですよ。しかし逆に言って安良城さんが非常に問題にする権力的天皇の問題が、山口説のどこから出てくるのか。それを無視したら、天皇は存在し得ない。聖徳太子か天武か、なんていう議論もあるけれども、天智朝を武力でひっくり返した天武がいなけれゃ天皇制もできないし天皇はいままでつづきはしないんですね。

山口　網野さんの二分法は、単純化による問題のすりかえで、不毛の議論の趣きがあります。でも、しかしそれはそれとしても、王権というものが常にどこでも二つの可能性を潜在的に持っていると思うんですね。いわゆる権威と権力。

網野　そうそう、権威と権力ですよ。

山口　どれだけ使い分けているかという問題ですね。だからそれを権力だけだと言っても抜けるし、権威だけだと言っても抜ける。

網野　その通り。

（下略）

みられるように、網野氏が、権力的天皇か儀礼的天皇か、どちらが天皇の本質か、という二者択一の問題を立てていたことは全く疑問の余地がないのである。しかも、こういう網野流の「問題の立て方」に対して、山口氏も「網野さんの二分法は、単純化による問題のすりかえで、不毛の議論の趣きがあります」と批判し、王権が常にもつ「権威と権力」をワンセットとして取扱うべきだと強調しているのである。網野氏はこれに対して「その通り」とのべてはいるが、下略した部分のこの対談の内容を具体的に確めてみると、「その通り」がちっともいかされていないのである。もともと網野氏が「その通り」と考えていなかったからである。

私の網野批判が「全く的外れ」などと到底みなしえないことは、論議の余地なく明白である。網野氏のこの反論なるものは、天に向って唾をするようなものである。

もちろん私は、天皇の権力的存在という側面だけが天皇の本質だと単純に強調する、網野流の表現によれば、「平泉・村松型」の天皇論に属する主張など一切した覚えはない。「たとえば安良城盛昭氏の場合は平泉・村松型になる」といった網野氏の判断については、例によって他人の論文の理論的枠組を正確にキチンと読めない（これまで、再三にわたって具体的に指摘したところであるが、本書論文**四・一一**参照）網野氏の「まことに底の浅い」読みから生じた誤断としかいいようがない。

それだけではない。この「南北朝動乱について」の本文における網野氏の天皇論を読んでみても、「権力的天皇（権力）と儀礼的天皇（権威）」をアレかコレかではなく、方法的にはワンセットとして追求すべきだとする山口・安良城の網野批判について**口先だけでは「その通り」と容認しながら**方法的にいかされているとはとても思えないのは残念である。

網野氏は自分のかつての主張をキチンと読み返して明確に自己批判し、「全く的外れ」のこの反論を潔く撤回すべきであろう。

そしてまた、天皇の長期的存続についての私見を「まことに底の浅い俗論」などと網野氏が批判する点も、またまた私見を正確に理解できない網野氏の「まことに底の浅い」読み方に由来するデタラメな批難と反論せざるをえない。

もしも私が「日本は〈島国〉の故に異民族支配をうけなかったことが、前近代の天皇を長期的に存続させた」唯一の原因だと網野氏が要約したような単純な主張だけをしていたならば、私も「まことに底の浅い俗論」という批判を甘んじてうける。網野氏は今一度私の「天皇と《天皇制》」を読み返して頂きたい。網野氏が批判するような単純な主張をした覚えは私には全くないのである。

かつてマルクスは『資本論』第二版の「あとがき」で叙述の仕方と研究の仕方の差違について論じているが、天皇の長期的存在についての先の小論における私の叙述の仕方も、それについての私の研究の仕方とやはり違っている。先の小論（**本書論文五**）の叙述においては、敗戦後の「天皇の命運はまさに風前の灯だった」状況から「天皇は漸く存在しえた」事態への移行の分析をこの小論の**2**の最後に置いて叙述しているが、私のこの問題についての研究の起点は、実はここにあるのである。

戦後数年間の占領期と戦後変革期は、戦前・戦中の近代「天皇制」を解体せしめただけでなく、天皇の存在そのものをも危うくした、その基本要因が占領という異民族支配のもたらしたものであることについては論議の余地がないほど明白である。ところで、この異民族支配と被支配民族の天皇（君主）存否という命題は、特殊日本的な、あるいは又、特殊近代的な、次元においてのみ論ぜられうる性質の問題かどうか、これが私の研究上の出発点である。

結論的にいって、この命題は、特殊日本的でもなければ特殊近代的なものでもなく、洋の東西、時代の如何、を問わず発生する問題とみなし、そこから、「一般に異民族支配は被支配民族の王を抹殺する」という私見が導きだされた。前近代日本の天皇の長期的存続はこの見地からもとらえなければならない、と私は主張したが、この見地**だけ**から理解すべきだなどとは全く主張して**いない**。

それどころか、「非《天皇制》権力の下においても、権力者・支配階級の操り人形・走狗に甘んじてきた天皇の特質が天皇の長期存続を支えた理由の一つでもある」（一四八頁）と明確に指摘し、異民族支配欠如を天皇長期存続の唯一の原因とみなすがごとき「まことに底の浅い俗論」的見地に私が立たないことを明示しているのだが、網野氏はこの指摘を読み落したのだろうか。

だいいち、この小論で私は、織田信長によって天皇の存在が抹殺される歴史的可能性があったと指摘している（一四八頁）。異民族支配者でもない、レッキとした日本人支配者である織田信長による天皇抹殺の可能性を論じている私が、異民族支配だけが天皇を抹殺できる、異民族支配がなかったそのことが天皇の長期存続を支えた唯一の根拠だ、などと主張していたとするならば、それは私が精神分裂症に罹っている以外にはありえないことである。網野氏は、私を精神分裂症患者とみなしているのだろうか。他人の主張の論理的枠組について一切理解・考慮することなく、前後の脈絡を無視して批判対象者の主張の一部のみを切りとり、字面の表面のみ追って我田引水の論議を展開する、網野氏の皮相な批難については、全くアキレタという以外にはない。

それだけではない。非《天皇制》権力（室町幕府権力・幕藩体制権力・国家独占資本権力）の下における天皇は、非《天皇制》権力に対する奉仕者であり、非《天皇制》権力は天皇の利用者であることを先の小論で明確に指摘した上で、この奉仕・利用関係が存立しうる一つの根拠を、「天皇は、常に支配階級であり、秩序の象徴、保守の象徴、支配階級の象徴、としての天皇として存在」している日本歴史に内在する事実関係に求めている。だから、異民族支配の有無といった外在的要因のみに天皇の長期的存続の根本的理由づけを求めていないことも明らかである。つまり、Ⓐ「《非天皇制》権力・支配階級の操り人形・走狗に甘んじてきた天皇の特質」Ⓑ「常に支配階級（と権力者の）一員であり、秩序の象徴、保守の象徴、支配階級の象徴、としての天皇存在」というⒶⒷ二つの天皇に内在する側面が、この奉仕・利用関係を根底において支えており、天皇に内在するⒶⒷという特質的側面に、天皇の前近代の長期的・持続的存続の究極的・積極的要因を認め、戦後を除いて異民族支配が欠如していた日本独特の史実は、消極的要因とはいえ天皇の長期的存続を助長している、というのが先の小論における私見の根幹である。

ところで私は、ⒶⒷという天皇の存在特質だけによって、天皇の長期的存続を歴史的に理解しようとするものでもない。「天皇と《天皇制》」は歴史学研究会編の単行本『天皇と天皇制を考える』（一九八六年・青木書店）に収められたために、自づと割当紙数に制約があったが故に、Ⓑから必然的に展開されるべき人民サイドに内在する要因Ⓒから生ずる天皇の長期的存続の要因についての叙述についてては、これを割愛せざるをえなかったので、このⒸについてここで簡単にふれておこう。

先にものべたように、Ⓐは、非《天皇制》の権力者たちが天皇の利用を可能とする天皇側の姿勢を指摘したものであり、Ⓑは、そういう従順な侍女的天皇そのものに内在している非《天皇制》権力側からみた利用価値の内実を論議しているのである。しかしながら、このⒷが権力側にとって真実に利用価値があるものとして現実化しうるためには、人民サイドに「秩序の象徴・保守の象徴・支配階級の象徴」としての天皇を受容する内在的要因Ⓒをかかえている歴史的現実があったということなしには成り立ち難いという歴史の現実を、冷厳に見定める必要がある。ⒶⒷはⒸによって裏打ちされているのである。もしもⒸが存在しなければ、ⒶⒷは宙にうかんだ空虚なものとならざえるをえない。Ⓒについては、割宛紙数の制約で前掲「天皇と《天皇制》」では論及できなかったが、ⒶⒷの指摘は、歴史論理的にも歴史事実的にもⒸの展開を含意・想定しているのである。網野氏にはこの含意を察知できなかったのだろうか。ⒶⒷはⒸを展開するために必須・不可欠の私の布石なのである。何人かの友人たちは私のこの布石をチャンと理解して、何時Ⓒについて論ずるのか私に問うたが、網野氏には、島国＝異民族支配欠如だけが妙に気になってⒶⒷを読み落し、ましてやⒸへの布石などに思いも及ばなかったとするならば、網野氏も他人の主張の論理的枠組について「まことに底の浅い」読みしかできないお人なのだなあ、と私は慨嘆する以外はないのである。

歴史を発展・推進せしめる進歩的要因が人民の側にしかないのはいうまでもないが、このことを単純に考えて、人民の全てはいつでもどこでも進歩的で革新的であり、常に変革的である、等とみなすのは、歴史の現実を知らないおめでたい浅薄な歴史理解というほかはない。

そうではなくて、人民の多くは、どの時代をとってみても、革命期を除く多くの場合、やはり秩序を愛し保守的ですらあり、支配階級の存続を前提＝容認もしている。そうでなければ、人類の歴史のなかで階級支配がこれほど長く存続する筈もないし、日本の歴史の上で天皇がこれほど長く存続する訳もない。

変革とはさまざまのレベルでの旧秩序の否定である。だから変革が長期にわたり恒常化するならば、秩序は常に動揺することになり、安定した日常労働は不可能となり、一定の秩序を前提としない限り維持できない労働に日常生活が支えられている人民の多く――一般庶民は、生活不可能となる。だから人民の多くは秩序を愛し、そのことは彼等をして多かれ少かれ保守的な存在たらしめる。現代日本国民にみられる保守的傾向を、日本が経済大国になったから必然的だなどと考えるのは、短絡的で皮相な見解である。人民の大多数がショッチュウ支配階級に批判的であったなら、長期的な階級支配など成立しうる筈もない。

このようにして、Ⓑは©に対応してⒶを伴なっているのである。©についての分析は、この様な簡単な指摘では到底つくされない複雑・多岐にわたる有機的・立体的分析を必要とするが、ここでは、ⒶⒷ©の相互関連についての基本的な論理関連構造を明確化することによって、前近代の天皇の長期的存続についての私見が、網野氏の批判されたような単純素朴な島国＝異民族支配欠如論に全く基づいていなかったことが証明できたとすれば、それで十分だと考え、別稿でその有機的・立体的分析を果したいと考えるが、ここでさらに一言つけ加えておきたい。

Ⓒは、実際のところ、人民の再生産＝生活構造の複雑さに根ざしているのである。たとえば、日本中世に成立してくる「百姓」のイエに即して考えれば、イエは家族共同体であるとともに、それは家父長による家族員の統括＝支配の下にあり、さらに、イエ内部に包摂されている非血縁の、自律的＝自立的に家族を形成できず、主人の家に包摂され自からのイエを自律的＝自立的に形成できない「下人」に対する家父長的奴隷制的支配が内包されている場合も決して例外ではなく、また、男性の女性に対する優位を秩序とみなす大勢のもとにあったこと、しかもこれらの状況が動揺しないことが、イエ存続の前提とみなされていたこと、中世「百姓」のイエの再生産＝生活構造のこの階層性が、必然的に秩序を愛する保守的傾向を生み出しⒸ（人民意識ともいいかえることができる）、それがⒷを支えることとなると同時に、ⒷがⒸを支えるという相互規定的な関係となる。

それだけではない。これまでのⒶⒷⒸの検討であきらかなように、ⒶⒷⒸのうちⒶⒷは天皇の、Ⓒは中世「百姓」の、内在的な特質をとりあげてきたのだが、ここで重要な点は、中世天皇家が、イエの最高形態の象徴であったが故にⒸの支えになったのではない、ということである。中世の武家・公家は、中世「百姓」のイエより、より高次のイエを展開していたが、にもかかわらず、武家・公家が「百姓」のイエをイデオロギー的に支えきれず、天皇を介在せしめていたことが注目さるべきところである。

天皇のⒷを「百姓」のⒸが支え、「百姓」のイエをⒷが支えたというⒷⒸの相互規定的関係は、天皇家のイエと直接には連ならないのであって、別の次元（天皇のイデオロギー的権威）から考えねばならないのである。Ⓒは複雑に検討する必要がある。

このようにしてこのⒶⒷⒸはいずれも非《天皇制》権力が、その階級支配のためにそのままで利用できるものであるが、前近代の権力支配は単に実力支配のみではなく、これをバックアップするイデオロギー支配を実現していたことを無視してはならない。

ここでイデオロギー支配というのは、たとえば、宮中祭祀から始まって農耕儀礼・村祭にいたるまでの、予祝・豊穣・防災を祈り寿ぐ民俗祭祀を祭る神々の多くが、皇祖神アマテラスに系列・秩序づけられており(山の神・田の神等といった非人格的でスピリット的な純土俗的神々は別として)、このことがⒷを支える基盤をⒸとして歴史的に作りだしているのである。

歴史的というのは、原始の昔からこういう状態(アマテラスを最高神として、諸々の神々がそれに系列づけられるという一系的なヒエラルヒッシュな神々の世界)をとっていたのではなく、《古代天皇制》成立による祭祀の編成替――われわれは史料的に知ることのできる律令制下の神祇編成を通じて、この編成替の原初過程を推察することができる――が、こういう形態をもたらした、という意味である。

もともとアマテラスとは無縁な、さまざまな地域の土俗の神々が、原始から《古代天皇制》に移行する過程で、数次の歴史的過程を経て結局のところ、『古事記』・『日本書紀』の神々の世界に編成替された、と私はみなすからである。

本書でとりあげた中世社会に即していえば、中世荘民(「百姓」)はその祭祀が、原始の昔から引き継がれてきた本源的な祭祀と考え信じていたのだが、それが如何に原初の姿を残していたとしても(祭の多様な諸形態にそのことが示されているが)、それも実のところ、《古代天皇制》権力成立以後のさまざまなレベルにおけるイデオロギー的編成替の所産が、歴史的に中世社会の中で定着したものであることは疑いない。先に、Ⓑを支えるⒸは、中世天皇家のイエと直接的に関連づけるべきではないと指摘したのはこの故である。

Ⓑと©を媒介するものとしてのこのイデオロギー支配的要因、つまり権力支配を合理化するための権力の積極的なイデオロギー関与Ⓓが存在することの重要性を見失ってはならないのである。Ⓓは強制を伴なう長期の歴史過程を通じて、Ⓒ（つまり人民意識）に転化しうるのである。

Ⓓは、時代によって異なるさまざまな姿態をとって現われる。たとえば、近代「天皇制」の下における皇民教育はその最たるものである（近代社会においては、前近代のような実力支配ではないが故に、教育・マスコミを通ずるイデオロギー支配が全面化している）。

一五年戦争における日本軍隊と「銃後」国民の行動を基礎づけたⒸ（人民意識）が、明治以降の皇民教育Ⓓによっていかに創り出されたものであるかは、論議の余地なく明白である（皇民教育は明治期になって、前近代には普遍的ではなかった天皇中心思想を、権力によって創り出し、主として教育（学校教育・軍隊教育・社会教育）を通じて強圧的にイデオロギー的に関与して国民思想Ⓒとして定着させた典型的事例にほかならないだけでなく、敗戦後四〇年を経た今日まで、その後遺症を残している）。私なりにいえば、ⒹのⒸへの転化の具体的な証明である。

日本歴史における天皇の長期的・持続的な存続は、ⒶⒷⒸⒹの見地から、歴史的に有機的・立体的に分析されねばならない、と私が主張するのはこの故である。

学問・研究上のエチケットに反して、他人の主張を批判しやすいように勝手に歪曲・改悪して論点をすりかえ、したり顔に論評する網野氏の悪癖（本書論文四・一一参照）は根本的に是正される必要があろう。意識的にワザとこういうデタラメを繰りかえしているとするならば、言語道断であるし、理解力の乏しさからデタラメが生じているという偶然の結果とすれば、その偶然が一度ならず二度・三度と繰りかえされているのだから、とすれば単なる偶然ではなく、必然性があろう。その必然性の根本理由にメスを入れて網野氏は厳しく自省する必要があるのではなかろうか。

なお、非《天皇制》権力下の前近代の天皇が、支配階級内部の秩序編成について儀礼的役割を発揮（叙位・叙官を通じて）していたことは、周知の事実であるが故にこの小稿では論じなかった。

また論及しなかったが、現代の「象徴天皇制」下の叙勲制度・園遊会・学士院恩賜賞・スポーツにおける天皇杯等々と国体や植樹祭への天皇の積極的関与を通じて、体制維持に果している天皇の権威的役割を重視する必要がある。

（一九八七年）

七　沖縄戦と米軍沖縄直接支配に対する天皇の個人的責任

——復帰一五年と海邦国体前夜の沖縄との関わりから——

はじめに

本土より一ヵ月早い梅雨明けの青空の下、今年（一九八七年）の「慰霊の日」（第三二軍司令部が壊滅して組織的な沖縄戦が終結した日）六月二三日を迎えた。二万五〇〇〇の人びとが反戦を願って嘉手納基地を人の鎖で包囲した六月二一日が、まさに篠突く豪雨に見舞われたのに、この六月二三日は、真夏の太陽が照りつけていた。

今年の沖縄の夏は例年にもまして暑いだろう。復帰一五年を記念する海邦国体の準備が着々とすすめられる一方、天皇の戦後初めての訪沖の可否が熱っぽく論ぜられ、国体における日の丸・君が代問題がクローズアップされているからである。

この六月二六日に、「天皇（制）を考える市民講座」の第一回が、谷川健一氏を講師として県都那覇で開かれた。この講座は、一般市民・ジャーナリスト・教師・牧師・弁護士・大学人の有志二五〇人が発起人となって、これから二年間毎月一回講演会を開くという。天皇と沖縄のかかわりを常に反芻せざるをえない沖縄の地域的特性が生み出した独特の市民講座といえよう。恐らく本土では、こういうボランタリーによる天皇制講座は長期的にはなかなか持続し難いのではなかろうか。

確かに東京でも、一九八五年一〇月から一九八六年二月にかけて「いま天皇制を考える」と題して、永原慶二・安丸良夫・宮地正人・中村政則・安良城盛昭を講師として五回にわたる連続講演会が開かれた（歴史学研究会編・歴研アカデミー『天皇と天皇制を考える』一九八六年・青木書店）が、それは「歴史学研究会」という学会主催であって、沖縄の市民講座が、二五〇名もの多数のしかも様々な職業についている市民有志によって企画されているところに、地域的特性がよくあらわれていると思われる。

それだけではない。七月二日の「沖縄タイムス」は「県庁第一記者クラブ（一六社加盟）は一日午後、海邦国体のため来県される天皇陛下との記者会見を実現してほしい、と宮内庁に文書で申し入れた」との記事を掲載した。その「申し入れ」の内容は、「一、大正十年以来、六十六年ぶりの沖縄御訪問についてのご感想、二、沖縄戦と戦後二十七年にわたる沖縄の異民族統治について、三、沖縄の異民族統治にかかわるとされる、いわゆる〈天皇メッセージ〉の真偽について、四、戦後、各方面で論議されてきた〈戦争責任〉について」をあげている。

天皇が訪沖するとするならば、避けてとおることのできない設問＝ハードルというべきであろう。クラブ加盟の一六社とは、「沖縄タイムス」・「琉球新報」の地元二紙のほか「朝日」・「毎日」・「読売」・「日経」・「サンケイ」の本土紙とＮＨＫはじめテレビ・ラジオ各社と「共同」・「時事」の両通信社である。宮内庁側は、例によって「天皇陛下に対する記者会見のお申し入れは、これまで、様々な機会にいろいろなマス・メディアからなされてきたが、久しくお断りしてます」との態度である。しかし、沖縄訪問について天皇は記者会見において今年、次のようにのべている。「(沖縄訪問について)実現することになりましたならば、戦没者の霊を慰め、長年県民が味わった苦労をねぎらいたいと思っています。これからも県民が力を合わせ、困難を乗り越えて、県の発展と国民の幸福のために努めてくれるように励ましたいと思います」(一九八七年四月二九日・「朝日」)。

一方的に自分の意見を記者会見でのべることはあっても、自分にとって都合の悪い問題を避けてとおるための記者会見拒否、と受けとられても仕方のない態度である。

記者会見は拒否できても、この第一記者クラブが提起した四つの設問＝ハードルについての明確な釈明なしに訪沖できると考えているとすれば、それは宮内庁・天皇の全くの誤断である。天皇は、沖縄戦と戦後の異民族支配にはっきりした個人的責任を負っているのだから、記者クラブの設問＝ハードルに対する釈明なしに倫理的にいって訪沖できるはずがないのである。

今年の天皇誕生日を前にした先の記者会見で、訪沖問題にからんで天皇がのべた「県民の労をねぎらい」「励ます」(相もかわらず戦前・戦中的天皇同様の国民を上から見下した発言としかいいようがないのだが)ことができるか、できないか、の前提には、天皇の人間としての適格性——自らの個人的言動について責任を負うかどうか、という人間的倫理性——の有無が必須不可欠の問題となっていることを、天皇や宮内庁は理解できないほど鈍感なのだろうか。

以下、沖縄戦と異民族支配という沖縄住民の悲劇に対する天皇の個人的責任を、史実にもとづいて具体的に明らかにしよう。

1　沖縄戦についての天皇の個人的責任

サイパンは陥落し、レイテ沖海戦で連合艦隊は壊滅的打撃を受け、比島決戦に敗れ、B29の本土爆撃が漸く激しくなりつつあった一九四五年二月一四日、近衛文麿は、天皇に単独で面会した。

この面会は、「時局極メテ重大ナ折柄、重臣ノ考フル所ヲ聞召サルコト可然ヤ、内大臣ノ奏上ヲ御嘉納アラセラレル。松平秘書官長ハ内大臣ノ命ニヨリ重臣ト折衝ス。重臣ヲ召サセラルルコトハ、政治上の影響モ考慮セラルルヲ以テ、重臣ノ天機奉伺ニ際シ意見奏上の形式トナス」と木戸日記研究会（代表岡義武）編『木戸幸一関係文書』（一九六六年・東京大学出版会）が述べているように、四五年二月七日から二月二六日の間に、平沼騏一郎・広田弘毅・若槻礼次郎・牧野伸顕・岡田啓介・東条英機という重臣・首相経験者がそれぞれ個別的に天皇に会見し意見具申を行なったが、重臣の一人として近衛も時局に関するその見解を文書によって（この文書は、戦後に自由党総裁・首相として政界に君臨した吉田茂宅において作成され、このこととの関連で吉田茂は憲兵隊に長期間拘留された）天皇に述べた。

近衛の見解は、他の重臣のそれと比べて最も光彩を放って卓越している。近衛はいう。

《戦局ノ見透シニツキ考フルニ、最悪ナル事態ハ遺憾ナガラ最早必至ナリト存ゼラル。以下コノ前提ノ下ニ申上グ。

最悪ナル事態ニ立至ルコトハ我国体ノ一大瑕瑾タルベキモ、英米ノ輿論ハ今日迄ノ所未ダ国体ノ変更ト迄ハ進ミ居ラズ（勿論一部ニハ過激論アリ。又将来如何ニ変化スルヤハ測断シ難シ）。随ツテ最悪ナル事態丈ナレバ、国体ハサマデ憂フル要ナシト存ズ。国体護持ノ立場ヨリ最モ憂フルベキハ、最悪ナル事態ヨリモ之ニ伴フテ起ルコトアルベキ共産革命ナリ。(中略)

戦局ノ前途ニツキ何等カ一縷デモ打開ノ理アリト云フナラバ格別ナレド、最悪ノ事態必至ノ前提ノ下ニ論ズレバ、勝利ノ見込ナキ戦争ヲコレ以上継続スルコトハ全ク共産党ノ手ニ乗ルモノト云フベク、従ツテ国体護持ノ立場ヨリスレバ、一日モ速ニ戦争終結ノ方途ヲ講ズベキモノナリト確信ス。戦争終結の最大の障害ハ満州事変以来今日ノ事態ニ迄時局ヲ推進シ来リシ軍部内ノ彼ノ一味ノ存在ナリト存ゼラル。彼等ハ已ニ戦争遂行ノ自信ヲ失ヒ居ルモ、今迄ノ面目上アク迄抵抗ヲ続クルモノト思ハル。(下略)》

近衛の見解にはこの他にも極めて興味深い内容が含まれているが、それは割愛して、近衛の意見具申に対する天皇の見解を引用しよう。

《(天皇御下問)我国体ニツイテハ近衛ノ考ヘトハ異リ、軍部ハ、米国ハ我国体ノ変革迄モ考ヘ居ル様観測シ居ルが、其ノ点ハ如何。》

このように、天皇は「国体ノ変革」＝天皇の地位に関することが問題になりはしないかを最優先に考えているのである。これに対して近衛は次のように答える。

《軍部ハ国民ノ戦意ヲ昂揚セシメル為メニモ強ク云ヘルナラント考ヘラルル。グルーノ本心ハ左ニアラズト信ズ。グルー大使離任ノ際、秩父宮ノ御使ニ対スル大使夫妻ノ態度・言葉等ヨリ見テモ、我皇室ニ対シテハ充分ナル敬意ト認識ヲ有スト信ズ。但シ米国ハ輿論ノ国ナレバ、今後戦局ノ発展如何ニヨリテハ将来変化ナシトハ保証シ得ズ。之戦争終結ノ至急ニ講ズルノ要アリト考フル重要ナ

ル点ナリ。》

だが、天皇は、この近衛の進言を自らの判断で斥ける。

《(天皇御下問) モウ一度戦果を挙ゲテカラデハナイト中々話ハ難シイト思フ。》

近衛は次のようにいう。

《ソウ云フ戦果が挙ガレバ誠ニ結構ト思ハレマスガ、ソウ云フ時期ハ御座イマセウカ。之モ近キ将来ナラザルベカラズ。本年、一年先デハ役ニ立ツマイト思ヒマス。》

これで『木戸幸一関係文書』の近衛会見録は終わっている。

この最後の近衛の言葉は、「暗愚」な君主に対する「忠臣」の棄てゼリフ以外の何ものでもない。近衛はこの天皇会見にかなりの決意をもって臨んだと考えられる。『木戸幸一関係文書』における近衛の見解は、次の内容として要約できる。

(1)　戦局は、「最悪ノ事態ガ必至」(決定的な敗戦)――戦局恢復不可能。

(2)　「国体護持」＝天皇地位保全は、まだ可能(しかし、それは今後の戦局の推移によって不可能となりうる)。

(3)　軍部に惑わされて事態を直視できていない天皇に諫言する(だから「以上申上ゲタル点ニツキ間違タル点アラバ何卒御叱リヲ願度シ」と見解表明の最後に近衛はのべている)。

(4)　即時の和平交渉＝戦争終結の提案。

この近衛見解には、日本における共産革命の過大評価がみられるものの、戦局の推移についてはほぼ妥当な状況判断だったと考えられる。

ところが、天皇の判断は「モウ一度戦果ヲアゲル」ことにあった。近衛に「ソフ云フ戦果ガ挙ガレバ誠ニ結構ト思ハレマスガ、ソウ云フ時期ハ御座イマセウカ」と皮肉をいわれても気づかなかったことが沖縄戦を必然化したのである。

天皇が賢明であれば、近衛進言にもとづいて、天皇は戦争終結に踏み切り、二十数万の死者を出したあの悲惨な沖縄戦は回避できたのである（沖縄戦で被害を蒙ったのは沖縄県民だけではない。《戦争即結》という近衛の進言を受け入れるだけの賢明さが天皇にあれば、鹿児島県を基地とした特攻隊など多数の本土の若人が生命を無駄に散らすこともなかったろうし、制空権をもたない状況で戦艦大和を中心とする艦隊特攻を行ない、沖縄に到達しないままに奄美徳之島沖で大和は撃沈されて艦隊は壊滅し、数千人におよぶ多数の戦死者をうんだ悲劇も発生しなかったろう）。また広島・長崎の原爆の惨禍も当然回避できた。国王が賢明であれば、国民は苦労しない。しかし、国王が賢明か、暗愚か、国民にとってはあなたまかせである。共和制であれば、国民は賢明な大統領を選ぶことができる。君主制のもとでは、国民は君主を選ぶことはできない。だから賢明でない君主が登場すると国民は大迷惑する。これは洋の東西を問わない歴史の大鉄則である。一口に昭和の六〇年というけれど、昭和前半の二〇年間は、天皇のおかげで国民は、戦争の連続でひどい目にあった。いま日本は、経済大国で、国民の生活は豊かである、といわれているけれども、それは何も天皇存続のおかげではない。

天皇家と宮内庁は、敗戦時の天皇「英断」のおかげで現在の繁栄があると御用ジャーナリストが書き立てるから、そこに安心立命しているのかもしれないが、天皇と宮内庁が頬かむりしてきた天皇の戦争責任について、国民は厳しい判断をくだしている。一九八六年四月一〇～一三日に時事通信社が行った世論調査によれば、天皇の戦争責任について、「関心がない」五・八％、「わからない」一三・九％、さらに「全面的にある」七・八％、「幾分ある」三八・五％で、計四六・三％が天皇の戦争責任を認め、天皇に戦争責任が「ない」三三・九％をはるかに上回っているのである。

それは当然である。戦前・戦中の天皇は、大元帥であって、陸海軍の最高司令官であったから、国民の半数近くが天皇の戦争責任を認めているのである。日本の軍隊を天皇の軍隊というが、それは、大元帥としての天皇が指揮・統轄＝統帥する軍隊としてまず理解さるべきであって、この故に天皇に忠誠をつくす軍隊としても日本の軍隊は存在したのである。

戦前・戦中の天皇が常に大元帥の軍服姿で国民の前に現れたのはこの故である。白馬白雪にまたがる陸軍大元帥としての天皇、御召艦としての戦艦比叡をもっていた海軍大元帥としての天皇、という戦前・戦中の天皇の本質的側面を逸して、近代「天皇制」下の天皇を論ずることはできないのである。

それだけではない。国民の過半数が軍隊経験をもたなくなった現在、次の紛れもない事実をここに紹介しておく必要があろう。

陸軍についていえば、最も基礎的な兵器である、三八式歩兵銃・九九式歩兵銃（小銃）の一挺毎の銃身に「日の丸」ではなく「菊の紋章」が刻印されていたのである。いうまでもなく「菊の紋章」は天皇家の紋章である。だからこの小銃をもつ兵士は、天皇の武器をあずかるということとなる。必然的にこの小銃の管理・保管については他の兵器とは異なる厳重なチェックがなされていた。たとえば、演習でこの小銃のピン一つ、バネ一つ、でも紛失すれば、その分隊は全員で演習場をバッタのようにはいつくばって探し出さねばならないのである。何処で紛失したかわからない小さなピン・バネを広い演習場のなかから探し出すのは至難のことであって、探し出すことができないとすれば、ピン・バネを紛失した小銃保持者は、ビンタを始めとする苛酷な体罰のほかに、様々なレベルの刑罰をうけたのである。

海軍についていえば、軍艦は全てその艦首に「日の丸」ではなく「菊の紋章」をつけていた。軍艦もまた天皇の武器として位置づけられていたのである。

日本陸軍・日本海軍といっても、「皇軍」＝天皇の軍隊という近代「天皇制」下で日常的に用いられた表現がもっとも、その実態と本質にふさわしいものであったといえる。

天皇が大元帥であっただけではない。男子の皇族はよほどの事情がないかぎり軍籍にあった。戦前の秩父宮・高松宮・三笠宮そして東久邇宮・朝香宮・伏見宮等々は全て軍人であった。現に大正一〇年に皇太子として天皇が訪沖した折の一葉の写真は、海軍軍服姿の皇太子を写し出している。「モウ一度戦果ヲ挙ゲテカラ」といって《戦争即時終結》という近衛の進言を斥け、沖縄戦突入を必然化した、大元帥としての天皇の個人的責任は明確である。

天皇の軍隊が沖縄住民に対して行なったさまざまな無法・不法行為だけが糾弾されるべきではないのであって、それらを含めて沖縄戦全体についての大元帥としての天皇の個人責任が追及されるべきなのである。

2　二七年にわたるアメリカの直接的支配に対する天皇の個人的責任

それだけではない、沖縄における二七年にわたる異民族支配を積極的に肯定・助長するメッセージを一九四七年、天皇はひそかに在東京合衆国対日政治顧問W・J・シーボルトにあてて送っていたのである。その内容は次の如きものである。

《天皇の顧問、寺崎英成が、沖縄の将来にかんする天皇の考えを私に伝える目的で、時日を約束して訪問した。

寺崎氏は、米国が沖縄その他の琉球諸島の軍事占領を継続するよう天皇が希望していると言明した。天皇の見解では、そのような占領は、米国に役立ち、また日本に保護を与えることになる。天皇はそのような措置は、ロシアの脅威ばかりでなく、占領終結後に、右翼および左翼勢力が増大して、ロシアが日本に内政干渉する根拠に利用できるような〝事件〟をひきおこすこともおそれている日本国民のあいだで広く賛同を得るだろうと思っている。

さらに天皇は、沖縄（および必要とされる他の島じま）にたいする米国の軍事占領は、日本に主権を残したままでの長期租借――二五年ないし五〇年あるいはそれ以上――の擬制にもとづくべきであると考えている。天皇によるこのような占領方法は、米国が琉球諸島にたいして永続的野心をもたないことを日本国民に納得させ、また、これにより他の諸国、とくにソ連と中国が同様の権利を要求するのを阻止するだろう（下略）》（この「天皇メッセージ」を発見して、はじめて公表されたのは進藤栄一氏で、一九七九年四月の雑誌「世界」（四〇一号）に掲載された「分割された領土」においてである。この進藤論文にもとづいて、一九七九年四月一七日の衆議院内閣委員会において日本共産党の柴田睦夫議員が事実関係の真偽をただすとともに、資料の呈出を政府に求めた。これに応じて、外務省は、四月一九日に資料のコピーを内閣委員会に呈出した。このような経緯で、この「天皇メッセージ」は周知なものとなり、その内容は、前掲進藤論文四七頁に、その本質的部分が訳載されており、一九七九年四月二八日の「赤旗」に全文「資料」として訳載されている。現時点では、「文化評論」編集部編『天皇制を問う・総特集』（保存版）・新日本出版社・一九八六年、四一八頁、でこの「天皇メッセージ」の全文を知ることができる。なお、この論稿を最初に発表した「朝日ジャーナル」一九八七年七月二四日号において、「日本共産党調査団がアメリカ公文書館で発見」と記したのは、勘違いから生じた全くの誤りであったことを、進藤氏より抗議をうけて始めて知った。この資料を最初に紹介されその歴史的意味を明らかにされた進藤栄一氏に、この「世界」論文を知らなかった私の不勉強の故から生じた誤りとはいえ、深くお詫びしたい」。

これこそ、沖縄県庁第一記者クラブが宮内庁に要請した「三、沖縄の異民族統治にかかわるとされる、いわゆる〈天皇メッセージ〉の真偽について」の天皇に対する質問の内実である。

この資料は、単なる伝聞証拠ではなく、アメリカ国務長官と連合国最高司令官総司令部外交部との間に交わされた公的文書であるために、沖縄の二七年にわたる米軍＝異民族支配に対する天皇の個人的関与・個人的責任は疑問の余地がない。

むすび

沖縄は本土の諸県とは二つの点で根本的に異なっている。その一つは、日本で唯一つ地上戦が戦われた県であること、その二つは、二七年にわたる米軍＝異民族支配が続いたこと、である。この後遺症は現在にも及んでいる。日本全体の米軍基地の七五％が沖縄一県に集中している現実、そこから生ずる米軍の住民生活に対する侵害と圧迫。沖縄における諸悪の根源は、戦時下の沖縄戦と戦後の米軍＝異民族支配の二つに淵源している。この二つの諸悪の根源に個人的責任を明白に負っている天皇が、このことに頬かむりして来沖しようというのは、その道義性が全く欠如しているが故に、はなはだ迷惑な「国民の象徴」の来沖というべきであろう。

ところで、沖縄に対して負うべき戦時・戦後におけるその個人的責任を回避しつづけてきた天皇の姿勢のうちに、天皇に一貫した本質を垣間みることができる。

『木戸幸一関係文書』が疑問の余地なく示すように、《戦争即時終結》を進言する近衛に対して、「国体護持」＝天皇地位保全について天皇はこだわりつづけ、「国体護持」のために「モウ一度戦果ヲ挙ゲ」てから戦争を終結をすべきだという天皇の個人的意志を鮮明にのべて、沖縄戦を未然に防止するチャンスを天皇自らの意志によって断乎放擲し、沖縄戦の惨禍を招来したのであった。

さて、戦後の「天皇メッセージ」をどうとらえるべきであろうか。進藤栄一氏は先の「分割された領土」において、①当時進行中の極東裁判において天皇が戦犯に指名されないための自己防衛策②日本共産党の「天皇制」批判キャンペインに対する対抗策、という当時の局面に即した首肯できる見解をのべておられるが、ここでは、より広い歴史的視点から問題をとらえてみよう。

「天皇と《天皇制》」（本書論文五）において「非《天皇制》権力の下においても、権力者・支配階級の操り人形・走狗に甘んじてきた天皇の特質」（一四八頁）を指摘し、天皇家の長期的存続の理由の重要な一因とみなし、さらに、その存続が風前の灯となった敗戦後の危機状況を乗り切れた五つの要因の一つとして、「天皇自身の占領政策に対する積極的追従」（一四八頁）をあげた。前者は、室町・徳川時代という前近代、後者は敗戦直後という現代、という時代を異にするとはいえ、非《天皇制》権力の下における天皇家の保身術という一点において全く共通している。

ところで、近衛の《戦争即時終結》という極めて妥当な進言を「モウ一度戦果ヲ挙ゲテカラデハナイト中々話ハ難シイト思フ」と斥け、「国体護持」＝天皇の地位保全の見地から、沖縄県民と国民を絶望的な戦争に駆り立て続けた天皇の行為は、愚かとはいえ、そして国民はそのお蔭で甚大な被害を蒙ったとはいえ、これまた「国体護持」の為という、天皇の保身術の現われに他ならなかった。前近代・戦時中・戦後に一貫して現われる天皇の保身術は、天皇家が永続すれば、国民も沖縄住民もどうなってもそれで良しとし、訪沖を目前にした現在にいたるもこれについて一切反省しないという驚くべき天皇の身勝手さがある。この身勝手さは、アメリカ訪問直後の一九七五年一〇月三一日の記者会見において、「陛下はこれまでに三度広島にお越しになり、広島市民に親しく御見舞の言葉をかけておられるわけですが、戦争終結に当たって、原子爆弾投下の事実を、陛下はどうお受け止めになりましたのでしょうか」と記者に質問されて、「原子爆弾が投下されたことに対しては遺憾には思っていますが、こういう戦争中であることですから、どうも、広島市民に対しては気の毒であるが、やむを得ないことと思っています」と答えているところにもよく現われている。冗談ではない。一九四五年二月の《戦争即時終結》という近衛進言を天皇がうけいれていれば、広島市民は原爆を経験する筈がない。《戦争中であること》だからではなく、天皇が《国体護持のためという自己保身にこだわった》ために原爆投下を招来したのだから、広島市民にひどい目にあわせて本当に済まなかった、と詫びるのが当然で、それを詫びもしないで、《やむを得ないことと私は思っています》などと天皇がヌケヌケと述べているところに、天皇の無責任さ・身勝手さが象徴的に示されている。

ところで、天皇は海邦国体に際して是非沖縄を訪れ、「島民の労をねぎらいたい」「励ます」機会のやってくることを強く願っている、とマスコミは伝えている。もしも、私的利害にからむ「やむをえざる」事情によって大量致死事件にかかわった人間が、情状酌量によって「免罪」された場合、そんな人間が被害者の家族を訪ねて「労をねぎらい」「励ます」などといった大それたことを、常識的にいってできるだろうか。誠意を以てひたすら「お詫び」する以外《人倫の道》に則ることはできないのではなかろうか。沖縄戦と異民族支配にはっきりした個人的責任を負っている天皇が、どうして「お詫び」ではなく、「県民の労をねぎらい」「励ます」ために沖縄を訪れることができるのだろうか（一九八七年秋の「沖縄タイムス」・「朝日」の県民意識調査によれば、天皇の「お詫び」を求める県民が多数であるという事実を天皇と宮内庁はどう考えているのだろうか）。天皇は《人倫の道》を守るべき人間ではなく、敗戦前の現人神に戻ってしまったのだろうか。

（一九八七年）

八　はてしなき過程としての復帰

――急速な本土化達成は幻想――

復帰六周年（一九七八年）にあたる五月一五日が来た。南国沖縄では、五月といえばはや夏、ここ数日の寒暖計は二八、九度をさし、今を盛りの〈でいご〉の真っ赤な花が夏の到来を示し、本土より一月早い梅雨入りのために、生温かい湿気を帯びた南風が吹きはじめている。

去年は、復帰五周年にあたっていたので、地元紙はもちろんのこと、本土のジャーナリズムも、五年という時間の一つの節目によせて復帰の功罪についてにぎやかに論じていたが、今年は復帰六年という中途半端な年のせいか、地元紙すらも復帰について簡単な特集しか組まず、どちらかというと、ひそやかに復帰の日を迎えた。

しかしながら、このことは、復帰が沖縄社会にとって過去の風化した歴史の単なる一コマにもはやなりきってしまったということを意味するものでは全くない。

復帰が、日本国家のうちへ形式的に沖縄を組みこむことを単に意味するだけでなく、実質的な内実をもった、沖縄社会の日本社会への一体化と本土諸地方との同等化を意味するものであるとするならば、復帰はいまなお完了していないし、そしてまたそれは、将来何時完了するとも今のところ予測し難い、はてしなく長い一つの過程と考えられるのである。

たしかに、復帰後の沖縄では、本土化は時を追うごとに進行し、社会のすみずみまで浸透しつつあるかのごとくである。復帰以前によくみられた、ケバケバしいアメリカ風の横文字の広告や看板は影をひそめ、和風喫茶・和風スナックがはやり、全国チェーンの居酒屋・ラーメン屋・寿司店も続々と本土から進出してきており、パチンコ店・雀荘も増え、繁華街のたたずまいはいちじるしく本土化してきた。

本土化の進行は生活面だけに限られるものではない。地方政治の局面にも、それは深く及んでいる。政党の中央系列化が進行し、沖縄人民党は日本共産党沖縄県委員会となり、土着政党としての独自性を今なお維持しつづけている沖縄社会大衆党は地盤沈下をうんぬんされ、那覇市に次ぐ県内第二の都市であるかつてのコザ市、現在の沖縄市の市長選では、社会大衆党の現職市長が保守候補に予想を裏切る大差で敗れ、二〇年来の革新市政は幕を閉じたのである。革新の混迷＝退潮という本土のパターンは、革新沖縄にも及びつつあるかのごとくである。

さらに、この一年間のうちで県民の関心をもっとも強くひいた問題は、県教育委員会の大浜方栄委員長の発言――それは、沖縄の学力水準が低い責任の一端を教師が負うべきであるという趣旨なのであるが――に端を発する学力論争であろう。本土の受験戦争に巻きこまれながらこれに対応しきれない、沖縄の教育現状に対する父兄のいらだちとあせりが、大浜発言を契機に一気に噴出した感があり、受験戦争によって歪められてきている本土教育をそのまま是認し、それに追随していこうとするふん囲気がこの論争のなかでかもし出されてきているのは歪めない事実なのであって、教育面での本土化の進行の一面というべきであろう。

また沖縄では、今いたるところ道路工事のラッシュである。全国一高い失業率にもかかわらず、これといった第二次産業が存在しない沖縄では、道路工事を中心とする公共投資が景気浮揚に果たす役割は他県以上に高いので、様々な名目での道路工事や上・下水道工事が進められているのであるが、それだけではなく、この七月三〇日に予定されている交通方法の変更――車の右側通行から本土並みの左側通行への変更――いわゆる七・三〇に向けての道路工事が重なって、平常でもなみなみではない交通マヒに一層の拍車をかけている。本土と違って鉄道が全く存在しない沖縄は完全な車依存社会なので、この交通変更が県民の日常生活に及ぼす直接・間接の影響ははかりしれないものがある。

この七・三〇の交通変更は、いわば、復帰の総仕上げであり、この変更が達成されれば沖縄は本土並みになると政府は考えている。また県民サイドからいっても、積極的ではないにせよ何等かの意味あいでこの交通変更を容認する人々は、結局のところ多数で、この交通変更を今から一〇〇年前に強圧的に実施された琉球処分＝「沖縄における廃藩置県」同様の暴挙と非難・抗議する根強い県民感情も現実の事態の進行に抑えこまれつつある。

このように列挙してくると、沖縄の本土化は予想以上の進行ぶりであり、近い将来において、復帰はその実を達成しうるかにみえるのであるが、しかし、それは幻想というほかはないのである。

何故か。一方では、たしかに様々な側面での本土化が進行しながらも、他方では、現行の安保体制が存続する限り、《基地のなかの沖縄》という事態は維持され続け、本土の諸地方との同等化は本質的に阻止され続けるからである。現行の安保体制の下では、沖縄の米軍基地が本土並みに縮小される可能性は全く存在しないのであって、沖縄の本土化＝復帰はこの面からいえば、冒頭で指摘したように、何時完了するとも全く予測しがたい長い先々というほかはないのである。

たとえば、県下第三の都市名護市数久田の海浜、といっても市民の生活地域にほかならないその場所に米軍の一〇五粍砲弾が落下するという驚くべき事件がつい最近発生しているのであるが、このような恐るべき事態の発生を未然に防止するてだては、現行安保体制の下では全く存在していないのである。地元「琉球新報」の報道で改めて問題化されるようになった、復帰時点の基地使用に関する五・一五合意秘密メモに明らかなように、現行安保体制は基地の自由使用を米軍に保障しているからである。

米軍占領下の沖縄住民は、苦難に満ちた闘争を積み重ねて本土復帰を主体的に選択した。これに対して、一度日本に自らの意思で帰属した以上、日本国家の〈おきて〉に従うべきであり、沖縄の特殊性の是認は、沖縄に対する〈甘やかし〉に連なるという〈沖縄ばなれ〉が政府内部で次第に有力化しつつあるといわれている。沖縄問題はもはや存在しなくなったとでもいうのであろうか。しかしながら、現行安保体制の下では、沖縄問題が解消するはずがないだけでなく、それは基地問題だけに限定されてもいないのである。

復帰六年間の本土化は、全国一という異常に高い失業を解決できないままに進行しているのであって、キッコーマンの進出が地元醤油資本の経営不振に結果しているという象徴的事実が示すように、沖縄経済は、日本経済にいまだフィットしえていないだけでなく、沖縄経済が抱え込んでいる諸困難は果たして資本主義的に解決しうるのか、という根本的な問題に直面しているように思えるのである。

　復帰とは、沖縄住民が自らの選択によって日本社会に加わったことを意味している。このことが、本土のどの府県とも沖縄が決定的に異なっていることを明示しているのであって、本土では、どの府県も日本の一部であることが自明の前提とみなされており、決してある特定の時期の地域住民の選択の結果とはいいがたい長い歴史が生み出した帰結にほかならないのであるが、沖縄が日本の一部であることは、歴史的にいっても他の府県のように全く自明とはいいがたいのである。

　沖縄はどうあるべきかが、日本国家とは何かという問いかけに常に連ならざるをえず、この問いかけを必然化している現代的基本要因が日本国家による現行安保体制維持そのものに由来している点で、沖縄は地域の有り様そのものが日本国家を相対化せしめる日本唯一の独自の地域というべきなのである。

　絶えざる本土化の進行にもかかわらず、なお本土社会の完全な部分として併呑あるいは等質化され難いという、現行安保体制の矛盾、これこそが復帰六年後の沖縄の現実であり、その止揚＝揚棄こそが沖縄の未来をきり拓いてゆくものと思われるのである。

（一九七八年）

九　琉球・沖縄と天皇・《天皇制》

はじめに

いまから約一〇年前の一九七八年に、私はＮＨＫ『全国県民意識調査』（一九七八年）を分析した「沖縄の地域的特質――日本相対化の歴史的必然性を中心に――」（季刊「現代と思想」三三号・一九七八年・青木書店）において次のように論じた。

《さらに第１～13図とその基礎をなす第１～13表は、衝撃的な事実を伝えている。沖縄は、実に、全国唯一つ、〈天皇を尊敬すべき存在とみなさない〉回答者が、〈天皇を尊敬すべき存在とみなす〉回答者を上回っている県なのである（本書**論文五**、第３表・第１図参照）。

この第１～13図の分析から、沖縄住民の生活意識・信仰・経済生活・政治意識等々、多様な側面において、沖縄が、日本社会を構成する地域一般に解消しきれない、きわめて独自な地域であることは火を見るよりあきらかであるまいか。

いま（一九七八年）から約一〇年前の一九六七年秋、この年の春におこなった新里恵二氏との対談を「沖縄歴史研究のこれまでと今後」と題して「沖縄タイムス」紙上に公表したが（安良城『新・沖縄史論』一九八〇年・沖縄タイムス社、所収）、そこで、私は、幕藩体制社会成立期・明治維新期・戦後変革期の三つの変革期に独自な位置づけを日本社会のうちに与えられている沖縄の歴史は、日本社会を構成する地方史一般には解消しきれないきわめて独自な内容をもっていることを指摘・強調してきたが、この見地をさらに発展させて、現在、第一に、自然的特質として、亜熱帯の「島社会」、第二に、歴史的特質として、日本社会の外にあって、一四世紀末には、独立の琉球王国という階級国家を成立せしめ、島津の琉球征服・明治維新期の「琉球処分」の二段階を通じて日本社会のうちに包摂されたが、第二次大戦の沖縄戦によって本土より切りはなされて米軍支配下におかれ、沖縄住民の苦難にみちた闘争によって本土復帰を沖縄住民が主体的に選択した、というその歴史的特質、さらに、「基地のなかの沖縄」という復帰前の事態が、復帰後もなお維持されているという日米安保体制の必然的帰結としての第三の現代的特質、この三つの特質によって、沖縄は、日本の地方一般としては処理しきれないきわめて独自な地域として存続しつづけるであろうし、したがって、一九七八年七月三〇日の交通方法の変更をもって、沖縄と本土の一体化が完了したかのごとく公言する近視眼的な官僚見解が、社会科学的にいかに粗雑きわまるものであるかを折にふれて指摘・強調してきた。NHK『全国県民意識調査』(一九七八年)は、この私見を論議の余地なく支えているとみなすものであるが、いかがなものであろうか。

与えられた紙数はすでにつきているので、最後に次の付言をして本稿の結びとしたい。

沖縄はもともと《天皇制》と無縁の地域であった。早いところでは、古墳時代以来、遅くとも律令制以来、つまり約九五〇年にわたって《天皇制》とかかわりつづけた(室町幕府体制社会・徳川幕藩体制社会には、天皇は存続するが《天皇制》は存在しない)本土と違って、沖縄は「琉球処分」以後にやっと「天皇制」とかかわるのである。その歴史はやっと百年になるかならないかであって、天皇とかかわりあいのなかった米軍占領下の二十七年を差し引けば、天皇とのかかわりは僅か八十年の歴史にすぎない。

本土の村々の氏神が、多かれ少なかれ、何らかの形で、『古事記』・『日本書紀』の伝承と結びつけられ、皇室の下に系列化されているのに反して、沖縄の固有信仰の対象であるニライ・カナイは天皇と全く無縁である。また、独立の琉球王国を第一階梯的に日本社会に組み込んだ島津の琉球征服も、幕藩体制社会が天皇は存続するが《天皇制》の存在しない日本史上きわめて独自な社会であったが故に(安良城「法則的認識と時代区分」(岩波講座『日本歴史』

別巻1・一九七七年、所収）、安良城「歴史学からみた天皇制」（『日本の科学者』一九八五年四月号、後に安良城『幕藩体制社会の成立と構造』増訂第四版・一九八六年・有斐閣、所収）、安良城「天皇と《天皇制》」（歴史学研究会編『天皇と天皇制を考える』一九八六年・青木書店、所収）本書**論文五**）、前近代の沖縄には天皇に忠誠を誓う人物を唯の一人ももたらさなかったのである。

しかも、一九七二年の沖縄住民の主体的選択による日本復帰は、常にこの復帰が妥当であったかどうか、問題の所在はどこにあるか、を日本を相対化しつつ吟味する必要性を沖縄サイドに永遠に残すものであって、沖縄は日本の一部かどうか、沖縄県民は日本人であるのかどうか、日本人であるとすればどのような意味の日本人であらねばならないのか、日常的に反省をせまられる、沖縄の歴史的＝現代的特質が、沖縄における日本相対化の歴史的必然性を生み出しているのである。》

いまから約一〇年前に公表した私見であるが、この指摘は妥当であったと今も考える。そう考えるのは私だけではない。最新の研究成果ともいうべき高良倉吉「琉球・沖縄の歴史と日本社会」（朝尾直弘・網野善彦・山口啓二・吉田孝編『日本の社会史』第一巻・一九八七年・岩波書店、所収）もこの私見について、高良自らの新しい分析にもとづいて賛同しているからである（三六六〜三六七頁、三八三頁）。

もちろん、この一〇年間における沖縄社会の変化——それは一言にしていえば、本土化の滲透、といえるのだが——も見逃せない現実である。それを具体的に全面的に論ずることは本稿の課題ではないので、別の機会に譲らざるをえないが、本稿の課題に即して一点だけ論じておこう。

それはほかでもない沖縄県民の天皇観についてである。一九七八年の『全国県民意識調査』においては、先に指摘したように、（天皇を尊敬すべき存在とみなさない）回答者が（天皇を尊敬すべき存在とみなす）回答者を上回っている「全国唯一つ」の県であった。現在はどうであろう。

第１表

	1 そう思う	2 そう思わない	3 どちらとも言えない	4 無回答 わからない
1978年　沖　縄	35.7	37.1	13.3	13.8
1978年全国平均	**55.7**	**25.1**	**13.8**	**5.4**
1987年　沖　縄	44.5	29.3	19.1	7.1
1987年—1978年	＋8.8	−7.8	＋5.8	−6.7

幸にして、今年一九八七年二月に同じＮＨＫが行なった「本土復帰一五年の沖縄」調査（二〇歳以上九〇〇人調査対象、有効数六一八人＝六九％）が、その第二一問に『天皇は尊敬すべき存在だと思いますか、そうは思いませんか』、と設問している。先に検討した一九七八年の場合には、一六歳以上九〇〇人を調査対象とし、六三八人（七一％）の有効回答があった。二〇歳以上と一六歳以上という調査対象の違いには眼をつぶって（それは大局的にいって十分可能である）比較対照すれば第１表がえられる。

表が示すように、「そう思う」が八・八％増加し、「そう思わない」が七・八％減少している。

ここにも本土化の進行がみられるようであるが、それでも一九七八年の全国平均に大幅にかけはなれた、「天皇尊敬度」が最も低い県であることには現在も変りはない。

しかも、「そう思う」の増加八・八％は、「そう思わない」からの転向とは簡単にみなせない事実がある。というのはこうである。今年の調査では、第三三問で『あなたは沖縄戦の体験をもっていますか』と問い、三二・四％が「もっている」と答え、六六・二％が「もっていない」と答えている。七八年の調査ではこの設問がないが、ＮＨＫが行なった八二年二月の「本土復帰一〇周年の沖縄」調査と比較すると沖縄戦経験者は六％減少している。だから、八七年の数値は、沖縄戦経験者が老齢化しその死没者が増えている事態の反映であろう。八二年から八七年にかけて五年間に六％減少しているのだから、七八年から八七年にかけての一〇年間に一〇％以上沖縄戦経験者が死没して減少していると推論して大過あるまい。天皇尊敬度の上昇は、沖縄戦経験者の減少に密接に関連している蓋然性は極めて濃厚である。

なぜならば、一九七八年調査に象徴的に現われた「天皇尊敬度」の著しい低さは、天皇の軍隊に虐げられた沖縄戦における沖縄住民の体験と戦後二七年に及んだ天皇不在の米軍占領体験に由来していたことは、全く疑問の余地がないからである。さて、今後の沖縄県民の「天皇尊敬度」はどのように歴史的に推移することであろうか（むすび参照）。

1　沖縄的特性と二つの途

復帰一五年を迎え、海邦国体の準備に慌しい沖縄の現実のなかで、私は歴史家として、二つの途の対抗（本書論文五・註(8)）の姿をここ沖縄でハッキリと読みとることができる。

体制側は、復帰一五年に開かれる海邦国体によって、琉球・沖縄の歴史と現実にまつわりつく本土の諸県とは異質の沖縄的特性を払拭しようと明らかに全力をあげている。

一九八五年に文部省が行なった、「日の丸」掲揚・「君が代」斉唱の状況第1・2表が示すように、全国府県別の数字――安良城「天皇と《天皇制》」（本書論文五）に引用（一二六～一三七頁）――の公表は、明らかに、「日の丸」「君が代」に対して、本土の諸県とは全く違った沖縄の違和的反応をターゲットにして、一九八七年の海邦国体に向けての地ならしを狙ってその改変をめざしたものであった。

事実これは以後、沖縄県教育長は、強権をもって「日の丸」掲揚・「君が代」斉唱を教育現場に押しつけ、これを批判する教員に懲戒処分を敢てして、強行突破した。海邦国体に「是非お迎えしなければならない」天皇訪沖の前提条件の整備以外のなにものでもない。

しかしながら、琉球・沖縄の歴史と現実の、他の諸県との違いは決定的である。体制側はいう。本土のどの県も国体には天皇を「お迎えしている」。復帰一五年も経た沖縄県だけが例外ではありえない、と。

なるほど、本土には四二県もある。しかし、この四二県（状況の異なる一都一道二府は除いて）は、その歴史と現実から沖縄一県と対比すれば、その四二県の全てを一括して一県にも等しいと判断すべきである。なぜならば①沖縄県が経験した地上戦をこの四二県は一切経験したことはないし、②米軍の直接支配をこの四二県は一切経験していない。③この四二県は約九五〇年、《天皇制》と関係しつづけ、その支配となにがしかの恩恵をうけることができてきたが、沖縄と天皇のかかわりは僅か八〇年である。④四二県は、一五〇〇年に及ぶ長い天皇との歴史のかかわりから、ささやかとはいえ若干のおこぼれにありつけることもできたと思うが、沖縄は全くの「やらずぶったくり」である。沖縄戦のさ中で天皇の軍隊が沖縄民衆に対して行なった無道・非道ぶりは言語に絶する。たとえば、「沖縄方言をしゃべる人間はスパイとみなして処罰する」と天皇の軍隊は沖縄の住民に宣告した。本土の諸県にも天皇の軍隊は駐屯していたが、果して、「東北辯をしゃべればスパイとして処罰する」

とか「鹿児島辯をしゃべればスパイとして処罰する」と宣告された地域住民がどこかにいるのだろうか。⑤沖縄には日本の米軍の基地の七五％が小さな島に集中している。そこからくる住民生活に対する抑圧・侵害は、本土四二県では理解できないまでに深刻である。

以上、五点にわたって、本土四二県とは全く異なる沖縄県の状況を要約にのべたが、この驚くべき差違を無視して、国体だから「日の丸」を掲げ、「君が代」を歌え、という体制側とこれに迎合する勢力の神経が疑われる。

米軍基地がもたらしている県民の日常生活に対する重大な抑圧と侵害に対して、「日の丸」＝国家が、本土四二県なみにその負担を軽減した上で、「本土諸県なみにやれ」というのならまだ話はわかる。「日の丸」＝国家は、安保条約を口実にして沖縄県に対し米軍基地について「本土なみ」というその義務を果していないのではないか。

国家としての義務を果さないで、沖縄県民だけに国民としての義務を押しつけるとすれば、それは沖縄差別であり、専制国家であり、現代版ファッショ国家ではないのか。

さて、沖縄県民は、この体制側の上からの沖縄的特性の抹殺路線を甘んじて容認するほど馬鹿ではない。この上からの路線に対するさまざまな下からの対抗が健在である。この点については、その一端を紹介した安良城「沖縄・広島・長崎は避けられた？—訪沖前に問う天皇の戦争責任」（『朝日ジャーナル』一九八七年七月二四日号・本書**論文七**）を参照されたい。

以上の「上から」と「下から」の二つの途の対抗という現状認識の下に、この小稿は、明治期の教育面における「上からの途」＝皇民化教育に焦点を絞って、歴史の教訓をえたいと考えるものである。

2　明治三一年の沖縄小学生の「思想」調査

明治二七～二八年の「日清戦争」の日本の勝利は、沖縄近代史にとって決定的な転換をもたらした。

何しろ、「日清戦争」のさなかに、首里士族の一部（「頑固派」とよばれていたが）は、公然と清国の勝利を確信して示威行動まで行ない、「黄色い軍艦」（清国の軍艦）が沖縄にやってきて「琉球王国」が再興される、とまじめに考えていただけでなく、そのような言動を沖縄では黙認せざるをえない状況が存在したのである。

それだけではない。「日清戦争」後ですら、かつての「琉球国王」尚泰を県知事としようとするアナクロニズムの保守反動的な「復藩」運動が「公同会運動」として首里士族によって企てられているのである。

明治一二年の「琉球処分」によって、「琉球王国」は沖縄県となったが、「秩禄処分」は行なわれず、「地租改正」も実施できなかった。「日清戦争」の日本勝利までは、沖縄県では、「明治維新」は教育面を除くとほとんど手につかなかった、といっても過言ではない。唯一の「明治維新」的改革である教育面についても、次表に示すように、「日清戦争」前の小学校の就学率は、本土の諸県では到底考えられない低さである。しかしながら「日清・日露」両戦争における日本の勝利が、就学率を高めていることは、統計表が示すとおりである。

就学率　%

年次		平均	男	女
1883	(M16)	2.33		
90		14.92		
91		15.09		
92		17.24		
93		19.90	32.87	6.33
94		22.04	35.38	7.88
95		24.17	38.26	9.53
96	(M29)	**31.15**	45.05	16.44
97		36.79	51.02	21.66
98	(M31)	**41.55**	56.94	25.51
99		44.60	60.04	27.76
1900		51.90	68.44	34.89
01		71.63	83.05	59.61
02		78.24	86.84	68.89
03		83.19	89.50	76.23
04		84.44	90.84	77.27
05		88.44	93.38	82.86
06	(M39)	90.08	96.31	86.11
07		92.88	96.36	90.16

さて「琉球処分」＝沖縄置県後の唯一の実質的な改革面であった沖縄教育の内実は何だったろうか。この点については、多面的な検討を必要とするが、ここでは、「日清戦争」が日本の勝利に終り、「土地整理」（沖縄における「地租改正」）をはじめとする沖縄における「明治維新」的改革が漸く緒についた明治三一年時点の沖縄教育の、明治政府サイドからみた「成果」について検討してみよう。

明治三一年一二月一日の「琉球新報」紙は次のように報じている。

島尻郡長兼首里区長斎藤用之助氏が学事奨励に熱心なる事は屢々伝聞する所にして、氏がかつて中頭郡長兼首里区長たりし時に、管下小学生徒の思想の程度如何を試みむか為め、乃ち本年三月各小学校大試験前各担任教師に命じて種々の問題を発して生徒の答案を記して問答表を調製せしめ、各校に区別せり。故に此各校生徒の問答表を参照する時は、一見各校生徒信想の高低差異に依りて教育の程度如何を推知し得べく、又た土地の状況に依りて生徒の思想に差異あるをも察し得べくして、大に教育家の参考となるべきものあり。乃ち此各表を総括して「首里中頭小学生徒思想一班」と題し之を今後の紙上に連載して、以て普く教育家の清覧に供せむとす。

小学校の生徒のどんな「思想の程度」が調査されているのだろうか。中頭郡具志川小学校の事例を次に紹介しよう。

具志川尋常小学校第四学年生　（三十九名）

▲最尊敬すへき者は如何	
答	員数
天皇陛下	**三十三人**
人	一人
兵士	一人
君師父	一人
君父	一人
節倹	一人
（一人答なし）	
▲最卑むへきものは如何	
答	員数
不幸者	二人
盗人	五人
頑固	**二人**
野蛮人	二人
吝嗇家	二人
ハブ	二人
猫	一人
獅子虎	二人
悪人	三人
乞食	三人
小使	一人
足利尊氏	**一人**
狡猾者	一人
虫	二人
鼠	四人
獣	二人
（四人答なし）	
▲最愛すへき者は如何	
答	員数
兄弟	廿八人
朋友	五人
人	一人
死人	一人
棄児	一人
鳥獣	一人
（一人答なし）	
▲最悪むへきものは如何	
答	員数
逆臣	**九人**
詐欺者	三人
傲慢	二人
虎	五人
蚊	二人
蟻	一人
鼠	三人
盗人	七人
悪友	二人
足利尊氏	**一人**

ハブ	二人
蠅	一人
虫	一人

▲最怖るへきものは如何

答	員数
獅子虎	六人
虎	六人
馬	二人
地震	一人
獅子	十人
ハブ	十二人
狐	一人

（一人答なし）

▲最喜ふへき者は如何

答	員数
親存在	四人
出仕	一人
洪量	同
試験優等	四人
牛闘	一人
正直	二人
希望を達すること	三人
及第	十一人
占領	一人
学問	同
朋友	同
子	同
馬	二人
人	一人

（五人答なし）

▲最悲むへき者は如何

答	員数
親の死	八人
病人	二人
落第	十人
人	一人
人に悪まれること	同
死人	七人
片輪者	三人
負けること	一人
馬	同

（五人答なし）

▲最見たき者は如何

答	員数
皇城	**二人**
陛下	**二人**
大臣	二人
戦争	一人
博覧会	一人
内地	**三人**
芝居	二人
親	二人
御神	一人
空気	一人
獅子	五人
獅子虎	五人
象	二人
鹿	一人
梅花	一人
虎	四人
未会見者	二人

（三人答なし）

▲最聞きたき者は如何

答	員数
御話	十七人
試験成績	七人
よき事	一人
戦争話	**九人**
新聞話	二人

（三人答なし）

▲最行たき所は如何

答	員数
東京	**十四人**
四国	一人
北海道	一人

答	員数
支　那	**三人**
高等小学	一人
四海周遊	一人
大　坂	一人
内　地	**九人**
那　覇	四人
空　中	一人
恩納嶽	一人
未曽行のよき所	一人
（一人答なし）	

▲最音の大なる者は如何

答	員数
雷　鳴	廿四人
雷と大砲	一人
鐘	一人
汽　笛	一人
大　砲	五人
大　鼓	四人
太鼓鐘	一人
（一人答なし）	

▲最大なる者は如何

答	員数
地　球	十九人
太　陽	四人
天　地	二人
陸	一人
鯨	八人
天	二人
象	二人
学　校	一人

▲最小なる者は如何

答	員数
蟻	廿四人
虫	三人
猫	一人
糠	一人
空　気	一人
海綿虫	四人
針　先	三人
粟	一人
砂	一人

▲最美しき者は如何

答	員数
桜　花	七人
牡丹花	一人
水	一人
我　国	**一人**
衣　裳	一人
毛　糸	三人
梅と桜	五人
花	十二人
水と花	一人
地　図	一人

もう一例あげてみよう。同じ中頭郡の例である。

与勝尋常小学校卒業前の生徒（廿六人）

▲最尊敬すへき者は如何

答	員数
天子様	**二十二人**
教　師	一人
父　母	三人

▲最卑むへき者は如何

答	員数
盗	二人
乞　食	八人
吝なるもの	二人

支那人	**一人**
獣	一人
鬼	一人
親不幸なる者	一人
悪き人	一人
ババ	一人
心せまき者	一人
足利尊氏	**二人**
奴僕	一人
猫	二人
猿	一人
（不詳一人）	

▲最愛すへき者は如何

答	員数
兄弟	十八人
弟妹	一人
朋友	一人
弟	三人
父母	三人

▲最悪むへき者は如何

答	員数
狼	一人
化物	一人
乞食	一人
行儀悪き者	三人
盗	二人
支那人	**二人**
殺人	一人
結髪者	**二人**
万国に害を為す者	一人
偽を云ふ者	一人
ハブ	二人
蟻	一人
心せまき者	一人
雷	一人
大試験の落第	一人
吝なる者	一人
野蛮人	一人
君に不忠なる者	一人
（不詳一人）	

（頑固＝結髪者のことで、親支那派の士族をさす）

沖縄住民が天皇とかかわりあうようになるのは、既に指摘したように、本土の諸県とは違って、明治一二年の「琉球処分」からのことである。以来二〇年もたっていない明治三一年に、このような「思想」を、天皇を知らなかった沖縄住民の子供のうちに根付かせているのである。教育のもつ力の恐しさに慄然とせざるをえない。

このような天皇崇拝を根付かせたのは、いうまでもなく、沖縄における当時の歴史教育＝皇民化教育であった。その歴史教育がどのようなものであったか、この「思想」調査は、疑問の余地なく推測させる。

中頭高等小学校第四年生の思想につき調査事項

▲最悲哀を感じたる問に対しての答は

- **後醍醐天皇の賊に苦められ給ひしこと　十一人**
- 家族に死去ありしとき　四人
- **皇太后陛下崩御遊はされしとき　六人**
- 中島校長の死去　一人
- 父、祖父、祖母の死去　五人
- 父母の病気のとき　一人
- 人の死したるとき　二人
- 朋友が落第せしとき　一人
- **群雄割拠の際皇室の御衰微を聞き　一人**
- **俊基朝臣関東下行の話につき三人**
- 重盛が父を諌めし話　一人
- 正成の討死、正成正行の墓を拝すること　二人

▲既学歴史中最も悪むべき人物

- **足利尊氏　廿七人**
- **弓削道鏡　八人**

▲既学歴史中最も敬慕すべき人物

- **楠正成　二十人**
- **菅原道真　七人**
- **和気清麿　六人**
- **平重盛　一人**
- **徳川光圀　一人**

これは、明治三一（一八九八）年のことであるが、一九八七年の現在にも一つの歴史的教訓をなげかけている。

人間は生れながらにして歴史を知っているわけではない。歴史は、人間が生活体験（家族や社会との触れあいから）と教育を通じて取得するものである。だから、歴史教育がどういう内容であるかは、決定的意味がある。

教科書検定を通じて国家が何故に、国家意志を中正と称して、その実右よりにその偏ったイデオロギーを教育現場に押しつけようとしているのか。明治期の沖縄教育における皇民化教育の効果は、現在の上からの文部省的歴史教育の強制が何を狙っているかを、疑問の余地なく明らかにしているというべきである。沖縄から日本がよく見える!!

む　す　び

沖縄ではいま復帰一五年を記念する海邦国体に向けて、体制とその迎合勢力は、全力をあげて沖縄の地域的特質＝歴史的個性を抹殺しようとしている。

どの県でも国体には「天皇陛下をお迎えしている」。天皇陛下をお迎えするためには、「君が代」と「日の丸」は不可欠で、本土の四二県は何も異論をもっていない。どうして沖縄一県だけが、これに反対するのか。戦後四十数年、復帰後一五年、沖縄の戦後はもはや終った。等々。

だがしかし、これらの体制側の論議は、沖縄の歴史と現実を全く無視している。というより、大正デモクラシーを抹殺し、太平洋戦争への破滅の道を決定づけた、昭和一〇年を起点とするあのファナティカルな「国体明徴運動」と海邦国体は、歴史的に同じような役割を演じているのである。

この小稿では詳論できないが、「国体明徴運動」は、国民が地域的な個性をもった地域住民でもあるというローカル性を否定して、「皇民」に一色化しようとした。沖縄に即していえば、昭和一〇年以後、もはや、綱曳き・ハーリー・闘牛・ジュリ馬といった琉球＝沖縄固有の民俗＝「民族」行事は一切禁止され、皇民化が強制された。体制側のもくろみが、海邦国体を口実に、戦後民主主義を圧殺し、もはや戦後は終った、とのスローガンの下に、独特な歴史と現実をもっている沖縄県を、本土四二県と同列化しようとする現代版「国体明徴運動」にほかならないことは、歴史学的にいって明瞭であろう。

最後に一言つけ加えておきたい。「はじめに」でのべたように、沖縄戦体験者の減少が〈天皇尊敬度〉を高めていると判断されるのだが、そうだとすれば、沖縄戦体験者はこれからもどんどん減ってゆくだろうから、沖縄もいずれは本土なみになるだろうとみなせるだろうか、という問題点である。

私はそうはならないだろうと考えている。なぜならば、沖縄の現実が、沖縄戦の未体験者にも沖縄戦を追体験させているからである。

戦後四〇年たった今でも多くの遺骨が収容されている現実。沖縄戦と反戦についての教育が最も徹底している沖縄。そして、日本全体の七五％の基地が沖縄に集中している現実から生じている沖縄県民の日常生活に対する米軍の侵害と抑圧。このような現実について、個人的に責任を負っている天皇（安良城「朝日ジャーナル」一九八七年七月二四日号、**本書論文七**）は、どんな甘言麗句をもってしてもその責任をゴマカすことはできないからである。

〈**附記①**〉　一九八六年地方史研究協議会大会討論の折に西里喜行氏から、琉球王国は「島津の琉球征服・明治維新期の〈琉球処分〉の二段階を通じて日本社会のうちに包摂された」と安良城は主張するが、徳川期の琉球はなお「琉球王国」であって、どんな意味内容で日本社会に包摂されているとみなせるか、と問われた。大会討論の折に簡単に答えておいたところであるが、徳川期の「琉球王国」は、島津の琉球征服によって、徳川期日本経済の一環にはっきりと組みこまれ、その構造的一環に定置させられていた史実を私は重視しているのである。

この点は、従来の琉球・沖縄史研究ではこれまで全く看過されていたので、西里氏のような疑問が生じたのであろう。

徳川期における琉球王国は、島津に対する貢納（米）と貢糖（砂糖）の義務負担の故に、琉球経済について、沖縄本島の北部（山原）を米生産地、南部（島尻）を砂糖生産地、という二極の地域構造に編成替し（この編成替＝二極構造は、沖縄県になっても定着しつづけた）、日本より昆布を筆頭とする素麵などの消費物資を移入するという、徳川期日本経済の一環に組みこまれる経済対応を行なっている。「琉球王国」の進貢貿易も、「長崎口」「対馬口」とならぶ「琉球口」として幕府の公認と規制の下に行なわれており、中国より輸入された前期の白糸、中後期の漢籍・漢方薬・奢侈品等は、基本的には日本本土に移出することを前提とした輸入であった。

島津の琉球征服という、「琉球王国」の日本社会への政治的包摂は、実質的な経済的包摂を徳川期に必然化し、これを基盤に、「琉球処分」は、琉球の全面的な日本国家・社会への政治的・文化的包摂を、上から他律的＝強圧的に完了したのである。二段階的包摂とみなす所以である。

西里氏にはこういう経済史的視点が全く欠落しているが故に、西里「琉球救国運動と日本・清国」（法政大学沖縄文化研究所編『沖縄文化研究』13・一九八七年、所収）といった、私からみれば、不可解としかいいようのない論考が生まれてくると思うのである。

西里氏はいう。

たしかに、明治政府の旧慣温存政策によって、琉球士族層のなかの有禄士族は琉球処分後も「寄生的な特権」を保障され、「非常特別ノ優待」を受けたのであって、個人的な利害関係だけから云えば、なにも「ぼう大な反権力的・反政府的エネルギー」を投入して「寄生的な特権を守る」運動を展開する必要などはなかったのである。にもかかわらず、琉球士族層のなかには、明治政府の保障する「寄生的な特権」にはあえて目もくれず、波濤を超えて清国へと亡命し、清国当局者へ執拗に琉球救国の嘆願を続けるのも少くなかったのであって、陳情通事・林世功のように、琉球救国のために一命を投げだし、自刃して果てるといういわゆる琉臣殉義事件さえ現出しているのである。琉球士族層を琉球救国運動へ駆り立てたものは、なんであったのだろうか。ここに、解明されなければならない重要な問題があるように思われる。（二一九頁）

この論考は、徳川期の「琉球王国」が一個独立の国家として存続していた、というような錯覚を前提としないかぎり成り立たないと考えるのは、私だけの僻目だろうか。

なるほど、史料の上では、亡命士族は、国家、国家と騒ぎ立てているけれども、それは一体、社会科学的にいって、あるいは、歴史科学的にいって、どんな国家だったのだろうか。西里論文は、亡命士族が、「琉球王国」の滅亡の不可を声高に論じているから、それは「琉球救国運動」である、などとその言動を歴史的に評価するが、それはまったく奇妙な判断としか私には思えない。

大体、亡命士族の「琉球王国」の存続・維持運動は、「琉球民族体」（庶民をふくめた）のヤマト抵抗運動などと判断できる根拠は一切ないのである。亡命士族には琉球の庶民や琉球文化を守ろう、などという意識は一切ないのであって、だから、仮に「ある種の」という限定をつけたにせよ「民族運動」ではありえない。あるのは唯一つ「琉球王国」存続によって、その士族的持権を永遠に維持したい、というアナクロニズム的な有禄士族の利己主義的意識を、中国を中心とする冊封体制的秩序肯定の下に儒教的に粉飾したものである。大江健三郎氏によってもてはやされてきたために、過大評価されてきた林世功の言動も、琉球文化・琉球民衆を無視した儒教的志士・仁人以上のものではない。

私は、「琉球処分」は「上からの・他律的な民族統一」(安良城『新・沖縄史論』一九八〇年・沖縄タイムス社)というかつての見解を今もなお堅持するものであって、このような西里氏の見解には到底賛同できない。

西里氏が「救国運動」と評価される一部士族の「脱清活動」が、多数の士族と全庶民という「琉球民族体」(もしそうよぶとするならば)の基幹に全く見はなされてしまった歴史的現実を、西里氏は一体どう考えられているのだろうか、とあえて問いたい。

西里氏のこの論考の発想の原点がそもそも誤っている。西里氏は先に指摘したとおり、次のようにいう。

> 明治政府の旧慣温存政策によって、琉球士族層のなかの有禄士族は琉球処分後も「寄生的な特権」を保障され、「非常特別ノ優待」を受けたのであって、個人的な利害関係だけから云えば、なにも「ぼう大な反権力的・反政府的エネルギー」を投入して「寄生的な特権を守る」運動を展開する必要などはなかったのである。にもかかわらず、琉球士族層のなかには、明治政府の保障する「寄生的な特権」にはあえて目もくれず、波濤を超えて清国へと亡命し、清国当局者へ執拗に琉球救国の嘆願を続けるものも少くなかった

冗談ではない。明治政府が認めている現在の「非常特別ノ優待」=「寄生的な特権」が一時的なものであって、遅れ早かれ消滅することを「脱清士旗族」は知っていたが故にこそ、彼らの「寄生的な特権」を永続的に保証する「琉球王国」の恢復を願う階級的運動に彼らを駆り立てたのであって、

階級をこえた「琉球民族体」（もしそういうものがあるとするならば）の「ある種の民族運動」などと評価するのは、没階級的視点から必然的に生みだされた幻像以外のなにものでないのである。

西里見解は、①その「琉球救国運動」という歴史認識における「救国」の対象となる「琉球王国」は独立の国家であったかどうか、という徳川期「琉球王国」の政治・経済実態に関する歴史認識に欠け、②亡命士族の言動が「琉球民族体」（もしそうよぶことができるとすれば）の反ヤマト民族運動であることを何ら論証していない、没階級的視点にもとづく見解であり、③亡命士族を駆りたてたものは、旧慣存続期における彼らに対する「非常特別ノ優待」がかりそめのものであることを、その階級的本能によって察知できた（士族が馬鹿でない限り、旧慣存続期の政治過程を通じて身にしみてこのことを十分に実感できたはずのことを、前掲安良城『新・沖縄史論』で詳論したところである）からである、というごく素直な歴史理解を、何の検討も説明もなしに、あっさり無視して否定し、「ある種の民族運動」というった短絡的謬見を強調しているが、「ある種」とは一体どんな種類の「民族運動」なのか、全く説明されていない。④こういう短絡的謬見については、すでに一九八三年に比屋根照夫氏の『自由民権思想と沖縄』（一九八二年・研文書院）について「朝日ジャーナル」一九八三年二月一一日号の書評欄で私は厳しく批判しておいたところである。にもかかわらず、これを無視して勝手な議論を展開するのは、独善的というほかはない。

「琉球処分」の《上からの・他律点な民族統一》の強圧的性格に対する批判は、このような西里的な感性的な仕方ではなく、歴史科学的になさるべきであって、亡命士族の階級的言動を没階級視点的に、「民族的」（？）視点から再評価などすべきではない。

〔**附記②**〕　大里康永『謝花昇伝』（一九三五年・新興出版社）は、新川明氏がつとに指摘されたように（『異族と天皇の国家』一九七三年・二月社）、叙述の史実的根拠に定かでないところが多々含まれている。その一つに、謝花が奈良原知事を失脚させるために憲政党内閣に働きかけた、という叙述は果して事実かどうか、という問題があった。この点については、事実と判断してよいと思われる一史料がある。次にその主要部分を掲げる。

君が技師として官場にあるや、本県に於ける産業計画の機構に参与し奮励努力その推進を図り、その功実に尠しとせず、殊に去る二九年には糖業に関する自己の意見を発表して、糖業者の参考に資せん為沖縄糖業論を著述して無料にて之を頒布したるが如きは、産業に対して如何に忠実に努力したるかを察するに足るべし、君は官場にありても常に平民の利益を保護する精神を固持したれば、時の知事奈良原繁と意見を異にし、屢々衝突して自己の意見を実行すること容易ならざるを以て、その主義主張を貫徹するには断然野に下りて自分の身となりて思ふぞんぶん活動するにしかずとなし、遂に勇退をもつて民間に下り、然して、本県に於て農工銀行設立の計画あるやその設立に加はり尽力し、その設立なるや取締役に推薦されて専務となりたり。余は日清戦役の頃琉球新報の従軍記者として台湾にありしが、帰ると有志で公同会を組織して熱心に復藩説を主張したり。予は公同会の復藩説には賛成すること能はざりき。琉球新報関係者の護得久朝惟・高嶺朝教・太田朝敷とは政治上の意見を異にし、賛成出来ない理由については、沖縄公論に公同会の主義及行動と題して自分の意見を明らかにせり。（中略）

日清戦争までは清国は、日本の琉球処分に対し清国を侮辱するものとして深く日本を恨み、機会あらばこの恥を雪ぎ怨みを晴さんとの意があったが、日清戦争后は、日本は新興国たる威を発揚し世界に雄飛せんとするに至れり、到底復藩論の実行し難きは明らかなり、時に奈良原知事は県政の方針をあやまりややもすれば県民の公益を害するに依り、謝花君は同志と共に憤慨してその排斥運動をなし、一方にては代議士選出の件を請願するため上京して政府、政党間に熱心に奔走尽力したり。その為奈良原知事の地位は危殆に瀕したりしが、憲政党内閣は間もなく瓦解したるが故に、流星光底長蛇を逸するの憾みを遺したり、君は帰県する意気益々振い同志を糾合して沖縄倶楽部を組織して、その機関誌沖縄時論を発行して盛んに平民主義を鼓吹して県民の向上発展を期したりき。（南香）

これは明治四四年九月一六日の「沖縄毎日新聞」に、「沖縄時論」時代の謝花の同志、「南香」＝諸見里朝鴻の執筆したものであり、謝花昇没後わずか五年後、謝花が憲政党内閣に奈良原糾弾の働きかけを行なった時点からみても一三年後であり、しかも憲政党内閣時代に謝花が上京している事実も確かな史料で確認できるので、信憑性がおける。最近沈滞気味の謝花昇研究が活性化する一助ともなれば幸である。

謝花が「南岳」という号をもっていた、というのはこの記事を読むまで私は知らなかったが、周知の事実なのだろうか。

〔**附記③**〕　本稿とともに、安良城「日本史像形成に占める琉球・沖縄史の地位」（『地方史研究』一九七号・一九八五年）を参照されたい。

〔後記〕　本稿脱稿後、一九八七年九月二一〜五日の間に、「朝日新聞」と「沖縄タイムス」が共同して行なった沖縄県民の輿論調査の結果が、九月一八日の「朝日」に掲載されたが、その内容は、次の点において、本稿の分析と見透しを確認している。

①沖縄は本土四二県とは異なった独自の県である。

②その独自性は、(イ)天皇に対する〔親近感〕の低さ、(ロ)海邦国体終了後も「戦後は終らない」と県民の圧倒的多数が考えていること〔海邦国体に天皇を訪沖させることによって、沖縄の「戦後」を終ら

せたいとする西銘知事を筆頭とする体制側の「上からの路線」が県民の「下からの対抗」によって破滅してしまったこと)、(ハ)沖縄戦体験を継承しようとする県民の強い意志、(ニ)米軍基地に対する拒否。（本書論文一〇）

なお、新崎盛暉「沖縄と天皇」(「世界」一九八七年一〇月号)は、本稿と同じくNHK「本土復帰一五年の沖縄」調査を利用して沖縄と天皇を論じているが、分析がやや粗雑であったために、妥当な見透しを得ることができなかったと考える。

（一九八七年）

一〇　復帰一五年、いまだに日本になりきれない沖縄

――新崎盛暉『日本になった沖縄』によせて――

新崎氏の近著＝有斐閣新書が好評である。一九八七年一〇月一二日の「朝日」の書評欄でも、他の沖縄関係の新刊書とともに好意的に紹介され、出版社の話でも売れゆきは好調だという。

復帰一五年を迎えて海邦国体が開かれ、天皇訪沖の可否や「君が代」「日の丸」問題に世論が揺れ動いている沖縄の状況に、全国的な関心が集っている現況にタイミングがあった刊行だったからであろう。

新書版一九〇頁余の小冊子ながら、復帰一五年の歩みについての年表九頁も加えて、「2〈日の丸〉〈君が代〉から何がみえるか」「3沖縄にとっての天皇」「4まつろわぬ民にいら立つ権力」をはじめ六章にわたって、沖縄の現状が多面的に取りあげられている。

二十数年にわたって沖縄問題に取り組み他に一三冊の沖縄関係著書をもつ新崎氏の永年の研究蓄積と、沖縄出身者であるだけでなく、十数年にわたって沖縄に住みこんできた著者の強味は本書の随所に発揮されている。

本書には、体制に抗する沖縄住民の姿が具体的に述べられており、マイノリティの意向を無視すべきではないとするその主張がちりばめられている。

わかりやすい叙述により特徴づけられ、論理的な枠組が明快な本書をひもとかれた読者の多くは、著者の見解に魅了されつつ一気に読了されるであろうことを私は請けあうことができる。先ず本書を手にとって読み、読者の沖縄観と新崎氏のそれとを対置して、自らの沖縄観を検討・吟味されることをおすすめしたい。

ところで私は、本書の書名について、そしてこの様な書名によって本書を総括しようとする新崎氏の沖縄の現状認識について、強い異和感をもっているので、この小稿では、この点に限定して論じてみたい。

一九七二年の沖縄の本土復帰以来、沖縄における本土化の進行は誰の眼にも明らかなように著しいものがあった。

沖縄戦の後遺症としての戦後二七年の長期にわたった米軍の異民族支配の暗い影がとれて、沖縄も何時本土の四二県なみになるのか、注目されるところであった。復帰すれば早期に本土と一体化するであろう、また、一九七八年七月三〇日の交通方式の変更によって、沖縄は本土四二県なみになって本土と沖縄の一体化は完了するであろう、といった期待が主として政府筋にもたれていた。しかしそれが、はかない期待だったことは、一九七八年にＮＨＫが行なった『全国県民意識調査』によって、論議の余地なく明らかにされた。

この『調査』を直ちに詳細に分析した、そして唯一つの本格的な分析論文と考えられる安良城「沖縄の地域的特質――日本相対化の歴史的必然性を中心に――」（季刊「現代と思想」三三号・一九七八年・青木書店）が明らかにしたように、沖縄は本土の四二県と同一視など到底できない、独特の自然・歴史・現実を抱えこんでいる地域にほかならないことを、このNHK『調査』は疑問の余地なく示しているのである。この判断は一〇年前もの私の独りよがりの主張にとどまるものでないことは、この私見についての批判・反論を聞かないだけでなく、最新の研究成果である高良倉吉「琉球・沖縄の歴史と日本社会」（吉田孝・網野善彦・朝尾直弘・山口啓二編『日本の社会史』第一巻・一九八七年・岩波書店）によって私見が支持されていることからも明らかであろう（なお、新崎氏は「この意識調査を用いていて**いくつか論議**もなされた。その際もっとも注目された項目の一つが天皇に関するもので、ここに示された沖縄住民意識の特徴は、沖縄が本来もっとも天皇制と縁の薄い地域であるといった歴史的背景から説明されることが**多かった**」（八五頁）と述べられているがこれは新崎氏の勘違いではなかろうか。**いくつかの論評**が**多かった**という事実を私は不敏にして知らないのである。どんなに多くの人々が、そのような内容の独自の主張を行なってきているのか、論文名をあげて新崎氏は具体的に主張すべきであろう）。

さて、西銘知事は、復帰一五年の海邦国体に天皇の来沖を実現して「沖縄の戦後を終らせ」、沖縄と本土四二県の同質化・一体化完了＝「日本になった沖縄」を県内外に誇示しようとした。だがしかし、この企ては、無惨にも打ち砕かれた。それは何も、天皇が病気になって来沖できなくなったからではない。それ以前の九月二・三日に「沖縄タイムス」・「朝日新聞」が行なった世論調査によれば、天皇の来沖によっても「戦後は終らない」と考える県民は四八％で、「終了」一一％の四倍以上なのである。天皇来沖をテコに強行している「君が代」「日の丸」の強制にもかかわらず、「沖縄は日本になりきっていない」のである。

本土において現在でも「戦後は終っていない」と主張するものは、「大東亜戦争」を積極的に再評価すべきだとみなして極東裁判を否定し、東条英機以下の戦犯の冤罪を晴らし、現行の「日本国憲法」を改憲して天皇を元首とし、自衛隊を軍隊として公認＝合憲とすべきであり、この改憲が実現されない限り「戦後は終らない」と強調する一握りの右翼的潮流（各種の世論調査によれば国民の五％にも及ばず——一九八六年の「読売」調査によれば三・九％、同じ年の「朝日」調査によれば四％——）にすぎないのであって、現行の「日本国憲法」を圧倒的に支持している大多数の本土住民は、もはや「戦後は終った」と一九六〇年代の高度成長期のとうの昔から考えてきた。

にもかかわらず、沖縄県民は天皇がこようとこまいと「沖縄の戦後は終らない」と現在も考えている点で本土と大きく違っている。沖縄県民の心情と西銘知事の目論見がいかにかけはなれていることか。

「天皇に対する尊敬度・親愛度」の本土四二県と比べての沖縄における著しい低さ（本書論文九第1表）を含めて、この世論調査は「いまだに沖縄が日本になりきっていない」ことを明示している。思うに、天皇を国体に招き、「君が代」をうたい「日の丸」を掲げる、という本土四二県の国体と同じ形式の行事を海邦国体で強行すれば、「沖縄の戦後は終り」、「沖縄は本土四二県なみとなり」＝「沖縄は日本になった」という浅薄な思考に、西銘知事とその追随者は囚われているからであろう。

悲惨な沖縄戦を体験し、日本全体の七五％に及ぶ米軍基地の集中にさいなまれている県民の心は、本土化のたえざる進行によっても、本土と一体化して本土の他府県なみにそこに埋没して、地域的特性にこだわる沖縄的心性を失うことはできないのである。

本土化の絶えざる進行にともなって、沖縄固有の自然・歴史（＝文化）・現実に関する沖縄的心性が、比例的に縮少して消滅してしまう宿命＝必然性のもとにあるものでも決してない。この沖縄的心性は今後も長期にわたって存続し、「沖縄を日本になりきれさせない」根本要因として機能しつづけるであろう。

この点については、今から一〇年前の一九七八年既に安良城「はてしなき過程としての復帰」（「朝日」五月一七日、本書論文八）において論じている。

新崎氏がこのことを理解しないで、『日本になった沖縄』と主張されるのは、沖縄戦についての天皇の個人的責任（安良城稿「朝日ジャーナル」一九八七年七月二四日号、本書論文七参照）について論及されていない本書の不備とともに、不可解というほかはない。（一九八七年）

〔補註〕一九八八年一〇月二一日号の「週刊朝日」は、西銘順治沖縄県知事がインタビューを通じて、「沖縄の心とは何か」との設問に対して「それはヤマトンチュー（大和人）になりたくて、なりきれない心だろう。沖縄は本当の姿において、まだ日本に復帰してない」とその本音を吐露している。本稿の分析は、西銘知事によっても、その妥当性が保証されていることは明らかである。

また、天皇の病状の重篤にかかわって各都道府県に設けられた記帳所の数値によれば、沖縄はやはり全国一記帳数の尠い県である（本書論文五・第1図、および本書論文九・一九五頁以下の分析は、やはり事実によって追認されている）。

一一　式目四二条解釈と「移動の自由」

——(A)鈴木良一・石母田正・永原慶二・奥野只男・磯貝富士男説と(B)植木直一郎・網野善彦・大山喬平・藤木久志・勝俣鎮夫・入間田宣夫説の両説を批判的に検討し、あわせて、(C)上横手雅敬・笠松宏至的解釈についても批判的に吟味する——

はじめに

式目四二条ほど著名・周知の法令はなく、この四二条をどう理解するかは、日本中世社会をどのような特質をもった社会とみなすか、という論点に深くかかわってきた。四二条解釈については、大別してあい拮抗する(A)(B)二つの系列の先行学説がある。(B)説は、四二条を以て中世「百姓」の「移動の自由」の保障とみなし、それは日本中世社会で実現されていると主張し、(A)説はその実現を否定する。(A)(B)両説はこのように根本的に対立しながらも、奇妙なことに四二条の史料の読みに関しては一致しており、したがってキチンと対決せず、いずれが妥当か決着がつけられていない現状にある。つまり、式目四二条の立法の趣旨と条文の正確な読みが果されないままに、四二条以外の諸史実から把握された論者の中世社会像にもとづいて、四二条を立法の趣旨から逸脱して勝手に解釈してきたきらいがある、と私は考える。このことは、四二条の立法趣旨をキチンと理解して条文に即してその内容を正確に解釈するための方法論を欠いたまま、(A)(B)両説ともに四二条を我田引水的に論じてきたためである、と私は考える。

ここでは、式目四二条の立法趣旨と内容を正確に把握するための方法的手続として、

（イ）建長五年「諸国郡郷地頭代、且令存知、且可致沙汰条々」の式目追加二八九条を基軸に据え、

（ロ）仁治三年「新御成敗状」の式目追加一八二条を媒介として式目四二条を解釈し、

（ハ）室町期の「青方文書」の一揆契状によってこの解釈を確認する、

という試論をのべる。

結論的にいえば、四二条は、「去留」=《居留》が「任民意」せられていない「奴婢・所従・下人」と異なる「百姓」の身分的本質、具体的には、実力で不法に身柄を抑留されている「住民」=「百姓」の「妻子」の地頭館からの「去留」=《居留》の自由、の保証であって、それ以上ではない。四二条についての幕府解釈を示す（イ）、守護解釈を示す（ロ）、を併せて検討すれば、四二条の立法の趣旨が、実力で不法に「百姓」やその家族を「下人・所従」化しようとする地頭非法を抑止する点にあって、「百姓」の荘園所領からの「移動の自由」の保証と無縁なことは、論議の余地なく明白である。

(B)説は根本的に成り立ち難く、(A)説は不備である。

(A)(B)説と違って(C)解釈は、立法趣旨に立ちいった見解だが、上横手解釈は幕府の撫民法の存在意

義についての理解に欠け、笠松解釈は後に具体的に指摘するように致命的な誤釈を行なっているために、(C)解釈は(A)(B)両説を訂すことができなかった。

「浪人」「穏便之百姓」は別として、他領の「百姓」を合法的に招きよせることができない、疑問の余地ない中世社会の史実、他村に移住すれば「間人」にならざるをえない中世農村社会の閉鎖性（他領にムコ入りしたり、嫁入りしたりすることは、「移動の自由」の証明には全くならない。念のため）、これらを看過して中世「百姓」の「移動の自由」を論ずることは到底できない。

とはいえ私は、中世の「百姓」が「農奴」であり日本中世も「農奴制社会」である、などと主張するものではない。「家父長的奴隷制」を基礎とするとともに、自然経済的状況の下に《土地と結合し、土地に付着・密着》している荘園制的隷属民である「非」自由民としての「百姓」（「移動の自由」などありえない）をも支配する《二重の生産関係》にもとづく非農奴制社会であるところに、農奴制にもとづくヨーロッパ中世と異なる日本中世の世界史的特質がある、と私は考える。

一九八六年九月六日の歴史学研究会中世史部会の九月例会と、同じ一九八六年一一月九日の第八四回史学会大会日本史部会において、私は右にのべたような趣旨の報告をおこなった。

このような報告を行なったのは、次のような事情による。

すなわち、一九七九年の『中世の風景』下（中央公論社）「あとがき」以来の、中世「百姓」をカッコのとれた自由民をそのものとみなす《方向音痴的な》新網野説について、私が式目四二条の網野的解釈（これは網野氏だけでなく、色々なニュアンスの違いはあっても、冒頭で指摘したように(B)説という一つの有力な見解でもあるが）について、「網野善彦氏の近業についての批判的検討」（「歴史学研究」五三八号・一九八五年、本書論文一）において、根本的な批判を加えたのに対して、後に具体的に指摘するように、網野氏ご本人がこの批判をうけいれないだけではなく、脇田晴子氏は中世史家の多数意見と称して、私の四二条解釈、さらに、中世「百姓」を「不」自由民ではないが「非」自由民であり、「移動の自由」はない、とみなす私見について、積極的な反対意見を公表されているからである。

すなわち、「史学雑誌」九五編五号（一九八六年）の「一九八五年の歴史学界――回顧と展望――」の日本中世を担当された脇田晴子氏は、次のように指摘される。

安良城盛昭「網野善彦氏の近業についての批判的検討」（『歴史学研究』五三八）の御成敗式目四十二条の解釈が中核、この条目は、幕府が百姓の移動の自由を保証し、逃散という抗議行動を認めたとする中世史家多数の見解（網野・笠松宏至両氏のみならず、入間田宣夫、五味文彦諸氏）に対する論駁なしに安良城氏の解釈は成り立ち得ない。（七六頁）

この指摘を一読して私は唖然とした。

なぜならば、この小稿の表題がしめすように、そしてまた冒頭でのべたように、式目四二条の解釈にもとづく中世「百姓」の「移動の自由」の有無については、(A)(B)両学説が併存・拮抗しており、いずれが多数説なのか、決着がついていないのが学界の現状だと私は考えているのだが、晴子氏は、どうして(B)説が多数説だと断定されるのか、その根拠を伺いたいところである。もちろん、限られたスペースで執筆せざるをえない「回顧と展望」欄では十分に意をつくせないことは、私にもよくわかるが、この論評は、晴子氏自身が(B)説に共鳴とはいえないまでも少なくとも共感をもっているが故の、そしてまた、中世史家特有の無意識の縄張り意識にもとづく、即断と思えてならない。

なぜこう思うのか。前掲稿は、中世「百姓」の「移動の自由」について、(A)(B)両説拮抗の現状を踏まえた上での、日本の史学史のうえではじめて本格的に理論的なそして史料解釈上の、式目四二条をめぐる論点を明確な問題意識をもって指摘できた（なお不十分とはいえ、そして、妥当かどうかは別として）、(A)(B)両説拮抗の現状を打開する方途を探った、問題提起的論稿と私はひそかに自負しているからである（本書論文一）。

このことが、脇田晴子氏には全く理解できなかったようである。

①(A)(B)両学説が対立・拮抗しているのが学界現状であるのに、どうして(B)説が中世史家の多数意見といえるのか、脇田晴子氏の主観的・恣意的判断ではないのか、そして、②日本中世の「百姓」は、どんな歴史理論的根拠にもとづいて、「移動の自由」をもちえたと判断できるのか、さらに、③式目四二条における「於去留者宜任民意」は、はたして「百姓」の「移動の自由」保障条項として史料解釈できるのか、という三つの論点について、脇田晴子氏はいささかの問題意識ももたれていないのではなかろうか。

前掲「歴史学研究」の私の網野批判は、中世史にうとい素人の勝手な思いつきを活字にしたのではない。それは(A)説の見解を基本的に継承しつつ、その不備を補なおうとしたものであって、しかも、その論稿で明示しておいたように、式目四二条の解釈と「移動の自由」については、「なお論点がいくつか残されているが」（四〇頁）、近い将来に補足することも公約しているのである（この小稿は、この公約を果たすためのものである）。

(A)説は、鈴木良一・石母田正という日本中世史研究の大先達をはじめ、永原慶二氏（黒田俊雄氏も(A)

説に立つことは疑問の余地がない）や奥野只男・磯貝富士男といったすぐれた中世史家のよって立つ学説であって、晴子氏が、(A)説は少数説であって、(B)説が中世史家の多数意見であるなどと軽々しく断定しうる筈もない。

さて、網野善彦氏は、前掲「歴史学研究」の私の網野批判に対して敏感に反応した。私の網野批判は一九八五年二月号に掲載されたのだが、その年の五月に刊行された「年報中世史研究」一〇号の網野氏の論稿「中世の自由について」のなかで、註(17)を中心に、早くも反論をのべられた。印刷のプロセスを考慮にいれると、この反論の早さには驚くべきものがある。

この「中世の自由について」を、一九八六年に刊行された論文集『中世再考　列島の地域と社会』（日本エディタースクール）に収められるに際して、網野氏はこの註(17)に重要な補訂を加えられている。この補訂部分を《……》として示して、私の式目四二条解釈についての網野反論全体を次に示そう。

安良城は、注(17)でのべたように、かつて一九五六年「律令体制の本質とその解体」で「「貞永式目」では明白に居留《ママ》は民意に任せる、つまり移動は自由である、と規定している」（前掲『日本封建社会成立史論』上、一二五頁）（傍注網野、以下同）が故に、百姓は農奴に非ずとした見解を改め、式目四二条の「但於去留者宜任民意也」という但書は「地頭非法に対する百姓居留＝居住権の保護条項」であり、「ある年の年貢所当を払いさえすれば、それ以後「百姓」は自由に移動できる」という見方は「中世農村の現実にまったくそぐわない幻想的把握」として、「移動の自由」という視角は「十三世紀の鎌倉期農村社会ではおよそ問題となりえない」と断じ、安良城自身の以前の見解をふくむこれまでの「通例的解釈」「通説的理解」を明確に否定した。その根底にはこの時期の農村を「自然経済＝自給経済の社会」とする事実認識があり、そうした「社会においては、理論的にいって人は移動困難であって、社会的にも移動の自由が問題となることはない」という「理論的」な根拠が置かれている。この点は永原もほぼ同様の事実認識の上に立ち、鎌倉前期の農村の「自給色の濃厚な、社会的分業水準の低さ」を強調しており（「中世の社会構成と封建制」、『講座日本歴史』4、中世2、東京大学出版会）、式目四二条についても「「居留《ママ》の自由」の幕府令は地頭の不当な百姓身柄搦取等の行為の抑制に関連しての規定」で「年貢夫役納入以前の百姓の移動は「逃亡」という犯罪規定に該当するとされている」（注（8）前掲論稿）として、百姓を自由民と見ることを否定している。

このうち、式目四十二条の但書については笠松宏至が、『中世政治社会思想』上（岩波書店、一九七二年）で、委曲を尽した補注を施しており、ここであらためてふれるまでもないと思うが、この但書が「逃毀」－「百姓逃散」のさいの「領主」－地頭等の非法を禁じた主文に付されていること、笠松の引用する仁治三年（一二四二）の大友氏の法（追加法一八二条）が、百姓の逃散したとき、「或抑留資財、或召取其身之条、頗無謂乎」として、「逃亡」を「犯罪」として扱うことを明確に否定した上で、「自本至于去留者、可任土民之意」としていることに注目すべきであろう。式目四十二条の法意もこれと同じであり、これは永原の指摘とは全く逆の「逃亡」を犯罪とすることを否定した法にほかならない。「犯罪」とされたのはあくまでも年貢所当の未済なのである。また、安良城のいうような、領家方・地頭方のような区分が貞永のころに果してありえたか、またそこまでこの法の制定者の目が届いていたかどうか、幕府法の性格からみてもまことに疑問であり、《「領主＝地頭」という前提のもとに》但書にみられる「年貢所当」を直ちに地頭に対するそれと見ることにも大いに検討の余地がある。《実際、式目、追加法において、「領主」と「地頭」とは明瞭に別の用語として用いられており、「領主」は本所、国司、領家に年貢を負担する存在であり、実態としては、地頭、御家人、非御家人などの荘官クラスの人々を広く指している。「領主」は幕府によって補任され、特定の職権をもつ「地頭」とは別の次元の用語であり、「領主＝地頭」としてこの法を解釈することから、安良城のような誤った解釈がでてくるのである。またこの条の冒頭が「諸国住民」となっている点にも注意すべきで、この「諸国住民」の語も多くは、守護地頭の職権等、幕府の全国的な統治権にかかわる場合に用いられる言葉であり、この法はまさしく「諸国住民」に対する「撫民」を目的として立法された条文であった。この点については、別に、詳述する予定であるが》それはともかく、この法が領主の支配下に百姓が「留」まること－逃散したのちも、年貢所当の未済がなければ、犯罪者として処分されることなく「留」まることを認めていることは事実であり、同時に「去」ることも「民意」に任せていることは疑いない。安良城のようなさまざまな無理のある想定をするまでもなく、法意は明白である。安良城は、但書を引用するさいには「去留」と正しく記しながら、なぜか自らの主張を展開するさいには「去」を消去し、すべて「居留」としており（注(8)論稿三九頁、注(9)著書、一二五、三一六頁等）、まことに不思議なことに永原もまた何故か安良城と全く同様に「居留之自由」とのみ記して「去」を無視する（注(8)論稿七四頁、本注所掲論稿三二七、三二八頁）。また工藤敬一『荘園の人々』教育社、一九七八年、三三頁にも「居留（ママ）においては民意に任すべし」として、百姓を自由民とし、《かくいう私自身も『無縁・公界・楽』二三八頁で、安良城と同じ誤りを犯している。安良城の誤読の影響はかくも甚大であったといわれねばならないが、安良城はこれを法文の解釈にまで及ぼし、「去」を「居」と同義とし、「去留＝居留＝居住権」と解したとしか思われぬ解釈を行なっており、この不注意は直ちに訂正される必要があろう》。ともあれ私はこれらの点をふくめて永原・安良城の式目四十二条に対する解釈は全く成り立ちえないと考える、そして、いまも一九五六年当時の安良城説、及びさきの工藤説も（「居留」を「去留」と改めた上で）支持し、中世の百姓―平民には移動の自由があり、幕府もそれを保証していたと見る。そもそも「浪人を招き居え」て田畠を満作させ、「逃亡」する海民を浦に定着させることが荘園支配者や預所・地頭などの大きな課題であったこの社会が、平民百姓の移動の自由を認めることなしには、根本から成り立ち難かったのは、余りにも当然ではあるまいか。

また安良城の指摘する通り、この事実からは当然、年貢を徴収する支配者と平民百姓との関係を契約関係とする見方が導びき出される。安良城はそれを「到底考えられない」と否定するが、拙稿「未進と身代」（石井進・笠松宏至・勝俣鎮夫・網野『中世の罪と罰』東京大学出版会、一九七三年）でふれた、伊予国弓削嶋荘百姓が預所代官に対して書いた文永六年（一二六八）の塩手米請文、大山喬平が前掲著書で注目している百姓一人一人が略押を居えた文保二年（一三一八）の丹波国大山荘一井谷実検注文などから見て、百姓と荘園支配者や地頭との関係を「契約」とすることは十分に根拠のあることで、私は今後もこの方向でさらにこの問題を考えつづけていきたいと思う。朝尾直弘「「公儀」と幕藩領主制」（『講座日本歴史』5、近世1、東京大学出版会、一九八五年）が「領主・農民関係の契約的側面」を強調しているように、近世の百姓についてもこうした方向は有効と思われる。

なお、鎌倉時代の社会を自然経済、自給経済とする安良城の見解については、問題が大きく拡がるのでここでは立ち入らないが、ただ、基本的な食品である塩・魚貝、基本的な生産手段・生活手段である鍬・鋤・鍋・釜・金輪等の鉄器、小袖・帷など衣料の一部、武器などが非自給である社会を、単に「自給経済」と規定し去ることは困難であり、もとより近世社会に比べれば社会的分業の水準は低いのは当然とはいえ、平安末・鎌倉期の社会における社会的分業の実態については、永原のいう通り、「具体的認識」をさらに正確に、また豊かにしていかなくてはならないと思う。いずれにせよ、商品貨幣経済に対置して自給自然経済をおくだけの、貧困な概念規定で問題を割り切ることは、歴史の豊かさを殺してしまうことになろう。

この反論は、「中世の自由について」の他の反論が反論の態をなしていない〔安良城「網野善彦氏の近業についての批判的検討（再論）」、一九八六年・「年報中世史研究」一一号（**本書論文四**）において詳論している〕のとやや違って、唯一つの反論らしい反論といえるのだが、しかし、それが誤った反論であることは、前掲「網野善彦氏の近業についての批判的検討（再論）」において、次のように指摘したとおりである（**本書論文四**）。

〔後記〕与えられた紙数の制約上、このあと書き続ける予定であった、〈**三、自然経済・貨幣経済論批判、四、式目四二条解釈批判、むすび**〉を割愛せざるをえなかった。（中略）なお僅少とはいえ若干のスペースが残っているので、〈**三、四、むすび**〉についての、コメントをつけておこう。

三、自然経済・貨幣経済論批判　本文において「網野氏は農奴範疇の何たるかを知らない」と批判したが、範疇は実態の一側面を抽象化して作られるというその本質故に、範疇は実態そのものではない、ということを網野氏は全く理解していないが故に、「網野氏は範疇の何たるかを知らない」と反論できる。「商品経済に対置して自給自然経済をおくだけの、貧困な概念規定で問題を割り切ることは、歴史の豊かさを殺してしまうことになろう」（九一頁）

などというのは、網野氏の「貧困な」範疇理解を自ら暴露しているというほかはない。網野氏がその『日本中世の非農業民と天皇』（一九八四年・岩波書店）で検討した鎌倉期の供御人が、現物＝生産物で貢納しているという紛れもない事実を、網野氏は鎌倉期の自然経済的性格の反映とみないで、これを貨幣経済発展の現象として理解するのであろうか。ある社会において、商品交換＝流通がみられるからといって、ただそれだけでは、その社会の自然経済的性格を否定できないことは自明のことではなかろうか。網野氏にドイツ歴史学派によって提起され、マルクスも多用した自然経済・貨幣経済概念と実態についての学説史の検討を望みたい。**四、式目第四二条解釈批判**　鎌倉・室町・戦国・近世の一三〜一六世紀間の「移動の自由」と土地緊縛の歴史を総括することによって、網野氏の第四二条解釈に反論しこれを批判する。「移動の自由」とは、もともとヨーロッパ法制史研究の領域で定立された概念の輸入語である。したがって、この輸入語に対応する日本中世語は何か、という問題が必然的に発生する。網野氏は、ヨーロッパ中世における自由に近い日本の中世語は、無縁・公界・楽だと主張する。だがしかし、百姓の去留は無縁であるとか、公界であるとか、楽であるなどといった史料的表現が存在するのだろうか。私は、むしろ「随意」という中世語が、ヨーロッパ的自由に最も近いと考えるものであるが、百姓の去留が「随意」である、といった史料的表現に接したことはない（御成敗式目の註釈書は別として）。それは、何も「随意」という中世語が自由でないからではなく、そもそも日本の中世には「移動の自由」という概念が存在しなかったからだと考える。貨幣経済が進展してきて、現実に百姓の移動が可能となってくる室町・戦国期においては、この第四二条は立法の趣旨から離れて独り歩きして、居住権のみならず、「移動の自由」を保証する条項として機能することは、「青方文書」の一揆契状によって知ることができるが（石井進・石母田正・村井章介氏によるこの一揆契状についての理解には重大な誤解がある）、（安良城）A批判（本書論文一）のごとく鎌倉期はしからずと考える。網野氏は「そもそも〈浪人を招き居え〉田畠を満作させ、〈逃亡〉する海民を浦に定着させることが荘園支配者や預所・地頭などの大きな課題であったこの社会が、平民百姓の移動の自由を認めることなしには、根本から成り立ち難かったのは、余りにも当然」（九一頁）と主張するが、「浪人」とは浮浪人のことであろうが、もし本当に中世の百姓に「移動の自由」があったとするならば、そんな「浪人を招き居え」ないで、「荘園支配者や預所・地頭」は堂々と他領の百姓を合法的に「招き居え」ることができたであろう。にもかかわらず、そのような事例が普遍的であるという史料の紹介や主張の存在を私は知らないのである。というより、他領の百姓を「招きすえる」ような事例がまったく存在しないことは疑問の余地がない。このような中世社会の本質に根ざす史実自体が、百姓の「移動の自由」がそもそも存在していなかったことを暗示している。網野氏の主張は逆立ちしているのではなかろうか。なお私は、網野氏が批判するような「〈去〉を〈居〉と同義」（九〇頁）などとは昔から全く考えていなかった。第四二条の「去留」は、（安良城）A批判（三九頁）のように居住権にかかわる、との法解釈上の観点から、「移動の自由」と誤解されかねない史料的表現の「去留」をあえて用いず、居住権の問題とみなすべきだとの積極的意図をこめて〈居留〉としたのである。それは、一九六九年の『歴史学における理論と実証』第Ⅰ部公刊の折であった。第四二条を私が積極的にとりあげたのは一九五六年の歴史学研究会大会共通論題における私の報告においてであるが、その際すでにこの第四二条を「居住」の問題として明示的にとりあげていたことは、大会報告集（歴史学研究会編『時代区分上の理論的諸問題』一九五六年・岩波書店、六六頁）によって確認できるところであるが、「移動の自由」とも理解する不徹底性＝《矛盾》があったが、その翌年の一九五七年には、「移動の自由」を否定する見地にいち早く立ち、したがって、社会経済史学会編『封建領主制の確立』（一九五七年・有斐閣）の安良城「補論」においては、もはや「移動の自由」を論じていない（二四〇頁）。歴研大会報告での「居住」を「居留」に積極的に改めたのは、既に指摘したように一九六九年である。**むすび**　ヨーロッパ的意味での自由に近い日本の中世語は「随意」と考えるが、ヨーロッパの自由権のごとき「随意権」は遂に成立しなかった。日本中世の百姓が「非」自由民だったからである。A批判において、前近代の自由は所有との関わりで論ずべきである（三八頁）と網野テーゼを批判したが、（網野）C反論はこれを黙殺しているために、一体、古代・中世・近世社会は階級的社会なのかどうか、がボヤケてしまい、「公」と階級支配との関連という、「公」にとって最も本質的な問題が網野流論議では完全に欠落してしまっている（「領有」概念の欠落が深く関連）。また、網野テーゼに立つ限り、A批判で既に指摘したように、「アジア的隷属・荘園制的隷属・封建的隷属〈農奴制的隷属・隷農制的隷属〉等々といった、奴隷制的隷属と異なるもろもろの隷属の歴史的諸形態を識別できず、これらの隷属民を一律に自由民に解消してしまう謬論におちいって」（四〇頁）しまうことを、網野氏の所有論の欠陥（「無所有」か私有かの二者択一の論議で共有・領有が欠落）と関連させて論ずる。要するに**むすび**は、総括的な網野批判である。

以上が〈**三、四、むすび**〉のコメントであるが、最後にC反論について一言のべておきたいことがある。私は荘園年貢を「一年切」の契約とは考えられない、とA批判において主張した（三八～三九頁）のに対して、網野氏は荘園年貢は契約であるとの見地に立って、私見が契約一般を否定していると曲解して、暗に私を批判しているが（九一頁）、いうまでもなく網野氏の誤読である。「一年切」契約の否定がどうして契約一般否定となるのか。それとも網野氏は、荘園年貢は「一年切」の契約であって、毎年契約が更新されていた、と主張するのだろうか。また私は「無縁所の特権がすべて戦国大名によって与えられた」（C反論九四頁）などと網野氏に批判されるような主張はしていない。なぜならば《ここではっきり確認しておきたいことがある。それは、戦国大名が無縁所に対して認めた諸特権は、(C)無縁所がこれまですでに無縁所なるが故に本来もっていた特権を、戦国大名がそのまま容認・安堵したのか、それとも、(D)戦国大名が新しくもろもろの特権を無縁所に与えたのか、という無縁所理解に関する根本的論点である。もちろん歴史は複雑であるから、(C)(D)の中間、すなわち、本来の特権を認めつつ、新しい特権を賦与するという(E)も考えられよう。しかしながら問題の本質は、基本的にいってやはり(C)から(D)か、である。》とのべているからである。（A批判本書四三頁）。網野氏はA批判をキチンと正確に読むべきであって、網野氏のC反論のように、人の意見を勝手に改悪して恣いままに「批判」すべきではない。なお、別稿「無縁所・公廨＝公界・随意」（本書論文一二）が準備されており、積極的な私見が実証的に展開されることとなっている。本稿の補完的役割を果すであろう。

（一九八六・二・一七）

〔追記〕本稿校正中に、C批判も収録されている網野『中世再考　列島の地域と社会』（日本エディタースクール）の恵与をうけた。ところでC批判の註(17)にかなり重要な叙述の変更が行なわれているので、網野氏の(1)式目四二条の「領主」は「地頭」ではなく、「〈領主＝地頭〉としてこの法を解することから、安良城のような誤った解釈がでてくる」(2)「〈去〉を〈居〉と同義」とする「誤読」と「不注意は直ちに訂正される必要があろう」(3)永原慶二、工藤敬一氏のみならず網野氏自身が「安良城と同じ誤りを犯している」と新しく告白して、「安良城の誤読の影響はかくも甚大であった」（四八・四九頁）、とする新見解について論評を加えておきたい。もちろん、(1)～(3)の全てが誤断である。すでに〔後記〕でのべたように、「去留」を、「居留」と置き換えたのは、「不注意」な「誤読」などではは全くない。「不注意」なのは網野氏自身ではなかったのか。ましてや、網野氏の「不注意」な「誤読」について、私が責任を負わされる理由は一切ない。したがって、(2)(3)は問題にもならない。馬鹿げている。(1)についても同意し難い。関東御分国・関東御領を統轄している幕府が、地頭を含めた領主一般を規制するのは当然であるが、だからといって、四二条を地頭非法禁止規定とみなす通説を否定しうる筈もない。四二条は、百姓の妻子の身柄を実力で抑留し、「百姓」を不法に「下人」化しようとする地頭非法を禁止する法規であって、「移動の自由」とは無縁である。百姓が他村に移住すれば「間人」とならざるをえない中世農村社会の閉鎖性、さらに、他領の百姓を合法的に招き寄せた史実が一切認められない史料状況を看過して、中世百姓の「移動の自由」を網野氏のように論ずることは全くできない。

この反批判には、訂正すべき点が何等ないと私は考える。ごく最近網野氏が公表された「中世の負担体系――年貢について――」（永原慶二・稲垣泰彦・山口啓二編『中世・近世の国家と社会』一九八六年・東京大学出版会）をみても、この理解は変らない。この網野氏の最新稿には、「五　御成敗式目四二条」という一節が含まれているが、その見解は論議の余地なく誤っていると私には考えられ、中世年貢についての網野説も成立し難い重大な欠陥があると思うところである。

思うに、中世「百姓」に「移動の自由」が権力によって保証せられたかどうか、といった中世社会の本質理解にかかわる問題については、第一に、「移動の自由」の有無について、《有》にせよ《無》にせよ、その主張を根拠づける歴史理論が不可避的に明示されねばならない。第二に、この論点に関わる基礎史料である式目四二条の正確な解釈がどのようにして確保されうるのか、といった史料解釈上の方法論が必須となる。第三に、式目四二条についての一定の解釈が、関連諸史実と矛盾なくどのように整合的に理解しうるか、という問題も無視することはできない。

式目四二条の研究史についていささかでも検討したことのある者には、この三つの論点がこれまで深められないままに、我田引水の四二条解釈が横行していたことを認めざるをえまい。

私についていえば第一の論点については、前掲「歴史学研究」論稿（本書論文一）によって、私の理論的見解をのべており、更に、前掲「年報中世史研究」一一号の「網野批判（再論）」（本書論文四）において、「共同体の成員は自由である」といった学問的には何の根拠もない網野氏の「理論的」主張を批判しつくしている（本書論文四・九八頁以下と〔補註〕）と思うので、この小稿では、第二・第三の論点に絞って、特に第二の論点を中心にのべてゆくこととする。

さて、式目四二条に直接に関連する法規は、①式目四二条（一二三二年）、②仁治三年「新御成敗状」（一二四二年）、③建長五年「諸国郡郷地頭代、且令存知、且可致沙汰条々」（一二五三年）、④「青方文書」一揆契状（一三八四・一三八八・一三九二・一四一三年）である。

これまでの四二条解釈には二つの傾向がある。その一つは、①の解釈を基軸に、②③も同趣旨だとみなすものであって（だがしかし、ほとんど具体的な分析は行なっていない）、鎌倉期研究者の殆んどすべてがとる立場であり、その二つは④の理解をもとに①②③を理解しようとする藤木久志氏の見解であるが、いずれにせよ見解の相違はない。しかしながら、私は、この二つの史料接近の姿勢は根本的に不備であり、だからこそ、式目四二条の正確な理解に到達できなかったと思うのである。私は、

②③を基軸に①を解釈し④を位置づける、という方法的手続きにもとづかない限り、式目四二条の立法趣旨とその内容を的確にとらえることはできないという方法的立場の重要性を強調したい。なぜ②③を基軸に①を解釈しなければならないのか。それは、②は式目四二条についての守護解釈であり、③は幕府解釈だからである。②③は、短文で史料解釈が多義的とならざるをえない①式目四二条の妥当な解釈に到達するための、絶大のヒントを提供しているのである。この点で、従来の式目四二条解釈はすべて、無方法的な経験主義的＝素朴実証主義的な主観的な解釈に陥らざるをえなかったと考える次第である。

それだけではない。式目四二条が裁判規範であって、単なる行政命令ではないということが、どれだけ論者によって理解されているのだろうか。「若被召決之処」という式目四二条の文言を網野氏を含めた多くの論者は読みとばしているのではなかろうか。

ここから、式目四二条の妥当な解釈にいたる研究手続としては、㋑四二条を制定せざるをえなかった歴史的背景、㋺①→③にいたる時期の裁判状況――それはこの時期の関東下知状の検討によって「百姓」の「移動の自由」が争点となっているかどうか、が確かめられるから（勿論そんなことはないのだが）――の検討が必須となる。

私は中世史のプロ＝専門家ではないから、網野氏が中世「百姓」＝自由民であり「移動の自由」がある、といった見解を中世史の研究史のなかで確かめてみた。ところが、驚くべきことに、ジャーナリズムにもてはやされ、中世史研究に大きな影響を及ぼした網野説は、その「無縁論」や中世「百姓」＝自由民論、そして中世「百姓」の「移動の自由」論、「中世天皇論」、といったその全てが賛同できない内容と考えられたので、これまで三つの論稿（本書**論文一・論文三・論文四**）を公表して逐一批判してきたが、この小稿では、私のみるところ、網野説の最後の拠点、中世「百姓」が「移動の自由」を法的に保障されていた（もちろん「年貢」完納という条件付きで）自由民である、という式目四二条にもとづくその所説に根底的な批判を試み、さらに、入間田説・上横手解釈・笠松解釈についても批判することとしよう。

1　式目四二条の立法趣旨の確定とその内容

すでにのべたように、私は、建長五年「諸国郡郷地頭代、且令存知、且可致沙汰条々」の追加二八九条を基軸に据え、仁治三年「新御成敗状」の追加一八二条を媒介として式目四二条を解釈すべきだと考えている。ところが、入間田宣夫氏は、建長五年のこの法令について、次のように幕府法令かどうかを疑っておられる。

この一連の法令を幕府法とすることには若干の疑問がないでもない。形式面からいうと、十三ヵ条をうけて、「以前条々守此旨、且致其沙汰、且可存知、雖一事違背此旨、於致非法者、可改所職也、沙汰人等、可注申地頭代之非法也、（中略）、兼又於大事沙汰者、寄合傍郷地頭代沙汰人名主等、相互加談議、可致其沙汰之状、下知如件」とある部分の書き止め、「下知如件」は異例である。幕府の下知状ならば、「依鎌倉殿仰下知如件」と、鎌倉殿の仰せについて言及するのが通常の姿である。また、これらの法令の宛所が地頭の正員ではなく諸国郡郷庄園の地頭代となっているのもめずらしい。さらに内容的に見ても、これらの法令は幕府法らしからぬ雰囲気をただよわせているのである。地頭の所領支配にたいする幕府の態度は不干渉・無関心をもって一貫しており、これらの法令のように地頭の領内統治を法的に規制（とくに検断権の濫用について）しようとするものは他に例を見ないのである。また、非法をはたらいた地頭代または沙汰人の解任・所職没収については詳細に規定してあるが、地頭の正員の責任についてはまったく言及がない。これらの疑問点は幕府法たることを疑わせるに足るものであろう。これらの法令は地頭の正員が配下の地頭代に宛て出したものではないか。そしてその地頭とは北条氏だったのではないか。こう考えればさきの疑問点はすべて氷解する。ただし、それには障害がある。さきに引用した書き止めにつづいて、相模守・陸奥守の署判すなわち執権北条時頼・連署北条重時の名がならんでいることである。これを絶対視するかぎり、これらの法令を北条氏御内法とすることはできない。やはり幕府法と考えるべきであろうか。ここではさきの疑問点のみを提示して結論は出さないことにしておきたい。なお笠松宏至氏の解釈（岩波日本思想大系『中世政治社会思想』上、七〇～七八頁、四三七～八頁）を参照のこと。笠松氏はこれらの法令を幕府法とする立場からさきの疑問点の一部にふれて、宛所が正員でなく地頭代となっているのは法令の実際上の効果を高めるための措置だとされている。また地頭所領内に干渉せずという幕府法の原則に反する例外的な内容であったことについても、それを認めておられる。ただし、検断という側面では幕府法の地頭所領内部への浸透がありえたというのが笠松氏の見解のようである。（入間田宣夫『百姓申状と起請文の世界』一九八六年・東京大学出版会、六二頁）

だがしかし、この見解には与せない。やはり根拠薄弱な主張だと考えられるからである。

さて、式目追加二八九条（建長五年）についての本文とその解析図〔I〕、式目追加一八二条（仁治三年）の本文とその解析図〔II〕、を参照されたい。

一、土民去留事

右、宜任民意之由、被載式目畢、而或称逃毀、抑留妻子資財、或号有負累、以強縁沙汰、取其身之後、如相伝令進退之由有其聞、事実者、甚以無道也、若有負物者、遂結解、無所遁者、任員数致其弁、不可成其身以下妻子所従等煩焉、

式目追加二八九条（建長五年）解析図〔I〕

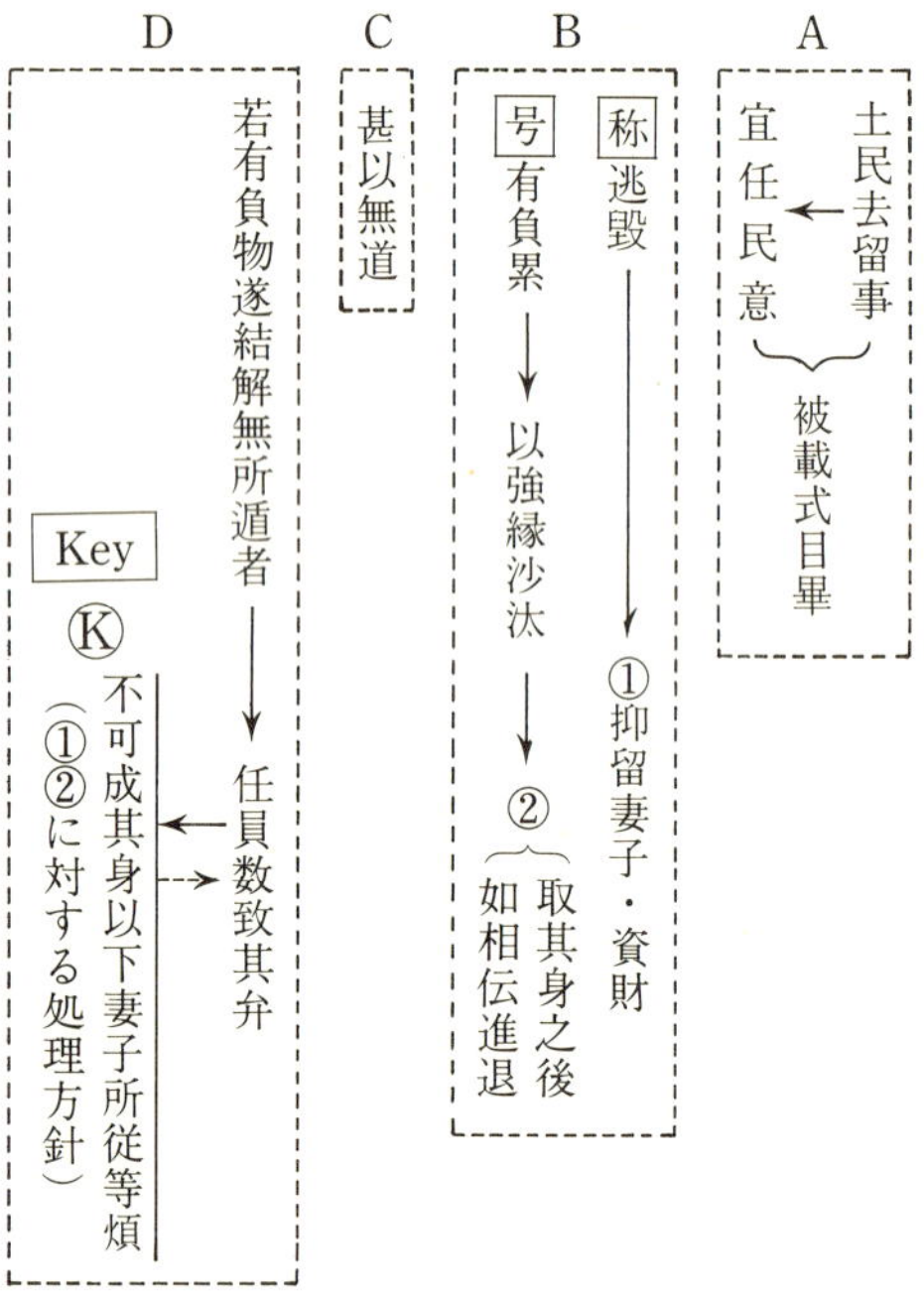
A
土民去留事
宜任民意
被載式目畢
B
称 逃毀
①抑留妻子・資財
号 有負累
以強縁沙汰
②取其身之後
如相伝進退
C
甚以無道
D
若有負物遂結解無所遁者
任員数致其弁
Key
Ⓚ
不可成其身以下妻子所従等煩
（①②に対する処理方針）

一　百姓逃散時事

右、或抑二留資財一、或召二取其身一之条、頗無レ謂乎、自本至二于去留一者、可レ任二土民之意一、但有二年貢所当之未済一者、可レ令レ致二其沙汰一

式目追加一八二条（仁治三年）解析図〔II〕

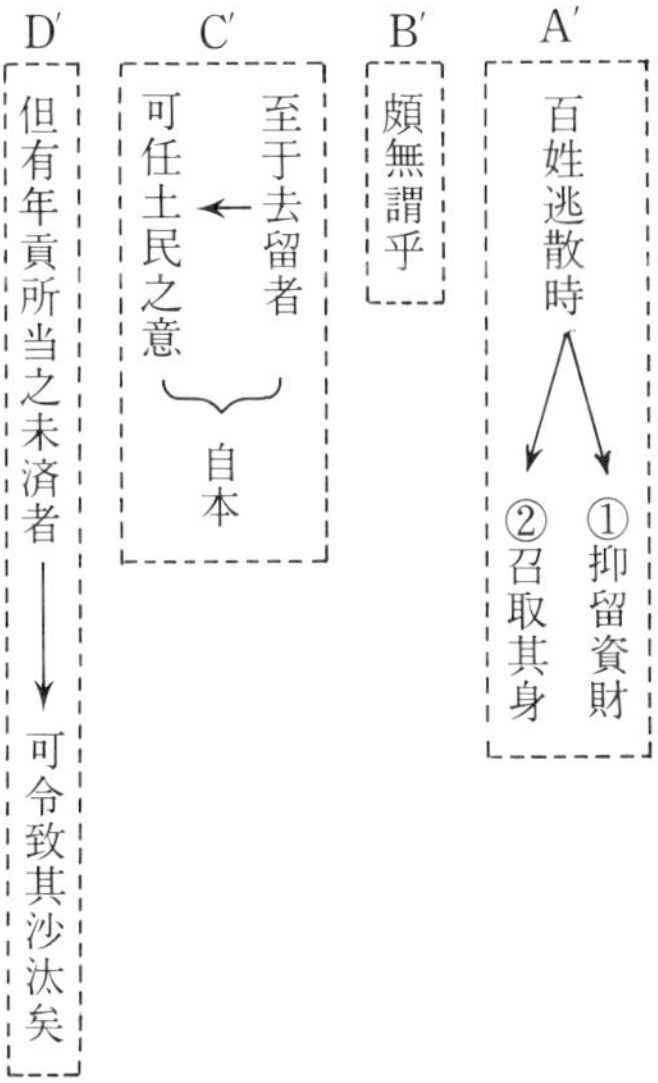
A′
百姓逃散時
①抑留資財
②召取其身
B′
頗無謂乎
C′
至于去留者
可任土民之意
自本
D′
但有年貢所当之未済者
可令致其沙汰矣

第1表

〔I〕	A	B	C	D
	＝	＝	＝	＝
〔II〕	C′	A′	B′	D′

① 〔I〕と〔II〕は第1表の示すように同一構造であり、基本的に同一内容である。

② 地頭のB＝A′の行動が、A＝C′見地からみて、C＝B′なのであり、したがってD＝D′の処理が法定されているのである。

③ B＝A′の内容からして、A＝C′が「土民」＝「百姓」一般の居住地からの「移動＝去留の自由」を保証した条項などとは到底考えられない。A＝C′を「百姓」一般の居住地からの「移動の自由」の法的保障と解釈すれば、BCDとA、A′B′D′とC′の内的関連が絶ち切られて、一つの法令としての態をなさなくなるからである。

④ したがって、この二つの式目追加はいずれも、「土民」＝「百姓」一般の居住地からの「去留」について論じている訳ではなく、「取其身」られ「如相伝進退」させられようとしている特定の「土

民」〔Ⅰ〕、「召取其身」られたこれまた特定の「百姓」＝「土民」〔Ⅱ〕の、「去留」に限定して論じているると解釈すべきであるのだから〔事書の一見一般論ともみえる表現形態に惑わされてはならない〕、この二つの式目追加を、中世「百姓」一般の「移動の自由」保障の法的規定などと解釈しうる余地は一切ない。

⑤「民意」とは「領主＝地頭之意」の対概念であり、したがって、A＝C′は、「土民」＝「百姓」の「去留」については「不可委〔領主＝地頭〕之恣意」と同義である。

⑥A＝C′の意味内容は、このようにして〔Ⅰ〕DのⓀの「不可成其身以下妻子所従等煩」という見地から理解されねばならない。

次に式目四二条本文とその解析図〔Ⅲ〕を示せば次のごとくになる。

一　百姓逃散時、称逃毀令損亡事

右諸国住民逃脱之時、其領主等称逃毀、抑留妻子奪取資財、所行之企背甚仁政、若被召決之処、有年貢所当之未済者、可致其償、不然者、早可被糺返損物、但於去留者宜任民意也、

式目四二条解析図〔Ⅲ〕

Ⓐ
諸国住民逃脱〔逃散〕之時
→ 領主 称 逃毀
①抑留妻子
②奪取資財
} 令損亡事

Ⓑ
所行之企甚背仁政

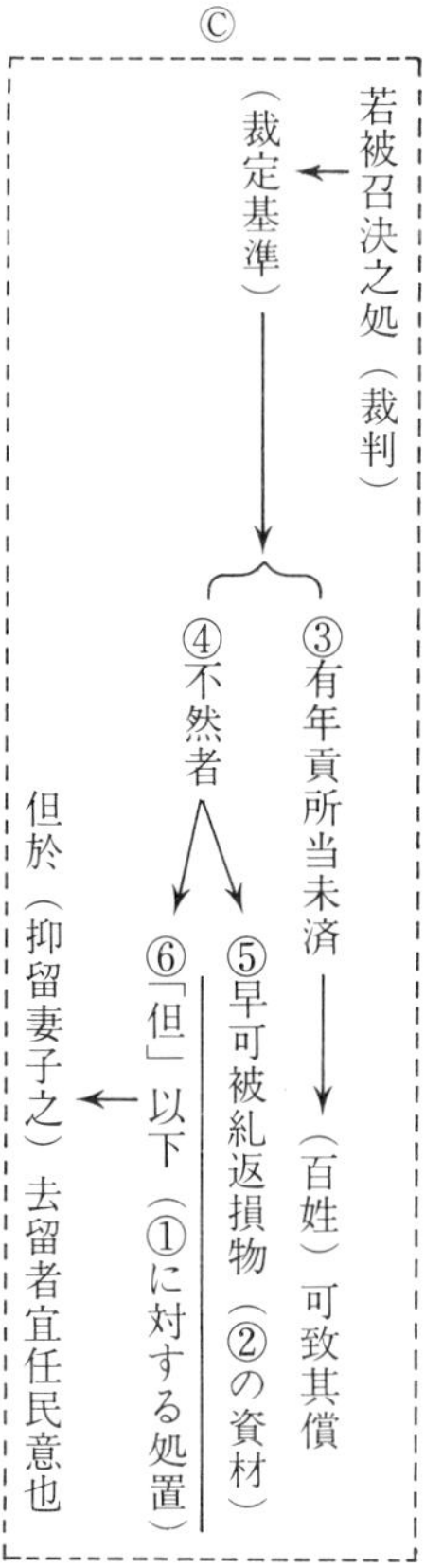
Ⓒ
若被召決之処（裁判）
（裁定基準）
③有年貢所当未済
（百姓）可致其償
④不然者
⑤早可被糺返損物（②の資材）
⑥「但」以下（①に対する処置）
但於（抑留妻子之）去留者宜任民意也

Ⓐ 〔Ⅲ〕と〔Ⅰ〕は、第2表の示すようにその論理構造と内容は一致している。

Ⓑ とするならば、Ⓒ⑥の「但」以下の「於去留者宜任民意」は、〔Ⅰ〕〔Ⅱ〕の検討の結論③④のごとく、「百姓」一般の「移動の自由」の保障とは解釈できない。

Ⓒ したがって、四二条の「去留」とは地頭館あるいは「地頭分・地頭領・地頭方」からの「去留」に他ならない。

Ⓓ 「留」の意味については二案がある。その一つは、網野氏の前掲「中世の自由について」註(17)でのべられた次のような見解である。

第2表

〔Ⅲ〕	〔Ⅰ〕
Ⓐ	＝B
Ⓑ	＝C
Ⓒ③	＝D
Ⓒ⑥	＝A

この法が領主の支配下に百姓が「留」まること—逃散したのちも、年貢所当の未済がなければ、犯罪者として処分されることなく「留」まることを認めていることは事実であり、同時に「去」ることも「民意」に任せていることは疑いない。

だがしかし、式目四二条は、「称逃毀」＝《未進ありと称して》(「逃毀」の解釈については後述)実力で「逃脱住民」の妻子の身柄を抑留したケースにおける「妻子」の「去留」を論じているので、「年貢所当の未済がなければ」との想定にもとづいて身柄を抑留されていない「百姓」の「去留」を論ずるのは、的はずれであるから、この見解には従えない。

私は、四二条の内容に即して考えれば、この「留」は無意味で「去」だけに意味のある表現(たとえば、式目の「起請」における「善悪」が「悪」のみの意味で用いられ、「善」が無意味な表現である用語例も勘案して)とみなして、「去留」は「去」の意味であって、「留」を無視して、それは《抑留されている「地頭館」あるいは「地頭分・地頭領・地頭方」から解放されてそこを去り、抑留以前に住まっていた己が住居に帰住することを意味する》と解するものである。

このようにして、式目四二条は、実力で不法に「百姓」妻子の身柄を抑留して「下人・所従」化しようとする地頭非法の禁止条項であって、中世「百姓」一般の「移動の自由」とは無縁なことは明らかである。

ところで〔III〕の解析図を再び参照されたい。式目四二条が極めて論理的な構造をもっていることをこの解析図は明示している。すなわち、立法者は解析図に示したような論理構造を予め頭のうちにもって法文を作ったから、〈抑留妻子之〉については、論理必然的なものとして省略したのである(主語省略の理由)。

念のため一言つけ加えれば、「但」は、年貢未進のない場合には、「損物」を返済するだけでなく、「抑留妻子」をも解放しなければならない、と念を押している文言である。

なお式目追加一八二条・二八九条のいずれにも「百姓」・「土民」自身を示す「其身」の表現があ

ることから、式目四二条の但書も、事書の「百姓」に関するものと読もうとする意向が、中世史家に根強いが、解析図〔III〕が明らかにしたように、それは無理である。式目四二条は逃散百姓の「去留」を論じているのではない。何しろ、逃散百姓はここでは身柄を抑留されていないのだから、その「去留」が論ぜられる筈がない。

要するに①誰の②どこからどこへの、「去留」が「宜任民意」なのか、従来の諸見解は、全く詰めないままに、主観的な我田引水の論議をしていたと思われる。その代表が網野善彦・入間田宣夫氏であって、例えば網野氏のように、この四二条を「年貢を完済した平民百姓の〈去留〉―移動は自由、という当時の社会に当然のこととして通用していた原則を、成文法として明確に規定した点で画期的な意義を持つ」（前掲「中世の負担体系について」八九頁）などと入間田氏の見解を註(90)で援用して主張することはできないのである。

このような網野氏の誤解は四二条解釈にとどまらない。網野氏は、先に引用した「日本中世の自由について」の註(17)で次のようにのべられている。

このうち、式目四十二条の但書については笠松宏至が、『中世政治社会思想』上（岩波書店、一九七二年）で、委曲を尽した補注を施しており、ここであらためてふれるまでもないと思うが、この但書が「逃毀」―「百姓逃散」のさいの「領主」―地頭等の非法を禁じた主文に付されていること、笠松の引用する仁治三年（一二四二）の大友氏の法（追加法一八二条）が、百姓の逃散したとき、「或抑留資財、或召取其身之条、頗無謂乎」として、「逃亡」を「犯罪」として扱うことを明確に否定した上で、「自本至于去留者、可任土民之意」としていることに注目すべきであろう。式目四十二条の法意もこれと同じであり、これは永原の指摘とは全く逆の「逃亡」を犯罪とすることを否定した法にほかならない。「犯罪」とされたのはあくまでも年貢所当の未済なのである。

また、網野氏の最近稿の前掲「中世の負担体系——年貢について——」においても、年貢を完済した「平民百姓の〈逃亡〉を罪として扱うことは〈謂れなし〉とされ、その移動の自由は当然のこととして認められたのである」（八六頁）と繰りかえし強調されており、入間田宣夫氏も網野氏同様に式目四二条と仁治三年の「新御成敗状」や建長五年の式目追加二八九条を根拠として、

これらの法令によれば、百姓には「去留」の自由が原則的に認められていた。ただし、それには年貢所当の未済がないという重要な条件があったのである。逆にもし年貢所当の未済があれば、本人はもちろんのこと妻子・資財を召取られても仕方がないと読める。いいかえれば、年貢所当を進済したうえでの逃散ならば正当なものと見なされ、領主はそれに干渉することを許されなかったのである。年貢所当皆済の逃散を是とし、年貢所当未済を非とする考え方が当時の法意識として存在していたことが知られる。（入間田前掲書一六頁）

と強調されている。

だがしかし、このような史料解釈は、到底不可能である。式目四二条はもちろんのこと仁治三年「新御成敗状」や建長五年式目追加二八九条も、「百姓」の逃散の可否などを直接には一切論じていないし、間接的にも網野・入間田的解釈を許す余地はないのである。

というのは、仁治三年の「無謂」は、網野氏のように「逃亡を〈犯罪〉と扱うことを明確に否定している」のでは全くないからである。つまり、「抑留資財、召取其身」ことが「無謂」であって、それは、「百姓」の側に「年貢所当之未済」ありと「百姓」との合意なしに地頭が一方的に判断しても、この未進について百姓との合意がないのだから、地頭が一方的に実力で「抑留資財」し「召取其身」ることが「無謂」、と解釈すべきなのである。

この追加一八二条を字面だけから形式的に読めば、百姓が年貢の完納・未進の如何を問わず、逃散したからといってその百姓の資財を抑留したり、百姓の身柄を召取ってはならない、そのような地頭の行為は、すこぶる道理に反する、去留は本来土民の意に任せることになっている、ただし、年貢所当の未進があれば、それは支払わせるべきである、と一応は解釈することもできようが、この読みでは、年貢完納百姓だけが逃散を許されることにはならない。未進・完済の如何を問わず全ての「百姓」の逃散が許されることとなってしまうから、この読みは字面の表面上の解釈としては成りたつが、全く非現実的なこととなってしまうから、こう読むべきでないことはいうまでもあるまい。

網野氏の読みは、事書の「百姓逃散時事」に、文意上「年貢完納」を補い、この事書を「年貢完納百姓逃散時事」とみなすことによって、本文の「頗無謂乎」は、「年貢完納百姓」が逃散したからといって、地頭がその「百姓」の「抑留資財」し、「召取其身」ることに対する守護の否定的判断（つまり、「年貢完納百姓」の逃散＝逃亡の公認）を示す文言と判断できることとなり、「至于去留者可任土民之意」の「土民」も当然この「年貢完納百姓」のこととなることによって（この故に網野氏は「百姓が逃散したとき、〈或抑留資財、或召取其身之条、頗無謂乎〉として〈逃亡〉を〈犯罪〉として扱うことを明確に否定した上で〈自本至于去留者、可任土民之意〉としていることに注目すべきであろう。……〈犯罪〉とされたのはあくまでも年貢所当の未済である」と判断されていると思われる）、この網野解釈は、ここまでは追加一八二条をそれなりに一応の解釈ができているかのように一見して見えるが、この式目追加の末尾に「但有年貢所当未済者、可令致其沙汰」という内容の但書があるために、この網野解釈に但書の平仄を合わせることは不可能となってしまっているのである。「年貢完納百姓」には「若有年貢所当之未済者」などというような事態は、事実的にも論理的にも絶対おこりえないからである。こういう内容の但書がついていること自体が、事書の「百姓」や本文の「土民」が「年貢完納百姓」ではありえないことを明示しているのである。もしもこの但書の最後に、「至于去留者、不可任年貢所当未済土民之意」が書き加えられていたならば、それこそ網野解釈万々歳となるが、現実にはそんな文言は全くないのだから、「百姓」＝「土民」＝「年貢完済百姓」とみなすことによってはじめて成立しうる網野解釈は、一挙に瓦解せざるをえないのである。この事書の「百姓」を「年貢完納百姓」と特定しない限り網野解釈は成立しないが、そう特定すれば、今度はこの追加の事書・本文が但書と両立し難く矛盾してしまうところに、網野説の根本的難点が露呈されているのである。

それだけではない。事書の「百姓」は、「年貢完納百姓」と解釈できないだけではなく、本文の「土民」とも一致しないのである。この点は網野氏だけではなく、この追加に言及する全ての中世史家によっても共通して看過されているところである。

すなわち、事書の「百姓逃散時」の「百姓」は逃散「百姓」についての一般的な意味での総称であって、したがってこの「百姓」には、(a)未進「百姓」(b)完済「百姓」(イ)「抑留資財」せられた「百姓」(ロ)「取其身」られた「百姓」(ハ)「抑留資財」せられなかった「百姓」(ニ)「取其身」られなかった「百姓」、といった逃散した「百姓」の全員が含まれている（「百姓逃散時」という史料的表現を素直に読めば、こう解釈する以外ない）が、本文の「土民」は(イ)(ロ)に限定せられているのである。

だから（事書の「百姓」）＝（本文の「土民」）ではない。「土民」も「百姓身分」だからということから、網野氏を含めてすべての中世史家は、この追加の史料的表現における「土民」を「百姓」と即断して同一視している短絡的誤りは明瞭ではなかろうか。そしてまた、「百姓」＝「土民」とみなさなければ成立不可能な網野解釈の謬りは、この側面からも歴然たるものがある。

網野・入間田氏は式目四二条・追加二八九条と較べて最も短文で難解なこの追加一八二条を、式目四二条・追加二八九条から引き離して無方法的に、その字面だけから解釈しようとするからこそ、こういう誤訳に陥ってしまったのであるが、字面だけの読みとしても文脈を考え抜いていないために、我田引水の誤釈となっている。

このようにして追加一八二条における事書の「百姓逃散時」の「百姓」は、「百姓」一般や年貢完納「百姓」だけを含意していないのだから、この追加一八二条が「百姓」の「移動の自由」の法的保障などとみなすことは到底できないのである。ましてや、年貢完納「百姓」の「逃亡」は犯罪ではなく合法的で正当だなどという、網野・入間田見解は論議の余地なく誤っていることとなる。

また「但有年貢所当之未済、可令其沙汰矣」は、〔I〕〔II〕の解析図が示すように、この〔II〕D′は〔I〕Dに対応するのだから、入間田氏のように「もし年貢所当の未済があれば、本人はもちろんのこと妻子・資材を召取られても仕方がないと読める」筈がないし、ましてや網野氏や入間田氏のように、年貢完済の百姓の逃散は「犯罪」ではなく「正当」だ等と解釈もできない。

このような誤釈が生ずるのは、式目四二条についての誤解に起因することはいうまでもないが、あるいは、建長五年の「諸国郡郷地頭代、且令存知、且可致沙汰条々」の式目追加二八七条に次の規定があることから、生じているのかも知れないが、そうだとすればそれも誤解であろう。

一　取流土民身代事

右、対捍有限所当公事之時、為令致其弁、令取身代之条定法也、而或依少分之未進、或以吹毛之咎、取流身代之条、尤不便也、縦雖歴年月、償其負物、請出彼身代之時者、可返与之、又無力于弁償、可令流質之旨、其父其主令申之時者、相計身代之分限、相談傍郷地頭代、給与彼直物、取放文之後、可令進退也、

なぜならば、この規定は、先に検討した式目追加二八九条と同一法令のうちにワンセットのものとして立法されており、ワンセットの意味内容を具体的に考えれば、そのような誤解の成立する余地はないからである。

つまり、この式目追加二八七条は、もし「百姓」に年貢未進が存在したら、直ちに地頭の「身代取」が合法化されるという趣旨ではないのである。もしそのように解されるならば、式目追加二八九条は年貢皆済の「百姓」に限って適用されることとなり、そうだとすれば、条文にある「若有負物、遂結解、無所遁者、任員数、致其弁、不可成其身以下妻子所従等煩」という言及はナンセンスな規定となり、同一法令のうちに両立し難い矛盾が孕まれることとなる。

しかしながら、両条文を注意深く読めば、式目追加二八七条と式目追加二八九条は全く矛盾しないのである。確かに両条項とも未進「百姓」を対象にしながら、一方では「身代取」が「定法」＝合法とされ、他方では「甚以無道」として禁止されているのだが、それは何故だろうか。それはほかでもない。二八七条は地頭と「百姓」との間に年貢「未進」についての合意が存在している場合の規定であり、二八九条は両者間に合意が成立しておらず、したがって地頭が一方的に「称逃毀」として「身代取」することを禁じている規定なのである。「称」という一語のもつ意味はかくも重いの

である。だからこそ二八九条には「遂結解無所遁者」という確認文言が必須となるのである。式目四二条も「称逃毀」するケースであるから、「有年貢所当之未済者」という確認文言があり、さらに、式目四二条には「若被召決之処」という訴訟を想定する文言が含まれており、その訴訟が、年貢未進の有無について地頭と百姓との間に合意が成立していない結果生じたものであることを暗示している。また式目追加一八二条にも「有年貢所当之未済者」の文言が含まれていることが注目される。この式目追加一八二条には、「称逃毀」という理由づけが存在しないのだが、式目四二条と式目追加二八九条にはさんで式目追加一八二条を位置づけ理解すれば、それは、「称逃毀」を省略していると理解して差支えないのである。

このようにしてこの三つの法令は、いずれも、領主である地頭が「称逃毀」して、一方的に「身代取」をする非法の禁令にすぎないのであって、年貢を皆済すればその「百姓」には「逃亡」「逃散」の自由があり、「移動の自由」がある(網野)とか、年貢に「未進」があれば地頭に実力で「身代取」されてもやむをえない(入間田)、などといった網野・入間田的解釈を引き出しうる余地はないのである。

なお網野氏の「〈領主=地頭〉としてこの法(四二条)を解釈することから、安良城のような誤った解釈がでてくる」という批判は全く不可解である。四二条についての幕府解釈を示す式目追加二八九条が「地頭代」にあてられている事実を網野氏はどう考えられているのだろうか。ナンセンスな批判と反論せざるをえない。

なお、網野氏が「委曲をつくした」と最大級に評価される笠松宏至氏の次の四二条解釈にも賛成し難い、というよりも、この解釈は全く謬っている。

領主の農民に対する土地緊縛を禁止する一句として夙に有名で、最近における封建制・農奴制研究の進展につれてますます注目をあびつつある箇所である。いま式目の性格規定に視点をしぼるとき、最新の論説のいくつかが、幕府↕在地領主ではなく、幕府↕庄園領主の対抗関係の中に、本条の立法契機を求めようとする方向をとっていることが注目される。すなわち工藤敬一氏は「在地領主による農民の土地緊縛を一定限度以上に認めることは、荘園領主との対立を激化させ、荘園制的秩序を前提とする幕府の統治権的支配の拡大を困難にする」という観点から本条を理解すべきであるとし(「鎌倉幕府と公家政権」(『講座日本史』2))、上横手雅敬氏に至っては「「於去留者、宜任民意也」は民意に任さぬことによる荘園領主側の抗議を回避するためであった。そうだとすると、この片言だけに拠って、封建的緊縛の有無を論じたり、まして幕府論に及び、それが古代的だとか、封建的だとかの議論をするのは無意味であろう。それらは幕府が直接に農民を支配していたかのような前提に基づいているからである」と、安易な史料操作に厳しい警告を与えているほどである(「主従結合と鎌倉幕府」(『法制史研究』二〇号))。たしかに在地領主の所領支配に対する幕府の態度は不関渉・無関心をもって一貫しており、その意味から、原則的には上横手氏の所説に同感せざるを得ない。

しかしそのような原則を確認した上で、さらに注意しなければならないのは次の二点であろう。

㈠ たしかに「但…」の一句は「片言」であり、ある意味では蛇足でさえある。何故なら本条は事書に明らかなように、逃亡百姓跡に対する在地領主の非法禁止を本旨とするもので、しかも「抑留妻子」はあっても、逃亡者本人の身柄の抑留は非法のうちに数えられてさえいない。従って「但…」はその前文と論理的な必然性・密着性をもっておらず、本条の趣旨からみれば、あってもなくてもいいくだりとさえいえる。とすれば逆に、何故このような蛇足がここに付着されたのか、という理由が問われなければならなくなる。そしてその解答如何によっては(たとえば、第40条補注で述べたような、通常では式目にその姿をあらわさない既知の一般原則が、本条本文との若干のかかわりから偶然にもここに露呈された、ということにでもなれば)、「但…」の史料価値は大きく変化する可能性をもつ。

㈡　かりに「片言」「蛇足」であっても、これが御成敗式目中の一句として記載されたことの意義・影響力は、42条自体の問題とは切り離して考える必要がある。一例を挙げよう。追282〜294条（七一〜七四頁）は、前述の不関渉主義からみれば、地頭の領内統治を法的に規制しようとした例外的な立法であるが、その一条、追289条をみると、式目では末尾の但書にすぎなかった「土民去留事」を事書に、「宜任民意之由、被載式目畢」を本文冒頭において、「而」（8条補注参照）以下は、その原則的規範から逸脱する行為を列挙し、これを禁ずるという論理構造をとっている。（従って、式目にはなかった「取其身」がここでは明示されている。なおこのような論理の逆転は、仁治三年の大友氏法（追182条）にも、「一、百姓逃散時事、右或抑留資財、或召取其身之条、頗無謂乎、自本至于去留者、可任土民之意、但有年貢所当之未済者、可令致其沙汰矣」と、すでに萌芽的にあらわれている。）このように、式目という特異な効力をもった法典に記載されたことによって、「但…」の一句が、42条から離れて一人歩きしはじめる可能性もまた否定し得ないのである。（日本思想大系『中世政治社会思想』上、一九七二年・岩波書店、四三七頁）

まず第一に、「在地領主の所領支配に対する幕府の態度は不関渉・無関心をもって一貫しており」という上横手雅敬氏の見解（「主従結合と鎌倉幕府」「法制史研究」二〇、一九七〇年）に対する「原則的」「同感」には、賛同し難い。式目追加二八二〜二九四条は、「前述の不関渉主義からみれば、地頭の領内統治を法的に規制しようとした例外的な立法」とされるが、幕府の撫民法はこれのみにとどまらず多数ある。「不関渉主義」は撤回されてしかるべきであろう。

この点については、網野氏も私と珍しく同意見であって、「これらの〈撫民法〉を〈例外的〉あるいは〈かかる条文が式目に含まれていること自体が不思議〉とすることはできないのではなかろうか」（前掲「中世の負担体系」註(88)）とのべられている。

第二に、四二条は、「逃亡跡に対する在地領主の非法禁止を本旨とするもの」では全くない(後に第四・五に取りあげる「逃毀」についての逆立ちした誤釈に必然的に伴う誤謬にほかならないが)。しかも「〈但…〉はその前文と論理的な必然性の密着性をもっておらず、本条の趣旨からみれば、あってもなくてもいいくだりとさえいえる」「〈但…〉の一句は〈片言〉であり、ある意味では蛇足でさえある」などという笠松主張は、本稿の四二条解析図〔Ⅲ〕で明示し、その解説で具体的に指摘したような、四二条のきわめて論理的な構造を、全く理解できていないことを暴露している。《「逃毀」を「逃亡跡」に対する在地領主の非法》などという根拠のない先入観に頼る非論理的思考にもとづいて式目四二条に接するから、極めて論理的な式目四二条自体に「非論理的」という誤断を誣いることとなる。

四二条の但書は、もちろん「本旨」からみて「あってもなくてもよいくだり」どころか、四二条事書における領主の非法「令損亡事」のうちの一半「抑留妻子」(他の一半は「奪取資財」)に対する対応処置であって、式目四二条の根幹である。四二条の守護解釈である追加一八二条、幕府解釈である追加二八九条は、笠松解釈の謬論たる所以を論議の余地なく明らかにしている。

第三に、式目四二条では「末尾の但書にすぎなかった〈土民去留事〉を事書に、〈宜任民意之由、被載式目〉を本文冒頭において、〈但〉以下は、その原則的規範から逸脱する行為を列挙し、これを禁ずるという」式目追加二八九条の「論理構造」は、何も「論理の逆転」ではない。叙述形式の変更にすぎない。本稿の〔Ⅲ〕〔Ⅱ〕〔Ⅰ〕の分析図と第1・2表が示すように、〔Ⅱ〕〔Ⅰ〕は、〔Ⅲ〕の論理必然的な展開であって、〔Ⅱ〕〔Ⅰ〕に式目四二条にはない「其身」が新たに加えられたからといって(それは、当時の地頭「非法」のあり方についてのより現実に即した認識の法的反映にすぎない)、それは何も四二条からの逸脱ではなく、「〈但…〉の一句が四二条から離れて一人歩き」しはじめたことを意味するものでもない。

第四に、笠松氏の次のような「逃毀」の解釈は誤っている。

「逃毀」は逃亡者の遺した財物を破壊し奪取する行為。「称して」は、「号して」と同じく、そこに合法的な根拠を求めて、の意。刑事事件ではいわゆる逃亡跡として警察権行使者の当然の権利として逃毀が行われた。本条に領主（主として地頭であろう）が逃毀と称してこの行為に出ているのは、刑事事件においては合法的な行為を、単なる逃散（本文にみられるごとく経済的な原因からの）にまで拡大適用せんとしている状態を反映しているのであろう。

恐らく、この笠松氏の解釈に影響されてであろう。網野氏も「〈逃毀〉―〈百姓逃散〉のさいの〈領主〉―地頭等の非法」とみなされているが、これも、逆立ちしている。「逃毀」とは領主・地頭の行為ではなく、「百姓」の行為なのである。式目注釈書が「逃毀、年貢所当無沙汰逃散」と解釈しているのが妥当である。だからこそ「称逃毀」の「称」の意味が生きてくるのである。つまり、逃散「百姓」に年貢未進があった（＝「逃毀」）と「称」して（つまり式目は、それが事実かどうか疑っているのだが）、「百姓」との合意による未進確認なしに、実力で地頭が一方的に「抑留妻子奪取資財」してはならないというのである。

第五に、「逃毀」は「ニゲコボツ」と読むべきではあるまい。この読みは、「逃亡跡」の百姓在家を「毀取」（コボチトル）から連想されているのであるが、四二条の「逃毀」は「逃亡跡」に対する領主の非法ではなく、網野氏や勝俣鎮夫氏も同意（網野善彦・石井進・笠松宏至・勝俣鎮夫『中世の罪と罰』一九八三年・東京大学出版会、二〇四頁。なお石井進氏は「ニゲコボチ」という訓に抵抗感をお持ちのようである。この『中世の罪と罰』の討論で石井氏は「〝逃げこぼち〟」と「ニゲコボチ」にクォーテーションを附しておられる（二三四頁）からである」されている「ニゲコボツ」という読みは撤回されてしかるべきであろう。

この第四・第五の問題点については、入間田宣夫氏の次の指摘が参考にさるべきであろう。

『広辞苑』（第二版）では、逃毀を「とうき」とよみ、「中世、農民が逃散したとき、領主がその妻子を抑留して資財を奪取したこと」と解説している。小学館『日本国語大辞典』でも、「とうき」「にげこぼち」とよんで同趣旨の解説を記している。『中世政治社会思想』上（岩波日本思想大系）における笠松宏至氏の解説（「御成敗式目補注42」同書四三七頁）もまた同様である。笠松氏によれば、逃毀は刑事事件ではいわゆる逃亡跡として警察権行使者の当然の権利としておこなわれ、それが農民の逃散にまで拡大適用されたのだという。これらの解釈は逃毀を領主側の行為とする点において、式目の注釈書類とは正反対の傾向をしめしている。後者における逃毀とは、農民が年貢未進などの緩怠をなして逃散すること、すなわち農民側の行為として解釈されていたのである。この新旧二様の解釈のうち、いずれを採るべきであろうか。ここでは結論を出さず保留しておくこととしたい。ただし、逃毀という用語の実例は式目四二条のほかには鎌倉幕府法追加二八九条「土民去留事」（建長五年）があるだけで、この二例だけからはいずれとも決しがたいこと。逃毀を「にげこぼち」とよみ、領主側の行為とする最近の解釈についても、明確な史料的根拠は見当らないことを確認しておきたい。なお、法隆寺文書大永七年「諸公物下地作スル百姓逃亡事」（「契定博奕以下政道規式条々」の一ヵ条）のなかに、「少未進而令逃毀之族者、非沙汰之限」とあった（東京大学史料編纂所架蔵影写本、鈴木前掲論文）。このばあいの逃毀は明らかに農民側の行為であろう。（入間田前掲書二一六頁）

第六に、「若被召決之処」について、

本条全体の理解にかかわることであるが、誰が誰と誰を召し決するのかが問題である。式目一般の「被」の用法からすれば召し決する主体は幕府であり、召し決せられるのは領主と百姓であるとみるべきかも知れない。しかし、逃散の百姓の訴えをうけてこのような裁判が幕府で行われる可能性は、現実にはきわめて小さく、なお疑問の余地がある。（前掲日本思想大系『中世政治社会思想』上、三一頁）と笠松氏がみなすのは妥当性を欠く。式目追加二六九条に「百姓等与地頭相論」についての条項があり、この「相論」が訴訟に及ばないと判断すべき理由は一切ないし、領家側が「百姓」を代弁して地頭と訴訟することは、例えば承元元（一二〇七）年の関東下知状（『鎌倉遺文』一七〇九号文書）によっても知ることができる。前掲入間田書三二頁における次の指摘

> 式目四二条の解釈については、「若被㆓召決㆒之処、有㆓年貢所当之未済㆒者、可㆑致㆓其償㆒」とある部分の「召決」の内容も問題となりうるか。「式目一般の『被』の用法からすれば召し決する主体は幕府であり、召し決せられるのは領主と百姓であるとみるべきかも知れない」と断り書きをしたうえで、笠松氏はつぎのように記している。「しかし、逃散の百姓の訴えをうけてこのような裁判が幕府で行なわれる可能性は、現実にはきわめて小さく、なお疑問の余地がある」と（『中世政治社会思想』上、三一頁頭注）。この「しかし」以下の部分が問題である。幕府法廷において百姓が訴人として登場する可能性は少ないというこの判断の根拠が問題である。そのような根拠は、はたして存在してたであろうか。疑問である。寛元元年（一二四三）の頃、若狭国太良庄の名主百姓らが地頭代官の非法を訴えた事例などをみよ（本書Ⅰ二章）。式目それ自体の解釈から導き出された結論に素直に従うべきものか。「領主の非法にたいする百姓の訴訟をいつでも受け入れるべく、幕府法廷の門は常に開かれていたのであった」（本書二二九頁）とする判断に改変を加えるべき必要性は感じられない。

が妥当である。

このようにして、笠松氏の四二条解釈は、本稿冒頭で指摘しここに六点にわたって具体的に検討したように、《致命的な》誤釈を犯している謬論であり、網野氏のように「委曲をつくした」ものなどとは到底みなしえないのである。

以上で、式目四二条・式目追加一八二条・式目追加二八九条、はどの面からみても「百姓」一般の「移動の自由」と無縁であり、したがって、(B)説は根本的に成り立ち難いこととなる。

そこで、観点をかえて、室町期の「青方文書」の四通の関連史料を検討してみよう。これは在地領主の側からみた式目四二条解釈として貴重である。

(1) 永徳四（一三八四）年

一 令抑留地頭得分負物、或無故令逃散土民百姓等之事、相互不可扶持置領内矣、

(2) 嘉慶二（一三八八）年

一 就百姓逃散、相互可扶持之否事、所詮為本地頭無不忠之儀、負物年貢以下無怠勘者可扶持之、若負物年貢等無弁済者、不可令扶持之云々焉、一揆中相伝下人之事、若隠居彼衆中之領内之時、主人致訴訟者、或依支証或被相尋近所人々、而為下人条分明者、任傍例可被渡主人方云々矣、

(3) 明徳三（一三九二）年

一 百姓逃散之事、自領主於有訴訟物者、不論是非領主弁可被返付也矣、

(4) 応永二〇（一四一三）年

一 百姓・下部逃散之事、相互被㆓仰定㆒候上者、理非お糺され領主・主人につけられ候べく候、

(1)については特に問題はないが、(2)は鎌倉幕府法を継承している面とこれを超える面の二面性が認められる。「百姓」と「下人」を峻別する点は、鎌倉幕府法の身分規定を忠実に継承している側面だが、「所詮爲本地頭無不忠之儀、負物年貢以下無怠勘者可扶持之」は、鎌倉幕府法を超えた「移動の自由」の保障条項となっている。先に「現実に百姓の移動が可能となってくる室町・戦国期にお

いては、この第四二条は立法の趣旨から離れて独り歩きして、居住権のみならず、移動の自由を保証する条項として機能することは〈青方文書〉の一揆契状によって知ることができる」〔「網野批判（再論）」〈後書、本書論文四〉〕とみなしたのは、この(2)を念頭においていたからである。

(3)については問題がある。前掲『中世政治社会思想』上で「青方文書」の読みと頭註を担当された石井進氏は、この条項について、「百姓逃散の事。領主より訴訟ある物においては、是非を論ぜず、領主弁《わきま》へて返付せらるべきなり」と読み、註で「この条、いささか難解であるが、〈物〉を〈者〉のあて字とすれば、逃亡した〈百姓〉に関して、本来の領主が新領主に対する訴訟を提起した場合には、〈是非を論ぜず〉新領主がわきまえて旧領主に引き渡す、の意となろう。そう解すれば、〈百姓〉に対する事実上の緊縛令として、注目すべき内容である」（四〇三頁）とみなされているが、この史料の読みは、「領主より訴訟の物あるにおいては」と読むべきであろう。確かに難解ではあるが、こう読めば、「訴訟之物」は未進年貢という「物」となり、あえて「物」を「者」に読みかえる必要がなく、「是非を論ぜず、――返付せられるべきなり」も素直に理解することができる。難解なのは、「領主弁へて」の解釈にある。「弁へて」は「弁済して」と解すべきだから物の弁済を意味するものであり、同一条文における「領主」という表現が、石井氏の解釈のように「旧領主」と「新領主」に使いわけられることはまず考えられないから、石井氏のように「本来の領主が新領主に訴訟を提起した場合には〈是非を論ぜず〉新領主がわきまえて旧領主に引き渡す」ということになるまい。「弁へて」を石井氏のように了解してといった意味で使われることもないのだから。別段確信はないのだが、逃散百姓が新領主のもとに住みついた時、新領主が給付した種子・農料等を旧領主が新領主に弁済して、とここでは理解しておく。

年貢未進百姓に「移動の自由」がないことは、網野・入間田氏も強調され、したがって(1)と同様この(3)も、「事実上の緊縛令」とは無縁となる。

(4)についての石井氏の頭註「**百姓・下部**　百姓の下部ともよめるが、下の〈領主・主人〉に対応して百姓と下部と解した。この条では〈百姓〉も〈下部〉も逃亡の際に区別されず、事実上の緊縛下にあったことに注意。」（四〇五頁）という指摘についても疑問がある。というのは、この石井解釈には、「理非お糺され」をカウントにいれられていないからである。「理非お糺す」ことの内容には、百姓に年貢の未進があったかどうか、という点が含まれていた、と十分考えられるから、「〈百姓〉も〈下部〉も逃亡の際に区別されず」とは簡単には断定できないのである。また「下部」についても鎌倉幕府法の一〇年の年紀条項の勘案が「理非お糺され」の内容と考えていけない理由はあるまい。石井的解釈が成立する為には、「理非お糺され」の文言が存在しないことが必須である。だから、「百姓」も「事実上の緊縛下にあった」とは速断できないこととなる。先に、「石井進・石母田正・村井章介氏によるこの一揆契状についての理解には重大な誤解がある」（「網野批判（再論）」〈後書〉（本書**論文四**）と指摘したのは、(3)(4)の石井氏の理解についての疑念を念頭において、さらにこの石井説を継承した石母田（前掲『中世政治社会思想』上、解説、六〇〇頁以下）・村井（「松浦党一揆について」「歴史学研究」三五六号・一九七二年、三五頁）両氏の見解にも異議をもったからである。

以上の「青方文書」に対する私見は、特に(2)から遡及して式目四二条等をはじめとする鎌倉幕府法を理解しようとする藤木久志氏の見解（『戦国社会史論』一九七四年・東京大学出版会、第三章）にも承服できないこととなる。⑵は、先に指摘したように継承と断絶の二面がある。そして⑵が保証する「移動の自由」は、まさに断絶の側面であり、したがって、この側面にひきつけて式目四二条を始めとする鎌倉幕府法を、藤木氏のように理解してはならないことになるからである。

このようにして(B)説は、史料解釈上根本的に成り立ちえないのである。

また、本稿冒頭で指摘した(A)説が不備であるというのは、式目四二条について、これを「百姓」の「移動の自由」の法的保証とみなす点においては、(B)説同様の史料解釈を行ない、ただ、それが中世社会の現実のなかでは実効性をもたなかった、とみなす不徹底性があるからである。例えば、(A)説の代表者ともいえる永原慶二氏はいう。

確かに鎌倉幕府法の下でも〈百姓〉は武器の保持を否定されず、〈居留〉を〈民意〉にまかすという規定があった。けれどもそうした〈居留の自由〉は年貢等の滞納のないことが前提であって、滞納の場合は家族を含む身柄拘束が当然のこととして行なわれた。(「中世の社会構成と封建制」『講座日本歴史』4、中世2、一九八五年・東京大学出版会、三二八頁)

とするならば、年貢完済の「百姓」には「居留の自由」＝「移動の自由」(?)があることとなり、網野説と五十歩百歩となる。なぜならば、網野氏もまた年貢未進百姓について「移動の自由」がある等と主張していないからである。(A)説が不備なる所以である。

もちろん永原氏は、

また「逃亡」という法的用語が領主支配の側から用いられている事実は、やはり「百姓」に対する身分的人格的拘束が存在したことを示すものである。さらに彼らが本所・地頭の検断、領主裁判権のもとにおかれていたことも明白なのであって、「平民」の「自由」は「下人」との対比や律令制下の「公民」との系譜的連繫という面においてその身分的特徴を考えるためには有効であるが、社会構成論的視点からは、これを基本的に隷属民の一形態としたうえでの論であるべきことはいうまでもないであろう。（同右書三二八頁）

と明確に主張する点において、網野説とは決定的に異なることはいうまでもないが、それにしても、年貢完済の「百姓」には「居留の自由」もしくは「移動の自由」が存在していたというのは本当だろうか。

厳密にいえば、年貢の完済・未済のいかんにかかわらず、「百姓」の「去留」＝《居留》は民意に任せられていた（ここに「去留」を「民意」に任せられていない下人との身分差の本質が存在するのだが）が、年貢完済「百姓」も年貢未進「百姓」と同様に「移動の自由」は存在しなかった、と私は考える。また、年貢未進「百姓」といえども「百姓」である以上、その「去留」＝《居留》は民意に任せられており、年貢完納「百姓」といえども「移動の自由」はない、というところにかなり多くの中世史家の常識を超えた私見がある。以下この点を中世年貢との関わりで論じてみよう。

2　中世年貢の特質

網野善彦氏が前掲「中世の負担体系――年貢について――」を公表された。その論理的枠組を私なりに整理すれば次のようになる。

⑴　中世年貢は、自由民たる「百姓」が領主ととり結んだ契約によって支えられている。

⑵　中世「百姓」は、共同体成員であるから自由民である。

(3)　式目四二条は、年貢完納「百姓」に「移動の自由」を法的に保障している。

(4)　(3)の必然的帰結として、年貢完納「百姓」は「逃亡」しても犯罪者とみなされない。

さて、この論稿の「五、御成敗式目四二条」の冒頭で、網野氏は、

平民百姓による預所・地頭など、さらには本所・領家に対する年貢の貢納を、このように、契約、請負によると考えることに対し、最近、安良城盛昭は「到底考え難い」事態とし、「「百姓」の移動の自由のイメージは、中世農村の現実にまったくそぐわない幻想的な理解」と断定した。その根拠には、御成敗式目第四十二条についての安良城の独特な新解釈と、中世社会を「自然経済の圧倒的優位のもとに、人（農民）の移動が困難で現実化していない社会」とする安良城の見方があるが、この解釈、見解が到底成立し難いことについては、すでに別の機会に言及した通りである。

と私見に反論されている。だがしかし、これほどピントはずれの反論はあるまい。私は、何を「到底考え難い」とみなしたのか。

私が「歴史学研究」で行なった前掲「網野批判」（本書**論文一**）は、次のような内容であった。

ところでこの条項（四二条）の但書は、これまで「年貢所当之未済」がなければ、あるいは、「未済」を償えば、「百姓」の「於去留者宜任民意」と理解され、そこから「百姓」の「移動の自由」が結論づけられてきた。

だがしかし、このような通例的解釈には問題がある。というのは、「年貢所当之未済」がなければ、という事態を、鎌倉期農村の実態に即してどう具体的に理解するか、という根本問題がこれまでキチンと検討されていないからである。

もしも日本中世の「百姓」が、荘園領主であれ在地領主であれ、領主と一年契約を結び、その年の年貢所当を秋に皆済すれば、翌年の新たな契約を結ばないかぎり、年貢所当納入義務から解放されて自由になる、という状況が一般的に存在したとするならば、いうまでもなく、第四二条但書は、これまでの解釈どおり、「百姓」に「移動の自

由」を保障したこととなろう。しかしながら、日本中世農村において、一年契約（＝一年切）で年貢所当が「百姓」に請負われていた、とは私には到底考えられない。というよりは、中世「百姓」は、明文の契約なしに、毎年毎年その保有地を耕作し年貢所当を納入し続けることを義務づけられていた、というのが現実だったと考える。だからこそ「百姓」の逃亡・欠落・逃散に対して、契約違犯といったレベルとは異なった領主側の対応がなされている、と思われるのである。

文意は誤解の余地がないまでに明瞭であって、「日本中世農村において、一年契約（＝一年切）で年貢所当が〈百姓〉に請負われていた、と私には到底考えられない」と指摘しているのである。にもかかわらず、どうして、「本所・領家に対する年貢の貢納を、このように、契約、請負によると考えることに対し、最近、安良城盛昭は〈到底考え難い〉事態」とみなしていると批判できるのか。網野氏はワザと論点をハグラカシているのではなかろうか。

網野氏と私の間の見解対立の基本点は、荘園年貢は「一年切」契約かどうか、にかかわっていることは明瞭である。だからこそ、前掲「年報中世史研究」一一号における「網野批判（再論）」（本書**論文四**）の〔後記〕において、

「私は荘園年貢を〈一年切〉の契約とは考えられない、と（安良城の）A批判において主張したのに対して、網野氏は荘園年貢は契約であるとの見地に立って、私見が契約一般を否定していると曲解して、暗に私を批判しているが、いうまでもなく網野氏の誤読である。〈一年切〉契約の否定がどうして契約否定一般となるのか。それとも網野氏は、荘園年貢は〈一年切〉の契約であって、毎年契約が更新されていた、と主張するのだろうか」（と指摘し、）「網野氏は安良城のA批判をきちんと正確に読むべきであって、網野氏のC反論のように、人の意見を勝手に改悪して恣いままに〈批判〉すべきではない」

とまで直言したのである。

この反論を網野氏が目を通していることは、この論稿の註(10)(79)にこの反論をとりあげて言及していることによって確認できる。にもかかわらず、中世年貢が「一年切」の契約かどうかという基本的対立点をボカシて論争しようとする、網野氏の論争の姿勢を厳しく批判せざるをえない。なぜこういうのか。この論稿の本文を私は丹念に検討した。たしかに荘園年貢の請負・契約的側面について饒舌に語られてはいるが、肝心要の荘園年貢は「一年切」の契約だったかどうか、については何等触れることはない。問題をワザとハグラカシているのではないかと疑う所以である。

だがしかし、註(75)に次のような叙述がみられる。

また「東寺百合文書」ヱ函二四号、嘉元三年三月廿三日、権介若狭国太良荘真利名等未進請文は、前年の未進をこの年の早米から替え召されることを約束した借状の形式を持つが、同様の内容を持つ多くの請文の示すように、年貢は一年ごとに決済され、未進はこうした借米になったのである。この事実はその年の年貢を決済した百姓の移動は預所、地頭によって縛られることはなかったことを逆に物語るものといえよう。

網野氏といえども、さすがに荘園年貢は「一年切」契約であると本文で強辯することはできなかったが、このような註をつけることによって、荘園年貢は事実上「一年切」契約に等しい。とひそかに主張したいのであろうか。

だがしかし、この註ほど思いつきのデタラメな主張はないのではなかろうか。「年貢は一年ごとに決済される」のは当り前のことであって、「年」貢という言葉自身が、「年」の貢租を意味している以上、一年毎の決済はその必然的帰結である。しかしこのことがどうして、「その年の年貢を決済した百姓の移動は預所、地頭によって縛られることはなかった」ことになるのか。一年切の年貢決済が「移動の自由」に直接結びつく筈がない。網野氏がしばしば行なう、到底一跨ぎできないような利根川・淀川のような大河を、パッと一飛びしようとする短絡的主張（前掲安良城「網野批判（再論）」〈本書論文四〉）の典型である。

徳川時代の百姓も、その年貢を「一年切」に決済していた。年貢を皆済すれば領主・代官より「年貢皆済目録」が百姓に交付される。網野流の論議によれば、百姓は年貢を一年毎に決済しているのだから、年貢皆済百姓は「移動の自由」をもちうる筈である。だがしかし、近世史家は誰一人そんな馬鹿げた幻想をもたないし、そんな短絡的な非歴史的思考をとらない。

網野氏のような秀れた歴史家が、どうしてこんな児戯に類する馬鹿げた主張を行なうのか。ごく親しい友人の一人として残念というほかはない。誤った主張を素直に訂正しないで、謬論に固執し弥縫・糊塗によってなんとか事態を切り抜けようとしても、結局のところ誤謬に誤謬を重ねて奈落の底に顚落せざるをえなくなるのではなかろうか。

さて、ここで是非検討しておきたいことがある。式目四二条の解釈について必ず問題となってきたのは、年貢の完済・未済の問題である。年貢未進については、さしあたり、理解に苦しむことはないが、式目四二条解釈との関連で深められなければならないのは、年貢の完済を一個人としての「百姓」に即してどのように具体的に理解すべきなのか、という問題である。

(B)説は、年貢を完済した「百姓」は「移動の自由」の権利をもつと強調する。(B)説では、「移動の自由」は幕府＝権力公認の法的権利であるわけだが、その権利は、年貢完済後に発生する筈である。

それでは、一個人の「百姓」の年貢完済は何時どのようにして社会的に確認されるのだろうか。「百姓」個人がどんなに自分は年貢を完済したと確認しても（実際に完納していても）、それだけでは、その「百姓」の年貢完済は社会的に確認されることにはなるまい。

鎌倉期の稲作は、早・中・晩稲に分化しており、竹箸による脱穀調整過程の時間を考えあわせれば、荘園年貢は一度に納入される筈がない。何回にもわけた年貢納入に際して、その都度「百姓」は代官の請取＝「返抄」をもらっているので、その総計が、春の年貢注文をかなえれば、その時点から、「移動の自由」が発生するということになるのだろうか。

中世史にうとい私は、こういう点についての研究論文をそれなりに漁ってみたが、(B)説にたつ研究者は全て、抽象的に年貢を完済すればその「百姓」には「移動の自由」が保証されていると声高に論じているだけで、年貢の完済が何時どのようにして社会的に確認されて、「移動の自由」を望む一個人としての「百姓」にそれがどのようにして保証されるのか、といった基本的な問題について、実証的な検討を全く行なっていない事実を知って驚いた。それだけではない。中世の農耕暦を考えた上で、一体、中世「百姓」が、自らの本来の居住地を離れて他領に移住できるには、どの程度の時間的余裕が必要なのか、という配慮も一切なされていないのである。

農耕は中世でも一月から始まる。それなしには、農民は農民としての一年の生活を送ることはできない。とするならば、「移動の自由」をえた年貢完納「百姓」は、暮大晦日迄には、移動先に耕地と住家を確保していなければなるまい。家と田畑を背負って移住するにはゆかないだろうから。恐らくは、その移動先には、姻戚や親類がいるだろうが、他村からの移住者は「間人」として遇され

第3表

年	月	日
1278.	10.	20
1276.	11.	12
1270.	11.	14
1277.	11.	15
1279.	12.	9
1269.	12.	16
1272.	12.	23
1275.	12.	17

るのである。こういう状況を考えれば、仮にいくら「移動の自由」があったにしても、暮大晦日の十日前とか二十日前にヒョイと移動を実行するわけにはゆくまい。一体どれくらいの準備期間があったら、他村に移住できるのか、中世史のプロではない私には全くわからないのだが、輸送・交通手段・家屋状況について中世よりはるかに便利な現代においても、独身者は別として、家族全体が移住するには一ヵ月や二ヵ月の準備ではなかなか移住などできないのである。

ところで、中世社会で、現実に年貢はどう納入されていただろうか。鎌倉期の若狭国太良荘では、年貢は、早米・中米・後納米として分割納入されていた（『古島敏雄著作集』第六巻・一九七五年・東京大学出版会、二六一頁）。このうち後納米の納入日を表示したのが、右の第3表である。一二月に入ってからの納入は結構多いのであって、一二月二三日という例もある。一六世紀についての東国の事例をあげるとすれば「結城氏新法度」一〇二条が参考となる。

一　秋の年貢は、七月十五日立て始め、中年貢八月十五日、九月一日、その末十月十五日、霜月晦日に立て納むべし、郷中へ可㆑被㆓申付㆒候。

太良庄のケースが現実の納入時期であるのに対して、これは法定納入期限であって、その通り守られたかどうかについては論議の余地があるが、霜月晦日から翌年の農耕が開始される一月までは僅か一ヵ月である。

それだけではない。私の見るところ、個々の百姓の完済・未進が社会的に確認されるのは、荘全体の年貢の総決算が行なわれる結解の折であって、それは多くの場合翌年三月以降である。年貢が「一年切」の契約ではないから、このような決算方式が何の疑問もなく慣行として成立しているのである。

もしも、年貢が「一年切」の契約であり、年貢を完済した「百姓」には「移動の自由」が存在したとするならば、年貢の結解はその年のうちに遂げられなければならない筈である。にもかかわらずそうではない。

荘園年貢の決算慣行自体が、中世百姓「移動の自由」説を根底から否定しているのである。

年貢の完済とは、中世社会の現実のなかでどのように社会的に確認されたのか、というまさに社会史研究がとりあげるべき根本問題を、まったく検討しないで放置して、ただ声高に、年貢を完済した中世「百姓」には「移動の自由」がある、と観念的に強調するだけの「社会史研究者」は、まさに鼎の軽重を問われているというべきであろう。

三月以降に年貢の完済が社会的に確認されるとするならば、中世の農耕暦を考えれば、一体どうやって「移動の自由」を実現できたのだろうか。

年貢を完納した「百姓」に「移動の自由」が保証されているとみなすのは、中世の「百姓」の生活状況について歴史具体的に考えたことのない、一部の中世史家の机上の空論ではなかろうか。

もし本当に、年貢を完済した「百姓」には「移動の自由」の権利があるとするならば、第一に、年貢の完済は、何時どのようにして社会的に確定されるのか、そして第二に、「移動の自由」が実現可能な時間帯はいつからいつまでだったのか、第三に、その時間帯は、中世社会でキチンと確保されていたのか、といった問題意識によって実証的に裏打ちされていなければ、中世「百姓」の「移動の自由」論は、一部の歴史家の観念的な机上の論議であり、知的遊戯にすぎないこととならざるをえない。

「移動の自由」についての社会史研究は一体どこにあるのだろうか。そのカケラすらないのではなかろうか。網野流社会史研究の弱点は、ここに集中的に露呈されているといってもはあるまい。現在流行の社会史研究が、こういう分野にも関心を払うことを希望したい。

そもそも「移動の自由」とは権利の問題である。現実に中世の「百姓」が事実として移動している史実をどんなに掻き集めたところで、所詮それは、権利としての「移動の自由」とは、さしあたって無関係である。

行使しえない権利は、本来の権利ではない。それは、権利でないものを権利と誤解した一部の歴史家が勝手につくり出した幻想的観念のパラドックスにほかならない。

年貢を完済した「百姓」は「移動の自由」の権利を十全に行使しえた、と本気で網野氏は考えているのだろうか。行使しえるのだが、多くの「百姓」は自由意志で行使しなかっただけだ、といった思いつきの逃げ口上で状況を切り抜ける逃げ途は、もはや、残されていないのである。

私は中世史についてはプロではないが、『大日本古文書』の「家わけ文書」や『鎌倉遺文』ぐらいは一通り目を通している。しかし、年貢完済後何月何日までは、「移動の自由」がある、といった史料に接したことはないし、そんな史料紹介にお目にかかったこともない。中世史料にはそんなストレートな表現はありえない、ということもあるが、私が鈍感なせいだろうか、いくら気をつけてみてもその匂いすら嗅ぎつけることもできない状況である。

しかし、それは、当然のことだと私は考えている。

私と網野氏との基本的論争点は、荘園年貢は「一年切」の契約かどうか、にあるという私の明白な問題提起を、網野氏はそれを確実に知りながら、あえてこれに直接答えようとしない現実が示すように、荘園年貢は「一年切」の契約では絶対ありえないのである。そうだとすれば、ある年の年貢を皆済したからといって、その「百姓」に「移動の自由」が権利として生ずる筈がない。

荘園年貢は「一年切」の契約だという一般的事実を網野氏がその博識にもとづいてストレートに実証しない限り、その中世「百姓」の「移動の自由」論は実証的にも破産しているのである。荘園年貢は「一年切」の契約でありえないのだから、ある年の年貢を完済したからといって、どうしてその「百姓」に「移動の自由」の権利が発生するのだろうか。主観的には中世「百姓」の「移動の自由」を証明しようとした、網野氏の前掲「中世の負担体系」は、中世年貢が「一年切」の契約ではありえないことを逆サイドから浮き彫りすることによって、客観的には、中世「百姓」には「移動の自由」が一般的にありえないことを論証しているのである。

それだけではない。本節冒頭で要約した網野説の論理的枠組が、砂上の楼閣にすぎないことが、この網野新稿によって白日のもとにさらされたといっても過言ではないのである。

すなわち、「⑵中世〈百姓〉は共同体成員であるから自由民である」という主張については、「網野批判（再論）」（**本書論文四**）においてすでに批判しつくしており、「⑶式目四二条は、年貢完納〈百姓〉に〈移動の自由〉を法的に保障している」という主張は、本稿1によって存立の基礎を失い、

「(4)、(3)の必然的帰結として、年貢完納〈百姓〉は〈逃亡〉しても犯罪者とみなされない」という主張も、(3)が覆ってしまった以上、(4)も(3)と心中せざるをえないだけでなく、その史料上の根拠たる追加一八二条の読みが間違っていることがこの主張にとっては致命傷となっている。そして、「(1)中世年貢は、自由民たる〈百姓〉が領主ととり結んだ契約によって支えられている」も、(2)(3)が否定されてしまっているために、中世の「百姓」は自由民ではありえないこととなり、「非」自由民といえども領主と契約（但し従属的契約）を結べるのだから、この主張は無内容に近いこととなる。

網野説を砂上の楼閣とみなすのは、この故である。

しかも、本稿冒頭と本節で具体的に指摘したように、私は「網野批判」（本書論文一）において、《荘園年貢は「一年切」の契約ではありえない》という私の主張を、誤解のしようもないような明確な形で示したのに対して、網野氏は「中世の自由について」において、私が「契約」一般を否定しているかの如き言辞を弄して私を批判されているので、それは網野氏の「誤読」であり、「人の意見を勝手に改悪して恣いままに〈批判〉すべきではない」と「網野批判（再論）」（本書論文四）において指摘しておいたのであるが、網野氏はこの指摘を十分承知の上で、なおかつこの指摘については黙殺して頬かむりしたまま、この「中世の負担体系」において再び「中世の自由について」と全く同様な批判（もはや誠実な学問的批判＝反論とはとてもみなせない）を繰りかえされている。私には全く理解できないことである。

網野氏に一言のべておきたい。私がいかに中世のプロでないとはいえ、その私といえども地下請・地頭請・守護請といった請負＝契約が中世に存在していたことは十も百も承知している。だから一般的な意味での年貢請負や契約が中世社会に存在していたことを私が否定する筈もない。網野氏のようなジャーナリズムの寵児は、「本所・領家に対する年貢の貢納を、このように契約、請負によると考えることに対し、最近、安良城盛昭は〈到底考え難い〉事態と」みなしているなどといったデマゴギーに等しい暴言は慎しんで欲しい。義務教育とまでみなされている高校の歴史教育でも周知の事実を安良城は知らないのか、とジャーナリストや世人に誤解を与えかねないデタラメな発言だからである。

私は、あえて直言したい。網野氏は、自らの執筆活動や編集活動が忙しいあまり、他人の網野批判をシッカリ読んで正確に理解する暇がないのだろうか。そうだとすれば、それはそれで結構だが、片手間に網野批判をチョコチョコ読んで、不正確な理解にもとづくいい加減な反論をヌケヌケとするのはやめてもらいたい。本人は反論を活字にして反批判できたと自己満足しているのかもしれないが、そんな反批判は直ちに返り討ちをくって、網野氏の名声を傷つけるだけだからである。こんな好い加減な反論を活字にできるその精神状況を考えると、網野氏も「偉くなったものだ」と思うのだが、ジャーナリズムの世界で何をやろうと私の知ったことではないが、学問の領域では、特に論争の場では、誠実にやってもらいたい。反論できると思う論争点だけをチョコチョコつまみ喰いし、自説に都合の良いように問題をスリカエて御茶を濁さないでもらいたい。もう二年も経っているのだから、私の批判点、無所有論・無縁論をはじめとする私の批判の全てについて、史料の読みや省略が妥当であったかどうかも含めて、逐一全面的に反論するか、あるいは私の批判点のどれとどれに承服するか、逐一態度を鮮明にすべきであり、速かにそうして欲しい、とお願いする次第である。

さて、網野氏は、この論稿で、中世の「百姓」は自由民だから、年貢を領主と契約している、と強調されているのだが、このことは、「逆からいえば」契約できるのだから、中世「百姓」は自由民であることが再確認される、といった網野節がうかがえる。こういう網野節がいかに短絡的な誤った主張であるかについては、先に、「一年切」の年貢決済から中世「百姓」の「移動の自由」を論証できるといった「逆からいえば」論の短絡的主張の誤りを指摘したところであるが、私は、網野氏の論稿を読む時、このような「逆からいえば」という網野節にぶつかると、常に眉に唾をつけて、眼を大きく開いて読むことにしている。「逆からいえば」という網野節は、もちろん全てではないが、利根川や淀川という大河を、パッと網野氏が短絡的に一跨ぎする役割をかなり演じている、と経験的に私は考えるからである。

契約できる存在は自由民である、等といった、共同体の成員は自由民である、という謬論に等しい暴論は、次の周知の史実によって完全に否定される。

享保期は、それ以前の検見取制から定免制へ移行する劃期である。定免制は疑いもなく近世領主と近世「百姓」との年貢契約である。にもかかわらず、検見取制から定免制への移行は、近世「百姓」を自由民に転化せしめなかったのである。そしてまた、大事なことは、近世「百姓」が自由民だったから近世領主と年貢契約をできた訳でもない、という歴史事実の確認である。

契約を支えている社会的基盤とその背景、さらに、契約の内実、を分析することのないままに、契約だ、契約だ、と空騒ぎする契約論議は、ある特定の時代・社会の歴史分析にとって何の役にもたたないだけでなく、有害でさえある、という社会科学上の鉄則を網野氏に噛みしめてもらいたい、と思うのは私だけであろうか。

荘園年貢の契約的側面を示す形式的史実をいかに掻き集めたところで、そのことから直ちに、中世「百姓」を自由民とみなすことはできないことを、網野氏はおわかりにならないのだろうか。先に指摘した自然経済・貨幣経済論や「一年切」の年貢決済論といい、この年貢契約論と次にのべる農民闘争論といった諸問題についても、現在までに達成されている「近世百姓論」の理論的・実証的水準を、虚心坦懐に吸収して理論・実証の両面にわたり大幅にレベルアップして脱皮しない限り、混迷をきわめる網野氏の「中世百姓論」の更生の途は見出せないのではなかろうか。

なお網野氏は、

もとより、平民百姓が年貢を「対捍」したと認定すれば、領主側は物理的な暴力を含むさまざまな圧迫、強制を加えたが、逆に領主側に「非法」ありと判断した場合、平民百姓たちがその支配を拒否して、「山林に交わり」、逃散することは、当然の権利として、社会的にも、法的にも認められていたのである。（九一～九三頁）

という本文に註(97)を附して、次のようにいわれる。

安良城は前掲論文で、作人が作職の田地を地主に「上げる」ことは逃散ではなかったが、「名主職・百姓職の田地を領主に『上げる』ことは、逃亡・欠落・逃散とみなされた」としている。安良城の論旨からみると、逃散・欠落は「百姓」の「非法」と領主が見なしたことになっているが、領主の非法に対し、名主・百姓が名田を「上げる」ことは、「東寺百合文書」ム函、学衆方引付、永和三年十一月二日条に「名田上状」が見られるように、平民百姓にとって、当然の権利であった。

だがしかし、これも頂けない。「領主の非法に対し、名主・百姓が名田を〈上げる〉ことは」当然である。それは凡ゆる時代の農民にとって共通に存在する抵抗権の発露の一例であるが、それは合法的次元における権利ではないのである。例えば、徳川時代においても領主の苛政・非法を批判して農民は百姓一揆に厥起するのだが、それは抵抗権の発露とはいえても、何も農民に一揆する合法的権利があったわけではない、という極く平凡な歴史的理解が、網野氏にはわかっていないようである。

「平民百姓にとって」「名田を〈上げる〉ことは」「当然の権利であった」というが、その「当然の権利」とは、中世法のもとにおける合法的権利だと主張しているのだろうか、それとも「不法」で非合法ではあるが、抵抗権にもとづく「当然の権利」だといっているのだろうか。

前者であれば間違っているし、後者であれば、何でこんなわかりきったことを恰かも合法的権利のように紛わしく主張するのか、怪訝というほかはない。恐らく網野氏は、そして入間田氏も、人民に内在する抵抗権が、どんな体制・権力の下においても、これまで非合法・不法とみなされてきた歴史の真実についての社会科学的な理解を欠いているのではなかろうか。そうでなければ、「逃亡」や「逃散」は罪ではなくて、中世における合法的権利だなどという御両人の主張には、こういう点についての学問的な配慮が全くうかがえないとみなすほかはないからである。

なお、「……と領主が見なしたことになっているが」以上と、「領主の非法に対し……」以下の間に論理の飛躍があって、異なった次元の問題を同一次元のものとみなす短絡的誤断があることを指摘しておきたい。

ちなみに、中世社会にも一年限りの年貢請負は存在する。例えば、一色田における散田百姓への宛作の場合がそれである。だがしかし、事柄の本質は「一作契約」というより「一作強制」であってこの散田百姓もまた自由民そのものではありえないことはいうまでもない。

このようにして荘園年貢の側面から中世「百姓」に接近してみても、中世「百姓」は自由民そのものとは到底みなしえないし、年貢完済「百姓」といえども「移動の自由」は存在しないし、「百姓」の逃亡・逃散は、「百姓」の合法的権利ではなくて、非合法・脱法行為にほかならないこともいうまでもない。もし合法的権利だとすれば、「百姓」の逃亡・逃散は、簡単には農民闘争とみなせなくなるのではなかろうか。鈴木良一氏にはじまる中世農民闘争史の長い研究の歩みを全面的に否定することにならないのだろうか。逃散に特別な「作法」が必要だという、入間田氏の主張自体、逃散の非合法性を暗示している。

最後に一つ確認しておく。それは、年貢未進「百姓」といえどもその「去留」は民意に任せられていた、というこれまでの中世史研究が全く看過していた中世的現実を認知する必要性の確認である。

これまで「去留任民意」を「移動の自由」と誤釈してきたために、年貢未進「百姓」といえどもまた、その「去留」は民意に任せられていたという中世的現実が、これまで全く見えなくなってしまってしまっていたのである。

すでにくりかえし強調してきたように、「去留」=《居留》なのであって、それは地頭によって侵害されてはならない已が「在家」への「百姓」の居住権のことである。「下人」と「百姓」との間の身分上の本質的な差はここにあるのであって、家父長制的奴隷としての「下人」には全く居住権は存在しないことを想起する必要がある。年貢未進「百姓」は、あくまで身分的には「百姓」であって、「下人」ではない。確かに、未進年貢を弁済するために、「百姓」はその家族の一部を地頭の「身代取」に委ねざるをえなくなる場合があるが（請戻しも可能である）、それでも家長を含めて家族全員が「身代取」されて全員が「下人」化してしまうのではない。「身代取」の対象外の家族員と家長は、「百姓」として己が在家に《居留》＝居住する権利は容認されているのである。だからこそ未進「百姓」といえども「百姓」であり、したがって「去留任民意」せられているのである。中世「身分論」の理論的見地からすれば、いささかの疑問をさしはさむ余地もない当然の結論である。

むすびにかえて

このようにして、式目四二条は、理論的にも史料解釈＝実証的にも中世「百姓」の「移動の自由」とは全く無縁であり、さらに中世の「百姓」は、自然経済的条件の下に《土地と結合し、土地に付着・密着》している存在であって、そもそも「移動の自由」など事実上も権利上も持っていなかったこととなる。

しかしながら、他方では、「百姓土地緊縛法」が日本中世において欠如していることもまた、疑問の余地がない歴史事実である。このことが、式目四二条を「百姓」の「移動の自由」保証条項と誤断させる大きな誘因となってきたのだが、この「土地緊縛法」の欠如は日本中世社会の特質とどのようにかかわりあうのであろうか。

たとえ年貢完納という条件付きとはいえ、若し本当に中世「百姓」に「移動の自由」があってその通り実現されていたとするならば、その移動できる「百姓」は年貢を完納した有力農民である筈だから、それが他領に流出することを容認し、未進「百姓」のような弱小農民が荘内に滞留・増大してゆく縮少再生産の状況下で、どうして領主はその支配の経済的価値を維持できたのか、疑問をもたないとすれば不思議というほかないが、他方、「百姓」に対する「土地緊縛法」を欠いて領主は、その支配をどうやって実現できたか、これまた問題としなければなるまい。

この両論点ともに、これまでの中世史研究では本格的に吟味されたことはなかったと思うのだが、それは私の不勉強故の誤解だろうか。

この小稿では、「1、式目四二条の立法趣旨の確定とその内容」に力点を置き、「2、中世年貢の特質」は、「1」の分析を根底から支え、側面から根拠づける仕方で叙述をした。その意味では、必要な論点を開示し、これを解決するための実証もそれなりに示していると思うのであるが、これのみでは問題を十分に解決したとは決してみなし難いのである。

という意味はこうである。①式目四二条・追加一八二条・追加二八九条は、中世「百姓」の「移動の自由」の権利保証ではない。②中世年貢は「一年切」契約ではなく、中世「百姓」は長期にわたって荘田を耕営し年貢所当を納入する義務を負っていた。③自然経済の下《土地と結合し、土地に付着・密着》している中世「百姓」の存在状況が①②を支えている、とみなすことについては本稿は理論的・実証的に明らかにしえたと思うところであるが、④中世における「百姓土地緊縛法」の欠如が、この①②③とどの様に構造的にかかわりあうのか、さらに、中世的支配の特質は奈辺にあり、それはどのようにして成立し、どのようにして解体したか、という基本命題の解明については、その入口に到達したにすぎない。別稿において、この課題にとりくむこととしたい。

最後に、私によせられた網野氏の二つの言及・批判について触れて、この小稿を結びたい。

網野氏の前掲稿の註(79)で次のようにのべられている。

なお安良城は注(10)前掲論稿において、一九五七年に「〈移動の自由〉を否定する見地にいち早く立」ったとしているが、五六年の歴研大会報告集で「居住は自由である、つまり移動は自由である」とした部分を、六九年の『歴史学における理論と実証』第Ⅰ部（お茶の水書房）三八頁で「『貞永式目』では明白に、居留は自由である。つまり移動は自由であると規定している」と修正、さらに八四年の『日本封建社会成立史論』上（岩波書店）一二四頁では、「『貞永式目』では明白に、居留は民意に任せる、つまり移動は自由である、と規定している」と改めている。私はこの八四年の文章を四十二条の取意文と見て、別稿でのべたように考えたのであるが、この点の当否については読者の判断にゆだね、「移動の自由」を否定した、安良城の四十二条に関する新たな論稿の発表を期待したい。

ここで私見の関連部分をそのまま示せば、次のようになる。

(A)　一九五六年度「歴史学研究会」大会報告（歴史学研究会編『時代区分上の諸問題』一九五六年・岩波書店、六六頁）

名主と下人・所従のほかに「百姓」といわれる層が出てきます。「百姓」は名主でもなければ下人・所従でもない、一つの身分として、鎌倉幕府法においてもとらえられています。この実体が何であるかはきょうの討論で大いに検討していただきたいと思いますけれども、その性格を考える場合にこの「百姓」自体が下人・所従を所有しているものとして現われている場合が非常に多いということと、さらに、これが農奴として考え難いのは、土地緊縛規定を受けていない点にあります。単に土地緊縛規定がないというだけでは、事実上あったんだろうという想定も可能であります。しかしながら明白に、**居住は自由である**、つまり移動は自由である、そういうぐあいにとらえているわけでありますから、この規定自体が非常にこの「百姓」を農奴ととらえることを困難にする一つの理由であると考えます。

(B)　社会経済史学会編『封建領主制の確立』（一九五七年・有斐閣、一二〇頁）

荘園体制下「名主」の複雑多様な性格を、荘園体制社会の歴史的諸段階と関連せしめつつ具体的に明らかにする必要性を痛感するが、特に、荘園法における名主の地位確定は、この問題を具体的に追求する環となるであろう。なぜならば、名主の有する「農奴」とはみなしえない「自由民」的性格と、にもかかわらず、荘園領主の支配を受ける側面の矛盾は、荘園法のうちにも最も豊かに表現されていると考えるからに他ならない。

(C)　『歴史学における理論と実証』第Ⅰ部（一九六九年・御茶の水書房、三七〜三八頁）

「名主」と「下人・所従」のほかに「百姓」といわれる層が出てきます。「百姓」は「名主」でもなければ「下人・所従」でもない、一つの身分として、鎌倉幕府法においてもとらえられています。この実体が何であるかは討論の際に大いに検討していただきたいと思いますけれども、その性格を考える場合に、この「百姓」自体が「下人・所従」を所有しているものとして出現している場合が非常に多いということと、さらに、これを農奴として考え難いのは土地緊縛規定を受けていない点にあります。単に土地緊縛規定がないというだけでは、事実上あったんだろうという想定も可能であります。しかしながら、「貞永式目」では明白に、**居留は自由である**、つまり移動は自由である、と規定しているのでありますから、この規定自体が、この「百姓」を農奴と把握することを非常に困難にする根本的な理由であると考えます。

(D)　『日本封建社会成立史論』上（一九八四年・岩波書店、一二四〜一二五頁）

「名主」と「下人・所従」のほかに「百姓」といわれる層が出てきます。「百姓」は「名主」でもなければ「下人・所従」でもない、一つの身分として、鎌倉幕府法においてもとらえられています。この実体が何であるかは討論の際に大いに検討していただきたいと思いますけれども、その性格を考える場合に、この「百姓」が「下人・所従」

を所有しているものとして出現している場合が非常に多いということと、さらに、これを農奴として考え難いのは土地緊縛規定を受けていない点にあります。単に土地緊縛規定がないというだけでは、事実上あったんだろうという想定も可能であります。しかしながら、「貞永式目」では明白に、**居留は民意に任せる、**つまり移動は自由である、と規定しているのでありますから、この規定自体が、この「百姓」を農奴と把握することを非常に困難にする根本的な理由であると考えます。

(A)(C)(D)を比較・対照すれば、(A)「居住は自由である」が(C)「居留は自由である」(D)「居留は民意に任せる」という変化がある。しかしながら、「居住」を「居留」と変更したのは、先にものべたように一九六九年である。

なお私は、網野氏が批判するような「〈去〉を〈居〉と同義」（九〇頁）などとは昔から全く考えていなかった。第四二条の「去留」は、A批判（三九頁）のように居住権にかかわる、との法解釈上の観点から、移動の自由と誤解されかねない史料的表現の「去留」をあえて用いず、居住権の問題とみなすべきだとの積極的意思をこめて〈居留〉としたのである。それは、一九六九年の『歴史学における理論と実証』第Ｉ部公刊の折であった。第四二条を私が積極的にとりあげたのは一九五六年の歴研大会共通論題における私の報告においてであるが、その際すでにこの第四二条を「居住」の問題として明示的にとりあげていたことは、大会報告集（歴史学研究会編『時代区分上の理論的諸問題』一九五六年・岩波書店、六六頁）によって確認できるところであるが、移動の自由とも理解する不徹底性があったが、その翌年の一九五七年には、〈移動の自由〉を否定する見地にいち早く立ち、したがって、社会経済史学会編『封建領主制の確立』（一九五七年・有斐閣）上の安良城「補論」においては、もはや〈移動の自由〉を論じていない。（前掲(B)二四〇頁）

と指摘したとおりである。

『歴史学における理論と実証』第Ｉ部刊行の一九六九年の時点で、「つまり移動の自由である」を削除して、「居留の自由」との矛盾を解消したかったのであるが、一九五六年度歴史学研究会大会報告はその当時ではもはや歴史上の文献となっていて引用される場合があったことと、これを削除するとすれば、それこそ大論文を書いて削除の理由と新見解をのべなければならないこととなるが、その時点では、日本地主制史研究に没頭していたので、それをとりまとめるための本稿のような構想はすでにできていたが、それは果せず、日本地主制史研究が一段落したあとも琉球・沖縄史研究に全力をあげて取り組んだために、この構想を具体化する時期は、二〇年後の今日となってしまった。

「居留の自由」と「移動の自由」の間における本質的矛盾は承知の上で、いずれ中世「百姓」の「移動の自由」に関する本格的な分析をひっ提げて、この矛盾を自己批判して、訂正・解消する機会の訪れることを願っていたが、二〇年も気にかかっていた私の素志をこのようにしてようやく果しえて満足である。

なお、(D)において、(C)の「自由である」を「民意に任せる」と変更しながら、他方で「居留自由」の表現がある（三一六頁）のは、本稿で検討した「青方文書」(2)嘉慶二（一三八八）年を念頭において中世の百姓の「居留自由」を論じたからである。このようにして、「去」を「居」と私は不注意に読み違えていたのではないのである。

〔後記〕　本来の構想では、1と2の間に「建長五年の幕府撫民令の分析」を入れる筈であって既に出来あがっているが、本書の頁数が予定より大幅にふくれあがったために、これを切り離して別稿として別の機会に公表することとした。

また、網野氏の「①安良城のいうような、領家方と地頭方のような区分が貞永のころに果してありえたか、②またそこまでこの法の制定者の目が届いていたかどうか、幕府法の性格からみてまことに疑問」との批判にここで答えておこう。①については、たとえば、若狭国国富庄の建保四年「可令停止養蚕時雇仕百姓於**地頭方**事」や備後国大田荘の建保五年「高野御領備後国大田御庄**地頭方**事」という史料の存在を指摘するだけで「領家方と地頭方のような区分が貞永のころに」ありえた十分な証明となろうし、また②についていえば、貞永式目が荘園領主と地頭の紛争処理のためにも制定されているという紛れもない(そのためだけでないことはもちろんだが)その内容からして、まったく不可解な見解というほかはない。網野氏に貞永式目と式目追加の内容についての立ち入った検討を望みたい。要するに①も②も有効な反論とは全く考えられないのである。

(一九八七・二・九)

〔補説〕 私はこの論稿で、式目四二条の「於去留者宜任民意」を、《抑留されていた「地頭館」あるいは「地頭分・地頭領・地頭方」から解放されてそこを去り、抑留以前に住っていた己が住家へ帰住する》こととみなしたが、式目制定直前の寛喜三年に、次のような評定が行なわれている(式目追加二一条)。

已依二一物之多少一、被レ定二罪科之軽重一畢。仮令銭百文若二百文以下軽罪者、以一倍令レ弁二償之一、可レ令レ安二堵其身一。三百文以上之重科者、縦雖レ行二一身科一、更莫レ及二三族之罪一。於二親類妻子并所従等一者、如レ元可レ令レ居二住本宅一也。

この四月二〇日の評定をうけて、式目制定者の北条泰時が時房と連署した寛喜三年五月一三日の追加二九条「諸国新補地頭沙汰事」(この追加二一・二九条は、式目四二条解釈との関連ではこれまで全く注目されることがなかった)によっても追加二一条は確認され、このことによって、私の式目四二条解釈の妥当性は保障されていると思うところである。

式目追加を通読し、関東下知状を検討したものは誰しも、地頭が折にふれて種々様々な口実を設けて、「百姓」自身はもとよりその「親類・妻子・所従」までも不法に抑留している史実が余りに多いことに注目せざるをえないであろう。追加二一条をうけたこの追加二九条においても、地頭の非法として、次のように地頭の行動が幕府によってチェックされている。

抑寄事於犯過、致所務煩費云云、仮令於銭百文已下之盗犯者、以一倍令辨償、可令安堵其身、至于三百文已上之重科者、雖搦取其身、不可煩親類妻子所従、如元可令居住也、

これは「重科」の故に「搦取其身」られるのは、「重科人」その人だけであって、「重科人」の「親類妻子所従」が連坐して「搦取其身」られるべきではない(「不可煩」)という、地頭非法に対する幕府のチェックである。ところで、地頭の非法によって「搦取其身」られるという「煩」を蒙っていた「重科人」の「親類妻子所従」が、この幕府のチェックによって地頭の非法から解放された場合、「如元可令住居也」と幕府によって指示されている事実が注目されるところである。何故ならば、追加二九条の「如元可令居住也」は追加二一条の「如元可令居住本宅也」をうけており、それは、式目四二条の「於去留者宜任民意」の具体的意味内容が、拉致・抑留されていた「地頭館」等から抑留される以前に住っていた己が住家への「抑留妻子」帰住であることを暗示しているからである。

「煩親類妻子所従」わすということは、すでにのべたように地頭が「搦取其身」ることであり、「地

頭館」あるいは「地頭分・地頭領・地頭方」に地頭が「重科人」の「親類妻子所徒」を拉致するとであるが、この地頭非法のチェックは、「如元可令住居」として、「搦取其身」られ拉致される以前に住んでいた己が住家への「親類妻子所従」の帰住となるのは必然であり、理の当然である。

この追加二九条が公布された寛喜三年五月一三日といえば式目発布の僅か一年前のことで、さらに、この追加の連署者の一人が他ならぬ北条泰時という式目制定者その人であり、しかも、その泰時が式目四二条における地頭非法と同様のケースの地頭非法のチェックの在り様をこの追加二九条で論じている事実は、式目四二条解釈に際して、この追加二一・二九条が何をさしおいても参考とするべき第一級史料であることを示している。

この追加二一・二九条の引用部分と同様に、式目四二条もまた地頭の不法な「妻子抑留」のケースである。とするならば、四二条の「宜於去留者任民意」は、追加二一・二九条の「如元可令居住本宅也」「如元可令居住也」という具体的指示を言いかえた抽象的表現であるとみなすことはきわめてリーズナブルであって、この両表現を実質的に同義とみなしてはならない如何なる理由も見当らないのである。

このようにして、式目四二条についての私見は、式目制定者北条泰時のお墨付きを頂戴しているとみなしてもよい解釈ではなかろうか、と考える次第であるが、果していかがなものであろうか。

（一九八七・三・一二）

〔後記〕二月九日に本稿の最終補筆を終え、やれやれと思いながら三月一二日朝、日大板橋病院のベッドの上で（というのは、三月五日午後に心筋梗塞で倒れ、その当初は絶対安静であったが、幸いにして経過が良好で、三月八日からごく短時間ながら読書を医師から許された）、『中世法制史料集』第一巻をはじめから見直していたところ、式目追加二一・二九条にぶつかった。

式目四二条解釈にとって、これほど決定的意義をもつ史料は他には全くないと思うのだが、これほどの重要史料をこれまで見逃していた我身の不覚に、しばしあきれるほかはなかった。

しかし考えなおしてみると、追加二八九条を基軸に追加一八二条を媒介として四二条を解釈するという妥当な方法的見地に立つことによって、追加二一・二九条と全く同様の内容理解に到達していたが故に、この追加二一・二九条の決定的史料価値がすぐわかったと思うのである。

予め追加二一・二九条の存在に気付いていれば、本稿の叙述は大幅に変ってより簡明になったと思うところであるが、追加二一・二九条の存在を知っていたが故に、手取り早く式目四二条を妥当に解釈できたという場合よりも、追加二一・二九条を知らないままに式目四二条を解釈して妥当な結論に到達できたと思う本稿の場合の方が、我が身の不覚の故に手間・隙はかかったが、それでも私としてはより好ましいことだと思いなおした。

こんな決定的史料にめぐりあえるのは、まさに偶然ともいうべき僥幸にすぎないのであって、こんな僥幸に何時も何度もめぐりあえることを期待できる程、歴史研究は安易な途ではないからである。

かねてから繰りかえし主張しているように、私は歴史学の本来の課題は《「史料」によって、史実を語るに留らず、個々の「史料」を相互に関連せしめることによって、個々の「史料」のそれぞれが直接には語らない事実を、諸「史料」相互間の関連のうちから語らしめ》〔安良城『幕藩制社会の成立と構造』（増訂第四版・一九八六年・有斐閣、二六一頁）、安良城『日本封建社会成立史論』上（一九八四年・岩波書店、一八二頁）」ることにある、と考えるものである。歴史研究は、決定的史料を探り当てる宝探しではない。

私はあえていいたい。追加二一・二九条が仮に存在しなくても、あるいは、追加二一・二九条の力をかりなくても、式目四二条は中世「百姓」の「移動の自由」の法的保障では全くありえない、と論証・主張できることは、本稿の四二条分析が示すとおりである、と。

（一九八七・三・一三）

一二　「無縁所」・「公界」＝「公廨」・「随意」

1　「無縁所」

さきに私は「所領もなければ檀徒などもない、孤立無援の寺、あるいは礼拝所」という『日葡辞書』の無縁所理解をひいて、戦国期今川領国の無縁所の実態を解明し、ジャーナリズムを賑わした網野善彦氏の「無縁論」が、実証的にいってまったく成り立ち難いことを明らかにした（「網野善彦氏の近業についての批判的検討」〈「歴史学研究」五三八号、一九八五年〉本書**論文一**）。

しかしながら、発表誌が学会機関誌であることから必然的に生ずる割宛紙数の制約によって、戦国期に存在した無縁所の二つのタイプについて言及することができなかったので、前稿でのべた私の無縁所論を補足するものとして、この小稿で、この点からまず論ずることとしよう。

結論を先取りしていえば、戦国期には二つのタイプの無縁所が存在していた。

その一つは、『日葡辞書』がとりあげた近世村寺の源流としての無縁所（この小稿では以下A型無縁所とよぶこととする）であって、室町末～戦国期にかけて、村単位に全国土的に簇生した小さな道場・寺院がこれに該当する。徳川期に創り出された村寺による宗門人別制度を実施可能としたその歴史的前提としての、このA型無縁所の戦国期の簇生を看過して、寺院史をそして無縁所を論ずることはできない。網野氏の無縁所論は、このA型無縁所を無視しているというか全く看過しているところに、その致命的欠陥を露呈しているのである。すでに前掲網野批判論文（本書論文一）で指摘したように、網野氏が『日葡辞書』の無縁所理解を無視して戦国期の無縁所を論ずるのは、この故である。

その二つは、戦国大名の印判状によって無縁所としての種々の特権を与えられている有力寺院である（以下この小稿ではB型無縁所とよぶ）。網野氏がその『無縁・公界・楽』（一九七八年・平凡社）において取りあげた、若狭の正昭院、周防の禅昌寺、尾張の雲興寺等々がそれである。それぞれ一国の有力寺院ではあるが、それは、荘園領主・在地領主の氏寺・菩提寺ではなく、したがって荘園領主・在地領主とは血縁関係のない、「無縁の僧」の寺院であったところにその特徴があった。氏寺・菩提寺は領主の寺であるが故に、領主の血縁者である「有縁の僧」によって運営され、年貢を免除された所領をもち、領主の庇護のもとにさまざまな特権をもっていた。これに対して、このB型無縁所は、由緒ある有力寺院であるにもかかわらず、領主の氏寺・菩提寺ではないというその成立事情からして領主の氏寺・菩提所のような特権を本来もっていなかった（無縁所なるが故に、様々な本来的特権をもっていた、という網野説の誤謬は明白である）。その寺領は、領主ではない身分の、つまり氏寺・菩提寺をもちえない土豪・百姓の信徒の寄進や寺自身の買得による年貢・公事負担義務を負っている名主職にほかならなかった。ここから、B型無縁所には、年貢・公事負担免除を戦国大名に希求する動向が生じ、他方では、その領国における荘園領主・在地領主の力を抑え、領国支配を実現したいと望む戦国大名の志向があって、この志向と寺院の動向が結びついたところに、諸役免除を中心内容とするB型無縁所に対する戦国大名の印判状が多数発給されているのである。

その意味で、戦国大名はB型無縁所をその領国支配の一環に組みこんだのだが、A型無縁所は放置されたままで、これを村寺として位置づけた幕藩体制との段階差がここに浮き彫りされる。ちなみに、B型無縁所の多くはその戦国期のこの由緒の故に、幕藩体制の下においても朱印地・寺領を給付された特権的寺院として、朱印地・寺領をもたない村寺（A型無縁所）と別格の存在となった。

無縁所についての前稿の補足を終えて、次に公界について論ずることとしよう。

2　「公界」＝「公廨」・「随意」

近年、「公界」という言葉が歴史学界において注目されている。それは、いうまでもなく網野善彦氏の『無縁・公界・楽』といううきわめてユニークな歴史書がもたらした波紋の一つである。

しかしながら、この『無縁・公界・楽』は、理論的にも、また実証的にも、誤謬と断定して何等差支えない重大な難点を多々かかえていることについては、すでに「歴史学研究」五三八号（一九八五年）（本書**論文一**）と「年報　中世史研究」一一号（一九八六年）（本書**論文四**）で批判を公表しているので改めて繰りかえさないが、ここでとりあげる「公界」に関して一言付言しておきたい。

網野氏が「公界」という史料的表現を再三にわたって読み誤っているのは、単なる偶然ではない、と筆者は考えている。というのは一五五六年に制定された北関東の戦国大名家法「結城氏新法度」こそが「公界」についての根本史料であって、これをおいて「公界」についての妥当な解釈に到達しうる史料は他にはないと思われるのである。というのは、他の史料では「公界」という言葉はその史料に一ヵ所しか現われないのでその語釈を確定するのに苦労するのが通例である。とするならば、「公界」の語義を的確にとらえるための基礎作業は、「結城氏新法度」という一つの史料に五ヵ条八例もみられる「公界」の語釈を先ず確定することが「公界」研究の王道であると思うのだが、その作業を欠いたまま「結城氏新法度」の八例のうちの僅か二例の「公界」をつまみ喰いして、我田引水の論議を展開したために、たちまち網野氏は誤釈に陥ってしまったと私は考える。

そこで、先ず「結城氏新法度」の五ヵ条八例の用語例を吟味してみよう。

次に引用するように、第二九・三〇・四二・八七・九四条に「公界」の語が登場している。

［A］29―　以レ間何たる沙汰にてもすみたる義、又別之六ヶ敷事に間すみの義引懸に**公界**へ申出べからず。此以後前の事迄引かせ間敷と書付候。況んや間之義ゆめ〳〵不レ可レ叶候。

［B］30―　諸寺・諸庵・諸房共に**公界寺**我々建て候氏寺のごとく、或は子を置、兄弟を置□綺たち候はん義、誠《ニ》腹筋痛き事に候。寺〳〵之義□寺奉行之外、是へ何事も不レ可二披露一。但、寺奉行慮外なし候はん義は、以《テ》二別人《ヲ》一も可二披露一候。

［C］42―　忠信の跡不如意に候はゞ、我人ともに**公界**之義にて候。蔵方より三ヶ一本も子分をも許すべし。忠信之間、一向なすまじきと申事は、あまり無理に候。よく〳〵両方此《ノ》分別可レ入《ル》義にて候。

［D］87―　久洞中ためまはし見候処、**公界寺**に子共・兄弟を置き候ては、無能沙汰の限にても、其寺持たせ度御躰と深く見及候。誠《ニ》各誤られたる義にて候。出家の妻持たず魚鳥食はず候て、心経の一巻もかなぐりはなしに覚え候へば嗜者奇特尊きなど〻、めんぴにて唱へたて候。誠《ニ》腹筋痛く浅間敷次弟に候。我々のやうなる大俗も、二親の日、卯未又夏精進など〻て仕候。まことも後生も知らず、五言の句をも不レ及二分別一躰之者、結句檀那にかたうちなる出家、更《ニ》何之用たるべく候。一類を以《テ》**公界寺**住寺望に候者、専に能を被レ付**公界僧**之成に可レ

被二取成一候第一《ニ》候。人の信仰なき間、寺〳〵の廃れやう積られべく候。

[E]94一　これは申出候事思慮に候へども申出候。一月は三十日あるべく候に、見候へば、孝顕の日十三日に寄合、魚鳥の活計返々不レ可レ然候。方々**公界**の活計候とて、其故孝顕地獄へ堕ちられべき事にてもなく候。又精進候とて、成仏あるべきにてもあらず候。於二他所一、結城膝の下の老若は是ほど随意に候と量られべき事、何かにつけて不レ可レ然候。十三日は**公界**寄合不レ可レ然候。さて又他所之客人客来は、身を初めて何かも不レ入義に候、朝夕平生之心持たるべく候。内々にては、夜のべ遊山も魚鳥も御随意たるべく候。それ迄は綺たち申間敷候。

国語辞書の幾つかをひもといてみると、「公界」という言葉の多義ぶりにはまことに驚かされる。私は国語の研究を行なったことは全くないので、もちろん、この「公界」の多義性を語源的に系統だてて検討することはできないのだが、この「結城氏新法度」の五ヵ条八例の「公界」を眺めているうちに、国語学とは違った歴史学からみた「公界」という言葉の成立過程がおぼろげながらみえてきたので、そのあらましをここでスケッチしてみよう。

このA～Eの用語例を全体として検討すれば、明らかに二つの系列の用語例が看取される。

その一つは[A]であって、「公界」＝「公」（おおやけ・パブリック）という意味内容である。この[A]はやや難解であるが、「以間何たる沙汰にてもすみたる義」「間すみの義」という、すでに「間」＝仲介者を立てて私的に解決されている問題を蒸しかえして、「公界」＝「公」（おおやけ）、つまり結城氏の法廷に持ち出してはならない、という文脈のなかで「公界」は用いられているのである。

この「公界」が、古代の「公廨」という「役所＝公」という言葉から転成した中世語であった（『和訓栞』も「公廨」について「くかい・公界の音也」とのべている）のだから、当然の語義といえよう。

他方[C]・[E]は、「公（おおやけ）」という語釈によって処理できないことはいうまでもないが、幸なことにも、[E]における「公界の活計」が沖縄の方言のなかに現在でも細々と生きているので、ここから問題に接近してみよう。

沖縄に「クゲーノクワッチー」という方言がある。古い言葉で現在はほとんど使われていない。「クワッチー」は「活計」のことであって、御馳走の意味であり現在も常用されているが、「クゲー」という言葉が古いのである。「クゲー」とは「公界」のことであって、だから、「クゲーノクワッチー」とは、「公界の活計」のことであり、その意味は、「世間づきあいの宴会」＝パーティーであって、つまり亭主が複数の客を招いて騒ぐ酒宴のことであるが、亭主が一人の来客に御馳走することを「クゲーノクワッチー」とはいわないのである。

ところで、「結城氏新法度」第九四条にも「公界の活計」が登場している。この場合の語釈も「クゲーノクワッチー」の語義を適用して何等不都合はない。「結城氏新法度」についての最も詳細かつ信用のおける註釈は、日本思想大系『中世政治社会思想』上（一九七二年・岩波書店）における佐藤進一氏のそれであろう。だが、この第九四条についての註釈は、「公界」の語釈を明示していないために十分に明快とはいいがたい。「クゲーノクワッチー」を御存知なかったためではなかろうか。

ここでの「公界」の用語例は、沖縄方言にしても[E]も、先の「公」＝「おおやけ」から一転して、「私」＝「わたくし」相互間の関係として成立する、「公」＝「おおやけ」＝「官」を排除したものとして成立する関係、すなわち「世間」を意味しており、明治初年に漢語にもとづきながらこれを換骨脱胎して作られた翻訳語の「社会」の中世的表現だと私は考える。この点については後に再論することとしたい。[E]における「公界の活計」を「おおやけ（公）の酒宴」などと語訳したら、全く逆立ちした理解になってしまい、［E］全体を理解できなくなってしまうことはいうまでもあるまい。［C］も同様であって、「我人ともに公界の義にて候」は、「我」＝「忠信の跡」と「人」＝「蔵方」との間の関係は、「忠信の跡」という結城家中の「公的」次元からだけで判断すべきではなく、「蔵方」よりの「忠信の跡」の借金は《私人相互間の世間＝社会上の関係》なのだから、という語釈にもとづいて［C］を解釈すべきなのである。

［B］における「公界寺」もこの系列の語義に属する、「氏寺」＝「私寺」と区別される「公界寺」は何も結城氏＝「公」によって設立された寺ではないのだから、「氏寺」＝「私寺」、「公界寺」＝「公寺」とはなるまい。やはり、「世間＝社会」に存在する寺ということであろう。［D］の「公界寺」・「公界僧」もこの見地から十分理解できよう。

「公界」についての「結城氏新法度」のこの二系列の用語例は、多義的な「公界」の語義を原点に遡って理解できる方向を明示する、羅針盤のような役割を演じていると私には思えるのである。

先に指摘したような、網野氏の「公界」解釈の恣意的誤釈の原因は、「結城氏新法度」の五ヵ条八例にわたる「公界」を厳密に検討しなかったことに由来するものと私は考える。

そのことの故に『無縁・公界・楽』における「公界」についての網野氏の、舌足らずか全くの誤釈にもとづく謬論が発生する。

たとえば「〈公界〉という言葉は、……公権力をさすことはありえない」（前掲書一〇六頁）「〈公界〉が決して〈公権力〉にならなかったことを考えてみなくてはならない」（前掲書二二一頁）といった網野氏の独断的見解は、網野氏のこの『無縁・公界・楽』引用史料そのものが否定している。

この書物の「公界」論の根本的典拠の一つである、「八、自治都市」の冒頭で引用された南伊勢の大湊における永禄三年の帳簿の「公界のいんはん」は、私的な「いんはん」ではない「公のいんはん」という意味であって、「老若」という大湊の自治組織機構、すなわち、地域的公権力の「いんはん」（印判）にほかならないのである。

このようにして、「公界」は疑いもなく公権力なのである。だから私は、本書**論文一**で、「網野氏が〈公権力〉という概念をどういう具合に用いられているのか、大湊・山田三方の〈公界〉が、どうして〈公権力〉でないのか、私には理解し難いのだが、大湊・山田三方の〈公界〉はいずれも、紛れもない世俗的な公権力だった、と私は考えている」（三五頁）と批判したとおりである。

「公界」はこのような自治組織機構としてのみ用いられているわけではない。先に検討した「結城氏新法度」［A］のように、戦国大名の法廷という「おおやけ」の機関をさす事例があるように、たとえば、網野氏が前掲書の「九、一揆と惣」冒頭でとりあげられた「相良氏法度」第一八条における「公界」もまた、やはり相良氏の大名法廷を指す言葉であった。

この「公界」を相良氏の法廷と正しく理解された大山喬平氏の見解を批判してこれを否定する網野氏の「公界」解釈（それは笠松宏至・勝俣鎮夫氏の見解に基本的に依拠しているものだが）こそが誤っているのである。

網野氏等は、「結城氏新法度」の［A］における「公界」をどう読まれるのだろうか。「結城氏新法度」の「公界」はそうであっても、「相良氏法度」の場合には、「公界」を相良氏の大名法廷とはみなせない、と網野氏等は自説を固執されかねないので、まず笠松氏の一八条についての見解をかかげ、次いで、この笠松解釈について批判的に検討された大山解釈を紹介し、さらに、私の一八条についての読みを笠松・大山解釈を批判しつつ具体的に明らかにして、「相良氏法度」における「公界」もまた、「結城氏新法度」と同様に、相良氏の大名法廷をさすことを論証したい。

先ずこの一八条の全文を示せば、次の如くになる（私の句読点の打ち方は、笠松・大山氏と異なるところがあるが、それが史料の読みに深くかかわっていることは、後に具体的に示すところである）。

> 一　諸沙汰之事、老若、役人江申出候以後、[b][a]於公界論定あらは、[c]申出候する人道理也とも、[d]非義に可行、況[f]、無理之由公界の批判有といへ共、一身を可失之由、申乱者あり、至爰自然有慮外之儀者、為道理者不運の死ありといふとも、[e]彼非義たる者の所帯を取て道理の子孫に与へし、所領なか覧者ハ妻子等いたるまで可絶、よく〳〵分別有へし、殊更其あつての所へ行、又ハ中途辺にても、惣而面に時宜をいふへからさる事

この一八条について研究者として一九六七年にはじめて注目された笠松宏至氏は、次のようにのべられている（後に笠松宏至『日本中世法史論』一九七九年・東京大学出版会に所収、一四九頁以下）。

> 現存戦国家法を、その表記法によって漢文体と仮名まじりの書下し体の二種に分けたとき、後者のもつ訴訟手続法の貧困さはかなり顕著な事実である。右の一法は、かかる意味でも貴重な存在ではあるが、その文意は少くとも私にとって難解を極めた。そしてその最大の原因が「諸沙汰」について「論定」し「批判」を加える主体「公界」の実体不明にあることはいう迄もない。
>
> 「述懐ハ私事、弓矢ノ道ハ公界ノ儀」（「太平記」）を持出すまでもなく、公界は常に「私」に対立する概念であり「お、やけの界」である事は間違いないが、しかしそれだけでは問題解決の糸口にさえなり得ない。何故なら「公田」「公領」などの歴史をふり返るまでもなく、「公」は「私」とならんで、すぐれて歴史的な概念であるからである。公界は如何なる意味に於て「お、やけ」なのであろうか。

さて相良氏の領内にあって、最も公的な存在が、相良氏自身若しくはその権力機構である以上、公界がその呼称ではないかと考えるのは極く当然であろう。しかし「公界論定（批判）」が相良権力自身の裁定だとすれば、本条文の中少くとも「（老若役人へ）申出し候つる人、道理なり共非義ニ可行」の一項は、全く理解不能に陥らざるを得ないだろう。

（中略）

かくて本条の鍵ともいうべき公界は、その用語例からみても、また条文の文意からしても、それを相良の権力機構以外の、しかも公界の名をもってよばれるに適わしい何物かに比定されなければならない。このような眼で相良氏法度を眺めてみると、幸いわれわれは本条と法意のかなり類似した一法を見出すことが出来る。即ち前代相良為続の立法にかかる明応二年「申定条々」は言う。

一　四至境其余之諸沙汰、以前より相定候する事ハ不及申候、何事にても候へ、其所衆以談合相計可然候、誠無分別子細を可有披露、無理之儀被申乱候する方ハ、可為其成敗也

とここでは明らかに、訴→其所衆談合→披露なる手続の系統が設定されており、しかも第一次的裁判権を認められた「其所衆」から相良への披露はむしろ例外的な性格を与えられているに過ぎない。ここに至って私は、この「其所衆談合相計」こそ彼の「公界論定」に相当し、したがって「諸沙汰事」法の文意は凡そ次の如きものになると考えるのである。

諸々の沙汰は、老若役人に出訴（即ち相良氏の権力機構が受理）した後（であっても）、公界（其所衆）に於て、（無理と）論定されたならば、（相良氏の側からみれば）たとえそれが道理の訴であっても、（公界の論定を優先させて）敗訴とする。まして公界が既に訴人の言分を無理と判定しているにも拘わらず、（それを無視して）一命を奪う等と称して論人への威嚇を続ける者がある（のは全く不当である）。かかる場合、もし万一論人が死亡するような事態がおこれば、たとえそれが全く不慮の死であったとしても、訴人の所帯を没収して論人の子孫に与え、所領なき者は（本人ばかりではなく）妻子に至るまで処刑されよう。よく〳〵分別して慎重に行動すべきである。論人の居所へ押かけたり、或いは路上であっても、直接相手と交渉をもつ事があってはならな

い。

即ち、前半においては相良権力ですら公界の裁定を尊重し、これに介入しない事を述べ（これは既に本立法以前からの原則的事実であろう）、まして各個人は私的な威嚇や報復に出ることなく、あくまで紛争の解決を公界に一任すべき事を強調した立法であると思われる。

これに対して、大山喬平氏は一九七七年に次のような批判を加え、自からの一八条解釈を示された（大山喬平『日本中世農村史の研究』一九七八年・岩波書店、四六〇頁以下）。

相良氏法度一八条にみえる「公界」を郡中惣の所衆談合（合議体）の意味であるとした笠松宏至・勝俣鎮夫氏の仕事にふれて、石母田正氏は「公界＝所衆談合的な公が、中世に存在したということは、日本の思想史上、忘れてはならない事実である」（日本思想大系21『中世政治社会思想』上六一八頁）と高く評価している。だが右の相良氏法度一八条の「公界」は正しく郡中惣＝所衆談合を意味したのであろうか。この解釈は二人のうち、主として笠松氏の仕事にかかるようであるが、氏の論述をみると、公界を相良権力（その法廷）だと解したのでは右の条文の意味がとりがたいという一点から導かれた演繹的解釈法になっている。氏の読み方は同氏前掲論文六五頁に記されているが、すこしことなった読み方も可能だと思うので次に原文とともに記してみたい。

(K)諸沙汰之事、老若役人江申出候以後、於二公界一論定あらは、申出候する人道理也とも、非儀に可レ行、況、無理之由、公界の批判有といへ共一身を可レ失之由、申乱者あり、至三自然有二慮外之儀一者、為三道理一者不運の死ありといふとも彼非義たる者の所帯を取て、道理の子孫に与へし、所領なか覧者ハ妻子等いたるまで可レ絶、よく〳〵分別有へし、殊更其あつての所へ行、又は中途辺にても惣而面に時宜をいふへからさる事（「相良氏法度一八条」）

諸々の沙汰は、老若役人に出訴（即ち相良氏の権力機構が受理）した後に、公界（相良氏の法廷）に於て、（無理と）論定されたならば、出訴した人間が道理だと考えても、非儀（道理なし）にあつかわねばならない。いわんや「無理であるとの公界の裁定があっても一命を奪ってやる」などと申し乱す者がいる。（このような次第で）自然、思わぬ事態となり道理の者に不運の死がおとずれるような場合がおきたとしても、彼の非儀たる者の所帯を没収して、（本人がいなくても）道理の者の子孫に与へるべきである。所領がいない場合には、妻子等にいたるまで処刑されよう。よく〳〵分別して慎重に行動すべきである。ことさらに、相手の居所へ押かけたり、また路上であっても、直接相手にむかって事の理非をいいかけてはならない。

右のような解釈をとるならば次に掲げる相良氏法度七条との関係がかなり明快になるように思う。

(L)四至境其余之諸沙汰、以前より相定候する事ハ不レ及レ申候、何事にても候へ、其所衆以二談合一相計可レ然候、誠無二分別一子細を可レ有二披露一、無理之儀被二申乱一候する方ハ、可レ為二其成敗一也（「相良氏法度七条」）

すなわち(K)(L)ともに一貫して、戦国大名相良氏の領国経営の進展情況を反映している。つまり両者に一貫する法意は相良領内における私合戦＝私闘の禁止措置である。領内の紛争事項は当事者同志の武力をもまじえた直接的交渉によってではなく、何事によらず「所衆談合」の結果にまたねばならぬ。それでもなお解決不可能な紛争のみ、最高権力たる相良氏の裁定へ移管されねばならぬ。もしもそれに従わなければ、相良氏が直接成敗する、というのが(L)の法意であり、紛争→所衆談合→披露という裁判手続の系列が設定されているのである。(K)は以上の手続をうけて「老若役人江申出」たちの「公界論定」を主題にしているのだから所衆談合→披露以後の相良の法廷をさしていることは疑う余地がない。(L)が規定するように、相良氏の法廷は所衆談合をへても、なお「誠無二分別一子細」だけが披露されるのであって、披露の後になっても、なお所衆談合が併行して開催されたとする笠松氏の理解は、右の(L)の手続上の規定と矛盾をきたしているのではなかろうか。すくなくとも右の「公界論定」を石母田氏のように評価するにはもうすこし慎重でありたいと考える。

みられるように、一八条の「公界」について、相良氏の権力からなお自立している「所衆」の組織とみるか（笠松）、それとも、相良氏の権力機構そのものといえる相良氏の大名法廷とみるか（大山）、に見解対立の根幹が存在するのであるが、「公界」が「公権力をさすことはない」（前掲『無縁・公界・楽』一〇六頁）という、全く誤っているがきわめて独自な見地に立つ網野善彦氏は、「笠松・勝俣氏は〈老若役人〉とあわせて、相良氏の権力と解釈したので、やや不明確な部分がのこり、この大山氏の解釈の入る余地をわずかに残したといえる」(一〇六頁)とみなされ、「老若、役人」と読めば、笠松・勝俣解釈が補強されて妥当であるとし、「大山氏が〈申出候ずる人道理也とも〉を〈出訴した人が道理と考えても〉と解釈するのは、言葉に即しても全く成立たず、相良氏が自らの法廷に出訴したものが道理と考えても、裁判の後は敗訴とするなどという余りにも当然のことを、わざわざ法度で規定したという不自然な結果を生み出すことになっており」という、**字面上の解釈では私も全く同感な**妥当と考えられる大山批判を加えられ「大山氏の解釈は到底成り立つものではない」(前掲『無縁・公界・楽』一二八頁)と断定された。この断定は一面では当っているが、他面、こう批判する網野氏御自身の一八条解釈自体が、大山説よりも遙かに誤っているのだが、これをうけて笠松氏は前掲『日本中世法史論』の「あとがき」(三三二頁以下)において、次のようにのべておられる。

なお大山喬平氏は「中世社会のイエと百姓」(「日本史研究」一七六)において、本稿に多くの批判をよせられた。傾聴すべき点も勿論あったが、私には納得できない点も多々あり、とくに一四九頁に掲げた相良氏法度の解釈については、今後この史料を利用される方のためにも、早い機会に一言辯じておかなくては、と考えていた。ところが幸いにも網野善彦氏は、近著『無縁・公界・楽』一六〇頁において、(大山氏の見解を批判された―安良城補―)

(中略)

大山氏の解釈の不自然なことは網野氏指摘の部分のみをもってしても充分であり、さらにつけ加える要もなかろう。「老若」の理解は、当時全く思いうかばなかったが、当然網野氏のように訂正すべきであった。

だがしかし、私のみるところ、笠松・勝俣・網野という網野チームの一八条解釈より、大山解釈の方が、「公界」を相良氏法廷と正解しているだけに、この「公界」をも「所衆」などと誤解している網野チーム解釈よりは、よりすぐれている部分（もちろん、大山解釈にも誤釈がかなり含まれているが）を含んでいる、と私には考えられる。

そこで、私の一八条解釈を示すことをするが、この一八条は、恐らく戦国大名家法のうちでも最も難解な条項といえるであろう。それは、通常ならあってしかるべき文言が、極めて多く省略せられているためと考えられるので、その省略を補って、この一八条を妥当に解釈するために、その解析図をまず示すことにしよう。この図にしたがって一八条を解釈すれば、次のようになる。

諸々の沙汰について（の掟）。老若から役人に申出て（大名法廷における訴訟沙汰となって）以後に、（相良氏大名）法廷において判決が下されたら、訴人が勝訴した場合（敗訴した論人が不服だといって、訴人を）、敗訴にすべきだと（公然と大名）裁判批判を行ない（＝申乱）、ましてや、訴人が敗訴であるという判決が出た場合、（不当な判決だから勝訴した論人の）一命を奪ってやる等と放言（申乱）する（ことは言語同断である。このような大名裁判批判を行なったならば、敗訴者の所帯を没収して勝訴者に与えることとする。もし、敗訴者に所領がない場合には、本人のみならず妻子まで処罰する）。ところで、もし意外の事態として勝訴者が不幸にして死んでしまった場合、そうだからといって、（敗訴者の大名裁判批判を免責して許すことはできないので、大名裁判批判を行なった）敗訴者の所帯を没収して、勝訴者の子孫に与えることとする。もし所領がなければ、（本人はもとより）妻子にいたるまで処罰する。このことをよくよくわきまえよ。

ことに、相手の所へ赴き、又は通行の途中にあったからといって、当事者同志が直接談判して（私闘をして）はいけない。（カッコのうちは、文意を明確にするための原史料にはない安良城の補筆）

Ⅰ

諸沙汰事、老若より役人江申出候以後、於公界論定あらば、

Ⓐ ①申出候ずる人道理也（之由公界之論定有といえ）とも、
②非儀に可行（之由）、（敗訴した論人のうちに）

Ⓑ ③況、（申出候ずる人）無理之由公界之批判有といえ
④（訴人に道理の論定あって可然にもかかわらず、不然るが故に
論人の）一身を可失之由（敗訴した訴人のうちに）

（Ⓐ・Ⓑ）→ 申乱者あり

Ⅱ

甚以言語同断也。しからば、
彼非儀たる者の所帯を取って、為道理者に与えるべし、所領
なからん非儀なる者は、妻子まで可絶

Ⅲ

至爰、自然有慮外之儀者

Ⓒ ⑤為道理者不運の死ありといふとも
⑥彼非儀たる者の所帯を取って、道理の子孫に与ふべし
所領なか覧者は、妻子等にいたるまで可絶

よくよく分別あるべし

殊更

Ⓓ ⑦其あっての所へ行き
⑧又は中途辺にても
（Ⓓ）→ 惣而面に時宜をいふべからざる事

註 （　）[　]は省略の推定・復元。（　）は文意を明らかにするための私の補筆。

以上の私の解釈と笠松・大山解釈との異同を、一八条解釈にとってキーポイントとなる(a)〜(f)の条文の六つの言葉（キーワード）の解釈を比較・対照させたのが、次表である。

	笠松＝網野チーム解釈		大山解釈		安良城解釈
(a)「公界」	×	所衆	○	相良氏の法廷	相良氏の法廷
(b)「於公界論定」	×	(無理と)論定	×	(無理と)論定	(Ⓐ①の道理・Ⓑ③の無理を含めた)論定一般
(c)「申し出候ずる人道理也とも非儀に可行」	×	(相良氏の側からみれば)たとえそれが道理の訴であっても(公界の論定を優先させて)敗訴とする	×	出訴した人間が道理だと考えても、非儀(道理なし)に扱わねばならない	(訴人が)勝訴(道理也)と論定されても(敗訴した論人が訴人を)敗訴(非儀)とすべきだった(と申乱す)
(d)「非儀ニ可行」の判断主体	×	其所衆(公界)	×	相良氏の法廷(公界)	敗訴人たる論人
(e)「彼非儀たる者」	×	訴人	×	彼非儀たる者	敗訴人(Ⓐでは、論人、Ⓑでは訴人)
(f)「況」のかかり具合	×	「まして公界が既に訴人の言分を無理と判定しているにもかかわらず」	○	「無理であるとの公界の裁定があっても一命を奪ってやる」	「一身を可失之由申乱」

註　○＝可　×＝否（安良城の論定）。笠松＝網野チームの解釈よりは、大山解釈の方がより秀れた解釈を含む、と本文で指摘したのは、この表に基づく。

私の解釈は、第一に、「公界」を相良氏の大名法廷と正しく解することによって、この一八条を論旨一貫した明快な法として把え、第二に、笠松氏が「〈公界論定（批判）〉が相良権力自身の裁定だとすれば、本条文の中少くとも〈「老若役人へ」申出候つる人、道理なり共非儀ニ可行〉の一項は、全く理解不能に陥らざるを得ないだろう」と誤断し（「公界」を相良氏法廷と解しても、「申出候つる人、道理なり共非儀ニ可行」を十分に理解できることは、私の解釈の示したとおりである）、大山氏も正確に解釈することができなかった「申出候ずる人、道理なりとも非儀に可行」を、すんなり解釈できたところに、笠松・大山解釈をこえる我が解釈のメリットがあるとひそかに考えるものである。

ところで、笠松解釈を基軸に据えた勝俣・網野氏の網野チーム解釈と大山解釈のそれぞれを、その立場に立ってみてその解釈から遡及した解析図を作ってみよう、どんな解析図ができ上るだろうか、と色々工夫をこらしてみたが、それは結局不可能だったので断念した。お二人の解釈には、私からみて非論理的と思われるところが幾つかあって、良い悪いは別にして、どういう理由にもとづいてそう解釈しているのか、幾ら考えてみても思いあたらないので、解析図の作成を断念したのである。お二人が御自分で自らの解釈の基礎となる一八条の解析図をお作りになることをお奨めする。解釈論理の混乱があるため御自身でも果して作成できるかどうか。

お二人に共通して主張されている重要な問題点の解釈で、私には全く理解できなかったケースを一つ具体的に論じてみよう。お二人とも「於公界論定あらば」を「公界に於いて（無理と）論定されたならば」と全く一致して解釈されているのだが、どういう史料的もしくは論理的根拠にもとづいて（無理と）を補筆できるのか、私には全く不可解であった。しかもこう補筆しないとお二人の解釈はまったく成立し難い、という重大な補筆なのであるが、それが私には根拠不明に見えるのである。だからお二人の立場に立った解析図を作ろうとしても作りようもないのである。先にのべた私の解釈にも文意をはっきりさせるために多くの補筆を加えてあるが、解析図があり、解釈上の重要点については、後に具体的に示すように、一々説明を加えてあるので、その解釈に賛成か反対かは別として、読者は私が何故にそう補筆して解釈しているのか、その根據が不明で理解できない、等と悩むことは一切ありえない筈である。

ところが、「於公界論定あらば」がどうして「公界において（無理と）論定されたならば」と（無理と）を笠松・大山解釈が補筆できるのか、その根拠が明示されていないのは何故だろうか。説明どころか、ヒントすらも与えられていないのである。余りにも自明であるが故に補筆の説明を省いたということだろうか。そうではあるまい。現に私のように、（無理と）を補筆しないでも十分に理解できる、いや、（無理と）を補筆しない方が文意を正しく捉えられる、と主張する者がいるのだから、しかも、この補筆なしには、笠松・大山両氏の史料解釈が成立できないまでに重要な補筆なのだから、説明抜きでこの補筆を行なうことは、不可解というほかはないのである。笠松・大山両氏に釈明を求めるものであるが、一つの推測は可能である。

その推測とは、笠松・大山両氏ともに、「(イ)申出候人道理也とも、(ロ)非儀に行うべし」の一句は、(イ)と(ロ)の間に、到底両立し難い決定的矛盾を孕んでいるとみなし、そのままでは、とても解釈できないと判断して、この判断を露も疑わなかった（この判断自体が実は根本的に間違っていると思うのだが）が故に、そのままではとても解釈できないと思いこんでいる(イ)(ロ)に先行して接続している「(イ)於公界論定あらば」の「論定」の内容が（無理と）の判定であれば、そのままではとても解釈できない(イ)と(ロ)の間の決定的矛盾を解消できる、と考えて、この（無理と）をさしたる史料的もしくは論理的根拠なしに、解釈の便宜上補筆しただけのことであって、どんな根拠があって（無理と）を補筆できるのか、と突込まれれば、ハタと当惑せざるをえない、というのが事の真相ではなかろうか。その解釈が成立しうるかどうかの鍵を握る決定的ポイントにおける補筆なのだから、説明できる確たる根拠があれば、論文のなかで明示する筈だから、立場を異にする笠松・大山両氏が共に（笠松氏の解釈を知った上での大山解釈は、笠松解釈をそのまま借用したのかも知れないが）説明しないのは、単なる偶然ではなくて、この補筆を両氏ともにキチンと説明できないからではないのか。

《説明しない》のではなくて、《説明できない》のだから、《説明がない》ということだとすると、この補筆は、自分の解釈を成立させるための便宜として勝手に補筆したものであり、直接の史料的・論理的根拠を学問的に示すことはできないが、この補筆によって一八条をともかく解釈できたのだから、そのことが学問的根拠の存在を証明している、といったいい加減な辻褄あわせになりかねないこととなる。

もちろん、これは私の一つの推測にすぎないのだから、これ以上の論議は避けて、笠松・大山両氏の釈明をまつこととしたい。

もちろん、お二人ともこの批判とわが一八条解釈に賛同される筈もなかろうから、近々のうちに反論されると思うが、その際、お二人の解釈を基礎づけているお二人それぞれ独自の一八条解析図を具体的に呈示された上で反論して頂きたい、とお願いする次第である。そうすれば、三人三様の解析図が揃って、いずれの解釈が妥当か、白日の下に生産的に論争できることと思うからである。

私は、「於公界論定あらば」を解釈するに際して、〈無理と〉を無理に補筆する必要が一切ないだけでなく、この〈無理と〉を補筆することによって、「申出候人道理也とも、非儀ニ可行」をも正しく解釈する途を閉ざしてしまっていると考えるものであり、つまり、無理が通れば道理がひっこむ、典型的な誤釈例とみなせざるをえないのである。

以下、この私見を積極的に展開することとしよう。

私の一八条解釈は、解析図が明示するように、立法者の論理的枠組を与う限り忠実にとらえようとしたものであって、幸にして一八条条文自体の論理構造もきわめて明快であったが故に、後に具体的に指摘するように、一八条の立法趣旨は、大名裁判についての批判を抑圧することによって、相良氏の領域支配を相良氏法廷の権威の確立を通じて達成しようとするものであることが確認できたが、このことは、私の解釈によってはじめて明確化しえたと思うところである。

すなわち、笠松解釈（＝網野チーム解釈）は、この一八条の立法趣旨を、所衆＝「公界」の相良権力よりの自立性とその権限を保証する、といったおよそ《方向音痴的》な理解にもとづいており、大山解釈も一八条の四分の一を占めるにすぎない、私の解析図における〔Ⅲ〕(ロ)にのみ注目して、立法趣旨を「私闘の禁止」に限定して（それ自体は妥当な見解であり、一八条立法の本旨である相良法廷の権威確立の一環なのだが）矮小化しているのである。

一八条の立法趣旨の基本はそんなところにあるのだろうか。

私からみれば、極めて論理的で明快至極なこの一八条を、どうしてこうも非論理的に解釈しようとするのか（特に網野チーム解釈）、不可解というほかはない。

戦国大名家法が、戦国大名の領域支配確立のために、その権力強化をめざまして立法されている、というその紛れもない本質についてのイロハの理解に欠けているが故にこそ、一八条の「公界」＝所衆などという誤釈が生ずるのであり、あまつさえ、所衆の自立とその権限保障条項などと、一八条の立法趣旨と全く逆方向《方向音痴的》に判断するにいたっては、相良氏は戦国大名ではない、という珍説を強調するに等しい迷論と私には思えてならない。

部分の解釈は、全体の正しい把握によって支えられねばならないし、全体の理解は、部分の妥当な解釈によって基礎づけられねばならない、という歴史研究について必須不可欠の辯証法的理解は、この一八条解釈という実証の局面においてもなおざりにはできないのである。

戦国大名を専攻領域としない笠松・網野氏が、この難解な一八条を読み切れなかったのはやむをえないとしても、戦国時代の戦国法を専攻される勝俣氏も笠松・網野氏の誤った解釈の驥尾に付されるのは、不思議である。

勝俣氏が相良氏法度に註訳をつけられた前掲『中世政治社会思想』上において、一九七二年にこの一八条について、次のような頭註を附されているが、肝心要の「申出候ずる人道理也とも非儀に可行」については、キチンとした頭註がつけられていない。

老若役件え申出候以後　相良氏の権力機構に出訴し、受理した後（であっても）。

於公界論定あらば　公界において、（道理なしと）裁定が下されたならば。公界は、世間・公衆の意。

申出候ずる人道理也とも　相良氏に上訴した者が、（相良氏からみて）道理の訴訟であっても。

非義に可行　敗訴とすべきである。

批判　判定・裁定の意。

一身を可失　訴訟相手の一命を奪う。

有慮外之儀者　思いがけないことが起きれば。ここでは、訴訟の相手が死亡するというような事態が起これば、の意。

為道理…といふとも　訴訟相手が全く不慮の死であったとしても。
あつて　相手。
中途辺にても　（往来などの）途中で相手に会っても。
面に時宜をいふ　直接会って交渉する。

そして、一九六七年にはじめて公表され、勝俣氏の『戦国法成立史論』（一九七九年・東京大学出版会）に収められた「相良氏法度の一考察」においても笠松解釈に全面的に依拠して、次のようにのべられている。

本条文（一八条）は、先の規定と、趣旨は同じであると考えるが、(55) 末尾の紛争解決にあたって、当事者同士の直接交渉を禁じた規定は、まさしく先述の第三者の調停による解決方法が所衆談合＝公界論定による解決方法であったことを明瞭に物語る。(56) また「公界」という言葉の「直接権力とは結びついてはいないが、そこに存在する個人の行為を規制する力が働く場」という意味より考えるならば、先の第一段階は勿論のこと、第二段階の郡中惣もこれに含まれるものの、役人たる奉行を通しての相良氏への上聞であることも確認できる。

ところで本条は、この所衆談合相計＝公界論定の決定の効力を相良氏の判決効力に優先させることを規定しているが、この規定もまた郡中惣における意図の表現とみることができる。

(55) 本文解釈は笠松宏至氏の御教示による。なお笠松宏至「中世在地裁判権の一考察」（『日本社会経済史研究』中世編、吉川弘文館）参照。
(56) 笠松宏至氏の御教示による。なお同右、笠松論文、参照。

不可解というほかはない。

この一八条を約言すれば、相良氏大名法廷における「論定」＝判決の絶対性を確立するために、この「論定」に批判を加えて承服しない「申乱者」に対する厳罰を法定することによって、戦国大名相良氏の領域支配確立を実現するための槓杆的役割を、相良氏法廷の権威確立に求めたものとして理解されねばならないと思うのである。

ところで、この処罰内容を示す解析図〔III〕の(b)は、⑤の状況のもとでの処罰規定である。「論定」=判決における「為道理者」が「不運の死」を遂げた場合に限って、「申乱者」=「彼非儀たる者」が処罰される、というのは不条理であって、⑥は〔II〕の存在を前提とした上での処罰規定と考えるべきである。〔III〕⑥から演繹すれば、一八条における〔II〕の如き内容についての規定の省略が推定される。

さて〔I〕についての妥当な解釈に到達するための鍵を握っているのは、Ⓑ③の「況」の一語である。「況」という言葉は、「A況B」という形で用いられるのが通例であるから、一八条Ⓑ③の況におけるAは何であり、Bは何であるのか、その判断の如何が、正解できるかどうかの鍵をにぎっているのである。

笠松氏は、先に示した比較・対照表で明らかにしたように、そしてそれは、この一八条を引用した場合の笠松氏の句読点の打ち方によっても確認されるのだが、Bを「無理之由」にかけられている。とすればAは、Ⓐ①の「道理」となるが、こういう「A況B」の理解では、「況」のワサビがちっともきいていないこととなる。笠松解釈が〔I〕を読めていないことは、歴然たるものがある。

これに対して大山解釈は、一八条を引用するに際して、「況」と「無理之由……」の間に句点を打ち（ここが「況無理之由公界の批判有といへ共」と続ける笠松解釈と違うところだが）、このことによって、「A

況B」のBをⒷ③④にかけられていることとなる。先に示した比較・対照表大山解釈の(f)が示すとおりである。となると「A況B」のAは何になるのか、大山説は混迷していてハッキリしないのであって、それは究極のところ大山氏の〔I〕Ⓐの解釈が誤っているためで、そのためにこれまたワサビのきかない気の抜けた「況」になっているのである。

私見は、「A況B」のBをⒷ④の「一身可失之由」に特定する。したがってAは、Ⓐ②の「非儀に可行（之由）」となり、だからⒶ②は、笠松氏のように所衆＝「公界」の論定でもなければ、大山氏のように、相良氏の法廷＝「公界」の論定でもなく、敗訴者である論人の裁判批判に他ならなくなるのである。A＝「非儀に可行（之由）」「申乱者」《「況」》B＝「一身可失之由」「申乱者」と②④を対句に解釈することによって、まさに「況」のワサビがチャンときいた解釈となりえているのである。つまり、Ⓐ②もⒷ④も敗訴者の相良氏法廷の論定＝判決の批判として共通はするが、Ⓑ④は単に判決批判にとどまらず、勝訴者の「一身可失」と脅迫しているところに、等しく裁判批判といってもⒶ②と同日には論じられない矯激さがあるのであって、だからこそ、「況」という一語のワサビがよくきいているのである。

Ⓐ②とⒷ④だけが対句なのではない。解析図が示すようにⒶ①とⒷ③も「道理」「無理」という視点からする対句となっていて、ⒶⒷによって構成されている〔I〕全体が対句構成なのである。〔I〕の対句構成に気づかれなかった笠松・大山氏そして勝俣・網野氏が、字面だけからみれば極めて難解なⒶ「申出候ずる人道理也とも非儀に可行」の妥当な解釈に行きつかず挫折してしまったのは、ある意味では必然的なのである。

この解釈挫折の理由は幾つもあげられるが、その根本的理由は、「(イ)申出候ずる人道理也とも(ロ)非儀に可行」の一句における(イ)と(ロ)の外見上の矛盾を〔Ｉ〕全体の文脈のなかで解決する方法的見地に立たず、「於公界論定あらば」に〈無理と〉を密輸入することによって小手先で解釈しようとする非学問的な処理にあったと私は考える。

このようにして私は、この一八条は極めて理路整然とした論理構造をもっていると考えるものであるが、省略が多いために、字面の解釈だけに頼っていると〔Ｉ〕Ⓐは混沌とした表現であるかの如き外観を呈することとなる。だがしかし、この一八条を、一五世紀の相良領国という歴史的状況のなかにおいてみると、この省略の多い条文も、家臣団にとっては感性的にパッと正しく了解できる内容だったと私は考える。そうでなければ、法の制定＝成文法化は意味をもたないのである。

何故、家臣団にはパッと感性的にわかるのかといえば、当時の相良領国では、「所衆」を「公界」などと呼ぶことは全くなく、「公界」といえば、相良氏の法廷だけを意味することを、彼等は日常的に熟知していたと思われるからであり、われわれのような現代に生きる歴史家と違って、一八条の「公界」は何を意味するか、思い悩む必要が全くなかったからであろう。また、恐らく彼等には、この一八条が大名裁判批判の抑制であることを、口コミによって了解していたとも考えられるのであるから、条文を見てパッと感性的にわかったと思われるのである。

これに対して、笠松・勝俣・網野・大山といった、中世史料の読みに関しては当代第一級の中世史家とみなされている中世史の諸大家が挙って、この一八条を読み切れていなかったのは、彼等が中世の歴史環境のなかで生きているのではなく、現代という中世とは全く異なる歴史環境のなかに生きているために、相良家臣団のように、感性的にパッと理解することができなかったためだ、と私は考える。

だから、現代に生きる歴史家は、感性だけに頼っては自分が経験していない過去の史料を正しく解釈できない、という歴史研究にとってごく平凡な真理を、改めて噛みしめる必要性を痛感させられることとなる。私がこの一見難解な一八条をわりとスラスラ読めたのは、一八条の論理構造をありのままに捉えるために、先に掲げた解析図を作って、この一八条を感性的にではなく、合理的＝分析的手法によって理解しようと努めたからであろう。

現代に生きる私は、このような方法にもとづかない限り、単なる語句の解釈をつなぎ合せただけでは解釈しきれない、難解な部類に属する中世史料を読み切ることはできないものと考えている。

本書論文一一で検討した式目四二条解釈もまた然りである。

中世史についてプロでない私は、長年の経験と勘に頼って史料解釈をする感性的手法には頼ることができないし馴染まないので、科学的＝合理的基準に則った分析的手法にもとづいて史料解釈する以外にてだてを持たないのであるが、中世史のプロでないが故にこそかえって、史料を客観的に読み易い好条件に恵まれているのだ、とも思っている。

式目四二条とこの一八条についてのプロの中世史家の史料解釈をみていると、豊富な史料読解経験の故か、史料に接する時、感情移入をして主観的に史料解釈を行なっていて、史料作成者の論理構造や、それを反映した史料そのものの論理的枠組（それは表現の省略によって字面を解釈するだけでは、一見きわめてドゥンケルなのだが）についての配慮が足りないという感想をもった。

その典型が網野・笠松・勝俣氏の網野チームであって、中世史研究へのその卓越した寄与の容認を大前提とした上で、それでもなお、「無縁=無所有」論や「逃毀（ニゲコボチ）」論、さらにこの一八条解釈といい、附和雷同して一心同体=一蓮托生の謬論に陥っている面もあるのではないか、と危惧するのは私一人の僻目だろうか。

さて、このように、「相良氏法度」一八条の「公界」もまた相良氏の法廷にほかならないのであった。したがって石母田正氏が、日本思想大系21『中世政治社会思想』上（一九八二年・岩波書店）の「解説」において、一八条についての笠松見解を「公界=所衆談合的な公が、中世に存在したということは、日本の思想史上、忘れてはならない事実である」（六一八頁）と高く評価された点も、破棄・修正さるべきものと考える次第である。すなわち、この点については大山氏と同意見である。

だいたい「〈公界〉という言葉は、……公権力をさすことはありえない」という網野氏の予断がそもそも誤っているのであって、「公廨」（公の役所）という古代語の中世的転成である「公界」に「公」という意味があり、そのうちに、地方自治体から戦国大名にいたる、中世におけるさまざまなレベルでの公権力機構を指す言葉として用いられていたことが、その用語例に含まれていることは、語義の本質からいって当然であろう。網野氏の誤った「無縁論」に引きつけた「公界」解釈が、「江嶋公界所」や『毛利家文書』における座配りの「公界衆」の「上なし」論、さらに、山田三方、「結城氏新法度」の蔵方についての誤った史料解釈（前掲「歴史学研究」五三八号における網野批判、本書**論文一**参照）同様の誤釈によって、その一八条解釈が成り立っているといったら言い過ぎだろうか。

さて、「結城氏新法度」に現われたもう一つの系列「私的で社会的な」という語義をよく示すのが、毛利・小早川両氏の宴席に登場した「公界衆」の「公界」である。彼等はすでに前掲「歴史学研究」論文で「注目すべきは、〈公界衆〉は最末座におかれていることであって、恐らく彼等はこの宴席に侍り、戦国大名とその家臣に媚をうりへつらう芸者・幇間の類の役割を演じたであろう」と指摘したように、後の「苦界」＝「公界」の用語例に連なる先駆的な振舞をしているのである。

このようにして「公界」もまた「無縁」同様、日本中世における「自由」を表現する言葉では全くありえないのであって、『無縁・公界・楽』における網野説は砂上の楼閣というほかはないのである。

さて、それでは日本中世には「自由」にあたる言葉はなかったのか、といえば、私は「随意」という言葉こそが「自由」に近いと考える。

私は網野氏と違って、日本の中世社会は極めて「非」自由で「不」自由な社会だと考えているから、日本中世を随意気ままな、したがって自由な、社会だなどとは毛頭考えていない。中世「百姓」は自由民そのものでは全くありえないし、自然経済的状況の下で《土地と結合し、土地に密著・附著している》「移動の自由」のない荘園制的隷属民にほかならないと考えるからである。

ところが、式目四二条についての註釈書を池内義資編『中世法制史料集』別巻御成敗式目註釈書集要（一九七八年・岩波書店）によって検討しているうちに、「清原宣賢式目抄」のうちに、「宜於去留者任民意」という式目四二条の条文について「去留トハ、百姓ノ其処ニイヘキトモ、サルヘキトモ、ソレハ民ノ随意ナルヘシ、違乱スヘカラスト也」（五四五頁）という註釈があることに気づいた。式目四二条の読みに関しては採るにたらない謬論であるが、この「随意」には心惹かれるものがあった。

中世「百姓」に「移動の自由」はなかったから、「去留」は「百姓」の「随意」などといった史料的表現はこの註釈書を別とすれば一切なく、ましてや「随意権」のごときヨーロッパの「自由権」に近い権利も発生しなかったが、「随意」こそが日本中世における「自由」の表現に他ならないと私は考える次第である。

このようにして、「無縁・公界・楽」を日本中世の「自由」の表現と主張する網野説は、この面からも否定されざるをえないのである。この点は『日葡辞書』の「縁」・「無縁」・「無縁所」・「自由」の語釈によっても確認できるところである。

(1)　(縁)　仏法において非常によく使われる語で、いろいろな自然の物事の発生と符合するさまざまの事柄を意味する。そして、霊魂の転生(輪廻)に関する見方によれば、今の生(現生)も、ここで受ける幸運や不運も、また、血族関係や姻戚関係その他の諸関係も、前の生(前生)における行為とか、そこで結んだ諸関係や血族関係がその原因理由となると考える。それゆえ、これらのすべての事柄を結果に対する原因と解して、このYen(縁)という語を用いるのである。例、(夫婦の縁)夫と妻との間にある関係や結びつき、(兄弟の縁、君子の縁)、など、この点から、愛情関係、夫婦関係が破れ、ある官位とか国とかを召しあげた場合に、(縁が尽きた、縁が朽ちた)というような言い方が出て来るのである。これは、前の生で生じた原因に対する結果が尽きてなくなったと言うのに近い。そしてまた、今の生における行為は、人が次の生(来生)において際会する物事の原因となるはずのものであるから、この点からこの語の別の使い方が出て来る。すなわち、(縁を結ぶ)これは、人が今の生においてなす善行や徳行によって因果関係(因縁)を結ぶ意である。同様な意味からして、二人が結婚することが、(縁を結ぶ)と言われることも、了解できると思われる。(縁に付く)婦人が嫁ぐ、(縁類、または、縁者)結婚によって姻戚関係になったもの、(縁)別に他の原因理由もないのに、ある人々の本性が結びついて、互いに親和することを言う、なぜならば、そのような親和の原因理由は、実は前の生において生じたものであり、すなわち、ある人から偶然に何かの恩恵とか善行とかを受けることによって生じたものであって、それ以外には〔現世においては〕何の原因理由も、〔親和という〕報いに価する行為も存在したわけではないと考えられているからである。このような意味からして、この語を使う他の言い方も了解される。〈縁を求むる、または、取る、または、縁取りをする〉ある主君とか、その他自分が必要としている人とかに、自分に代わって話をし、交渉をし、あるいは、斡旋仲介をしてくれるような人を自分の友人や親戚などを通じて探し求める。〈無縁の人〉親戚も友人なども
ない孤独な人、〈無縁に〉すなわち、ただで、無料で。

(2) 〈無縁〉〈縁無し〉頼るべきもののないこと、または、孤独の境遇。また、〈故無くして〉すなわち、無料で、あるいは、代価なしで、〈無縁に施す〉無料で与える、あるいは、分けてやる。

(3) 〈無縁所〉所領もなければ檀徒などもない、孤立無援の寺あるいは、礼拝所、〈無縁な〉よるべのない、また、親族などの庇護もない、など。

(4) 〈自由〉自由。例、〈自由自在に振舞ふ〉自由に意のままに行動する。〈自由な〉自由な〈こと〉。〈自由な事をする〉物事をわが意のままに自由にする。〈自由に〉副詞、自由に、〈自由にものを言ふ〉ある事を自由にてきぱきと話す、または、遠慮なく気ままに語る。

戦国期における「縁」「無縁」の語義と植田信広氏が「中世前期の〈無縁〉について」(「国家学会雑誌」九六巻三・四号、一九八三年)の論稿のなかで実証的に明らかにされた鎌倉期の語義を連結させれば、網野説は全く成立の余地はない。増補版『無縁・公界・楽』における植田論文に対する網野氏の辯明は、反論になっていないだけではなく辯明の態もなしていない。

(一九八七年)

一三　織田権力の歴史的性格

1　波瀾にみちた生涯

天正一〇（一五八二）年、本能寺の変で四八歳の生涯を終えた織田信長は、中世社会より近世社会への移行という、日本歴史の大きな時代的転換を先駆的にになった人物である。

永禄三（一五六〇）年の桶狭間の戦いで、上洛途上の東海の雄・今川義元を敗死させた時、信長は弱冠二六歳であった。以後の信長の活躍はめざましいというほかはない。

尾張一国をその支配下におくや、たちまち隣国美濃を攻略し、足利義昭を奉じて上洛し、義昭を室町幕府一五代将軍に推すのは永禄一一（一五六八）年、信長三四歳の時であった。近江の浅井・越前の朝倉をはじめとする近隣戦国諸大名を亡ぼし、さらに、一向一揆を徹底的に弾圧し、近畿とその近国を一円支配下におさめるとともに、将軍義昭の行状を批判して、ついにこれを追放したのは元亀四（一五七三）年であり、一五代におよんだ室町幕府はここに倒壊した。

信長は、室町幕府を単に倒しただけではなく、中世社会に引導をわたし、のちに豊臣秀吉・徳川家康によって継承・実現されてゆく、非中世的な、つまり、近世的な、支配体系を創出するための突破口をきりひらいたのであった。

したがって、信長をどうみるかは、中世から近世への日本史の時代的転換をどうみるか、と深くかかわらざるをえないのである。

信長は、その悲劇的な死に象徴される波瀾にみちみちた生涯、神仏を信じなかったことに端的に示されるその強烈な個性、ほかの諸々の戦国大名をはるかに抽んでていたその独創的施策、支配者として稀にみるその残虐性、等々によって、同時代人からもいちじるしい注目をあびていた。信長の伝記ともいうべき太田牛一『信長公記』のみならず、宣教師ルイス・フロイス『日本史』が、この乱世の英雄になみなみならぬ関心を示しているのは、あながち信長がキリスト教の伝道に寛容であったためだけではなかろう。

2 信長時代をめぐる研究史

信長時代についての研究史をふりかえった場合、戦後いちはやく発表された故服部之総「世界史的日本と日本史的世界」（一九四七年、後に『服部之総著作集』第四巻・理論社に所収）が、いまなお注目されるところである。服部氏はこの論文で、一五世紀を初期絶対主義への傾斜とその流産という、ユニークな視角でとらえている。鎖国なしの日本史展開の可能性を模索したこの論稿は、現在の理論的・実証的研究水準からみて、そのままでは継承できないために、研究史上の一労作の地位を保っているにすぎないが、しかしながら、現実にたどってきた歴史の展開過程を単線的に追確認することだけに歴史学の範囲を限ることを拒み、幾つかの可能性を秘めたものとして、歴史展開を立体的にとらえようとするその史眼は、いまなお貴重なものというべきであろう。

服部氏がとりあげた一五～一六世紀は、中世社会から近世社会へと日本社会が大きく転換してゆく時代であった。この転換の意義をどう捉えるかについては、一九五三～五四年を起点とする「太閤検地論争」以来、約三〇年の研究史が横たわっている。ところで、この「太閤検地論争」の時点においては、学界共通の理解として、織田政権・豊臣政権の基本的同質性が前提とされていたのであるが、現在では、両政権の同質性について、佐々木潤之介・脇田修氏等から有力な疑問が提出されるにいたっている。すなわち、佐々木氏と脇田氏は、中世社会から近世社会への時代的転換の意義については対立的立場にたたれながらも、こと織田政権の歴史的性格に関するかぎり、両氏ともに戦国大名権力とみなしておられ、織田政権と豊臣政権との間に明確な一線を画すべきだ、と佐々木・脇田氏は一致して指摘され、両政権との間には質的差異はなく量的な差とみなすべきだとする朝尾直弘氏の見解と対立している（この学説対立の詳細については、『シンポジウム日本歴史一〇・織豊政権論』（一九七二年・学生社）、小林清治「戦国争乱から幕藩体制の成立へ」（佐々木潤之介・石井進編『新編　日本史研究入門』、一九八二年・東京大学出版会、所収）を参照されたい）。

佐々木・脇田・朝尾氏は、いずれも、織豊時代についての現段階の研究水準を代表する有力な歴史家であって、その見解対立が、決して部分的とはいえない織豊時代の基本的な歴史認識にかかわっているところに、この時代の研究の難しさを垣間みることができよう。

したがって、この小論では、この見解対立に筆者なりのメスをいれ、織豊時代研究にささやかな一石を投じようとするものである。ところで、この見解対立には一つの特徴がある。というのは、細微な点を除けば、織豊時代の個々の史実そのものについての事実認識は、三者ともほぼ一致していると考えられ、したがって、見解対立の根源には、そもそも権力の異質・同質は、何を基準として、どのような手続きのもとに判断すべきか、という秀れて方法的な問題が横たわっていると思われるのである。

たとえば、「織豊政権の分析」について合計七〇〇頁に近い二冊の大著(『織田政権の基礎構造』＝一九七五年、『近世封建制成立史論』＝一九七七年、いずれも東京大学出版会)を公にされている脇田氏は、織田政権が荘園制的土地制度を容認し、一部城下町における楽市・楽座を除けば、中世的座商業もまた安堵・保護している事実を指摘され、荘園制的土地制度と座商業をともに、積極的・全面的に解体せしめた豊臣政権と織田政権との差異＝異質性を強調されている。これに対して朝尾氏は、これらの事実を大枠において承認されながらも、脇田氏は織田政権の旧い側面にとらわれすぎており、その新しい側面を見逃していると批判され、織田・豊臣両政権の同質性を強調されるところに、この見解対立の特徴がよく示されていると思われるのである。

たしかに、豊臣政権に先行する織田政権に、より旧い側面が残されていることは疑いない。しかし、織田政権にも、豊臣政権に連続する新しい側面が存在することもまた、否定し難いところであろう。

したがって、問題は、織田政権の旧さと新しさの内容をそれぞれ確定し、その連関についてしかるべき意味づけを行なうことにある。ところで、ある政権が新・旧両側面をともなっていたとするとき、そのどちらの側面を基本的なものとするのか、明確な判断基準が必須となる。

織豊時代は前近代社会であり、前近代社会は土地所有関係を基軸に構成されているから、この点についての旧さ・新しさが判断基準となるべきである、とみなすのが一般的であろう。

前近代社会が土地所有関係を基軸に構成されている、というのはまさに歴史的真理なのであって、筆者もまた太閤検地論争以来この見地に立って歴史分析を行なってきたところである。

しかしながら、どんな真理といえども、次元をこえて、あらゆる局面で、その有効性を発揮できるとは限らない。

というのはほかでもない。織田政権には、戦国大名的な旧い側面だけではなく、ほとんどすべての人が認め、そしてこの小論の次節がやや具体的に明らかにするように、豊臣政権に連続する近世大名的な新しい側面もまた存在していたからである。

この場合、織田政権が前提とした荘園制的土地制度は旧いから、そして、前近代社会は土地所有関係を基軸に構成されているから、という理由づけによって、織田政権の新しさを捨象して、その性格を論ずることはできない。

織田政権における、この旧さと新しさの両者の関係が具体的に検討されたあとにはじめて、織田政権の性格を確定できるからである。

一般的にいって、ある政権の旧さと新しさの二面性が、ある時点で確認されたとしよう。その場合、旧さと新しさの両者の関係は、その時点以後の歴史の展開過程のなかで、基本的にいって次の三つのあり方が考えられる。

(1)旧い側面が、新しい側面の発展・拡大を阻み、旧い側面が強固に維持される。(2)新しい側面が発展・拡大し、旧い側面は、徐々にか、あるいは急速にか、いずれにせよ解消されてゆく。(3)旧い側面と新しい側面が構造的に結びついて、両側面が特定のバランスのもとに長く維持される。

織田政権は、果たしてこの三つのあり方のうちのいずれであるのか、具体的な歴史分析をまってはじめて、その政権としての性格を確定できるのである。(1)であれば、それは戦国大名権力であり、(2)であれば、近世大名的権力である。もしも(3)であれば、この特殊構造を主導的に規定する側面が新旧いずれであるかによって、その本質を考えるべきであろう。

疑いもなく、織田政権は戦国大名権力として出発した。しかしながら、やがてそれは、(2)の近世大名化への途を歩みはじめた。この推移は偶然的にそうなっていったのではなく、その背後に、信長の積極的な近世にむかっての政策指向があったものと考えられる。

以上やや抽象的な論議を行なってきたが、この方法的見地に立って、以下やや具体的に織田政権の性格を検討してみよう。

3　織田政権の《新しさ》

さきに筆者は、織田政権は、旧さとともに、今川・武田・浅井・朝倉・毛利・後北条等々といったその他諸々の戦国大名にみられない《新しさ》をもっており、その《新しさ》こそが豊臣政権に連続するものであると抽象的に指摘した。したがって、ここでは、織田政権のその《新しさ》を具体的に検討してみよう。

もちろん、織田政権の《新しさ》については、さまざまな視点からするアプローチが可能と考えるものであるが、この小稿では、万人が認めると思われる織田政権の《新しさ》の表象――信長による安土城の築造・天正四（一五七六）年――の具体的に意味するところを検討することによって、その《新しさ》の実相に迫りたいと思うのである。

七層の天守閣をようした安土城が、大坂城・江戸城をはじめとする近世城郭のはしりであって、したがって、ここに織田政権の中世的ではない《新しさ》の表象を認めることについては、誰しも異論はあるまい。

ところで、信長による安土城の築造は、たんなる建造物としての近世城郭のはしりという《新しさ》にとどまらず、それが、近世的な兵農分離体制という「新しい」社会構造を創り出してゆく槓桿（てこ）・核としての役割を演じたところに、この《新しさ》の歴史的意味内容があると思われるのである。

もちろん、諸々の戦国大名が居城をもち、それなりに城下町を形成していたことはよく知られているところである。たとえば、「朝倉孝景条々」のかの有名な一ヵ条、「朝倉館の外、国の中に城郭を構へさせまじく候、惣別分限あらん物一乗谷へ越され、その郷その村には、代官百姓ばかり置かれ候の事」という朝倉館を核とする城下集住と安土城を核とする城下集住とは、小和田哲男氏が適切に指摘されているように（『戦国大名』一九七八年・教育社）、段階的に異なっていると思われる。

朝倉の場合、朝倉館＝一乗谷城に屋敷を構えるべきものは、「分限あらん物」＝上層家臣に限られていた。これに対して安土城の場合は、城下集住は下層家臣にまで及んでいた。兵農分離にもとづく近世城郭都市の原型をここにみることができるのである。

一つのエピソードを紹介しよう。安土城完成直後の天正六（一五七八）年正月二九日、安土城で弓衆福田与一方より出火した。この失火が福田の妻子の尾州在住に由来するとみなした信長は、「尾州ニ妻子置申候御弓衆之私宅、悉御放火なされ、竹木迄伏させられ」、かくて、「依之取物も不敢取、百廿人之女房共安土へ越候」と『信長公記』は伝えており、このような強圧的手段をとってまで、家臣団の安土城下集住を強制しているところに、朝倉氏との段階的な違いがみられるのである。

ここで重要な点は、失火というハプニングを契機としてはじめて、信長家臣団の城下集住が開始された、と理解すべきではなかろうということである。というのは、この失火事件の約半年前の天正五（一五七七）年六月に、「安土山下町中」にあてた一三ヵ条の「定」＝信長朱印状が存在するからである。

この「定」は、典型的な楽市・楽座令として学界周知の史料であって、大名による城下町繁栄策の好例とみなされてきた。しかしながら、私見によれば、この「定」は、より深く検討さるべき豊富な内容を含んでいるものと思われる。しかし、その全面的検討は別の機会に譲ることとして、当面の問題点に限れば、次の三点がさしあたり注目されるところである。

その三点とは、①「安土山下町」以外のどの戦国大名城下町も、楽市・楽座であった事例はまったく存在しない(1)（領内市場を楽市・楽座とすることはみうけられるが）。②この「定」のような一三カ条に及ぶ包括的な城下町条令は、織田氏以外のどの戦国大名にもみられない。③しかるに、近世大名の城下町条令は、この信長朱印状と同質であって、なかでも、「八幡山下町中」にあてた豊臣秀次の天正一四（一五八六）年「定」や、同じ「八幡町中」にあてた京極高次の文禄三（一五九四）年「定条々」は、この信長朱印状を直接の原型とするものであったという、まったく疑問の余地がない三つの事実にほかならない。

城下町に関していえば、以上指摘した①②の事実から城下町政策に関して、戦国大名権力と織田権力との間の差異が推定されるとともに、②③の事実から、織田権力と近世大名権力との間に城下町政策に関する連続性・同質性が推定されるところである。

さらにまた、失火事件よりも半年も前に、兵農分離後の近世城下町条令の原型とみなされるこの信長朱印状が「安土山下町中」にだされている紛れもない事実から、われわれは、近世的な意味での兵農分離を端緒的とはいえ、信長が積極的におしすすめようとしていた事実を確認できるものと思われる。

そしてまた、①②の事実から、この天正五年の信長朱印状を、戦国大名城下町とは異質な近世城下町を、信長が政策的に創出したそのことゆえに、必然的にとらざるをえなかった、城下町対策の端的な現われであったとみなすものである。

すなわち、それは抽象的・一般的な意味での超歴史的な城下町繁栄策であったのではなく、家臣団全体の城下町集住をめざす、戦国大名一般にはまったくみられない、織田政権独自の政策選択によって必然化された、特殊歴史的な城下町育成政策であった。より具体的にいえば、家臣団の城下町への一挙的集住にともなう商品需要の激増に対応できる、近世的な意味での兵農分離に照応した城下町創出育成策として、この信長朱印状は理解されねばなるまいと思うのである。

論じきたってここにいたれば、この朱印状第一条が、

一、当所中、為楽市被仰付之上者、諸座諸役御公事等、悉免許事

という楽市条項ではじまっている所以もまた、ようやく明らかになったというべきであろう。

旧来の閉鎖的な座商業によっては、家臣団の城下町集住から生ずる巨大な商品需要に即応できないのであって、はるかにフレキシブルな楽市・楽座商業が登場する必然性はここにあったのである。

そしてまた、楽市・楽座令が近世初期一六一〇年代に消滅し、楽市・楽座商業が近世的な株仲間商業にとってかわられる理由もまた、次のように説明することが可能のように思われる。

天正五（一五七七）年「安土山下町中」にあてた信長朱印状を典型的事例とする、城下町に対する楽市・楽座令（楽市・楽座令の基幹的部分は城下町に対するそれである）は、いままで検討したように、近世的兵農分離成立過程に固有な、特殊歴史的な領主的要請にもとづいて発令されたものであって、したがって、兵農分離が体制的に確立する近世初頭以後には、必然的に楽市・楽座令は消滅するにいたった、と。(2)

むすび

信長の安土城築造は、このようにして、戦国大名城郭・城下町とは質的に異なった近世的城郭・城下町のはしりとなり、さらに、それは近世的意味での兵農分離実現の槓桿・核となっていった。

というのは、家臣団の城下集住は、必然的に、家臣団の農業経営からの分離と農村支配の新たな構築におもむかざるをえないからである。武士・百姓混住の戦国農村から、百姓のみ居住・在地する近世農村への移行は、家臣団の城下集住の必然的成り行きというほかはない。

もちろん、織田政権下の兵農分離はなお未熟であり、新たな近世的農村支配体制の成立は、豊臣政権に委ねざるをえなかったのも事実である。

しかしながら、信長の安土城築城と家臣団城下集住への明確な指向は、そこにとどまることを許さないものがあって、織田政権もまた、豊臣政権と大枠において同様な近世的支配体制を創出せざるをえない必然性を内在せしめていたし、信長自身そのような未来を遠望していたのではないか、と筆者は考えるものである。

前節において指摘した、新・旧両側面をもつ政権の三つのあり方のうち、織田政権を⑵＝近世的権力とみなした根源はここにある。

信長があと一〇年、二〇年生き永らえたとするならば、果たしてどのような支配体制を構築していったか。われわれが史実にもとづいて確認するすべを本能寺の変は奪ってしまった。

とはいえ、前節冒頭で指摘した服部之総氏の、幾つかの可能性（もちろん歴史的に規定された）を秘めたものとして歴史展開を立体的にとらえようとするその史眼に啓発されて、この小論をとりまとめた次第である。

あたえられた紙数の制約もあって、さまざまな論点を未展開のまま残したことはいうまでもないが、その点は別稿に委ねて、信長の安土築城の歴史的意義を近世的兵農分離の起点にもとめる視点を基準に、織・豊両政権の連続性・等質性を主張するこの小論を終えたい。

註

（1）脇田氏は、前掲『織田政権の基礎構造』において「信長の楽市楽座令は城下町に限定されたという意味で戦国大名と同質」（三〇七頁）と主張されている。表現が簡単すぎるために、その真意をはかりかねるところがあるが、もしもこの主張が天文一八（一五四九）年の近江六角《ろっかく》氏城下石寺新市の楽市を念頭においての主張だとすれば、それは脇田氏の誤解であって、佐々木銀弥氏も指摘されるように（「楽市楽座令と座の保障安堵」『戦国期の権力と社会』一九七六年・東京大学出版会）、このケースは戦国大名城下町が楽市であった事例とはいえず、戦国大名城下町は本文で指摘するように楽市・楽座ではなかった。

（2）このような主張を行なうためには、小野均・豊田武・今井林太郎・脇田修氏をはじめ、網野善彦・勝俣鎮夫・佐々木銀弥氏等の楽市・楽座研究の詳細な学説史的検討を必要とするが、それについては、別稿が準備されている。

〔補説〕

次に掲げる天正八（一五八〇）年の大和における「寺領指出」において「一職」と「得分」に、織田信長が既に関心をもっていることを明示しており、新しい土地所有制を指向していたことを推測できる。

一、当寺領幷私領買得分皆一職何町何段事、
一、諸談義院、新坊何町何段事、
一、名主拘分何町何段事、
一、百姓得分何町何段事、
一、当寺老若・衆中・被官・家来私領幷買得分扶持分何町何段事、（『多聞院日記』三、一二六～七頁）

（安良城『幕藩体制社会の成立と構造』増訂四版・一九八四年・有斐閣、四八頁）

（一九八二年）

一四　歴史研究に占める社会構成史研究の地位

はじめに

私の専門は社会構成史である。歴史学に携わる人は誰でも一応は知っている研究領域だと思うが、必ずしもキチンと理解されているとも思えないので、私の理解しているこの研究領域の守備範囲と目指すところを、やや具体的に論じてみたい。

社会構成という概念は、一八五八年に、マルクスがその一八五七〜五八年『資本論』・草稿（この草稿については『経済学批判要綱』として高木幸二郎氏による監訳本が一九五八〜六五年の間に五分冊の形で大月書店より刊行されており、また、マルクスはこのほかにも、厖大な一八六一〜六三年『資本論』草稿を書きのこしているが、これも大月書店より、一九八五年から翻訳が刊行されはじめ、一九八八年の現在まで、すでに五分冊・三四六四頁が公刊されている）において定立したものであって、戦前ではマルクス『経済学批判』序説を通じて周知せられていた。この社会構成概念は、弁証法的唯物論にもとづく歴史把握としての史的唯物論の基礎認識を示すもので、史的唯物論を支える根源的概念である。

したがって、この社会構成概念をマルクスに即してどう理解すべきか、どう創造的に発展させるべきか、についてはさまざまな見解対立を孕んだ厖大な研究史の蓄積が存在するが、ここではそれには直接立ち入らずに、現代歴史学のさまざまな研究諸分野とこの社会構成概念がどのようにかかわりあうか、に論点を絞って論じてみたい。もとより、このテーマを本格的に論ずるためには、マルクス主義理論史と史学史を総合的に理解しなければならないのだから、この小論では到底論じつくせない大テーマであるが、ここでは、この大テーマについての私見を試論として概括的・簡略的にのべてみたい。

1　社会構成史と部分史

(1)　部分史と社会構成史、支配民族と少数民族

歴史学は、人間の歴史の営みを、そのさまざまな側面に照明をあてて解明しようとする学問なのだが、大摑みにいって、①経済②社会③思想④宗教⑤文化⑥民族⑦国家（法と政治はこの理解では②と⑦に含まれる）といった区分にもとづいて研究してきたと私はみなしている。この①〜⑦についての歴史研究は、人間の歴史の部分史といえるが、これらの部分史を総括して、人間の歴史を総体として把握する役割をになっているのが社会構成史である、と私は理解する。

この理解を試論的に図示すれば、第1図がえられる。

どんな現代国家をとっても、一民族だけで構成されていることはまずない。アメリカやカナダ・

第　1　図

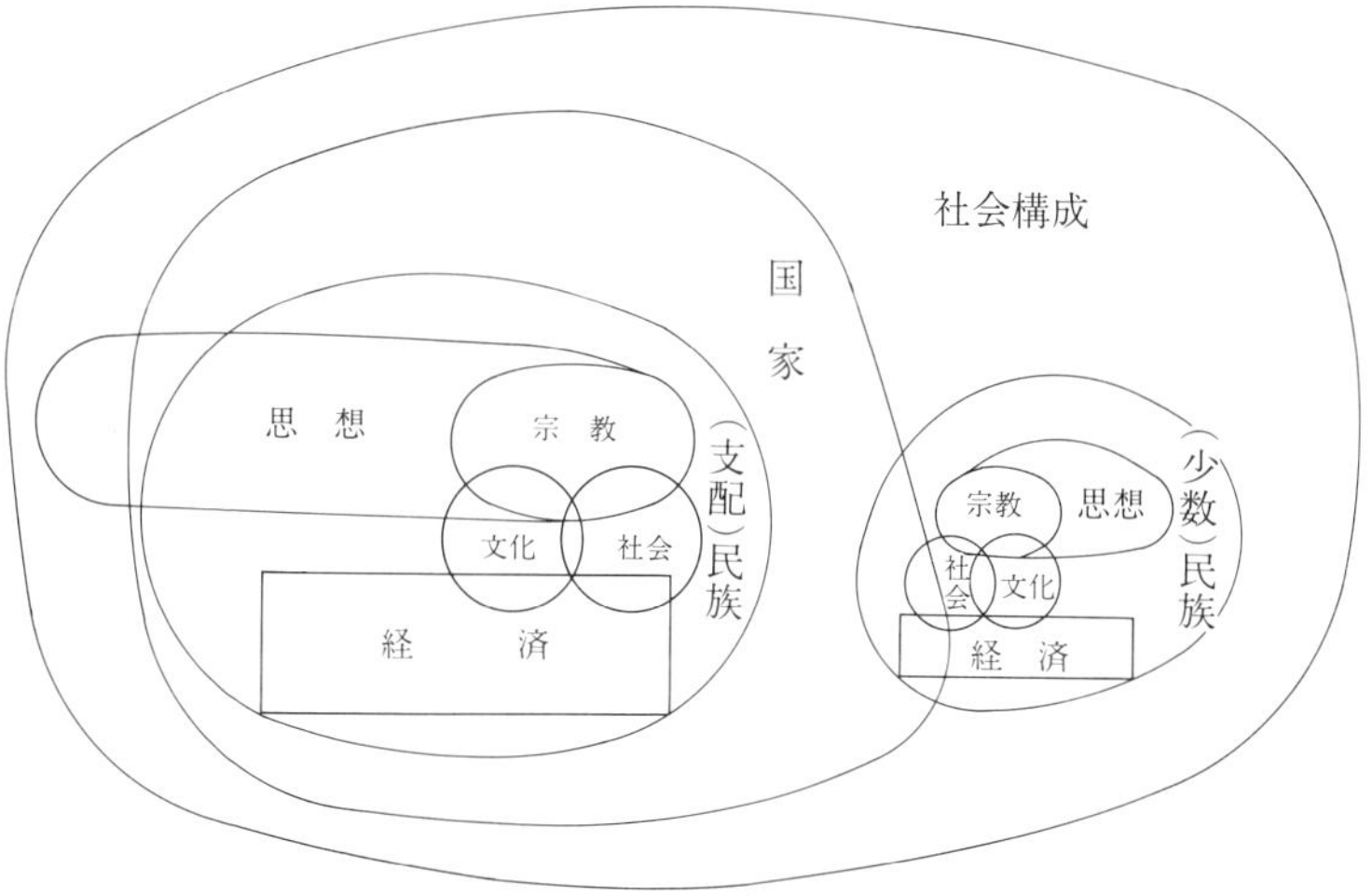

スイス、さらにソビエト・中国・インド、が多民族国家であることは周知のとおりであるが、イギリスがアイルランド問題に悩み、フランスもバスク・ノルマンディー問題をかかえている。日本といえども、少数民族のアイヌ・オロッコ・朝鮮人の存在を無視することは到底できない。だから、中曽根氏が首相時代に日本＝単一民族国家などと主張したのは、学問的にいって暴論というほかはないのである。

だから図は、複数民族の存在を前提として作図されている。

社会構成史は、このようにして部分史を総括することを課題としているから、どのような方法にもとづいて部分史を総括できるのか、といった方法論的研究が必須となるとともに、この方法論的研究を欠いては社会構成史研究に従事できないのだから、これにかなりの研究時間をとられる上に、一国史だけでなく世界の各国・諸民族の歴史を世界史的規模でも総括しなければならないのだから、気宇壮大に、一生かけて取り組まない限り、到底従事できない研究領域である。それだけではない。社会構成史研究に独自・固有な研究課題だけではなく、部分史についても或る程度精通していなければ、それらを総括しようもないのだから、幅広くかつ深く部分史も研究しなければならない、という重い十字架を背負うこととなる。つまり、無差別級の歴史研究が必須とならざるをえない。

だから私は、部分史としての日本経済史の専門家と学界ではみなされているのだが、それだけではなく、日本の古代・中世・近世・近代・現代のあらゆる時代のそれぞれの本質に深くかかわる基本的問題を、専門的に検討した学術論文の幾つかをもっているし、琉球・沖縄史という地域史や未解放部落史にも取りくんできた。それだけではない、次に示す一九八六年八月三〇日の「朝日新聞」の夕刊「仕事の周辺」でのべたように、漁業史や犬・猫・豚・牛・馬といった家畜史、さらに食生活史・料理史等々の部分史研究も行なっており、長年にわたってファウンデーション（化粧や女性肌着）の歴史も研究し続けてきた。やや詳しく、この点にふれてみよう。

（一九八七年）

⑵ 研　究

研究とはわからないことをわかるために行なう知的活動である。森羅万象わからないことだらけである。そのなかで、どの問題をとりあげるか、研究者の人生と個性にかかわってくる。

研究とは、わからないことに対するわかりたい、という意欲の格闘である。

だから、わからないある事が研究の結果わかってしまうと、実につまらなくなる。わからないことは無限だから、また新しいわからない課題にとりくむ。

そこに山があるから登る、という登山家の気持ちは良くわかる。われわれ研究者もある山を登って頂上をきわめると、その向こうにまた新たな山がみえて、これを登る意欲を燃やすからである。

研究とは、その成果を発表して世俗的な評価をうけることが目的ではない。

日本の学界はよくない。二十・三十代は一所懸命研究するが、四十代になると研究活動は沈静化し、五十代ともなれば研究もせず若いころの研究成果の利子によって食いつなぐ、金利取得者のような生活を送っている大学教授も少なくないからである。世俗的評価をうけるためではなく、知りたいから、というのが研究活動の原点であろう。

私は社会構成史を基軸に四〇年の研究生活を送ってきたが、社会構成史だけを研究してきた訳ではない。

犬・鶏・豚といった家畜史や、単身赴任一一年ということもあって、料理史——肉と魚とどちらが美味（うまい）か、などを含めて——女性史研究との関わりからファウンデーション（化粧・女性肌着）の歴史等々の研究もしている。

研究とは発表のために行なうものではないから、かなりの研究蓄積があるとは思うものの、これらを活字にしたことはほとんどない。研究者とジャーナリストは違うと考えるからである。

ジャーナリストも研究者も研究・調査にもとづいて発表（研究・調査の結果の公表）することにおいて共通しているが、ジャーナリストは発表を目的として研究・調査しているのであり、研究者は研究・調査それ自体が本来の目的であって、発表は副産物にすぎない。

こういったからといって、私はジャーナリストを軽蔑している訳では決してない。守備範囲の違いを論じているにすぎない。すぐれたジャーナリストの識見に、そんじょそこらの研究者・大学教授が太刀打ちできないことを私は十分にわきまえているつもりである。

マスコミが現代のように発達してくると、自分がジャーナリストなのか研究者なのか、はっきり自覚できていない「研究者」がでてくる。マスコミの寵児ともてはやされる大学教授の一部には、研究成果を市民大衆に広めるのだ、と称してジャーナリストと研究者の区別をアイマイにしている者が見受けられるとともに、マスコミで活躍することが自からの学問的権威を裏付けている、と錯覚している事例もみうけられる。

また女性とあいならんで歴史を構成する男性の研究との関わりから、私は古代から現代にいたる洋の東西にわたる髭の歴史を研究してきているが、もしかしたら、こういう研究に携っているのは、日本では私一人だけかも知れない。

「家の女房にやヒゲがある」という嬶天下を亭主関白にひっかけて揶揄するざれ歌がよく示すように、ヒゲは男性のシンボルである。だからヒゲの歴史には男性史が反映されている。逆に、化粧と衣粧（特に肌着）の歴史には女性史の一面が反映されている。

徳川時代の女性肌着——たとえば腰巻は、カラフルだった。浅黄・萌黄・藤色・水色・鴇色（ピンク）・赤・紅梅等々、白い腰巻・湯文字などは喪服の場合でもない限り例外中の例外だった。だから文明開化のさなかで創案され、広く愛用された都腰巻——洋装が支配的になった今では年輩・お年寄の防寒和装肌着になってしまったが——も、徳川時代の伝統をひきついで明治から今にいたるまでカラフルである。

ところが、同じ文明開化のさなかに輸入されて定着した洋品女性肌着は全く違って、白と黒だった。白いズロース・黒いブルーマー（一九六〇年代からカラフルになったが）、徳川時代の色彩感覚はどこにいってしまったのだろうか。

女性史からみた文明開化論は、明治期にはじまる良妻賢母を育成しようとする戦前の女学校教育・女子師範教育とも関連する（女性の洋装は女学生・女子師範生徒から普及してゆく）この問題を避けてとおれないのである。

このようにして、女性肌着の色の歴史といった、風俗史・生活史・社会史の次元にとどまるかのごとくみえる部分史も、教育史から国家の教育政策史とも関連し、ひいては社会構成史研究に連なっているのである。

最近流行の社会史研究が、ややもすれば社会構成史研究と切り離されて、糸の切れた根無し草の離れ凧のように空中を乱舞している状況は、速かに是正される必要があろう。（一九八六年）

(3)　犬

一九六七年秋、私は研究対象としての犬にはじめてであった。子供のころから犬好きではあったが、犬とは何かということを社会科学者として自覚的に考えるようになったのは、この時からである。

当時私は漁村共同体と沿岸漁業の調査のために、折にふれて南伊豆の下田からバスで一時間ほどかかる西伊豆の子浦に足繁くかよっていた。そこで私は一匹の犬（ポインター）とであった。この犬にあわなかったら、私は犬とは何か、などと本気で考えることはなかったろうし、鶏・豚・牛・馬といった家畜に研究関心を広げることもなかったと思うのである。その意味でこのポインターは私にとって学問上の恩人（恩犬？）である。

子浦では、早暁二〜三時に烏賊釣り船が出漁する。その状況を調査するために波止場に出かけた私は、暗闇のなかで一匹の犬をみかけた。その犬は、はじめ舫っている主人の船の前に座っているのだが、その漁船が出航してゆくと、そのあとを追って波止場の突端までゆき、主人の船の灯が海上かなたに消え去り、エンジンの音が聞こえなくなるまでじっと見送っていた。この犬は毎日そうで、その姿は感動的ですらあった。忠犬ハチ公のことも思いうかんだ。

それとともに、どうしてこう犬は人間に忠実なのか、犬とは一体何なのか。それまで考えてみたこともなかった人類史上の重要な問題点が私を捉えた。

社会構成史の大先達であるマルクス・エルゲルスも猿については論及しているが、犬については本格的言及はない。しばらく私は犬の研究にとりつかれ（その成果の一端は、一九七一年秋の歴史学研究会中世史部会における日本中世社会の特質に関する報告のうちで、奴隷と犬を対比した試論を口頭で公表している。本稿の次の(4)参照）、そのことも一因となって、精神異常者＝狂人あつかいされ、精神病院に暴力をかりてぶちこまれ、僅か三日とはいえ監禁されるというひどい目にあったこともある（安良城『新・沖縄史論』一九八〇年・沖縄タイムス社、四七九〜四九三頁、本書あとがき(10)参照）。

（一九八六年）

(4)　奴隷と犬

日本における奴隷の研究は、必ずしも豊かとはいえません。

日本古代史研究の権威・津田左右吉が、日本古代には奴隷は存在しなかった、等といいきる（全くの謬論ですが）程ですから（本書八二頁㈧）、日本における奴隷研究のレベルの程度をこのことはよく示していると思います。

もちろん、津田のような暴論は例外でありますが、日本における奴隷研究は、外国の奴隷研究を下敷にしている場合が多いのです。

日本の律令は中国の律令を御手本にしていますから、日本の律令における「奴婢」＝奴隷の研究が、中国の律令の「奴婢」研究に依存してきたのは、まあ当然といえます。

さらにヨーロッパのギリシャ・ローマの奴隷制については、近代歴史学の厖大な研究成果がありますので、この学説にもとづいて、日本の奴隷を考察しようとするのも、理の当然という道行きでした。しかしながら、日本における奴隷の存在は何時まで認められるのか、日本における「奴隷制」の終焉は何時なのか、という点は、一九五三年に始まる「太閤検地論争」までは誰も学問的に確かめようとしませんでした。

奴隷の存在は、古代社会の特徴だから、古代律令制時代に奴隷としての「奴婢」が存在してもおかしくはないが、鎌倉・室町時代は中世社会なのだから、この中世は農奴制の時代であって、奴隷の存在など軽視もしくは無視してもよいのだ、と暗黙のうちに考えられていたのです。

日本の歴史をヨーロッパの歴史になぞらえて考える、という文明開化以来の「脱亜入欧」の見地に立つ日本近代史学史の欠陥がここに集中的に露呈されているのです。

「太閤検地論争」開始以後十数年（一九七一年の現時点に立ってみて）の歴史研究の進展は、一七世紀の日本の農村のいたるところで、「譜代下人」と呼ばれた純然たる奴隷と「名子・被官」と呼ばれた半奴隷が広汎に残存しており、この「譜代下人・名子・被官」は、奴隷としての「下人」というかたちで、鎌倉・室町時代の日本中世社会では古代の単なる残存物ではなく、中世社会において「構成的比重」（安良城『日本封建社会成立史論』上・一九八四年・岩波書店、第I・II論文）を占める重要な意義を占めていたと考えられるのです。

にもかかわらず、一九六〇年代の日本中世史研究における有力な学説である戸田芳実・河音能平説は、日本中世における奴隷の存在をもちろん否定はしませんが、中世の「下人」の基本は「科学的な範疇としての農奴である」と、さしたる根拠もないままに、独善的な主張を繰りかえしてきました。

しかしながら、一六世紀中葉の戦国大名家法を分析してみますと、そこに現われてくる「百姓身分」と区別された「下人身分」は、次の五つの規定にみられるように、明らかに「農奴身分」ではない「奴隷身分」そのものというほかはないのです。

i　他人の所有の対象
ii　非所有主体＝無所有
iii　被給養＝非自立

iv　被給養＝非自立の強制

v　苛酷な支配

この五つの規定（安良城『日本封建社会成立史論』上・一九八四年・岩波書店、第I・II論文）は、戦国期の「下人」の全てに当てはまるものではないが（戦国期の史料に現われる「下人」には当然、事実上の半農奴的・農奴的な存在が含まれる）、戦国期の「下人」・戦国期の「下人身分」の基軸的なものであって、それは、鎌倉・室町期の奴隷としての「下人身分」に連なることは、いうまでもないのです

この五つの規定は、これまでの日本の奴隷論が、中国・ギリシャ・ローマという外国の奴隷論の引き写しであったのと全く異なって、戦国期日本の「下人」と「下人身分」の実態についての具体的な分析から導き出された理論的規定であって、特にivはこれまでの中国・ギリシャ・ローマの奴隷論では注目されなかった側面であり、日本の史実に即した奴隷論が世界史的レベルでの奴隷論に積極的に寄与できる論点だ、とひそかに愚考する次第であります。

さて、このような「下人身分」＝奴隷身分論は戦国期・一七世紀にまで遡らなければ、知ることはできなかったのでしょうか。

そうではありません。現代においても、奴隷所有と本質において全く一致している所有を、われわれは何処にでも見出すことができるのです。

それは、犬に対するわれわれの所有が奴隷所有と本質的に一致しているからです。

この点について以下御説明しましょう。

犬を雌雄の番で飼っていると仔犬が生まれますね。そうすると犬の家族が形成されるということ

になるのでしょうか。

もちろん、飼主である犬の主人が大変な犬好きで、親仔数匹も飼い続けてくれれば、犬の家族は形成されるのですが、多くの場合、数匹の仔犬は、親である犬の意志とは無関係に、飼主である主人の意志によって、他人に貰われてしまい、犬の家族は形成されないでしまいます。だいいち、犬の夫婦ですらも主人の意志によって、引き裂かれることも決して稀ではありません。犬同志は好きあっていて「離婚」する意志など全くもっていないのに、或る日突然、飼主である主人の意志で配偶犬の一方が人にくれられたり、血統書付きの犬であれば売られたりして、犬の家族は忽ち瓦解してしまうのです。

奴隷としての「下人」の家族もこれと同様なのです。子供に対する親の支配権は奴隷としての「下人」には一切ないのであって、そのかわりに「子分け」や「下人」の子供に対する「下人」の主人の支配権が存在するのです。こういうことが、これまでの研究では全く気付かれずに無視されていて、そこから、戸田・河音説のように、①主人の家から「外居」し②主家に賦役を提供し③小経営を営んでいる「下人」を「科学的範疇としての農奴である」といった即断・誤断が生じてくるのです。

「結城氏新法度」の次の第一四条をみてください。

一、此以後はうはい其外下女下人かせものつかふべからず、たとえそのをやおおくもち候子をくれ候共その下人のしうのかたへ、如此彼者くれ候間めしつかふべく候、ととどけ候て、つかふべし。

親である「下人」には子供に対する支配権がなく、「下人」の「しう」＝主人が「下人」の子供に対する支配権を握っているからこそ、こういう法の規定が生じているのです。「下人」の「家族」とは、犬の「家族」と同然なのです。

つまり《下人の肉体は、下人の肉体であって下人の肉体ではなく、すなわち、主人によって所有されてしまっている肉体なのであって、したがって、そのようにすでに主人のものとなっている下人の肉体の延長にほかならない下人の子は、親の下人の主人の所有＝支配下に必然的におかれることになるのである。それはあたかも、飼主のものである飼犬に仔犬が生まれた場合、まったくその仔犬も飼主のものになるのと同然なのである》（前掲安良城『日本封建社会成立史論』上、一七頁）。

もっと深刻な問題があります。同じ「結城氏新法度」の第一五条の末尾に、これまで全く注目されることがなかっただけでなく、戸田・河音説を根底から覆すような衝撃的な法の規定があります。

一、（前略）さて又女もおとこも、其しうのやしきにてなく、両方ながら他人のやしきをかり候て、もちたる事は、古法のごとく幾人にても男女のわけを以、その沙汰なすべき事也。

主人の家から「外居」している「下人」の子供は「幾人にても」（＝全て）子分け規定が適用されるというのです。主人の家から「外居」しているという、客観的には農奴化しつつある「下人」もまた戦国時代の法の規定では奴隷制的な身分支配を免れないというのです。戸田・河音説が歴史科学的にいって成り立ち難いことは一目瞭然ではないでしょうか。

犬の「家族」と「下人」の「家族」のこのような本質的な同一性は単なる偶然の一致でしょうか。私はそうは思いません。人間の犬に対する支配と奴隷支配は本質的に同一なのです。

今（一九七一年）から四年前の一九六七年秋に、西伊豆の子浦で一匹の賢いポインターにであってから（本稿1⑶参照）、私は犬の研究にとりつかれました。もちろん、犬についての文献を漁ったことはいうまでもありませんが、とにかく犬を飼って観察してみよう、と考えました。理想的にいえば、西洋犬と日本犬の純系を二匹飼いたかったのですが、御存知のように私のような貧乏学者にはとてもそんな贅沢はできません。

結局一匹にしましたが、ペットとして飼うのではなく、犬研究のための観察用の犬なのですから、どんな犬でもよいというわけにはゆきません。いい加減な資料にもとづいては研究はできないからです。もともと西洋犬と日本犬二匹を飼いたかったのですから、一匹にするとすれば、自からその犬は限定されてきます。つまり、血統書付の西洋犬と血統書付の日本犬の一代雑種を探す、ということです。そうすれば、一匹の犬で西洋犬の特徴と日本犬の特徴を併せ検討できるのではなかろうか、という一石二鳥の目論見でした。

あらゆる手づるを頼って半年ばかり探しました。

その間何度か犬とお見合しましたが、どうも気に入らなくて破談が続きましたが、とうとう念願通りの犬が手に入りました。それは一九六八年の春先でした。

シェパードと柴犬との一代雑種でエルという犬です。よくハーフは美人だといいますが、エルも美犬で、柴犬の遺伝が強く、シェパードの特徴も兼ね備えた賢い犬でした。さて、エルを飼うことがきまれば、こちらの準備も必要です。エルが快適に生活できるようにそれなりの設備投資が必要です。一坪の犬小屋と自由に散歩できるフェンスで囲った遊び場を作ってやらねばなりません。

貧乏学者の私は、その設備投資をする貯えがなかったために、地主制と支配階級についての本を出す約束をしていた塙書房の編集者の吉田嘉次さんに事情を話して印税の前借りということで、その前にも前借りしていたのに追加して二〇万円を借り出して、エルの生活環境を整えました。

当時の二〇万円は、私の東大助教授の一ヵ月の給料をこえていましたから、エルは破格の条件で我が家にやってきたのです。因みに申しますと、それから二〇年たっていますが、まだ塙書房に約束した本は刊行されていません。世間的常識からいえば、詐欺行為ともいえるのですが、ようやく、一九八八年度内に、『天皇制と地主制』（上）（下）七〇〇頁余として私の地主制史研究を、未発表論文の幾つかも含めて、網羅的に刊行できる準備が進行しています。

エルは私の期待どおり、わが犬研究に決定的といってもよい役割を演じてくれました。それをここで、つぶさにお話することはできませんが、私の犬研究の基本視角はどこにあるかをまずお話して、次に、奴隷支配と犬支配に限定してお話したいと思います。

実は私は、辯証法的唯物論ならびに史的唯物論にもとづく犬の発生史的研究にとりくんでいるのです。この研究は、エンゲルス『家族・私有財産ならびに国家の起源』を発展させようという意図にもとづくものです。エンゲルスは、原始の段階で狩猟段階を設定していますが、この段階に犬はすでに登場しているのです。犬が研究されねばならない所以です。だがしかしエンゲルスもマルクスも犬についての本格的検討をしていません。

犬については、鶏とならんで最古の家畜ですから、厖大な犬研究が蓄積されていますが、その多くは、犬の研究です。ところが辯証法的見地からすれば、もともと家畜としての犬が原始の昔から存在していたわけではないのですから、野生の「非犬」の家畜としての「犬」への転化が、犬の発生史研究として、人類の狩猟段階への移行を根拠づける重要なポイントとして研究せざるをえないのです。

この「非犬」の「犬」への転化については、決して多くはありませんが、それでも幾つかの秀れた研究がヨーロッパとアメリカにあります。それらの秀れた研究のすべてに共通していることですが、弁証法的立場に立っていない機械的唯物論のために、数々の難点をかかえていると私は思うのです。

因みに申しますと、現在の犬は、「非犬」から「犬」に転化して数千年いや数万年の歴史を閲した「犬」なのですが、その「犬」の生態のうちに、「非犬」から「犬」への転化を推測させる幾つかの手がかりがカスカながらも存在するのです。こういうカスカな手掛かりをもとに「非犬」の「犬」への転化を追求するのが、まさに研究ならでは味わえない醍醐味なのです。

それはさておき、先に、犬支配と奴隷支配には本質的共通性があると申しました点について、以下のべてみたいと思います。

さて、エルを飼ってからしばらくたったある日、女房に私は問うてみました。エルはわが家の犬なのだが、どういう根拠にもとづいてわが家の犬なのだろうか、と。そうしたら、女房はいとも簡単に、区役所にエルを登録しているからわが家の犬です、というのであります。

冗談ではありません。経済史家の女房が、法制史家の女房みたいなことを言ってもらいたくありません。女房を直ちにたしなめました。区役所に登録する前提には、エルはすでにわが家の犬であって、だからこそ区役所に登録できたのであって、登録したから所有・支配が発生したというのは歴史学的にいって間違っているのである、とたしなめたのです。

歴史学について素養のないわが女房がこういう誤ちを犯すのはやむをえないのですが、専門の歴史家にも時にはこういう誤ちを犯すことは全くないといいきれないところに、現在の歴史学の問題があると思います。

それでは一体、エルがどうして我が家の犬となるのでしょうか。

ここで問題をはっきりさせるために、エルから離れて、一つの仮定の話をします。

仮定では、私と中世史家の永原慶二さんが隣りあって住んでいます。そこに一匹の可愛いい野良犬がまぎれこんできました。どうしたらこの犬をわが家の犬とすることができるでしょうか。

それはある意味では簡単です。この犬に餌をやって手なづけることです。《給養してやる》ことです。だがしかしそれだけでは駄目です。わが家の残飯より永原さんの残飯のほうが高級で美味しいので、犬はどうしても永原さんになびいてしまうからです。そこで問題は次のようにして解決されます。私がこの犬を鎖でつないで、わが家の残飯しか食べられないようにしてしまうことです。こうすれば、犬は、永原さんの美味しい残飯を食べたいと思っても、鎖につながれているために、わが家の不味い残飯を食べなければならなくなります。こうしてこの犬は《被給養》の状況に陥るとともに、《被給養を強制》されることとなります。こうなるとこの犬は、私の《所有の対象》ということになります。この犬を人に譲渡することもできます。それとともにこの犬は《無所有》です。

なる程この犬は穴を掘って骨を埋めてこの骨は自分の所有だと思っているかも知れませんが、主人である私が無関心だから、犬の所有のようにみえるだけの話であって、もし私がその骨に興味と関心をもてば、いつでもその骨を掘り出して私のもの＝所有とすることができて、犬は《無所有》となってしまうのです。丁度、奴隷としての「下人」の「ほまち」が主人のものになってしまうのと同然です。

さらに、この犬はわが犬になっていますから、《苛酷な支配》の対象になりえます。私がこの犬をたたいたりいじめたりすることも自由です。もちろん、可愛がるのが普通ですが、折檻することもできます。時には殺すことも可能です。決して好ましいことではないのですが、引越をするからといって、それまで飼っていた犬を保健所に引き渡す人もいるのです。

このように、現代の犬をみると、(1)《他人の所有の対象》(2)《無所有》(3)《被給養》(4)《被給養の強制》(5)《苛酷な支配》といった、奴隷としての中世「下人」と本質的に同じ規定のもとにあることは疑問の余地がありません。

犬にも色々のタイプがあって、大きくいって労働奴隷的な犬と奢侈奴隷的な犬に二大別されます。たとえば、セッター・ポインター・柴犬といった狩猟犬、コリーなどの牧羊犬、番犬、などは労働奴隷的な犬です。これらの犬は、自由を求めて野良犬になりえますが、中国の狆《ちん》、フランスのマルチーズに代表されるような愛玩犬は、金輪際野良犬になろうとは思わないで、主人にベタついて奢侈奴隷的な犬であることが誰にでもわかるような振舞をしています。

人間の世界における奢侈奴隷も、ハレムにおける奢侈奴隷が典型的に示すように、女奴隷が王の子供を産むことによって解放されることを願ったり、男奴隷が女王と快楽をともにするチャンスを狙っており、これらの男女の奢侈奴隷が、自由民である庶民よりもはるかに美味な食事にありつけ、華美な装いもできたが故に、彼等は、自らの努力によって解放されようとしなかったのです。奴隷から農奴への進化が、労働奴隷を基軸に考えなければならないのはこの故です。

ところで、犬にもエスニックというか、ヨーロッパ系の犬と日本系の犬では大きな違いがあります（勿論、純系の話ですが）。

現在のドッグマーケットでは、西洋犬の成犬は取引の対象となっています。つまり成犬でも西洋犬は主人を変えられるのです。ところが、柴犬を代表とする日本犬の成犬は、ドッグマーケットではほとんど取引されていません。成犬の柴犬（もちろん純系）は主人を変えられないからです。西洋犬のうちで最も賢いといわれているセッター・ポインターは、簡単に盗むことができるのです。その主人の宛てがう餌より美味しい餌を与える人に、セッター・ポインターはついてゆくからです。

これに対して、純系の柴犬は絶対に主人を変えられないのです。このことが、日本犬を飼う人にとって絶大の魅力になっているのです。

武士は二君に仕えず、といった日本封建制と、君が君たらざれば、臣は臣たらず、といった契約関係のヨーロッパ封建制との違いを彷彿させるエスニックな犬の違いではありますが、もちろん、封建制の東西の違いが東西の犬の違いに直接結びつくわけではないのです。

思うに、西洋系の犬が主人を変えられる、というのは、犬の見地からすれば、主人を変えられない日本の柴犬より賢いということになります。より美味しい餌を与えてくれる人についてゆく、というのは犬として賢いというほかありません。

こういう西洋系の犬の賢さは、西洋系の犬には多かれ少かれ牧羊犬の血が混っているからだと私は思っています。牧羊犬とは、犬という動物が、羊という動物をコントロールするということですから、単なる狩猟犬である柴犬より賢くならざるをえないのです。

農業が牧畜をともなっていたかどうか、というヨーロッパと日本の違いは、こうして、犬についてもエスニックな違いを生み出していると思うのです。

さて、現在（一九七一年）はペットブームで、愛玩犬を飼うことが流行っています。どうしてでしょうか。私は、現代社会では無償の純愛がなかなか成立し難い打算的な愛と夫婦関係が支配的になりつつあるために、主人にまとわりついてベタつく愛玩犬が、何か無償の愛を表現しているように錯覚されているからではないかと私はひそかに考えています。男性に裏切られた独身女性のなかにペット愛玩が強く根付いているからです。

もともと犬は、発生史的には、人間の生活と労働を助ける「労働奴隷」だったのですが、《犬にして犬に非ざる》「奢侈奴隷」としての愛玩犬がこのように流行することについては、犬好きの私には慨嘆にたえません。

最後に一言つけくわえておきます。飼われている犬は、これまで述べたように、奴隷に等しい存在なのですが、野良犬となったらどうなるのでしょうか。

私は、野良犬は日本中世の「非人」的存在だと考えています。特定の主人に給養されないで、「遍歴」して、不特定多数の人間の「人々」のお恵み（多くは残飯でしょうが）によって野良犬は命をつないでいるからです。汚ない野良犬が中世の「非人」的存在であると私が考えるのは、この故です。

〔後記〕　本稿は、一九七一月九月一一日の歴史学研究会中世・近世史合同部会で「日本荘園体制（「中世」）社会に占める家父長的奴隷制の社会構成規定的地位——一九六〇年代日本中世史研究批判——」と題して報告した内容の一部をテープ起しをして、加筆・整序したものである。もちろん、論旨の変更は一切ないし、口語体となっているのは、研究会報告をそのまま活かしたからである。

（一九七一年）

2　社会構成史の一研究者と現代

歴史家は過去を対象とする。森羅万象「無限の過去のうちから何をとりあげるか」、歴史家個々人の「人生と個性にかかわる」自由がある。

他方、歴史家は現代に生きている存在である。現代社会は、歴史家が自由に選択しうる研究テーマと違って、そのなかで歴史家が生きることを強制されている所与のものである。

毎日が現代史の一齣である現代に生きる歴史家は、一個人として現代をどう生き抜くか、また一歴史家として現代をどうみるか、に深く関わらざるをえない。

以下の一五のエッセー・時論・研究は、現代に生きる歴史家としての私の姿勢の一端を示したものであり、社会構成史を専攻する私の研究内面に深く連なっているので、これを示してこの小稿を終えたい。

(1) 鶏と豚

西伊豆での一匹の犬とのであいから（本稿1⑶参照）、私の人類史理解は広がりふくらんでいった。人間はきわめて特殊な動物である。文字を知っている動物など人間以外に存在しないことでもその特殊性は明瞭である。しかしながら人類史の曙にまでさかのぼってみると問題は簡単ではない。そのころは人間も文字を知らなかったからである。

人類史の始源から人間を他の動物と区別する決定的ポイントとして、ここでは次の二点に（他の重要ないくつかの相違点については、別の機会に論ずる）注目しておこう。

①人間とは所有する動物のことであって、所有を知らない他の動物と本質的に異なる。②人間自ら動物でありながら主人となって、有用と思われる他の動物を家来＝家畜として所有・支配する点でも他の動物と全く異なる。百獣の王ライオンといえども家来＝家畜をもたない。

従来ボンヤリと理解していたことが、一匹の犬とのであいが契機となって、ハッキリ認識できるようになった。②について敷衍してみよう。

どんな家畜をもつか、その家畜をどう利用しているか、は民族の文化と歴史の理解にとってきわめて重要である。鶏と豚を通じて本土と琉球の異同を垣間見てみよう。

太古の昔から本土も琉球も鶏を飼っていたが、一六世紀まではどちらも鶏肉を食べなかった。それまでは、鶏は〈とき〉を告げる聖なる鳥だったからである。本土と琉球とのこの同一性は、豚となると崩れてしまう。本土では豚を飼って食肉とするのは一般的には文明開化の明治以降であるが、琉球では一四世紀より豚を飼い食用としていたからである。この差違は、中国文化との接触の度合いと受容の仕方の差違に起因し、被差別部落の現存する本土と、現存しない沖縄の差違とも関係してくるのである。

（一九八六年）

(2)　沖縄と被差別部落

沖縄には現在被差別民は存在しない。だから被差別部落もない。昔はあった。王城首里のはずれにアンニャ（行脚）部落という被差別部落があったが大正時代に消滅してしまった。

一七七二年の幕府人口調査によれば、琉球には一四人の行脚とよばれる被差別民がいた。彼らは琉球方言ではチョンダラー（京太郎）といわれ、農村を遍歴するデク回し＝人形芝居者であって、本土から島伝いにこの南島にやってきたという伝承をもっていた。当時の琉球人口は一七万余であって、総人口のわずか〇・〇〇八％しか被差別民がいなかった。同時代の本土のどの地域と比べても部落差別がもっとも稀薄な地域である。なぜか。二つの理由が考えられる。

その一つは、豚を飼い肉食する風土状況にあり、他の一つは、仏教がほとんど定着しなかった宗教上の理由である。

一八九八年の全国統計によれば、沖縄一県で全国の屠殺豚頭数の四九％強をしめており、人口一人当たりでみれば、沖縄を除く全国平均の九八倍の豚を屠殺して食用にしていた。首里・那覇の都会に限ってウワークルサーという専業の屠殺業者がいたが、農村のあらゆるところで飼われていた豚は、農民自らがこれを屠殺した。となると屠殺者が特に賤視されるはずがない。何しろ全住民が屠殺者といってもよいくらいだから。少数者にその社会で賤業とみなされる職業を押しつけることによって差別は発生する。屠殺の仕事が琉球では本土でのように賤視されようもないのである。一九七八年のNHK『全国県民意識調査』によれば、土着のニライ・カナイ信仰一七%、殺生禁断・浄穢を強調する仏教はわずかに一%、キリスト教五%よりも劣っている。沖縄に被差別部落が根付かず、現に消滅してしまっているのはこの二つの理由からである。

（一九八六年）

(3) 古代社会と被差別部落

今から六年程前(一九五五年)の夏のことである。丁度滋賀県の近江八幡に、徳川時代の著名な近江商人、豪商「伴伝」の調査に来ていた私は、「伴伝」の出自が甲賀郡の伴谷村であるという家伝について、何かの手掛りでも摑めないかと、近江八幡から水口町へとバスで向った。

バスは湖東平野を横切り、鈴鹿山脈に向って、ゆるやかな丘陵を縫って走った。夏も盛りのことで、青々とした水田の連なりは見た目にも美しかった。五万分の一の地図を片手に、私は窓から途中の稲作の状態を眺めたり、谷間のところどころに設けられている溜池を見ては、かつて読んだことのある近江の番水慣行を思いだしたりした。

近江八幡から小一時間平坦な水田の中を走り続けたバスは、やがて、ゆるやかな丘陵を上りはじめ、ある部落についた。

ここで運転時間の調整のため、バスは約五〇分間停車すると知らされた時、私は時間の余裕が得られたことにほっとした。というのは、この部落が何とも奇妙な印象を私に与えたからである。普通農村部の町というものは、先ず廻りに田畑があり、町に近づくにつれて、ポツポツ人家が見られ、やがて町並となるのが普通である。ところがこの部落は、丘陵の中に突然姿を現わし、町並としても整っており、商家を中心とする部落であることが、何となく不思議に思えたのである。街道の宿駅として発達した部落なのだろうか？　それとも、何か農村工業でもあるのだろうか？　そんなことを思いうかべた私は、五〇分のバス停車をこれ幸いと、ブラブラ部落の中を歩き廻って見ようと思いたった。

商家を中心とする町といっても、山の中の一部落に過ぎないのだから、大きさといっても、大したことはなかった。バスの通っている表通りは、はじからはじまで、二、三百メートルもあっただろうか。カメラをぶらさげて、ぐるりと裏通りまで一廻りするのに二〇分もかからなかった。

歩きながら、研究者としての好奇心にあれこれと眺めた私には、この部落に対する不思議な印象は深まるばかりだった。表通りには、商工会の名が白いペンキで塗り込まれた朱塗りの街灯も立ち並び、町としての恰好を整えており、表通りの中央には、白壁がうすよごれてはいるが、田舎のこんな規模の部落には全く不相応な大きな門構えの料理屋らしきものすら見うけられるが、不思議なことに人一人歩いていないのである。裏通りへ入って見てもひっそりと静まりかえっている。しかも、この裏通りは、道幅も実にせまく、立並ぶ家並はゴチャゴチャとせせこましく如何にもみすぼらしい。そんな状態をカメラに収めようとすると、何処からか、誰かが、じっと私を見つめている様な錯覚にふと襲われるのが妙であった。

部落を一廻りした私は、バス停留所近くのうどん屋に入って見た。表の硝子戸に、サイダー・ビールとはり紙がしてあったので、サイダーでも飲みながら、この町の様子を聞いて見ようと思ったからである。

この店の嫁さんらしい若い女の人が、薄暗い台所からサイダーを運んでくれた際、私は色々と尋ねてみた。「この町は不思議な町ですね。何か特別なものでも出来るのですか」「いいや」「それでは、近所のお百姓さんが色々買物をするための町ですか」『いいや、この辺の百姓はケチだから、ちっともここのものを買いにきてくれません」「町の人をあまり見かけませんね」「みんな働きに出ているから」。

言葉少なではあるが、こちらの質問によく答えてくれたが、益々この部落の性格がわからなくなった。周辺農村の購買力に依存する町ではなく、さりとて、かつての宿場でもなく、特別な農村工業もなく、勤めに出る人も多い、しかも街としての体裁は、農村としては珍らしい程整っている。

比較的農村をよく歩いている私にとっても、このような部落は初めてである。

若さも手伝って、私は、「不思議だ、不思議だ」を連発しながら、無遠慮にも、「何かこの町には特別なことがあるのではないですか」と問いかけた。すると今までとにかく相手になってくれていたその女性は、急に台所にかくれ、かわりに、この店のお内儀さんだろうか、六〇前後のお婆さんがでてきて、「何もこの部落に変ったことはない」という意味の言葉を早口でたたきつけるようにまくしたてると、すぐ引込んでしまった。

何となく居たたまれない雰囲気を感じた私は、そのまま店を出ると、この部落に対する奇妙な印象にこだわりを持ちながら、そのままバスに乗りこまざるをえなかった。

その夜、水口町の宿屋の女中さんから、この部落が、被差別部落であることを聞かされた時、はじめて私は、六〇歳前後のお婆さんがつっけんどんだった意味がわかった。

戦後、部落問題研究所を中心とする活潑な研究の進展とともに、古代社会の賤民が、古代社会の解体とともに消滅せず、その後の階級支配との複雑な絡みあいのうちに存続し、変質を遂げながらも、部落民として現在なお差別をうけているところに、現代の部落問題の根幹があることが略々明かにされた。

高度の資本主義国である現代の日本において、その歴史的系譜が日本古代社会に連なる部落問題が、いまだなお本質的には解決されていないとともに、同じく日本古代のデスポットに直接連なる現在の天皇の地位が、憲法改悪の企ての進行とともに再び論議の中心に据えられつつあることを併せて考えてみるとき、現代の古代社会研究が、単なる過去の一時代・一社会の研究に留まりえないことを痛感しないわけにはゆかない。　（一九六一年）

〔補註〕　被差別部落民を古代賤民の後裔とみなしたのは、当時の通説だった林屋辰三郎説に則ったためであるが、現在の私見は異なっていて、古代律令制から中世荘園制への移行過程で、「百姓」「下人」と異なる「非人」を始めとする被差別部落民が発生し、中世荘園制の展開過程を通じて「カースト制」的なイデオロギー的身分としての「穢多」「非人」が固定化されたと考えるものである。（一九八七・九・二八）

(4)　被差別部落成立史

本書（安良城『幕藩体制社会の成立と構造』）が被差別部落成立史を射程外において構成されていること

は、すでに指摘したとおりであって、この観点を導入するとき、どのような補正が本書にとって必要であるのか、それとも必要としないのか、についてはかなり早くから著者なりの模索を続けていた。たとえば、一九六九年に公刊した前掲安良城『太閤検地と石高制』(NHKブックス)の「あとがき」で次のようにのべている。

執筆当初の予定では、朝鮮侵略の必然性を明らかにし、さらに、今日その解決が焦眉の急となっている「部落問題」の起源を、幕藩体制社会成立過程に即して検討する計画を立てていたが、著者の力の乏しさと紙数の制約によって、本書に盛り切れなかったことは、荘園体制社会全体の検討を十分なしえなかったこととともに残念であり、今となっては他日を期す以外にないが、本書で強調した奴隷解放との関連で「部落問題」の起源について一言すれば、譜代下人・名子・被官といわゆる「賤民」とは異なっており、いわゆる「賤民」は、職業的・共同体的・集団的に支配・差別される点で、アジア的なカースト支配の一類型とみなさるべきであろうし、この点で個別・人身的に、したがって、非共同体的＝非集団的に支配される譜代下人・名子・被官とは異なったものとして論ずべきではないかと考えるものである。いわゆる「賤民」が、譜代下人・名子・被官と異なって幕藩体制社会成立過程において解放されなかった歴史的原因については、他日を期する以外にない。

短文ではあるが、(1)中世の被差別民を譜代下人・名子・被官といった奴隷的範疇と異なった存在として把握すべきこと、(2)「賤民が……幕藩体制社会成立過程において解放されなかった」との表現に暗示しておいたように、中世「賤民」史は、被差別部落成立史にとって単なる「前史」ではありえないこと、以上の二点を指摘している。いずれも、当時の通説もしくは通念と対立するものであったが、現在では多くの研究者にとっては、共通の了解事項となっていると思うところである。

本書(安良城『幕藩体制社会の成立と構造』)との関わりでいえば、特に(2)の理解が重要であろう。なぜならば、当時、被差別民＝被差別部落は、幕藩体制社会にはいって幕藩権力が政治的＝制度的に創出したものとみなされており、中世と近世との連続面は否定的にとらえられることが一般的であったのだが、(2)は、中世・近世の連続面に注目しているからである。

すなわち、当時の有力な見解（たとえば、原田伴彦説）は、中世賤民は戦国動乱期にほとんど解放された（原田伴彦『被差別部落民の歴史』一九七五年・朝日新聞社・六九頁、あるいは、座談会「中世賤民とその周辺」――「歴史公論」五五号・一九八〇年――三八頁における原田発言）とみなしていた（したがって、中世との間の断絶が強調される）が、私見は、基本的にいって解放されなかった（したがって、中世と近世の連続面に注目）とみなしているからである。だからこそ、「あとがき」では、「〈賤民〉が譜代下人・名子・被官と異なって幕藩体制社会成立過程において解放されなかった歴史的原因」が問題とされているのである。

つまり、中世末期には(1)譜代下人・名子・被官といった奴隷的存在、(2)河原者・穢多・乞食等のカースト制的賤民、の二類型の下層民（零細小百姓を別として）が存在し、前者は解放されて農奴に上昇したが、後者は解放されないままにカースト制的賤民にとどめおかれたのは何故か、を問題としているのである。

さて、一九六九年時点のこの著者の見解は果して妥当だったろうか、そして、被差別部落成立史を視野にいれるとき、著者の太閤検地論はどのような補正を必要とするのか、あるいはまた、必要としないのか、一九八〇年に大阪府立大学に赴任し、被差別部落成立史に本格的に取り組んだ著者の最大の関心はこの点にあった。

被差別部落成立史研究の成果、特に一九七〇年代以降の著しい発展の諸成果に学びながら、さらに、私なりに独自な史料分析も行ないつつ、被差別部落の成立と展開、さらに、明治以降の存続についいて、二年間の研究の結果、一九六九年の私見を基礎とし、これを発展させた一つの見解をもつにいたった。

この見解を要約していえば、次のごとくになる。

(A) 被差別部落の原型はおそくとも中世末期までに近畿地方を中心にすでに形成されており、近世賤民制はこれを編成替したものである。

(B) 近世賤民制の成立と展開については、(1)変革期的視点、(2)社会的視点（触穢・仏教イデオロギー等々――中世社会からの負の継承）、(3)兵農分離的視点、(4)鎖国的視点、(5)権力的視点、の五つの視点から綜合的に分析すべきである。

(C) 被差別部落の(イ)おそくとも中世末期までにおける原型的成立、(ロ)近世における全国的展開（＝編成替）、(ハ)明治期以降の近・現代におけるその存続を、「社会的身分」と「制度的身分」という二つの分析概念によって統一的に把握しようとするものである。

このような見地に立つとき、

(D) 被差別部落史についての論争的諸論点は、たとえば次のように整序されてゆく。(a)中世非人についての黒田俊雄氏の「身分外身分」との規定は、「制度的身分」外の「社会的身分」と再把握され、(b)いわゆる「解放令」以後の近代日本においても被差別部落が強固に存続する事態については、いわゆる「解放令」によって、穢多・非人等の近世的な「制度的（賤民）身分」が廃止されたにもかかわらず、「社会的身分」としての被差別身分が日本の近代社会に強固に残存＝

存続した故とみなすこととなる。

そしてまた、

(E)　近世における賤民身分の制度化（中世の「社会的身分」としての河原者・穢多・乞食等の近世的「制度的身分」化）は、兵農分離制を構築してゆく太閤検地段階ではなく、それより一段階後の鎖国制の展開過程に実現されてゆく。

とみなすところに私見の一つの特徴が存在するのである。

以上、簡単に要約した被差別部落史についての私見は、安良城「近世賤民の成立と展開——研究史の整理と分析視角の呈示——」として、一九八二年七月一〇日の歴史学研究会近世史部会と東京部落問題研究会との合同研究会、および、一九八二年一〇月四日の日本史研究会中世史・近世史合同研究会の二つの研究会で報告されている（歴研報告については「歴史学研究」月報二七四号参照）。この二つの研究会報告は、もちろん基本的内容においては同一であるが、前者においてはより実証的な側面に、後者においてはより理論的な側面に重点がおかれていた。

このようにして、被差別部落成立史を射程内にいれた場合も、本書の主張をその故に変更する必要はない（前掲(E)の私見参照）、という結論に著者は到達したわけである。

したがって、石尾芳久氏の『被差別部落起源論』（一九七五年・木鐸社）における、次のような本書に対する批判には、承服し難いところである。

太閤検地政策がかかる農民の自治組織形成の動向に真向うから対決するものであったことは、既にくりかえしてのべたところである。そしてまた、太閤検地が検地帳にかわたの肩書を記載し、それ以前に都市自治弾圧の手段として形成されていた夙之者的賤民政策を全国の農村に拡大し農村自治を圧殺するという意味において継承したことも既にのべた。夙之者的賤民政策は、本来階級闘争に向うべき賤民のルサンチマンを警察・行刑権力に癒着せしめることによって逆立ちさせるのであり、自律から他律への転倒の極限を象徴する、といってよい。それ故、太閤検地に作合否定政策とかわた政策とが並行していることは、むしろ、自治弾圧政策の体系的完成を意味するものとして把握しなければならない。太閤検地——小農自立——封建革命説では、自治弾圧の賤民政策としてのかわた政策が同時に採用されている事実を、決して説明することはできないであろう。(一一八頁)

すでに指摘したように(前掲(E))、近世賤民制の「制度的身分」制としての確定は、太閤検地段階ではなく、それより一段階おくれた鎖国制度展開過程とみなされるのであって、石尾氏が主張されるような内容の「かわた政策」が、太閤検地段階に存在したと考えられず、したがって、石尾氏の批判は成り立たないと考えるものである。

ところで、被差別部落成立史＝被差別部落の起源についての石尾氏の積極的主張は、(1)太閤検地による被差別部落の成立＝確定、(2)一向一揆に対する権力的弾圧による被差別部落の発生、という二つの側面をもつと考えられ、(2)が原因となって(1)が生じた、というところに石尾説の特徴があり、船越昌・寺木伸明氏等によって支持されている。

しかしながら、著者のみるところ、この説は実証的にいってきわめて論拠薄弱であって、一向一揆に参加した中世末期の一般百姓が、その故に、近世賤民に位置づけられ身分的に貶下せられたことを確証する実証的事例をこの説はいまだに呈示できないでいると著者には考えられる。その信憑性が必ずしも確かめられていない伝承等をたよりに、石尾・船越・寺木氏等がその心情的見解を主張されているのでなければ幸である。

次にかかげる二つの図表を参照されたい。

第1図は一九三五年の融和事業協会統計、第2図は一八七一年『藩制一覧』、を整理・加工してえられた県・国単位の被差別部落の密度・比重についての鳥瞰図である。さしあたってここで指摘しておかねばならないのは次の二点である。

第一。大局的にいって、一九三五年（第1図）における被差別部落の地域的濃淡に関する原型は、一八七一年（第2図）に淵源し、さらに一八七一年の地域的濃淡の態様は、幕藩体制成立期のみならず、中世末期にまでさかのぼるのではないか、と考えられること。

第二。第2図は、一向一揆の展開地域と被差別部落の密度・比重の高い地域との直接的な相関関係、すなわち、一向一揆弾圧と被差別部落発生の直接的連関、という研究視角の妥当性を否定している。なぜならば、一向一揆とは無関係な、たとえば筑前・豊前・伊予・上野等々の国々においても被差別部落の密度・比重が高く、また、一向一揆が激しく闘われた越前・三河の被差別部落の密度比重が低い、という第2図が示す事実を、一向一揆弾圧＝被差別部落起源説によっては解明できないと思われるからである。石尾説が成り立たないとみなす所以の一つである。

なお、石尾氏は前掲書の一〇九頁以下において、統一権力による「作あい」否定政策の歴史的理解についても私見に批判を加えられ、氏独得の見解を呈出されているが、内容的にいってあえてここで反論するまでもない謬論と考える次第である。

（一九八三年）

第１図（昭和10・1935年）

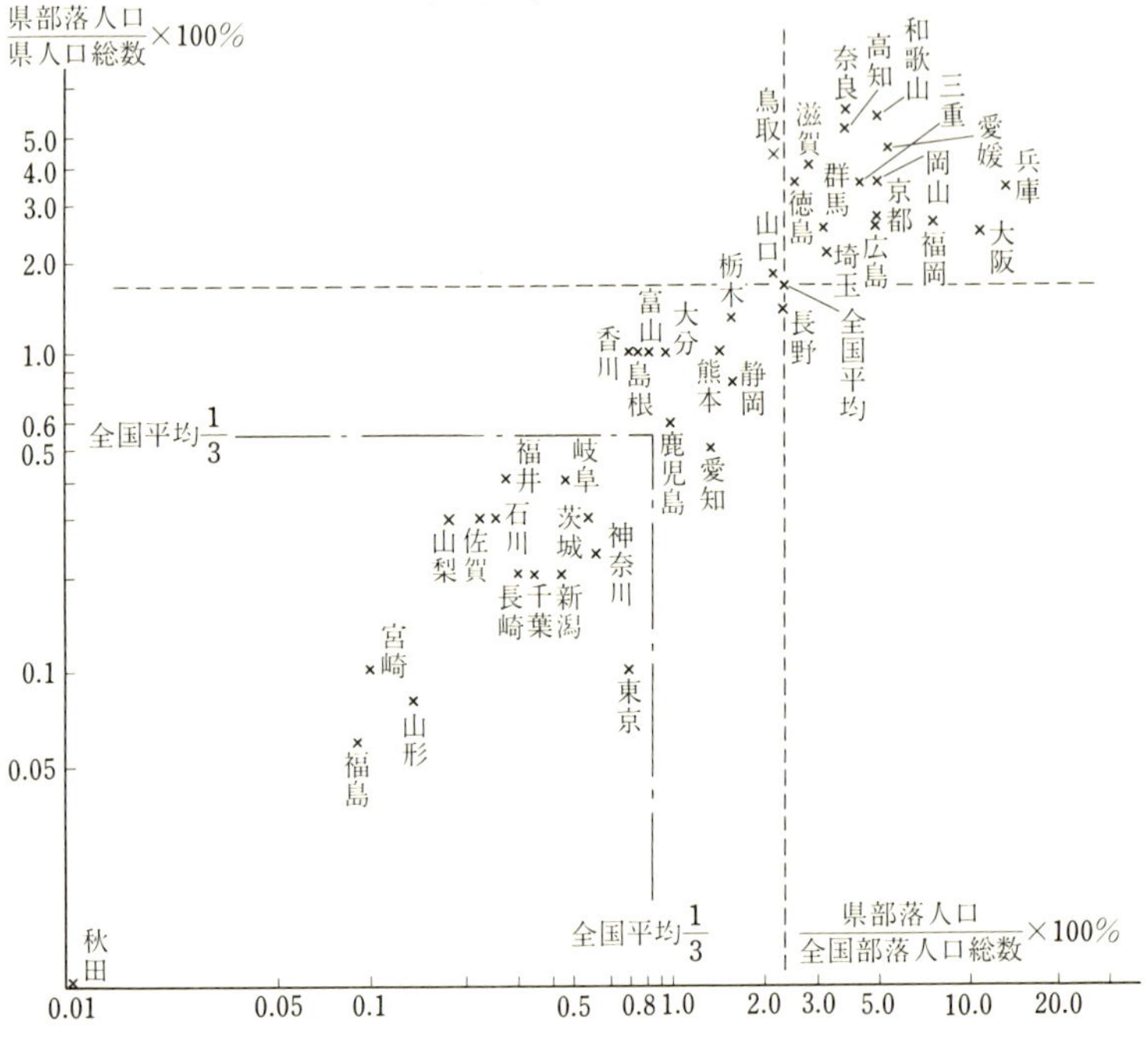

第2図（明治4・1871年）

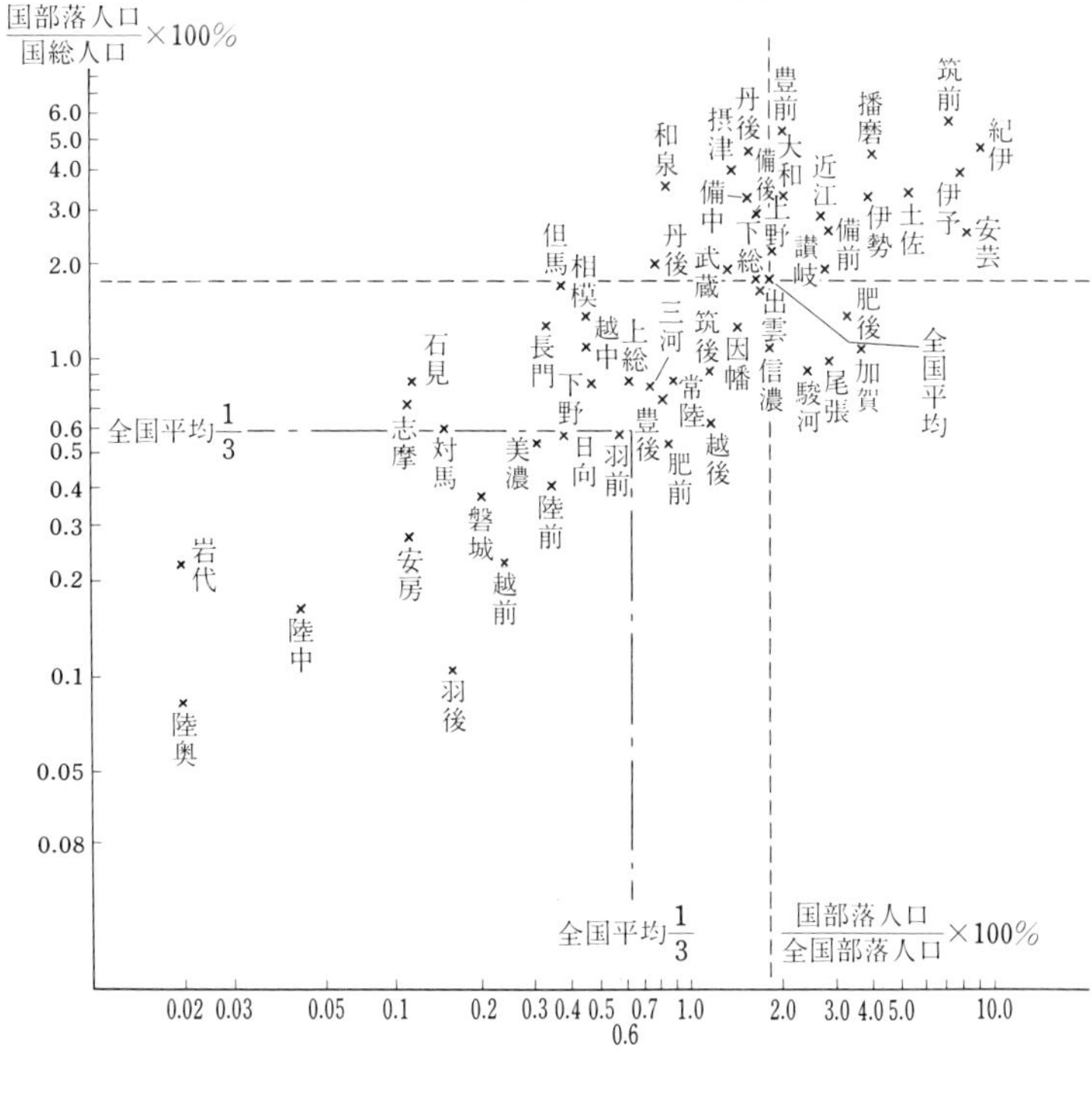

(5) 前近代の身分と身分制

日本中世社会の「百姓身分」・「下人身分」・「非人身分」の身分制的位置づけを的確に把握し、広く、古代・中世・近世の身分ならびに身分制を理論的に総括する私の新しい研究がほぼまとまっているので、以下この点を覚書的にスケッチしよう。

一九八三年一一月五日、東京歴史科学研究会・歴史学研究会近世史部会の合同研究会で、私は「身分ならびに身分制についての理論的諸問題――石母田・原・戸田・河音・黒田・大山・高木・朝尾・峯岸説の検討と展望――」と題する報告を行なっている。報告の核心的部分のレジュメ内容を紹介すれば次のごとくである。

（前略）

二　身分の本質規定

前近代社会における人間を階層的にとらえ、その特定の地位・状態を、主として上下関係・権利義務関係に即して理念化し、固定的に把握した一つの人間類別・標識が身分である。他の類別としては、たとえば、民族・階級・職業等々がある。

(1) 「人格的依存関係」にもとづく前近代社会に特有な、身分。

(2) 現実に存在する社会関係の下にある人間についての、特定〔生産力・生産関係・上部構造・国際関係――四(1)(2)(3)(4)〕の見地からする理念的な類別把握。

(3) 本来、身分は、人間の現実の地位・状態を反映し、これに基本的には照応して成立してくる。とはいうものの、身分そのものは、人間の地位・状態という現実そのものでは決してない。それは本質的にいって、現実の地位・状態についての特定〔四(1)(2)(3)(4)〕の見地からみた、あるべき理念的地位・状態、すなわち、地位・状態についての理念＝観念にほかならないのである。身分は固定的だ、と常に指摘されるのは、実はこの点に由来するのである。

(4)　身分における客観的なものと主観的なもの。

三　身分制の形成過程

(1)　本来的にいって理念である身分は、身分制のもとにおいて現実的存在となる。

(2)　二(3)の故に、身分とその身分に属する個々人の現実の地位・状態との間には、多かれ少かれ乖離＝ギャップが存在しており、そのような個々人を自然のままに無為に放置した場合、この乖離＝ギャップはますます拡大され、身分設定は現実的に無意味となる。

(3)　かくて、この乖離・ギャップを縮め、理念的身分の枠組のうちに現実の地位・状態を押えこむために、強制＝身分規制が必須のものとなり、この強制＝身分規制が実効性をもったとき、理念的身分は現実的身分に転化し、身分制度が成立・展開する。

(4)　その形成過程において、強制＝身分規制が特徴的に頻出し、身分制成立以後も、随時・不断に身分規制が繰りかえされている近世身分制における紛れもない諸史実は、理念としての身分が現実に機能しうるための必須の条件としての、強制＝身分規制の決定的役割を浮彫りにしている。

(5)　中世から近世への「百姓身分」の転換（居留自由→土地緊縛）を解明しうるかどうか、は身分論にとって試金石といえよう。中世末の百姓は、居留自由のものから事実上の土地緊縛下にあるものまで、その地位・状態は多様であった。にもかかわらず、近世の「百姓身分」は一律に土地緊縛規定をうけるにいたった。身分が現実の地位・状態の単なる反映ではなく、あるべき地位・状態という理念的なものであることを、この事実は論議の余地なく明証している。

(6)　したがって、身分論は、一面において、経済外強制論にほかならない。この点を看過している身分論は、さまざまな欠陥を露呈せざるをえない。

四　身分の発生契機

特定の地位・状態の発生・存続と特定の見地からするその理念的＝固定的な類別把握の発生。

(1) 分業（生産力）⟶職能的身分
(2) 階級（生産関係）⟶支配・従属関係的身分
(3) 意識・観念・宗教（上部構造）⟶イデオロギー的身分
(4) 民族（国際関係）⟶征服・服属関係的身分

身分発生についての以上の四契機のうち、(3)のイデオロギー的身分の典型は、カースト制的身分であって、中世・近世の穢多身分がこれに該当し、また、古代の蝦夷俘囚・隼人、近世のアイヌが(4)の身分に属する。また四身分が重合する場合もある。

五　身分構造（二重構造と社会構造）

(1) 自然発生的な人間類別の理念的固定化。（社会的身分）
(2) 人為的＝法的な人間類別の理念的固定化。（制度的身分）
(3) 社会的身分を基礎として制度的身分が成立するが、制度的身分の成立は、社会的身分の解消＝消滅を意味しない。
(4) 現実の身分状況は、両身分間に部分的乖離が存在しつつも、不即不離の相互規定的な二重構造として実存している。
(5) 制度的身分の消滅後に、社会的身分が残存する場合がある。（近・現代の未解放部落民）
(6) 社会的身分のままで制度身分化されないものもある。（近代の小作農民）
(7) 制度的身分は、ｉ村落ii地域iii領域iv国家のそれぞれのレベルで成立しており、ivの国家的身分が、ｉiiiiiの制度的身分を統轄していると一般的にいえるが、その統轄の度合、ｉ～ivの絡みあいのあり方、によって当該社会における身分の社会的な構造的特質が決定される。（古代・中世・近世における身分の社会構造の差違）

六　身分（制度的身分）編成

(1)　前近代の階級社会では、四(2)の支配・従属関係的身分を基軸に、四(1)職能的身分・四(3)イデオロギー的身分・四(4)征服・服属関係的身分を包摂した制度的身分が、国家的身分を中軸に体系的に編成される。

(2)　この編成が上下関係（階層秩序）を基軸に達成されることは、まさに階級社会にふさわしいといえるが、この上下関係は、貴賤関係・尊卑関係・浄穢関係等々の具体的姿態をとって展開する。

(3)　階級関係（支配・従属関係）の安定的維持・再生産のために、身分の世襲、すなわち、出生身分化が制度化されてゆく。

この場合、多く内婚制をともなう。世襲＝出生身分化と内婚制は、身分固定化の貫徹形態。

(4)　なお、内婚制をともなう世襲身分＝出生身分、即、カースト制的身分とはならない。すなわち、近世の侍身分・町人身分・百姓身分は、それぞれ内婚制を伴なう世襲＝出生身分ではあるが、カースト制的身分（「種姓的身分」）ではない。その身分的本質と身分世襲制・内婚制を根拠づける決定的契機が宗教的イデオロギーである場合に限って、カースト制的身分（「種姓的身分」）とみなすべきである。この意味で、中世・近世の穢多身分は、カースト制的身分（四(3)イデオロギー的身分）である。

(5)　身分編成、そして、身分制の個別具体的な分析にあたっては、基本的諸身分とともに、亜身分ともいうべき、身分内身分（たとえば、侍身分のうちの外様大名・譜代大名・旗本等々、百姓身分のうちの本百姓と水呑等々）、職制的身分（大老・老中・年寄等々、寺社の僧侶・神官の諸身分等々）等々の検討が必須となる。

（下略）

本書（『日本封建社会成立史論』上・一九八四年・岩波書店）第II論文で簡単に指摘しておいたように（三六頁）、かねてから私は、身分についてかなり包括的な研究を行なっていた。したがって「安良城盛昭氏が最近の〈法則認識と時代区分論〉（本書（前掲安良城『日本封建社会成立史論』上）第I論文）で述べるような一つの身分を一つの階級的実体の法的反映と把え、時として身分と階級的実態との間にズ

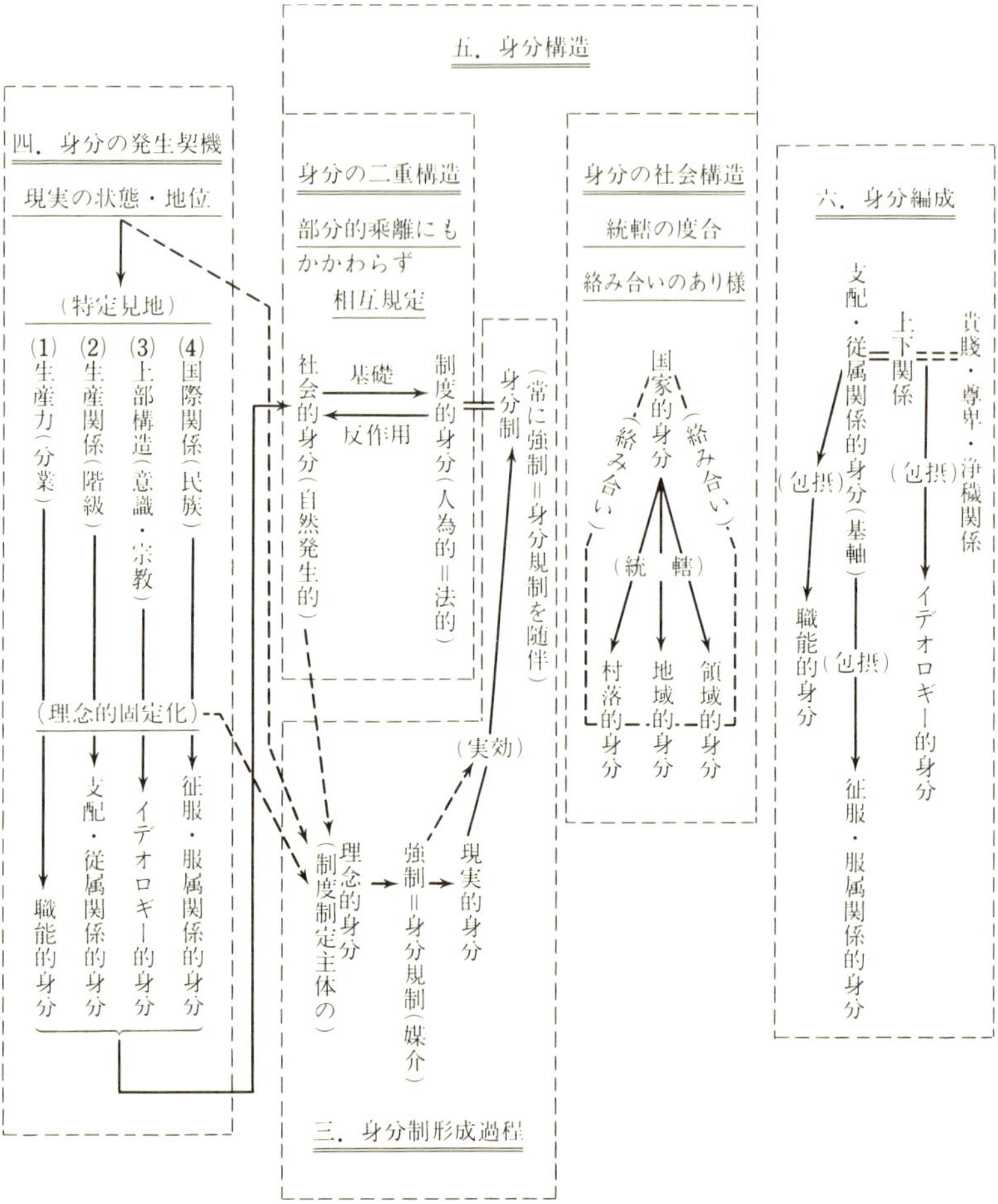
五．身分構造
四．身分の発生契機
現実の状態・地位
（特定見地）
(1)生産力（分業）
(2)生産関係（階級）
(3)上部構造（意識・宗教）
(4)国際関係（民族）
（理念的固定化）
職能的身分
支配・従属関係的身分
イデオロギー的身分
征服・服属関係的身分
身分の二重構造
部分的乗離にもかかわらず
相互規定
社会的身分（自然発生的）
基礎
反作用
制度的身分（人為的＝法的）
身分制（常に強制＝身分規制を随伴）
（実効）
理念的身分（制度制定主体の）
強制＝身分規制（媒介）
現実的身分
三．身分制形成過程
身分の社会構造
統轄の度合
絡み合いのあり様
国家的身分
（絡み合い）
（絡み合い）
（統　轄）
村落的身分
地域的身分
領域的身分
六．身分編成
支配・従属関係的身分（基軸）
上下関係
貴賤・尊卑・浄穢関係
（包摂）
（包摂）
（包摂）
職能的身分
征服・服属関係的身分
イデオロギー的身分

レが生じ、やがて身分が階級的実態に照応してゆくとみる方法にも従えない」と大山喬平氏が批判（『日本中世農村史の研究』一九七八年・岩波書店、三六七頁）されたような、狭い方法的見地に限って身分を論ずべきだと考えていたわけではない。ただたまたま、下人を論ずる場合には、階級と身分の乖離と照応という見地から論ずべきだ、と主張したにすぎない。

この報告は、(1)身分は階級とは次元の異なる概念であること、(2)身分は本質的にいって理念＝観念にほかならないこと、(3)イデオロギー的身分の存在を明確化したこと、(4)身分論は経済外的強制論を本質的構成要素に含んだものとして展開されなければならないこと、等々といった、石母田正・原秀三郎・黒田俊雄・大山喬平・峯岸賢太郎氏等の先行の身分論とはレベルの異なった、より包括的な理論的な問題提起を行なっているつもりである。

なお、ハインリッヒ・ミッタイスの次の簡潔な規定（世良晃志郎訳『ドイツ法制史概説』一九五四年・創文社、三〇頁）が、さしあたり、実証のレベルにおいて有効である。

身分は法的見地を標準として形成された人間の類別である。したがってそれは、階級のごとく経済的見地から形成された、或はカーストのごとく宗教的見地から形成された人間類別とは異なる。

先に紹介した、身分ならびに身分制論についての私の新しい研究は、マルクス主義歴史学の立場からする見解ながらも、身分ならびに身分制について関心をもつ、非マルクス主義的なそしてまた反マルクス主義的な歴史家ですら無視できないはずの、たとえば、ミッタイスの身分論などよりははるかに広くかつ新しい、包括的な問題提起を行なったつもりであるが、それは、マルクス主義歴史学が本来的にもっている全体性・創造性によってもたらされている、と私は考えるものである。

この身分ならびに身分制論についての理論的研究は、私の五〇代における被差別部落史研究の副産物である。被差別部落民だけを身分制的にとらえることは、社会科学的にいって不可能であって、古代・中世・近世・近代・現代の身分ならびに身分制（近代・現代は遺制であるが）総体のうちに、被差別身分を位置づけなければならないために、身分ならびに身分論についての包括的な理論的検討を行なった次第である。

ところで、被差別部落は、近世にはいって、幕藩権力が政治的＝権力的に創出したといった一九五〇年代以来の通念も、一九七〇年代以降の被差別身分研究の飛躍的進展によって、決定的な破産を宣告されていると思うのだが、このことが、まだよく一般的には理解されていないようである。しかしながら、このことが学界の共通認識となるのは、それほど時間はかかるまい。

幕藩権力による被差別部落の権力的創出説の一亜種である、一向一揆弾圧によって被差別身分がつくり出されたといった、確たる実証的根拠が一切ない、ある種の観念論（石尾芳久・船越昌・寺木伸明説）も、いずれは消滅するであろう。（一九八四年）

(6)　被差別部落と琉球・沖縄

現在、被差別部落が全く存在しないのは沖縄県のみであろう。もちろん近世琉球には、第1表が示すように、ごく僅かとはいえ「行脚」＝「アンニャ」とよばれた被差別民が存在した。首里のはずれに「アンニャ」部落が存在したが、「アンニャ」は大正末期には農民化して、「アンニャ」部落もやがて消滅した、といわれている。

近世琉球における被差別民の比重を全国のなかに位置づければ、琉球は被差別民のもっとも少ない地域である（第1表と『藩制一覧』にもとづく本書三六四頁・第2図参照）。しかも「アンニャ」は、本土より渡来したという伝承をもっており、琉球社会内部から生み出された存在とは考え難い。とするならば、どうして琉球社会はその内部から被差別民を生み出さないのか、まさに考究に値する。

第2表を参照されたい。全国を総計した豚屠殺頭数の過半数を沖縄一県でしめており、沖縄を除く全国平均人口一人当りの九八倍の豚を屠殺している。さらに山羊（ヒージャー）料理を考えれば、琉球・沖縄の獣肉食の伝統は、本土からみれば想像を絶するものがあろう。

第1表

	(A)行脚	(B)総人口	(A)/(B)×400
	人	人	%
明和 9年	14	174,197	0.008
寛政12年	13	155,637	0.008
文政 9年	16	140,594	0.011

第2表　豚の屠殺頭数（主要府県　1898年）

	A 屠豚	B 現在人口	人口当り (A／B)
	頭	人	頭/人
沖縄	53,593	454,843	1.1178
鹿児島	17,525	1,084,871	0.1178
神奈川	11,275	863,502	0.0131
東京	9,503	1,877,412	0.0051
長崎	4,900	867,301	0.0056
千葉	4,104	1,238,170	0.0033
全国	108,217	43,714,142	0.0025
沖縄を除く全国	54,624	42,259,299	0.0013

豚の場合それでは誰が屠殺するのであろうか。那覇・首里の都会には「ゥワークルーサー」と呼ばれた屠殺専業者がいたが、農村で飼われていた豚のほとんど大部分は飼育者自身で屠殺した。だからやや誇張していえば、琉球人・沖縄県民は皆「ゥワークルサー」ということとなる。とすると、「ゥワークルサー」が特に差別・賤視され、穢れた存在として蔑視されようもない。ここでは住民のほとんど全てが豚を殺しているのだから、それ故に穢れるとするならば、全住民

第3表　信仰について

	信仰している						無信仰	わからない・無回答等
	仏教	神道	キリスト教	創価学会	その他の宗教	わからない・等		
1 北海道	17.7	1.8	1.6	4.0	3.2	0.6	69.9	1.2
2 青森	14.9	1.5	0.9	2.3	2.5	0.9	75.7	1.3
3 岩手	18.9	1.4	0.8	1.4	1.3	0.6	73.1	2.5
4 宮城	10.1	1.0	1.4	2.2	1.7	0.6	81.7	1.2
5 秋田	19.9	1.0	0.6	2.1	1.0	0.7	73.2	1.4
6 山形	20.7	1.0	0.8	1.4	1.9	0.6	72.7	1.0
7 福島	11.5	1.5	0.5	1.5	1.0	0.9	80.5	2.1
8 栃木	17.4	1.6	0.9	2.8	1.9	1.9	72.6	0.8
9 群馬	18.6	1.5	1.9	2.9	1.5	0.4	71.2	2.0
10 埼玉	10.9	2.5	1.4	3.7	3.0	0.8	75.8	1.9
11 茨城	7.8	0.9	0.9	3.6	0.2	0.2	85.0	1.5
12 東京	11.0	1.5	2.4	4.5	1.3	0.0	79,1	0.3
13 千葉	10.4	1.3	2.2	3.8	0.5	0.3	80.5	1.1
14 神奈川	11.9	1.2	2.3	2.8	0.9	0.8	78.2	1.8
15 新潟	19.7	1.0	0.3	1.8	1.5	0.8	74.0	1.0
16 富山	42.5	1.2	0.4	1.0	1.3	0.7	51.8	1.0
17 石川	35.2	1.2	0.9	1.2	1.4	0.9	56.5	2.5
18 福井	41.2	1.8	1.2	0.9	2.5	0.7	49.1	2.5
19 山梨	11.3	1.3	1.2	3.8	3.2	1.2	76.7	1.3
20 長野	18.9	1.6	1.7	2.3	1.3	0.7	72.2	1.3
21 岐阜	30.7	1.9	0.9	3.8	1.7	1.4	56.5	3.0
22 静岡	19.3	1.4	1.1	2.6	2.4	0.4	69.3	3.4
23 愛知	15.9	1.4	0.2	3.0	1.6	0.3	75.0	1.9
24 三重	28.8	2.6	0.5	3.4	2.9	0.9	60.3	0.6
25 滋賀	40.8	2.6	0.3	1.3	2.4	0.6	50.0	2.1
26 京都	18.9	3.8	1.8	3.8	2.9	0.5	66.7	1.7
27 大阪	22.8	2.1	1.2	4.5	2.8	0.6	63.6	2.4
28 奈良	26.6	4.9	1.0	3.4	4.8	0.6	57.4	1.2
29 兵庫	20.2	2.0	1.9	3.9	3.4	0.6	67.4	0.6
30 和歌山	25.0	5.1	1.1	3.7	0.8	0.5	63.0	0.8
31 鳥取	24.6	3.0	0.1	2.1	1.6	0.7	66.4	1.4
32 島根	21.5	2.4	0.6	2.0	2.3	0.8	69.5	1.0
33 岡山	17.1	3.6	1.6	3.4	3.6	0.7	68.6	1.4
34 広島	26.5	1.7	0.7	2.2	2.1	0.3	65.5	1.0

35 山　口	22.9	0.9	1.9	2.5	2.9	0.4	68.2	0.3
36 徳　島	17.0	3.6	0.0	3.8	2.7	1.0	70.0	1.9
37 香　川	30.7	2.0	0.9	2.6	2.3	0.8	59.1	1.6
38 愛　媛	18.0	2.5	2.1	1.7	2.0	0.6	70.4	1.8
39 高　知	15.7	4.4	1.1	2.9	3.8	0.5	69.2	2.6
40 福　岡	27.5	1.7	1.3	5.3	1.9	0.3	60.5	1.6
41 佐　賀	29.7	1.0	0.8	2.2	2.2	1.1	61.8	1.1
42 熊　本	34.7	1.2	1.0	2.7	1.4	0.7	57.5	0.8
43 長　崎	38.4	2.1	2.4	2.1	3.2	0.9	48.2	2.6
44 大　分	20.3	3.0	0.6	3.9	3.0	1.0	65.3	3.0
45 宮　城	30.1	2.4	2.0	3.8	1.6	0.7	57.7	1.7
46 鹿児島	38.2	3.1	1.3	2.5	0.8	0.7	50.1	3.1
47 沖　縄	1.7	0.3	3.0	2.7	17.1	0.2	70.1	5.0
全国平均	19.3	1.9	1.4	3.3	2.2	0.6	69.9	1.6

が穢れざるをえず、このことは逆転して全住民が穢れていないこととなる。つまり、豚を殺しても穢れはしない、という観念＝イデオロギーが社会的に成立するのである。

それは、泥棒だけで構成されている社会の内部では、泥棒なる範疇は成立しないのと同然である。つまり非泥棒が存在するからこそ泥棒が存在しうる（泥棒する相手＝非泥棒のいない場合、泥棒は成立しない）のである。同様に、穢は非穢＝浄の存在を前提としてのみ発生するのであって、非穢＝浄が存在しなければ穢も存在しない。

豚を屠殺しても穢れはしない、という琉球・沖縄独自の観念＝イデオロギーは、その信仰する宗教によって補完されている。

一九七八年にNHKが行なった『全国県民意識調査』のデータにもとづいて作成した第3表と第1図を参照されたい。沖縄では、殺生禁断と浄穢を強調する仏教の信者は、僅かに一・〇七％、逆に殺生禁断・浄穢とは無縁の土着信仰＝ニライ・カナイ信仰は一七・一％に達している。

もちろん琉球・沖縄にも浄穢観念は存在している。土着信

第１図　信仰について

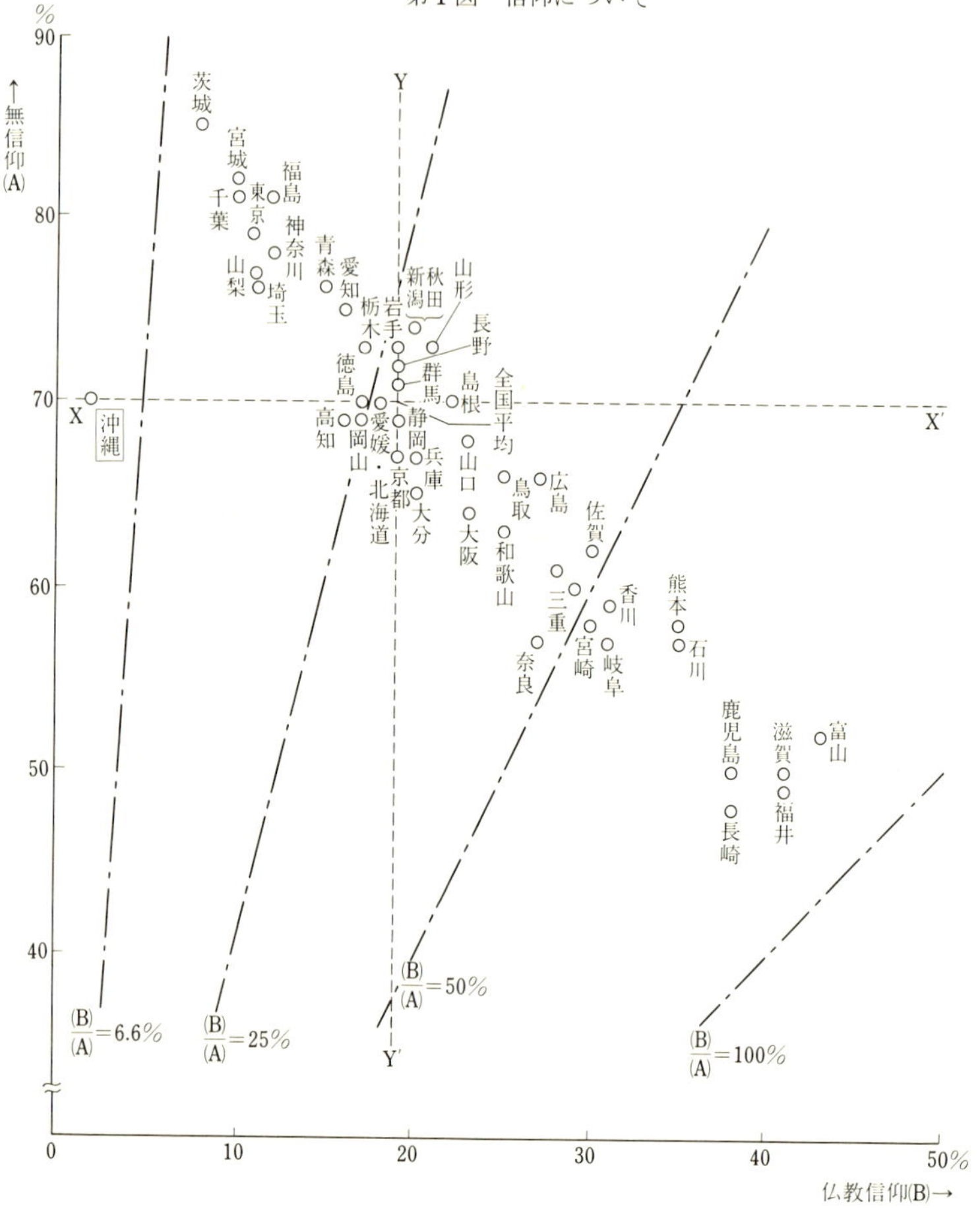
%
90
80
70
60
50
40
↑無信仰(A)
X
X′
Y
Y′
沖縄
茨城
宮城
福島
東京
千葉
神奈川
山梨
埼玉
青森
愛知
栃木
岩手
新潟
秋田
山形
長野
群馬
島根
全国平均
徳島
高知
岡山
愛媛
静岡
京都
北海道
兵庫
大分
山口
大阪
鳥取
広島
和歌山
佐賀
三重
香川
宮崎
岐阜
奈良
熊本
石川
鹿児島
長崎
滋賀
福井
富山
(B)/(A)＝6.6％
(B)/(A)＝25％
(B)/(A)＝50％
(B)/(A)＝100％
0
10
20
30
40
50%
仏教信仰(B)→

仰＝ニライ・カナイ信仰の祭礼において、神女が身を浄める事実のうちにそのことは端的に示されている。だが、ここでの浄穢観念は屠殺と結びつかないところに特質がある。なぜならば、それは非仏教的な浄穢観念だからである。

論じ来ってここに到れば、穢多を穢れた存在とみなしてきた本土の社会通念は、特定のイデオロギーにほかならないことは疑問の余地がない。本土の穢多も琉球の「ゥワークルサー」も、いずれも屠殺を業とする点において全く共通している。にもかかわらず、穢多は賤視され「ゥワークルサー」は特には賤視されない。だから、屠殺もしくは屠殺業者それ自体から賤視が発生しているのではなく、屠殺を観念＝イデオロギーのうちにどう位置づけているか、にかかっていることは明瞭である。筆者が『日本封建社会成立史』上（一九八四年・岩波書店・三一六頁）において、中世・近世の穢多を「イデオロギー的身分」と規定（本稿2(4)）したのはこの故である。

本土の被差別部落研究者のうちで、琉球・沖縄の「ゥワークルサー」に関心を払っている人の存在を、筆者は不敏にして知らないのだが、被差別部落史研究をとってみても、琉球・沖縄史研究が確かな日本史像形成に大きな役割を演ずることは疑いない。

（一九八五年）

(7)　八月一五日

今年（一九八六年）も八月一五日が過ぎた。年をとってくると（五九歳なのだが）、一年のたつのが妙に早く感じられる。この日がくるといつも思いおこされるのは、敗戦の日のことである。

敗戦の日を「終戦の日」と世間一般ではいうが、これはマヤカシであろう。確かに一九四五年八月一五日に戦争が終わったという意味では、「終戦の日」であろうが、正義の戦争が終わったという意味での終戦でもないし、ましてや勝利をして戦争が終わったわけでもない。自らしかけた侵略戦争に敗れて降服したのだから、「敗戦の日」と事態を正視すべきである。このように敗戦の歴史を見ないと、内政上・外交上さまざまな紛議を巻き起こす。

私は広島県江田島の海軍兵学校で、七六期生徒として敗戦の日を迎えた。この日、私は生涯忘れられない一つの経験をした。

敗戦前の江田島は本土決戦に備えて、山の中に縦横に壕と坑を掘っていた。軍人であるわれわれだけではなく、おそらく強制徴用によって連行されてきたであろう多数の朝鮮人労務者も山を掘っていた。

その日、敗戦を悲しむわれわれとは全く別に、朝鮮人は酒を飲みトラックに乗って「マンセイ」（バンザイ）と歓声をあげて兵学校の校庭を走り回っていた。

小学時代、李英華君という親友もいたように、沖縄出身の故に（昭和恐慌のさ中に、大阪で「朝鮮人と琉球人は御断り」と求人広告に明示されていた様に、沖縄県民は、民族差別に準ずる差別をうけていたが故に、沖縄出身の私は民族差別の不当性を幼いときから身を以て実感していた。なお、この様な差別事態は、鹿児島県奄美出身者も、三井・三池や長崎の炭鉱でうけていた。本土の人間の内外の人間に対する差別意識は、深く検討さるべき問題である）、私は幼いころから朝鮮人に対する民族的偏見をそれほど持っていなかったのだが、敗戦を「マンセイ」と叫んで歓ぶ朝鮮人の姿に正直のところショックを受けた。

このショックをまじめに考えてみることが、私の歴史研究についての、すべてではないが、重要な原動力の一つとなったのである。

（一九八六年）

(8)　二つの体験――心の底から戦争を憎む――

私は、一九四五年八月一五日の敗戦の日を、海軍兵学校生徒（七六期）として広島県江田島の大原分校で迎えたのであるが、江田島から東京練馬の自宅に復員するまでの、八月一五日から約一〇日間に体験したさまざまな出来事は、一生忘れ難いものとして私の脳裡に刻みこまれている。

毎年八月一五日がめぐってくると、日本のどこにいても、あの敗戦直後の日々を改めて心の中でかみしめ、明日を生き抜く糧としているのである。

日本のどこにいてもと述べたのは、日本経済史の研究者としてフィールドワーク・史料＝実態調査を重視するが故に、七・八月の大学の夏休みの多くを、日本全国のあちこちの地方の調査地ですごすことが多いからである。

現にこの原稿も、日本の最南端、沖縄県八重山郡竹富町波照間嶋の民宿で書いている（一九七八年）。透きとおったコバルトブルーの海に白波が砕けちるリーフに取りかこまれた南海のこの小島に、研究上「辞令書」とよびならわされてきた琉球独自の史料を探しもとめて調査にきているからである。

敗戦の日から約一〇日間の体験の全てを、この小稿で一々くわしく書きしるすことは、与えられた紙幅がもちろん許さないので、そのうちから二つの経験をえらびだして述べてみたい。

その一つは、こうである。私達は、江田島から海路何時間もカッターを漕いで宇品に上陸したのであるが、そこでただちに、原爆の惨禍にうちひしがれた人々の姿に接することとなった。

宇品の港から一寸上がった小高い丘に、工場だろうか、爆撃によって建物はふっとんでしまったにもかかわらず、白い塀が夏草のなかに残っていたところがあった。この白い塀に、原爆被災者のうち瀬戸内海の島々に収容された人々の氏名がはりだされていたのである。巻紙のような横に長い白い紙に、墨で氏名が一人ずつ書きだされていた。それを十数人の、はだしで、それこそボロをまとったとしかいいようのない、みすぼらしいみなりの、宇品まで逃げのびてきた紛れもない原爆被災者たちが、力なくじっと見いっていたのである。しかし、彼等のなかから、誰それさんが生きている！ といった歓声を聞くことはできなかった。ただ彼等は、みじろぎもせず、長く、長く、その氏名にみいっていた。何か時間が止まっているように私には思えた。

彼等は、ちりぢりになったであろうその家族の消息を、この巻紙からつかむことができなかったのかも知れない、いやあるいは、家族や知人の生存を知りえても、広島から宇品まで逃げのびてきただけが精一杯で、身にまとうボロ以外何一つ持たない状態で、どうやってこの宇品から、家族・知人の収容されている瀬戸内海の島々に渡ることができるのか、そのてだてのなさに、ただ茫然としていたのかもしれない。いずれにしても、そこには、戦争によってうちひしがれた無告の民の傷ましい姿があった。

まだはたちにもみたなかった私の若い心は、戦争を心の底から憎む想いで激しくゆさぶられた。それから三十有余年、齢五十歳をこした現在(一九七八年)にいたっても、この想いは私の心の中で燃えつづけて消えることはないのである。

もう一つは、こうである。宇品から広島駅まで約半日がかりでたどりつくのであるが、爆心地に近かった広島駅の、駅舎をはじめとする建物は、全部原爆に圧しつぶされて、屋根のないむきだしのプラットフォームと、俄か造りの改札口があるにすぎなかった。

ここで私は、東へ向う列車の到着を数時間待ったのである。もちろん、ダイヤは乱れ放題で、不定期に断続的に到着する旅客列車も貨物列車も復員軍人で超満員、どうやって、貨物列車の石炭車の上にはい上がったのか、今となっては、全く記憶は定かではない。しかし、広島駅でも一生忘れることのできない体験をしている。

列車を待ちながら私達は、江田島で給与された乾パンを取り出し、空腹を満そうとしたのだが、盛夏八月の油照りのなかで、何処からともなく、何とも異様な、これまで全く経験したことのない、吐き気をもよおす異臭が鼻をつくのである。何だろうか。一体何の臭いだろうか。私達がいぶかっていると、若い駅員の一人が、お前達はそんな事もわからないのか、といった口調で、これは人間の肉が腐った臭いだよ、原爆で二十数万という人が一瞬にして死んだのだが、その死体が炎天下に放置されたままで次第に腐敗してゆき、こんな臭が発生する、というのである。

敗戦後三十数年、戦争の惨禍を経験しない若い世代が国民の半数を占めるようになるとともに、日本有数の大企業のトップが、世界の何処かで戦争が起こらなければ、現在日本を見舞っている大不況をのりこえることはできないのではないか、といった不謹慎な放言を行ない、かつそれが放置されているという日本の現実に、私はいらだちを覚える。

私は、声をはりあげて、いつでも、どこでも、あくまで主張し続けたい。何千万という太平洋戦

争の死者の死を無駄死に終わらせてはならない、と。（一九七八年）

(9)　レジスタンス

歴史学界では社会史が流行している。フランスのアナール学派が社会史の道を開拓したという説もある。

いまの若い人たちの多くは、アナール学派の中心人物の一人、マルク・ブロックを単なる学者としてだけしか理解していないのではないか。

敗戦を青春時代に迎えた私たちの世代にとっては、彼の人間像はちょっと違っている。

ブロックはナチス占領下のフランスでレジスタンス運動に参加、ナチスに捕えられて銃殺され、五九歳の生涯を閉じた。

レジスタンス運動に積極的に参加して銃殺されたフランス人歴史家、日本軍国主義を肯定する皇国史観にうつつをぬかしていた多くの日本人歴史家……、その相違が若い私たちに反省を迫った。

そして、レジスタンス運動が存在したドイツ・イタリアと、共産党が徹底的に弾圧され軍国主義に対する組織的な抵抗運動が存在し得なかった日本と——この差から、同じ敗戦国とはいえ、戦後の戦争責任の問われ方に違いが生じた。

ヒットラーは自殺し、ムッソリーニはパルチザンによって処刑され、死によってその戦争責任を負った。日本でも近衛文麿は自殺し、東条英機らはA級戦犯として処刑された。だが、責任を負うべきは彼らだけであろうか。天皇には戦争責任は存在しないのだろうか（本書**論文五・七**参照）。

西ドイツでは今なお大統領はじめ国民は、ナチスの戦争犯罪を厳しく反省・追及している。これに対し、最近の大臣などの言動に見られるようにすべてを免罪し、戦争責任追及を風化させていく風潮が強まりつつある日本。かつての侵略戦争の責任について、今こそ厳しく階級的・民族的に自省・省察する必要があろう。

（一九八六年）

⑽　煙草をすいたい

一九七五年二月一一日を期して私は禁煙した。だからもう一九八六年の今まで一一年も煙草（たばこ）をすっていない。

禁煙するまでは、ヘビースモーカーだった。

一高生の折から、生意気にも煙草をすっていた。当時（昭和二〇年代）煙草はおコメ並みに配給制だった。しかし、私はふんだんに煙草がのめた。煙草産地である福島県の東白川郡山白石村という山村の小地主の末っ子で長男の、家庭教師をしていたからである。

配給制ではなくなったころから煙草中の煙草といえる「光」を愛飲し、懐の事情しからしむるところ、「新生」もすったり、時には奮発して缶いりの「ピース」や、ショート「ホープ」をのんだ。イギリスの「ネービイ・カット」・「スリー・キャッスル」、アメリカの「フィリップ・モリス」・「チェスターフィールド」などは、自殺した『二〇才のエチュード』の詩人原口統三等との青春時代の想い出とつながって懐かしい。

煙草をやめる人は、ほとんどすべてが健康上の理由だそうである。私は違う。

私が禁煙した日は、一九六七年に実施された「建国記念の日」である。

歴史家の一人として、どうしても納得できないこの国の政策に対して、どのように抗議をすべきか。

もちろん、歴史家として文筆で批判できようし、そうもした。しかし私は、自らの日常生活のなかで、この痛みを日々確認しつづけてゆきたいと考えて、この日に合わせ禁煙した。

私は煙草をすいたい。建国記念日などという歴史学の常識に反する馬鹿げた祝日が廃止された日に、私はふたたび煙草をのみたい。

（一九八六年）

⑾　公私混同

私はかつて沖縄大学学長兼学園理事長の職にあった。学長としては教授会、理事長としては理事会、の公的決定にその言動は必然的に制約された。記者会見もしばしば行なったが、そこでの発言はこういう拘束の範囲内にとどまって、これを踏みはずす私的見解をのべることは一切しなかったし、それは許さるべきではない、と考えていた。

ところで、政治家には公私の区別はいらないのだろうか。東京裁判は不当であり、勝者が敗者を裁いた戦犯などという判断は承服できない、という政治信念をもつことは、その当否は別として国会議員は自由である。しかしながら、大臣ともなれば、記者会見とか講演という公的な場でそのような私的信念をのべることは許されないはずである。

なぜならば、現在の日本は講和条約にもとづいて国際社会のなかに存立できており、この条約には日本国家として東京裁判の結果を承服すると明記されているからである。

国家の中枢をしめる大臣が、世界に対する日本国家のこの国際公約を全面的に否定する私的信念を、政治家だからといって公的な場で身勝手にのべるなどということは、国家的公約を順守すべき義務をおっている国家公務員としての大臣の、明白な職務規律違反であって言語道断である。

どうしても、このような政治信条を発言したいというのなら、大臣の地位を潔くなげすてて、一議員として講和条約改定・東京裁判否定の政治運動に奔走するのが筋であり、大臣であるかぎり、このような私的発言は禁欲すべきである。それが政治家として当然身につけているべき躾であり政治道徳というものだ。こんなわかりきったことがわからない人物には、国家や国際社会、さらに躾・道徳とかを論ずる資格はない。

（一九八六年）

⑿　復古調教科書

またまた教科書検定が、日本軍国主義の侵略によって甚大な被害を被った中国やアジア諸国からきびしい批判を浴びている。そのきっかけとなった復古調教科書を、私も深い関心をもって通読した。さまざまな欠陥をもつこの教科書の叙述のうちで、もっとも驚いた問題点は次の二点であった。

第一に、近代「天皇制」がおこなったアジア侵略と植民地支配に歴史的反省を加えていないだけでなく、むしろこれを日本民族の歴史のうちに積極的に意義づけたいとしていること、さらに第二に、天皇中心のネオ皇国史観を積極的に押し出していること、これである。一九四六年の天皇「人間宣言」についての文部省の叙述改善要求に最大限の抵抗を執筆者たちはしたという。

この教科書はさすがに天皇を「神」だとはいっていないが、「人間宣言」を「人間」の「宣言」と認めないことによって、天皇を「神」に近い特殊な存在に復活・再生させたい、という衣の下の鎧を暴露している。

無謀な太平洋戦争を積極的に肯定・意義づけし国民を破滅に導いた、皇国史観の現代版というほかはない。

国民の多数が、天皇に戦争責任ありと考え（一九八六年・時事通信調査）、天皇に対する尊敬の念をもっている国民はやっと五五％、三五歳以前の国民の圧倒的多数は、皇室に親しみを感じていない（一九八六年・朝日新聞調査）現実のなかで（本書**論文六**）、この教科書が検定合格となった現代史的意味あいを考えざるをえない。

「朝日ジャーナル」一九八六年九月五日号がスッパ抜いた、この教科書の「集い」の録音テープの内容には背筋が寒くなった。それは、大正デモクラシーを圧殺した昭和初期のあのファナティカルで悪名高い「国体明徴運動」の歴史に、一脈あい通ずるものがあるからである。（一九八六年）

⒀　多数と少数

現代は多数決の時代である。この多数決原理は、日本でも意外と古い起源をもっている。たとえば、九州は五島列島に、鎌倉・室町・近世の数百年にわたって栄えた青方氏という地頭クラスの領主がいた。その「青方文書」のなかに五島に在地する領主連合の約定がある。

そこでは、親類・縁者のつながりという私的利害をこえて、つまり、道理にしたがって合議し意見がわかれた場合には、「多分の儀」すなわち多数決によって事を決する、と取り決めている。一三七三年のことである。

この多数決原理は、前近代の日本のあらゆる集団のなかに根づいており、近世農村の村人の寄り合いでも同様で、「入れ札」という投票も行なわれた。現代も、国会の運営が象徴的に示すように、多数決社会である。

だがしかし、多数が少数にしたがう紛れもない事例も現存する。研究の領域ではそうである。どの研究分野でも、大多数の研究者が認める定説が存在する。ところが、研究は不断に進歩するから、この定説を否定するかこれを超える少数の主張する新説が登場する。その場合、多数が少数を数で押し切って定説を維持することなどとてもできない。新説がより合理的であれば、多数が少数にしたがうのである。それが学問の常識というものである。

今回の同日選挙で自民党は圧勝した。だからといって、多数決原理にしたがって、自民党の政策がすべて無条件に実現されるべきものでもあるまい。多数が常にベストでありベターである保証はないからである。国会審議が今ほど重視さるべき時はないのではないか。

たとえば国民の知る権利を不当に制限する惧れが多分にある「国家機密法」＝「スパイ防止法」のような危険な法案の場合には、多数が少数の反対論にしたがわねばならないこともありうる、という良識と雅量を自民党に望みたい。多くの国民はそれを見守っており、その結果は次の選挙にははねかえってゆくであろう。

（一九八六年）

⒁ 図書館と私

秋もようやく深まり、暦の上では立冬をすぎたが、冬という季節感覚にはまだほど遠い。秋といえば、燈火親しむの候、というわけで、読書のシーズンということになっており、読書週間をはじめ色々な催しが開かれている。

小さい時から読書は好きで、中学・(旧制)高校時代には手当り次第に濫読していたが、大学に入ってからは、おのずから専攻の経済学・歴史学に読書が絞られてきて、以来三〇年余、専攻以外の読書に親しむゆとりを失なってしまった。しかし、狭い意味の専攻関係以外の本は読まないというわけではない。

岩波版『日本古典文学大系』を揃えて、折にふれてひもといているが、それは、私のライフスタディとしての《天皇制研究》(本書論文五)のためであったり、ここ数年とりくんでいる日本中世社会の「下人身分」・「下人」研究のためでもある。

民族学・民俗学をはじめ言語学の本を読むことも多い。それは、人類史を、「生産と消費」・「支配と従属」という観点だけからではなく、「種族と民族」・「知性と野性」という側面からもとらえようとするためであって、レヴィ＝ストロース『野性の思考』も読むこととなる。沖縄研究にも携っているために、日本語の起源に関する大野晋氏の論著や、これを批判する人々のさまざまな本を読む。日本語は大別して、本土方言と琉球方言に二分されており、沖縄研究には、言語学的素養が不可欠だからである。

日本経済史が専攻であるから、もちろん安藤昌益等の徳川時代の経世家の著作を読むが、日本の近代・現代経済史を理解するためには、マルクス・ケインズをはじめとする経済学書も読まねばならない。

近代・現代の日本において経済の果す役割は決定的であるが、前近代の社会においては、身分制の社会であるが故に、法制が決定的な役割を演じている。けだし、身分は、村落から国家にいたるさまざまなレベルの法(慣習法も含む)によって規定されているからである。身分の存在しない、あるいは、前近代から近代への移行のための諸革命・諸変革によって身分制が克服された近代社会と、前近代社会との相違はこの点であるのである。前近代の経済史・歴史を研究している私には、古代・中世の法制史を無視することは到底できないのであって、それなりにこの方面の著作を読まざるをえないのである。

というわけで、私の書架は実に雑然たるものである。

ある時、一寸した金が必要になって、やむをえず蔵書(といってもたかが知れているが)の一部を整理したことがある。東京は神保町の巖南堂の番頭さんがやってきたが、書棚を一べつして、先生の専門は一体本当は何なのですか、といぶかられたことがある。

経済史学・歴史学の分野では、最近特に研究の個別分散化・細分化が著しい。ある時代のある問題について、きわめて精緻な研究がおし進められている反面、その時代の全体像とそれがどう関わりあうのか必ずしもはっきりしない、木をみて森をみざる類の研究が多くなってきている。

一例をあげよう。日本中世社会の「下人身分」と「下人」について、その歴史的本質をどのようなものとして理解すべきかについては、ここ三〇年来論争の的となってきた。ところで、この問題をキチンと解明するためには、一〇〜一七世紀にわたる長期間の「下人身分」と「下人」をトータルにとらえなければならないと思われるのであるが（安良城「日本中世社会における身分制をめぐる二、三の理論的・実証的問題」――大阪歴史科学協議会「歴史科学」八七号・一九八一年――安良城『日本封建社会成立史論』上・一九八四年・岩波書店、所収）、平安末・鎌倉・室町・戦国・近世初期という時代別の研究細分化の進行のために、その解明が阻まれている現状にあると思われるのである。

こういう研究風潮に抗して、私は無差別級の研究を進めたいと考えている。私の専門は古代ですとか、あるいは、中世や近世や近代ですとか、と専攻を限定しないで、それらを包括する日本経済史が専門ですと主張できるような研究を目指しており、たとえば、先に指摘した事例でいえば、一〇〜一七世紀にわたる「下人身分」「下人」の研究を実際におこなっている。

さて、このように無差別級の研究を目指すとなると、一番問題となるのは、研究のための本であろ。個別細分化的研究の何倍もの本を必要とする。不幸にして、日本の大学の教師の給料は甚だ乏しい。到底、無差別級的研究を支える本を給料のうちから私的に購入することはできない。私にとって図書館のもつ意義は決定的となる。

私は二〇代には太閤検地の研究、三〇代には日本地主制史の研究、四〇代には沖縄史研究、に従事してきた。したがって、それぞれの研究テーマに関する基本文献はほぼ私蔵しているが、関連文献にいたっては、図書館の御世話になる他はなかった。

御世話になった図書館は数知れない。学生時代以来長年研究の場としてきた東京大学図書館（中央図書館だけでなく、（経済学部・文学部・農学部・法学部・史料編纂所・東洋文化研究所・社会科学研究所の図書館）をはじめとして、京大・北大・東北大・大阪府大等の大学図書館、さらに、国会図書館・統計局図書館・大蔵省文庫・国立史料館や県立・市立図書館、また県庁附属図書室といった国公立の図書館、そして徳川林制史研究所のような私立図書館。

これらの図書館なしには、私の自称の無差別級的研究は到底実現不可能であったことはいうまでもない。

また、これらの図書館については、語ればつきないさまざまな想出があるが、それはさておいて、一つだけ是非この機会にのべておきたいことがある。それは他でもない、一五年戦争当時の図書館に対する軍国主義的統制についてである。

日本の軍国主義化が決定的となり、その中国侵略（進出ではない）が本格化していった過程は同時に、日本国内における言論・思想の自由の圧殺にほかならなかったことは、周知の事実といえよう。ところで、図書館はその折どういう状況にあったのだろうか。

東大図書館では、次のような次第であった。中央図書館をはじめ各学部図書室には、マルクス・エンゲルス・レーニンを始めとするさまざまな「国禁」の書が蔵されていたが、その索引カードは、カードボックスより抜きとられて、学生の目にふれられないようになって閲覧停止となり、これら「国禁」の書は書庫に死蔵されていたのであった。

これは、古今東西の知識の自由な伝達機関であるべき図書館にとって、重大な機能停止というほかはない。

さて、これは過去の一場の悪夢として、忘れ去られてよかろうか。私はそうは思えない。というのは、この数ヵ月間(一九八二年)日本人の耳目を集めたあの教科書問題のさなかで、次のような事態が生じているからである。

それは他でもない。教科書記述についての中国政府の抗議に関連して、箕輪郵政相は、日本人のうちに中国に「内通」している「国賊」がいると主張し、これを受けて、マスコミで大活躍の竹村健一氏もテレビ等で、権力者や一部の言論人にとって気にくわない事態について、ありもしない「内通者」をつくり出し、「国賊」よばわりして言論弾圧を行ったあの暗い谷間を想い出させるものがある。

日本が末長く平和であって、古今東西にわたる知識の自由な伝達機関として、図書館が機能し続けることを願ってやまない。

（一九八五年）

⒂　魚と肉とどちらが美味しいか

一九六四年のことだから、いま(一九七八年)から約一四年まえのことだが、私が青春時代を送った東京大学経済学部の同窓会雑誌「経友」の編集部から、随筆の依頼を受けた。その依頼に応じて書いたのが「魚と肉とどちらが美味しいか」である。

いまでこそ公害問題は連日新聞紙上をにぎわしているアップツーデートな問題だが、一九六四年当時は、世人の関心をひくこともなく、ほとんど公害問題について論及されることもなかったにもかかわらず、「公害による海水汚染」というわずか九字の表現ではあるが、今日の事態について、小論が予見していたことを、社会科学の研究者の一人として、内心ひそかな満足を覚えるものであるが、同時に、「魚と肉とどちらが美味しいか」についていえば、それは個人個人の好みの主観的問題であって、客観的に論議はできない、という俗耳にうけやすい常識論を斥けて、客観的＝科学的な料理論の見地からいって、魚が美味しいと指摘したことは、一四年たったいま、あらためて読みかえしてみても妥当な主張だったと思えるのである。

ただ、依頼原稿だったために、紙幅に限りがあって、一九六四年当時この「魚と肉とどちらが美味しいか」に書くつもりであったが割愛した、次の二つの事実を書き加えてあったならば、「肉より魚が美味しい」というこの小論の指摘は、より説得力を増したであろうと思われるので、この機会に、一四年まえに割愛した二つの事実について、簡単にのべておこう。

その一つは、誰にでも周知の次の事実である。すなわち、魚には、その魚が最も美味しいシュン＝季＝があって、そのシュンは魚によって違っていて、上手に選択すれば、多種多様の魚のうちから、美味しいシュンの魚を一年中味わうことができるという事実である。

これに対して、肉にも一応シュンはあるが、シュンの肉を味わうなどということは、現実的には不可能なことであって、この点からいっても、「肉と魚とどちらが美味しいか」という争点をめぐる軍配は魚にあがるのである。

その二つは、これも衆人一致として認めざるを得ないところと思うのであるが、エビ・カニ・貝類はもっとも美味しいものとして、はるか大昔から洋の東西を問わず、あらゆる民族によって、賞味されてきたが、魚でも肉でもないこのエビ・カニ・貝類は、魚貝類として、海（川）の幸として、肉―山の幸と昔から区別されてきたところであってエビ・カニ・貝類の料理は、魚料理の範疇に属しており、したがって肉と共通の料理法以外に生―刺身、干す―干物といった魚独特の調理法と共通した仕方でも賞味されてきており、このことを考慮に入れれば、「肉より魚が美味しい」ことは決定的ともいえるであろう。

この二つの事実を念頭において、次の小論を一読して頂きたい。

一年程前(一九六三年)、土地制度史学会終了後の懇親会から流れて、親しい数人の友人と二次会に出掛けたが、その席上、魚と肉とどちらが美味か、といったたあいもないことが話題に上ったことがある。学問上の話に一しきり花が咲いた後でもあり、たまたま友人の一人(塩沢君夫氏)が熱烈な肉党、私が魚党であったため、アルコールが適度に入ったことも手伝って、我田引水の論議をたたかわせたが、「それは単なる好みの問題で、どちらが美味かを客観的に決めることはできまい」という野次馬(山田舜氏)も加わって、なかなかにぎやかであった。

「肉の方が断然美味い」という塩沢氏の主張はさておいて、その席上で私が主張した魚美味論は大まかにいって次の様なものだったと記憶している。

大体美味さというものは甚だ主観的なものであって、同じ一人の人間をとってみても精神状態如何によって、同じものが美味くも不味くもなる。この点は措くとしても、同じ食物について、或る者は大いに美味いが、他の者にとっては不味いとはいわないまでも大して美味くないということが間々ある。だから、トロの刺身とビフテキとどちらが美味いか、という個別的なことになれば、これは単なる好みの問題であろう。

だがしかし、魚と肉とどちらが美味いかという一般的な問題になれば、われわれが魚や肉を料理して食べる以上、魚料理と肉料理のどちらが美味いかという形で、全機構的（!!）に考えなければならないし、そうであれば単なる好みの問題にはなるまい。

大体料理というものは、多様な味を上手に構成することによって、美味さを創り出しているのだろう。早い話が、トロの刺身が好きだからといって、それだけを沢山食べるよりは、白身の刺身の淡白さを味わいつつトロの刺身をつまむ方が、より十分にトロの美味さを味わうことができるのではないか。肉料理だって同じだろう。そうだとすれば、肉料理と魚料理のどちらが、味の構成をより多様に創り出しうるかを考えることによって、肉と魚のどちらが美味いかという一般的な問題を客観的にきめることができるのではないか。

こう考えてゆけば、軍配は勿論魚に上げざるをえまい。

第一、素材として食卓に上る魚は、肉より遙かに種類が多く、多様な味をわれわれに提供してくれている。日本で一般家庭の食膳に上る肉といえば、まず牛肉・豚肉・鶏肉・羊肉といったところだろう。まあ、哺乳類だから鯨をおまけに加え、やや特殊だが馬肉・猪肉、七面鳥・鳩・つぐみ・鴨・雀といった鳥肉を加えてみてもたかが知れている。

これに反して魚は一体どうだ。鯛一つとっても何種類もあり、ここでは数えたてられない程、多種多様な魚が食膳に上っている。これだけでも、魚は肉より遙かに多様な味をわれわれに提供しているではないか。

さらに、魚の調理法が肉より多様なことを見逃してはならない。確かに、煮る・焼く・蒸す・燻す・揚げる、といった調理法は肉も魚も共通であるが、魚の場合には、その他に、生（刺身）や、干す（干物）という肉料理には見られない独自な調理法がある。勿論肉料理でも鶏の刺身や血のしたたる様な半生のビフテキや牛肉のたたき・馬刺、干肉といった例もあるが、まあ必ずしも一般的ではない（例えば豚肉は生では一切食えない）例外的な食べ方であろう。

とするならば、われわれの食膳に上る種類の上でも、調理法からいっても、どちらの場合も魚は肉にまさっており、まして種類と調理法の組合せの結果としての料理からいえば、魚料理は肉料理より遙かに多様な味をわれわれに提供してくれるし、それだけにわれわれが美味さを味わえるチャンスは魚料理の方が肉料理に断然優るというわけで、魚が肉より客観的に美味いと結論せざるをえないのである。

席上では、勿論あちこち脱線したが、ざっと筋道を通せば以上の様な趣旨であったと記憶している。

こんな魚美味論を一席ぶって、肉党を論破した積りで良い気持になって帰途についたが、その途上、われながらいささか怪しくなってきた。

というのは、この二次会のそもそもの発端である土地制度史学会では、日本経済の「高度成長」にもかかわらず、国民生活が余りに貧しい日本の現実をめぐって真剣な討議が交されていたのであるが、私の魚美味論は、このような日本の現実からあまりにもかけはなれた抽象論に陥っているのではないか、という点に気付いたからである。

仮に、私の魚美味論が妥当だとすれば、確かに、抽象的には魚料理は肉料理より、より多く美味さを提供しうる可能性を有している。だがしかし、その様な可能性を現実にわがものとしうるためには、一定の経済条件を必要とする。早い話が、私が魚好きのためわが家では魚が食卓に上ることが多いが、魚の種類の抽象的豊富さに比べてわが家の食卓に現実に上る魚の種類が具体的には何と限られていることか。これは勿論女房の罪ではなく、私の持って帰る月給袋の軽さに由来するものである。たとえば、魚のうちでも特に美味いのは、活きの良い磯魚だと私は思っているのだが、そんなものは、なかなか手が出ない。勢い手頃な値段の魚を買うことになり、鯛といえばアフリカ沿岸もの、平目といってもアリューシャンのおひょう、ということになる。多様な味の構成のうちから魚の美味さを味わうゆとりは残念ながら我が家には乏しい。

しかも、大企業との競争、公害による海水汚染、零細漁民の家族流出等々の結果として、磯魚を始め豊富な魚を供給していた沿岸漁業が衰退の一途をたどっている日本漁業の現状の下では、大企業の供給する冷凍もの中心に、供給される魚の種類が限られてゆく傾向が進んでいる。どうも日本漁業の発展の在り方が、私の魚美味論を根底からゆるがし始めているのである。

こうなると私の魚美味論は、私自身の生活体験から遊離した、魚好みの単なる辯護論のきらいがあり、大げさにいえば、「国家独占資本主義」下の日本においては成立し難い空論ともなりかねない。

魚好きの私は、甚だ残念である。

（一九六五年）

む　す　び

過去を正確に復元し、現実をありのままに認識し、未来を的確に予測する、これが、科学的歴史学としての社会構成史研究の究極の課題である。

あとがき

本書は大きくいって四つの研究テーマを追求している。すなわち、Ⅰは、網野善彦氏の近業を批判的に検討して日本中世社会に新しい光をあてようとしたものであり、Ⅱは、世界史的範疇としての近代「天皇制」を基軸に据えて、古代以来現代までの天皇と《天皇制》を論じたものである。Ⅲは、琉球・沖縄史研究を扱ったものであり、Ⅱとの関連で、琉球・沖縄史と天皇・《天皇制》を沖縄の近・現代史との関わりで、主として論じた。Ⅳは、被差別部落史研究であって、日本の部落差別の実態について、その地域的濃淡をめぐる鳥瞰図をかかげて、一律にこの問題を論じられない地域的状況の落差を示し、被差別身分が古代から中世への日本社会の移行過程で形成された、特殊日本的なイデオロギー的＝カースト制的身分にほかならないことを、身分論の理論的見地から明らかにした。

このようにして本書は、四〇年にわたる私の研究の凝集とみなしても不当ではあるまいと思うところである。すなわち、Ⅰは、私の二〇代の太閤検地研究に密接に関連し、近世社会と中世社会との関連と断絶についての私見を、本書ではじめて具体的に明らかにしたものであり、Ⅱは、私のライフ・スタディであるだけでなく、私の三〇代のメイン研究テーマでもある日本地主制史研究の一つの所産でもあり、Ⅲは、私の四〇代のメイン研究テーマである琉球・沖縄史研究、Ⅳは五〇代の私のメイン研究テーマである被差別部落史研究、の結晶だからである。

一〇年毎にメイン研究を積極的に変えてきた、私の四〇年にわたる研究活動の凝集が本書である、と私がみなす所以である。

ところで、私のライフ・スタディは《天皇制》研究である（本書論文五・あとがき(1)）とのべたが、他方では私の専攻は社会構成史研究である（本書論文一四）とものべた。とするならば、《天皇制》研究と社会構成史研究は内面的にどう関連しあうのであろうか。それはきわめて簡明なことであって、《天皇制》をもっとも全面的かつ科学的に把えるための方法は、社会構成史研究だけが提供してくれると私が考えているからである。

本書論文一四の第1図が示すように、経済・社会・文化・宗教・思想・民族という歴史の部分史を国家において総括するのが、社会構成史の立場であって、部分史としての国家史はこの社会構成史研究に包摂はされるが、国家史＝社会構成史などといった誤解は是正されねばならない。

《天皇制》が九五〇年にわたって日本の国家権力そのものであったり（古代・中世鎌倉期・近代）、五五〇年にわたって天皇が、非《天皇制》権力（中世室町期・近世・現代）の侍女としてこれを支える権威的役割を演じてきていることは疑問の余地がないのだが、それだからこそ、《天皇制》と天皇の歴史は国家権力との関連の下においてのみ、それも国家史という部分史的見地からではなく、あらゆる部分史を総括する社会構成史的見地からのみ全面的・科学的にとらえられると私は判断しているのである。

天皇と《天皇制》が五五〇年・九五〇年の長期にわたって存続している以上（本書論文五）、どれか特定の時代（たとえば、古代や中世・近世・近代・現代）の天皇を個別的にとりあげその時代の天皇だけに限って論じてみても、天皇と《天皇制》を総体として論じたことにはなるまい。

この五五〇年・九五〇年にわたる天皇と《天皇制》の持続的存在という歴史的事実によりかかって、現代の「象徴天皇制」下の天皇と天皇家の歴史的役割を積極的＝肯定的に評価し、天皇存在を日本民族に独自的な民族史的事実と主張する保守イデオロギーは、日本史上の天皇はかって権力者的存在であったことはない、などといった日本歴史についての自らの歴史的無知に気付ない主張を行なっている。この現状の下では、個別細分的な天皇と《天皇制》研究を超えて、無差別級的な天皇と《天皇制》の研究が必要なのである。

社会構成史研究の礎石を置いた一八五八年のマルクスの社会構成についての定式が、どれかの国の歴史や、特定の時代の歴史に、とらわれない普遍史的な歴史認識にもとづいているが故にこそ、この方法的見地は、天皇と《天皇制》研究にもっとも有効性を発揮するのである。

本書成立の歴史的背景の理解に資するものとして、次に(1)〜(11)をかかげる。

(1)　「歴研」と私

「歴史学研究」とは本当に長いおつきあいである。まだ二〇歳の一高生の時代から「歴史学研究」で勉強した。当時白表紙で岩波書店から刊行されていた。渋谷の本屋で一二五号（一九四七年）を林健太郎「絶対主義について」の題名にひかれて購入したのが歴研とのはじめての出あいである。天皇制研究を生涯の仕事と当時すでにきめていた私は、「絶対主義的」天皇制についての学問的根拠を求めて、一二五号を買った。林さんは、私の一高時代の最初の西洋史の先生だったが（あと矢田俊隆・江口朴郎の両先生に西洋史を教わった）、正直のところこの論文では、私の若い知識欲は満たされなかった。

それよりも、一二九号（一九四七年）に飯田貫一氏によってロシヤ語訳から翻訳されたマルクス「資本制生産に先行する諸形態」と村川堅太郎「古典古代」（一三三号・一九四八年、後に「マルクスの遺稿における〈古典古代〉」と改題して、『村川堅太郎古代史論集』Ⅲ、古典古代の社会と経済、一九八七年・岩波書店、に所収）にカルチャーショックをうけた。一九世紀半ばのマルクスの見解が現代の実証的歴史学によっても支持されうるという村川論文は、私に衝撃的な影響を及ぼした。正直なところ、私は当時、『資本論』は不滅の古典ではあろうが、マルクスの歴史理解は、実証的な面からいって一時代前の時代おくれのものではなかろうか、と不勉強なくせに勝手にそう即断していたからである。「歴史学研究」に掲載されたこの二つの論文は、私の若い頭をいやというう程ブン殴ってくれた。歴研との本当の出あいは、ここから始った。

歴研の会員になったのが何時からか記憶は定かでない。一九五〇年の大会「国家権力の諸段階」には参加した記憶があるから、その時に会員になったのかも知れない（旧制大学一年生の折だが）。

それからしばらくは「民族問題」が歴研では花盛りであったが、違和感があったから、「関東地方史研究会」（本稿(2)）の研究活動のために大会のロビーで会のパンフレットや史料集を売っていた。同世代の犬丸義一・網野善彦君が大会討論で活躍していた時代である。

一九五二年一二月一一日に、東大山上会議所で、「太閤検地の歴史的意義」と題する封建部会の報告を行なった。「民族問題」に明け暮れて社会経済史研究を敵視していたと私には感じられていた当時の歴研の状況からいえば、まさに例外中の例外ともいえた研究会と私には思えたのだが、（それは歴研の中世史部会の内部事情にうとかった学生だった私の誤断であったようである。この点については福田栄次郎「〈幻の紙芝居〉と〈安良城旋風〉」一九八八年・「戦後第Ⅰ期〈歴史学研究〉復刻版」月報一五・青木書店、参照）、気持よく報告できた。当時の封建部会の中世史の委員は、網野善彦・福田栄次郎の両氏だったが、研究会の司会は、永原慶二氏であったと思う。

この報告は、「太閤検地の歴史的前提」（一六三・一六四号、一九五三年）と「太閤検地の歴史的意義」（一六七号、一九五四年）として公表され、自分でも驚くほどの物議をかもした。あらゆる学説に学生の身として身の程知らずの異議申し立てをしたからであろう。歴研も、こういう異端邪説的な論文をよくもマアのせたものである。この時の歴研書記は土井正興さんで、校正などで大変お世話になった。

一九五三年学部を卒業した私は、東京大学経済学部の研究室に特研生として席をおくことになったが、太閤検地に関する私見に対する学界の反応には全く驚いた。太閤検地についての試論を卒論でまとめて、卒業後は、すぐわがライフ・スタディである天皇制研究の基点ともいうべき「地租改正」と「日本地主制」の研究に取り組もうとしていた私は方針を変更して、学界の批判に答えざるをえなかった。

しかし、学界の批判に答えるための勉強だけをしたわけではない。当時の東大経済学部は、われわれ助手・特研生に甚だ寛大であって、一切の義務を課さないで自由に勉強しろ、というのだから、この自由を享受して、マルクス『資本論』と当時（一九五三年一一月から）刊行されはじめていた『レーニン全集』を徹底的に熟読した。もちろん、特研生の期限の終る三年後には、何か歴史の論文を提出しなければならない義務を負っていたが、マルクス・レーニンの古典にとりつかれていた私は、たいした歴史論文をとりまとめることはできなかった。執筆してから一二年後の一九六七年秋の古代史部会で報告し「班田農民の存在形態と古代籍帳の分析方法」として三四五号（一九六九年）に発表させて頂いた論稿（安良城『日本封建社会成立史論』上、一九八四年・岩波書店、所収）と、南北朝期の上久世荘の検注帳を実証的に分析して永原慶二説を批判した（安良城『幕藩体制社会の成立と構造』一九五九年、現在は増訂四版を有斐閣より刊行、第一章第一節註(10)）程度のことを一九五五年暮に、「日本封建社会成立史論」という一つの論文にとりまとめたにすぎなかった。

このことがどうして歴研の情報網にキャッチされたのだろうか。翌一九五六年四月、古代史部会で論文の内容を報告せよ、ということになった。気軽に考えて、本郷はタムラで昼食がわりのビールを一杯ひっかけて、赤門そばの学士会館に午後一時半に出向いたところ、松本新八郎さんもきておられた。報告が終わったら、松本さんが「今年の歴研大会の報告は安良城君に頼もう」という御託宣でイヤもオウもない雰囲気だった。

永原慶二・増渕竜夫・太田秀通議長の下での私の「律令制の本質と解体」（安良城『日本封建社会成立史論』上、

一九八四年・岩波書店、所収）が共通論題「時代区分上の理論的諸問題」の一環として津田秀夫・遠山茂樹・藤井松一氏の報告とともに大会討議の素材となった。藤間生大・石母田正・林屋辰三郎・黒田俊雄氏等から批判を頂戴したこととともに、早稲田の大隈講堂の一階も二階も満席だった盛会ぶりに驚いたことをよく覚えている。

一九五八年二月、助研生生活五年間の締めくくりとして、翌一九五九年『幕藩体制社会の成立と構造』（御茶の水書房）として公刊した論文をとりまとめたが、その基軸的部分も近世史部会で報告し、「太閤検地の基調と役屋設定の本質」として一九五八年の二二二・二二三号に掲載して頂いた。この時、お世話になった歴研書記は故児玉彰三郎君だったと思う。

考えてみると、私は歴研とは研究会報告者・論文寄稿者に終始した。委員として会務のお手伝い（無償労働）をしたことは一度もない（だから歴研に対して大きな顔は一切できない）。大学卒業早々から土地制度史学会と社会経済史学会の幹事をしていたからであろう。それでも私は歴研をわが学会と思っていた。だから何か研究がまとまると必ず歴研の部会で報告して会員諸兄姉の御批判を仰いだ。古代・中世・近世・近代の各部会で数え切れないほど報告させて頂いたし、会員の方々の研究報告もそれ以上に拝聴したことはいうまでもない。会員のうち最も会を活用してきているのではなかろうか。

一九七〇年に「地主制の成立」（三六〇号）を寄稿し、一九七一年秋に中世・近世史合同部会で「日本荘園体制（「中世」）社会に占める家父長的奴隷制の社会構成規定地位――一九六〇年代日本中世史研究批判――」と題して、戸田芳実・河音能平・村田修三説の批判を報告（その要旨は岩波講座『日本歴史』別巻1・一九七七年に「法則認識と時代区分」として収められ、後に前掲安良城『日本封建社会成立史論』上に「日本中世社会における家父長的奴隷制」と改題して収められている）して以後一〇年ばかり歴研への御無沙汰が続いた。一九七三年に東京を離れて故郷の沖縄大学に研究の場を求めたからである。一九八〇年に大阪府立大学に転任してまた歴研とのおつきあいが始まった。年に一回は歴研の部会で報告しようという方針をたて、これを実行してきているからである。中世史部会で報告すると、鈴木良一大先輩が必ずといって良い程参加されて御意見をのべて下さる。歴研創立時の歴史への情熱が今なおここに生きている、と実感する次第である。

私も齢六〇、人生の峠をこえている。鈴木大先輩に負けないで頑張りたいと思う。一九八四年の中世史部会報告にもとづく「網野善彦氏の近業に対する批判的検討」（一九八五年・五三八号・本書**論文一**）と「天皇と《天皇制》（歴史学研究会論『天皇と天皇制を考える』一九八六年・青木書店・所収・本書**論文五**）、「式目四二条解釈と〈移動の自由〉」（一九八六年中世史部会報告・本書**論文一一**）はこの気持の現われである。

また一九八八年の今年四月にも、中世・近世史合同部会で「被差別部落研究の歴史的背景とその後の展開――研究史の整理と新たな研究展開についての展望をめぐる一つの試論（呪術的世界〈古代・中世〉とその克服〈近世〉の視点から）――」と題する部落史研究についての私の総括的な研究報告を行なっている。（一九八七年）

安達淑子
大石慎三郎
芳賀登
村井益男
安良城盛昭

(2) 日本近世史研究の夜明け
――関東地方史研究会をめぐって――

> 関東地方史研究会とは、一九四〇年代後半から一九五〇年代の前半にかけて活動した日本近世史研究を志す若者を中心とした任意団体で、所属・学校・男女の別をこえて活潑な研究活動をおこなった。

関東地方史研究会の発足

村井　ここに「関東地方史研究会ニュース」第一号があります。これをみると関東地方史研究会は「昨年五月再発足」と書いてある。これが出たのが一九五一年五月。だから、関東地方史研究会は五〇年五月の再発足ということになるけど、その再発足というのはどういうことだったんだろう。
芳賀　いちばん最初はおそらく民科（民主主義科学者協会）の歴史部会でしょう。松本新八郎さんが民科の書記長をやっていた時期があって、それよりちょっと古いぐらいだったと思うんですよ。
村井　いまの明治大学の大学院の建物の向かいに当時、政経ビルという建物があり、その二階か三階に民科の事務室があった。そのころ民科の歴史部会が例会で近世の地方史関係のテーマをかなり積極的に頻繁にとりあげてましたよね。われわれもそこに出入りしていたわけですけれども、そのなかで関東地方史研究会が生まれることになった。
　そのときの産婆役は林基さんだった。林さんの口ききで、近世史のそういう勉強の会をつくろうということになったと思うんです。
芳賀　それはたしか一九四八年ぐらいでしょう。
大石　そのあと、村井君が日大の助手になって研究室を会合の場所に使わしてもらうようになったわけだけど、あれはいつから?
村井　僕は一九五〇年三月の卒業だけど、卒業後でないと研究室の開閉の管理をまかされるはずはないから、その後でしょうね。
安達　ようするに、再発足のときから、村井さんの部屋を利用させていただいたわけでしょう。それ以前はやっぱり民科に集まってたんじゃないかしら。
大石　あそこへいって何度か会合したのは記憶にありますね。それで、林基さんが何かやろうということで、会らしきものができたわけだな。
　そうすると、成立の前史は若干不明確だけれども、みんなが本式に活躍するようになるのは、村井君が大学を出て、それで三崎町の日大の史学研究室を研究会の会合に使えるようになってからですよね。たぶんそれが再発足ということなのじゃないかな。
安良城　僕の記憶だと、一九五〇年に僕は大学に入学するわけだけど、ちょうどそのころ日本評論社から平野義太郎・渡辺義通・大塚久雄責任編集『社会構成史体系』が出ていて、民科にいくとそれが二割引きで手に入った。そこで、ちょくちょく買いにいったんだ。そしたら、歴史部会をやっているという。で、東大の学生しかも経済学部の学生、っていうのはあまりこないっていうんで、めずらしがられてね。それで、「何を勉強しているか」ってきかれたから「歴史の勉強をしたい」っていったら、「じゃ、歴史の部会に出てみろ」っていわれて、二回ぐらい出た記憶がある。

そのうちの一回は江上波夫先生が藤間生大さんの「政治的社会の成立」(『社会構成史体系』第一巻・一九四九年、所収)を論評する会だったんだ。そしたら、そこに林基さんがいて、林さんがこんど近世史の会をやるから出ていらっしゃいと。で、その近世の会のとき古島敏雄先生が明治初期の『府県農産表』を分析して、関東地方の特徴というのはどういうものかという話をしたわけ。それは五〇年の四月の末ごろだったと思うんだけど、それがきっかけで、関東地方史研究会ができたっていう印象があるな(記憶というのは不確かなもので、一九五〇年の「歴史評論」二五号の研究会記事によれば六月一七日に「近世関東農業史の諸問題」として、古島先生が報告され、第一回関東地方史研究会は六月はじめに渡辺一郎氏が北関東の商品流通について報告されている)。古島先生の報告の場所は政経ビルで、まだ村井君のところへはいかない前でした。

政経ビルから村井君のところへ移ったのについては、あまり正確な記憶がないけれども、かなり早く移ったっていう気がする。

そしてその時期に、林基さんが中心になって、古島先生を顧問格みたいにしてはじまったわけだ。

大石　会長というのはなかったけれど、事実上の会長はやっぱり林さんでしょうね。

安良城　研究会にかならず毎回出てきてくれたしね。古島先生は会が利用したっていう感じで、何かのときにはよんできて、タダ働きをしていただいた。だから、顧問格。そういう感じでスタートして……。

もう一つつけ加えると、それはやっぱり当時の学会状況といろいろ関係があるんじゃない？　その年の五月か六月に地方史研究連絡協議会が発足するわけだけど、そのとき関東地方史研究会からの委員として、古島先生と大石さんが出るわけだよね。

安達　あれは準備会でしょう。あのときは、ようするに個人加入じゃなくて研究会が団体加入するかたちだったから、それで代表していったんですね。
大石　研究会の協議会だったわけだ。
安良城　そういうふうに、五〇年の四月から八月の間にばたばたと動いてゆくわけね。

近世史の構築をめざして

大石　けっきょく、関東地方史研究会がいつからそういう名称をもって独立したのかは、あんまりはっきりしないわけだけど、はじめは民科の歴史部会の一つみたいな——歴史部会に正式に編入されていたかどうかはべつとして——存在だったのはたしかでしょうね。
安良城　一つ記憶があるのは、林さんにいわれたんだけれども、民科の歴史部会の一分科会にすると、どうしても狭くなるから、そこで民科から切り離して、地方史研究をやろうという人を広く集めるために「関東地方史研究会」というかたちで分けたほうがいいのじゃないか、というようなことでしたよ。
芳賀　民科にはいろいろな部会がたしかにあったからね。古代部会もあったし、中世部会もあったし、近世も、近代もあった。近代の部会では遠山茂樹さんの岩波全書『明治維新』（一九五一年）の合評会があって、僕もあれに出た記憶がある。
大石　そうすると、やはり、村井君が大学を出て、君のところへ本拠を移したぐらいが本当の出発点としていいわけだよね。
村井　民科の歴史部会にくっついていたときはもっぱら話を聞いたり、何か書評をやったりというていどで、共同調査をみんなでやるような体制はまだできていなかった。
大石　あのころ民科に集まってきた人たちのなかでも、近世史をやっていた連中は、みんな個別農村史みたいなところに興味をもっていて、そこから近世史を再構築しようというような意欲があった。そういう点で民科の歴史部会の流れとはちょっと異質なところがあって、その部分が分離したわけだよね。

安良城　それともう一つ、当時のことを考えてみると、大学の講座に近世社会経済史とか農村史がない状況だったでしょう。東大の国史でいえば、近世史は海外交渉史だけでしょう。そして近代史の講座はもちろんないし。

安達　明治維新がようやくでしょう。

安良城　それも遠山茂樹さんを非常勤講師によんでくるくらいでね。近世史でいえば児玉幸多先生が非常勤講師でこられたときに農村文書を教えてもらったり、そのついでに史料編纂所の一室で課外の古文書演習を好意的にやっていただいたというていどです。それは東大だけじゃなくて、いまではちょっと考えられないことですが、どこの大学でも政治史や文化史は別としてキチンとした近世社会経済史の講義がなかったのじゃないでしょうか。そこで、研究室のなかに閉じこもっていては勉強できないという不満が若い連中に実際にあったわけですね。じゃ自分たちでやる以外にないじゃないか、というそういう客観的な状況があって、それと関東地方史研究会がうまくマッチしたんですよ。だから、いま考えてみても、すごく活潑で盛んだったんじゃない？

大石　ようするに学校の枠を超えて、同好の士が集まって、それで、教えてくれる人がいなけりゃ、自分たちでやろうと。それが関東地方史研究会のそもそもの共通の旗印かな。

安良城　そして、そのときにちょうどいいぐあいに林さんと古島先生のお二人がいた。

村井　われわれがこういうことが聞きたいというと、林さんと古島先生のコーチでもって、何とか講師を世話していただけるというわけね。

安良城　普通の大学の研究室だったら「予算がない」っていって終わりになっちゃうところが、関東地方史研究会だったら、あそこは金がないからっていうんで、だれも最初から謝礼なんかあてにしないで話にきてくれた。

村井　最初からそういう前提だったからね。

安良城　最初から謝礼抜き、タダだっていうことをいったうえで、聞きたい人を片っぱしからよんで話を聞いてね。それが大学の講座の枠にもしばられていないこととつながって、たいへん魅力的だった。

それから、社会的には農地改革が進行していて、農村はガラガラ変わるといった状況があるから、いわば社会的基盤もあれば、主体的な要求にも合致しているというわけで。

大石　それで、講師としてきていただいた人としては……。たとえば豊田武先生、それから楫西光速先生。あとだれだろう……。

安達　児玉幸多先生も一度みえていますよ。

安良城　それから当時慶応の「三田学会雑誌」（一九五一年二月号）で「関東農村の史的研究」の特集をやったので、あの人たちをよんだんじゃない？

大石　他流試合をしようというんでね。

安達　あれは慶応の服部謙太郎さんが、東大の大学院に入っていたものだから、それで顔がつながってやったんですね。

村井　あのときの討論はかなり熾烈にやったような記憶があるな。

安良城　島崎隆夫さんとかよんだような気がするね。それから永原慶二さんとか……。

安達　杉山博さんもみえたでしょう。

安良城　庄司吉之助さんもよくみえた。

村井　庄司さんは東京へこられたときにはかならずといっていいほど顔を出されたね。

芳賀　それから、関西の地方史で津田秀夫君たちが一度こちらへきて、摂津型の何かについてしゃべったことがある。

安良城　だけど、津田さんはそのうちに東京教育大学に転任されて、まもなく会そのものに参加するようになったね。

大石　そういった方々にきていただいたおりに、謝礼は差し上げられないので、コーヒーとかラーメンを御馳走してすませた。

安良城　ようするに研究会が終わったあと、近所の大衆食堂やミルクホールにいってダべる慣行があって、そのときに講師に限って晩飯を——晩飯といってもラーメンていどですけどね——御馳走するという慣習があった。

例会を月二回も

大石　ところで、関東地方史という名を名乗るようになったのは、古島さんの関東分析、それに由来しているわけですかね。それまでは、近世史の人は関東のほうにはあまりいかなくて、たいてい信州あたりにいって何かやっていたわけだけど。

村井　関東から出かけていく調査地としては、たしかに信州が多かったですね。

大石　それが、われわれが関東地方史を名乗る以上は関東をやらなくちゃいかんということになって、その手はじめとして千葉県の古城村の平山家の調査にいった。

芳賀　そのつぎが桐生と大間々。

村井　三回目が埼玉県平村ですね。

安達　「関東地方史研究会ニュース」の一号をみると、桐生のマニュファクチュアの実地調査準備委員会のことが書いてありますよ。《さらに調査を控えて、いままでの準備を発展させ、現地の八木昌平・前原寛司氏を呼び、さらに楫西光速・北島正元・遠山茂樹氏に準備研究会参加を要請するなど、この夏の研究に資すべく計画中》ってある。

大石　桐生の調査は大がかりでしたね。

芳賀　あの調査にはたしか尾藤正英さんもきた。

安良城　彼はそれ以前からも関東地方史にときどき顔を出していましたよ。

安達　このニュース第一号に「会員になるには」というのがあるでしょう。ちょっと読んでみましょうか。《会員となるためには会費として月額二十円、半年前納百円を納めればよい。会員は本会の三共同研究グループ、一、領国制グループ（江戸初期）、二、徳川封建制中期グループ（元禄～寛政）、三、明治史グループ（幕末・維新）いずれかに属し、所定のグループにおける共同研究のほか、毎月二回の例会、会の計画する実地調査に参加し得る。さらに、会員は本会刊行資料の割り引き配付を受ける特典がある。さらに、具体的史料の取り扱いに関して、古島敏雄氏の指導のもとに、毎週月曜、午後三時より七時まで、東大農学部古島研究室において関東農村史料を素材として

古文書ゼミナールが初心者に対して開かれ、会員はこれに参加する特典がある》

大石　かなりちゃんとした、体裁の整った会だったんだな。

安達　例会報告のなかにさっきの慶応大学の論文検討会というのが出てくるんですけれども、五一年の四月の二十八日に例会があって《「三田学会雑誌」一九五一年二月号所収の「関東農村の史的研究（第一集）、武蔵国葛飾郡樋籠村」を取り上げ、研究担当の者服部謙太郎・島崎隆夫・宇治順一郎・新保博の四氏のご出席を得て、昨年の本年の平山家調査報告「東部関東における一豪農の経営」（「歴史評論」一九五一年三月）を加え、関東農村に関する二つの共同調査研究の合評会を持った。本会より林基氏を含めて会員一九名が出席し、二時間半にわたって有意義な討論が持たれた。討論は主として、樋籠村に宝暦以降顕著な存在をみせた地守小作（寄生地主のもと、伝馬役・普請役等の諸役のみを負担する地守人が自己の責任をもって、高掛りの年貢小作料のみを負担する小作人をいれつけるという小作形態）に集中された》というようなことが書いてある。このときには、研究会の連絡先は古島研究室になっていますね。

村井　ずっと研究会の連絡先は古島研究室だった。つまり、当時助手だった僕の立場では、日大の研究室を会の連絡先として対外的に発表することはできなかったからね。

安良城　実際は村井さんのところでやっているんだけどね。

　でも、例会が月二回なんていうのは、いま考えてみたら、すごいもんだよね。

大石　それから、いろんな人をよぶほかに理論的な勉強会をやるというんで、たしかレーニンの『ロシアにおける資本主義の発達』を長期にわたって読んだでしょう。あのときは安良城君が大活躍をした。

芳賀　ちょうどそのころ『日本歴史講座』を河出書房が出すことになって、林さんと松本さんが「中世(二)」（普通でいう近世の部分）を書くんで、みんな手伝わされた。そのために安良城君も何かやったでしょう。

安良城　僕はぜんぜん覚えてないけど……。何もしなかったのじゃない？　まだ子供だったから。

安達　あのころは、わりと子供も役に立った（笑）。いまから考えたらほんとうにびっくりよね。

第一回の平山家調査のこと

大石　五〇年の八月に平山家へ第一回の調査にいったわけだけど、たしかあのときは二泊三日ぐらいでしたよね。

芳賀　たしか五、六月ごろに林さんが、平山さんをよく知っているから、あそこの調査にいかないかっていうわけで……。

村井　そのころ『古城村誌』が出て、それを読んで、林さんが「あれはひじょうにおもしろい」というわけでね。

芳賀　僕はあのとき「おまえ面倒みろ」って林さんにいわれて、それでマネージャーにならされた。それで、むこうへ行ったら平山さんがよくしゃべるので、「おまえ御伽衆になれ」といわれて、僕は平山さんにピッタリくっついて、古島先生や林先生が仕事できるようにしろなんていわれたんですよ(笑)。

安良城　あのとき古島先生は結婚したてなわけだけど、戦争直後だから新婚旅行にもいっていないから、女房を連れていっていいかってみんなに聞かれて、みんなが「どうぞ」って。それで、先生御夫妻は平山家の一室にお泊まりになった。われわれは小学校の裁縫室を借りて、自炊をしましたよね。

村井　共同研究をやろうということについて、みんなの関心が高くなったのは、やっぱり古島さん編著の『山村の構造』(日本評論社・一九四九年)が出版されて、その強い刺激を受けたからというような気がするけど。

安達　あれはたしか、東大農学部と史料編纂所と社研の若いメンバーが山梨県の富士山麓の忍草についてやった調査報告ですよ。

村井　あれに大きな刺激を受けて、それで平山家の調査をやったっていう記憶がある。読書会をやったり話を聞いたりするだけじゃなくて、やっぱり共同研究・共同調査をぜひやりたいという気になった。

大石　平山家へいって史料をさがしたら、土地売券や何かがわぁっと出てきて、それで全部みきれないから十分の一抽出法というやつをやったんですよね。任意に十枚数えてはサーッと一枚抜き、十枚数えては抜いて、それで集計した。それで論文を書いたわけだけど、あれ最終的に文章を書いたの村井君でしょう?

村井　「歴史評論」一九五一年三月に載った。

芳賀　それから『平山家史料集』をつくるために大石さんたちはまたいったんじゃない？

大石　いきました、何度も。

芳賀　とにかく二泊三日の調査だったから、あれでぜんぶ整理したわけじゃない。

安達　あの調査にいった人数が「ニュース」に出ているけど、約二〇名となってますね。

村井　あのころは林さんも地方史料を読むなんて得意じゃないといって、たしか古島さんに弟子入りなんていって習っていた記憶がある。

大石　渡辺一郎君もやっぱりはじめて農村調査に参加したんだけど、彼は不幸にして立派な顔をしているでしょう（笑）。だから、彼に聞けばわかるだろうっていうんで読めない史料を持っていくと、彼ぜんぜん読めないからね。「オレそんなの知らないよ！　ワッハッハ」なんて……（笑）。

芳賀　僕も安達さんに「おなじ字を二度目でしょう」なんていわれたことあるもん（笑）。

安良城　いや、安達さんと平山昭子さん（後の塩田庄兵衛氏夫人）は史料編纂所にいたから読めるわけだけど、ほかはみんな読めないわけよ。だけど、何か修学旅行にいったような感じがあって楽しかったね。

安達　昔の史学科というのは、演習旅行があって、お寺へいって、先生が読んで聞かせる。で、みんなそこで覚えるという旅行があるわけよね。だから、平山家のときはみんなそんな感じだったのじゃないかしら。

村井　みんな読めなかったといっても、それでも「歴評」にあれだけ原稿が書けるだけの材料は集めているんだから……。

安良城　だからちゃんと読めて写せる人もいたわけだ。大石さんだって史料館（現国文学研究資料館）にいたから読めたでしょう。史料館の人たちがそのほかにも何人かいたし。

大石　谷藤（後の大石慎三郎氏夫人）・児玉（後の荒井信一氏夫人）さんなんかいましたね。そこらがわずかに読めたんだと思うんだけど、しかしそれほどよく読めるというほどのものじゃなかったから。

村井　だけどその後、平山家の史料についてはいろいろな人が研究を進めて、修正した点もあるけれど、あの当時としては、なかなかすっきりした調査をしたように思いますがどうでしょう。

芳賀　大綱はちがってないでしょう。十分の一抽出法はわりにまともだったと思いますよ。
安良城　そのつぎの桐生の調査は公民館に泊ってやりましたね。
芳賀　あのときも自炊してやったね。
大石　当番を決めてね。
安達　女性ばっかりに押しつけられたという印象はわりとない。
安良城　だいたい戦後変革期の時代だから、雰囲気としても、女性に押しつけるなんてものはなかったから。
　だから、この研究会の特色は、ようするに戦争直後の大学の近世史研究の貧しい状況のゆえに、各大学の若手・学生連合みたいなものだったことと、もう一つは、女性がたくさん参加していたっていうことですね。これはやっぱり戦前にはみられないことだし、それから、その当時あったほかのどの研究会にもない特徴だと思うんですよ。参加した女性は主として史料館の人たちと、史料編纂所、そのほか国学院がちょっとと、終わりごろになって明治大学の女性が参加してきた。
安達　それから、あのころは共同調査もやったけど、会員各自もいろんなところにいって調査をしていたでしょう。
大石　僕は信州をやってたな、五郎兵衛新田を。
芳賀　僕は信州の伊那谷をやってた。
村井　僕はあのときは、いま日大にきている秋葉家古文書をいじくってた。
大石　秋葉家にいったのが、一九四九年だったっけ。
村井　いや僕はたぶん一九四八年ぐらいからちょくちょくいっているはずだと思うんだけど。

バラエティに富んだメンバー

安達　たしか佐倉宗吾（惣五郎）没後三百年（一九五三年）におこなわれた義民祭をみんなで手伝いましたね。
芳賀　義民年表の作成を林さんに手伝わさせられたな。
村井　会報に『本会刊行史料集』と記されているのをみると、第一集は『関東地方農民一揆年表』、第二集が『因伯民乱太平記』ですね。

安良城　林さんがキャップですから、どうしてもそういう仕事をすることになったんだけど、ところがふしぎなことに、関東地方史の人間で、百姓一揆を専門にやるっていう人は出てこなかったね。

村井　研究史的にいうと、林さんが前掲『社会構成史体系』（第四巻・一九五〇年）のなかで「近世における階級闘争の諸形態」を書いたときから、一揆というものについてのみかたが変わってきましたね。日常的におきている村方騒動なんかをもっと積極的にみなくちゃいけないという方向に動いていった。だからわれわれの研究会のメンバーたちには、一揆ももちろん重要だが、一揆にいたるまでの村落の情勢の流れのなかで一揆をとらえたり、村のなかがどう変わっていくかをつかまえようというような考えかたが多かったと思う。

大石　そうすると、林さんとしては関東地方史をつくって育てて、それで、事志に叶っていたのか、それともはずれちゃってたのか、ときどきそれを思い出しては気になるんだけど……。

安良城　あれでよかったのじゃない？　だって、民科のばあいどうしても階級闘争史になるわけでしょう。だけど、林さんとしては地方史研究をひろくやろうじゃないかという考えもあったんだから。林さん自身は百姓一揆をやっていたわけだけれど、みんなを無理にそっちへ引きずり込むこともしないで、みんなをみていたわけですよ。

村井　だから、山田忠雄君なんかがその間に立って、林さんについて一揆史をやりながらわれわれのほうにも出席していっしょに勉強していたんでしょうね。

大石　そうすると、関東地方史は林さんの一揆史からはかなり距離があったという……。

安良城　距離という感じじゃなくて、一揆は一揆としてやったらいいだろうし、また、一揆だけが歴史じゃないという考えもあって、だからみんな……。

安達　わりとみんなの持ち味が生かされていたっていうことなんですよね。

芳賀　みんな階級闘争をひじょうに大きくとらえるようになったというところは事実なのじゃないか。

安良城　みんな自分の好き勝手なことをやっていたと思うな。好き勝手なことを比較的のびのびやれていたよさがあったのじゃないかしらね。

だから、考えてみれば、よんで話をしてもらった人にしたって、研究会に出てきた人にしたって、みんな自由で……。

村井　たしかになかなかバラエティに富んでいたね。

安良城　近世史でいえば、吉永昭君や広田暢久君は常連だった。

村井　先年なくなったけど、中世史で戦国大名をやっていた中丸和伯君もいた。彼は地理のほうの素養があって、われわれとはまたちょっと変わった発想をもっていた。

安良城　中世史でいうと池永二郎君なんか、はじめからずっと長くいたでしょう。

芳賀　池永君のところにいた村田利男君とか佐藤卓也君、それから吉永君の友人の甲斐英男君なんかもきていたでしょう。

安良城　それから、中世史でいえば島田次郎さんがよくきていたよ。

村井　領国制の研究会で「結城家法度」の勉強会をやってたときね。そのときには田中稔さんもみえていた。

安良城　それから、近代史では、学生時代の教育大の田中彰君。ガリを切るのが上手でね。この会報もあんがい彼が切ったのかもしれないよ。僕は原稿を編集したのはよく覚えているけれど、ガリ切りをしたのは彼の可能性がある。会で出した史料集『結城家法度』は彼がガリ切りをしたし、彼はガリ切りのアルバイトで食えたくらいだから。

安達　あのころアルバイトとして、ガリ切りはすごくいい仕事でしたものね。

安良城　それから丹羽邦男君がいた。

芳賀　彼は古島さんの研究室にいたんですよね。古島さんのグループにはそのほかにもたくさんいたね。

村井　海野福寿君なんかも最後のころに顔を出していたよ。

芳賀　二野瓶徳夫さんもいたな。

安良城　それから、古くからの会員では、いま同志社にいる岡光夫さんや亡くなられた立命館の藤井松一さん、レーニン『ロシアにおける資本主義の発達』輪読会には上原信博さんなど。

芳賀　宇都宮勇君や笠井恭悦君もきたでしょう。

安良城　それから、慶応からはいまの国文学研究資料館の安沢秀一君とか、いま経済学部にいる速水融君も何遍かきてた。

芳賀　早稲田からは市川孝正君がきたし、工藤恭吉君がきた。

村井　間宮国夫君もいたね。

安良城　しかし考えてみると、みんなそれぞれ勝手なことをやっているんじゃない？

芳賀　佐々木陽一郎君が「三田学会雑誌」に書いた論文を批評するとかいって、彼をよんできてみんなでだいぶいいたい放題をいったことがあったなァ。

大石　教育大の地理学の浅香幸雄先生にきてもらって話を聞いたこともある。あの人の系統の学問が関東地方史にはかなり影響があったような気がする。

村井　中丸君なんか直接の影響を受けてましたよね。浅香さんの三浦半島の焼き畑に関する論文が発表されてそれも読んだ。

大石　とにかく基礎的なことについてはひじょうにひろい視野からいろいろやったね。

安良城　なんでもめぼしい研究を取り上げ、その人をよんできて勉強すると称して、勝手なことをいって吊し上げていたよね。

思想史はあまり取り上げなかったけど。

芳賀　民科には別に思想史部会があったからね。開店休業のようだったけれども。

安達　とにかくみんな各人の情報をもっていて、だから集まってみるといろいろと状況がわかってよかったですよ。

戦後近世史の開拓者として

大石　ところですこし問題が大上段になるけれど、戦後近世史の発展のなかで、関東地方史研究会の果たした役割ということになると、どういうことになるかな。

安良城　考えてみるとすごく天の時、地の利があったと思うんですよ。つまり、われわれが若いときには近世史なんてちゃんとしていなくて、明治維新史の前史としてあつかわれるか、あるいは国際交渉史みたいなものか、政治史・文化史ぐらいしか問題にされていなかったでしょう。おまけに、戦争で、われわれよりちょっと上の世代はかなり死んでいるし、生き残っていても、軍隊に引っ張られていたとか、大学の講義をちゃんと聞いていないとかで、われわれと勉強の度合いにたいしたちがいがない。上におもしがないわけ。だから、近世史の未来はわれわれがになっている、とみんな意気盛んだった。みんな好き勝手にやりたいところをやると、その分野における戦後の開拓者になりうる条件があった。

安達　気持ちのうえではね。

安良城　だから、まさに戦国時代みたいなところがあって、そういう状況のなかでこういう研究会があったから、この研究会で青春時代を送った人間のなかから、戦後の近世史のさまざまな分野の開拓者が多く出たのもむべなるかなと思うんですよ。

　戦後も一九五〇年代までは戦前のつながりであり、それは、いまの年齢でいえば、もう古稀に類する方々のお仕事であって、それとわれわれのあいだに空白があった。その空白を埋めていく仕事を関東地方史の人たちがそれぞれの分野でやったのじゃないかしらね。

安達　先日児玉幸多先生にお会いして、いろいろとお話ししていたら、戦前の近世史の史料の探し方というのは、たとえば野村兼太郎さんのようにクズ屋の仕切り場へいって古紙の山をみて、これは古いものがあるからひと山買うか、そういうかたちだったっていうんですよね。だからたまたまそこに村明細帳があったとかなんとかということで集めるだけであって、ひとつの村にいって集中的にそこの史料をみるというような方法はなかったというんです。戦後になって地方史研究協議会においてやや全国的な規模でそれがはじめられるような機運が出てきたんだけれども、その間のつなぎに関東地方史があったとではなかろうか、という感じはしますね。

大石　とにかく、個別村落のなかから日本史の発展を読み出すというような仕事を、具体的にはじめたのは関東地方史がはじめてですからね。

安良城　その背景としては、それ以前にもたとえば藤田五郎さんが会津の幕之内村についてやった仕事があるんだけれども。あれについていえば、われわれみんなのなかに、「佐瀬与次右衛門日記」ぐらいをもとにしたあんなていどじゃ、とっても話にならない、もっとちゃんと村方文書をきっちりと押えた研究でなければダメという、そういう考えは共通してあったと思いますね。

安達 だから、藤田さんはすごく謙虚でいらした。史料編纂所なんかにたまたまこられて、私なんかあの人からみればずいぶんチンピラなわけ。だけど、私たちがいう意見については「はァ、それはひじょうに結構な意見です」とか、いまから思うと恥をかいたのはこちらなのかもしれないんだけれど、ひじょうに謙虚でしたね。「僕の仕事はもう庄司吉之助さんのおかげなんです」っていわれて。

大石 われわれの研究が一定の役割を果たしたといえるとすると、そこにはやはり個別農村史の研究ができるような条件と活性があったということ、そしてそれをやるにあたっての方法論を勉強したということでしょうね。それも庄司さんの方法論というより、もっとオーソドックスな西洋経済史の大塚久雄とか高橋幸八郎とか松田智雄といった方たちをとおして、理論の原点により近いところからやるという、そういったやり方がひじょうに大きい。

芳賀 そういうものはかなりいろいろ読んだなァ。大塚さんの『近代資本主義の系譜』からはじまって、政治論とか読んだでしょう。

村井 わからない、わからないといいながらね。じっさい高橋さんの本なんか、あの文章は難解で僕にはとても読みづらかった。

安良城 あの当時は全般的に、世界史の基本法則からやろうという雰囲気があったのじゃないですか。だから、藤田五郎さんも、やはりそういう雰囲気に乗っかって、世界史のなかの日本をみようとするし、まだ当時は服部之総さんも健在で「世界史的日本と日本史的世界」(一九四七年、『服部之総著作集』第四巻・一九五五年・理論社、所収)のようなおもしろい論文を書いていて、おまけに前掲『社会構成史体系』が刊行されはじめる。そういう雰囲気のなかで、まだ民族問題にはまり込んでいく前の良い雰囲気があってね。だから、史料にすごく喰らいつくんだけれども、ひたすら史料だけ読んでいればいいというものじゃなくて、やっぱり歴史をみる目を理論的に鍛えておかないとちゃんと史料が読めない、という健全な共通意識があったのじゃないかな。

また、ある理論にもとづいて史料をそれにあわせて割り切るといった公式主義ではダメだという点では、これまた関東地方史のメンバーは一致していたのじゃない？　つまり、公式主義はいけないけれど、ただ史料だけみていればいいというのもいかんという、ちょうど理論と実証がうまくミックスした……。

安達　そういう考えかたの洗礼を受けたことはかなり幸いだったと思いますね。もし、公式主義でいってたら今日はないと思う。

安良城　これはもう全然ダメだったと思う。もしそうだったら、近世史はいまの状況じゃないと思うよ。

大石　マルクスの「資本制生産に先行する諸形態」が出たのが一九四七年の「歴研」の一二九号だったけど、あれをとり出してみると、ヨレヨレになるまで読んでいるんだよね。だから、あそこらあたりで鍛えたのが、いまだに理論から離れたみたいなことやっていてもひじょうに役に立っているんだろうと思うんだけど。

芳賀　いまでも学生とマルクス『経済学批判』なんか読むようなことがあるけれど、いまの若いやつはなんでこのくらいを、とすぐ思っちゃう。老いの繰り言かもしれないけれど(笑)。

安良城　やっぱりいちばんよく理論的な勉強をしたのは、学生時代と卒業してからの五年間ぐらいでしょうね。その後そうやらなくなっても学生に太刀打ちできるのは、あのころの蓄積のおかげで、まだ利子が残っているから(笑)。

大石　理論的訓練は三十までにやらないとダメ。それまでにどれだけたたき込むか、で勝負が決まるんで、それから後いくらやったって頭など働くものじゃないですよ。

安良城　ただ、ジレンマはあったな。僕なんかは経済学部でしょう。どうしても経済理論のほうに引っ張られるわけ。で、『資本論』や『経済学批判要綱』を勉強していると、史料を読む時間がなくなる。しかも、いまみたいに便利なコピー機がないから、史料も手で写さなきゃいけないわけでしょう。刊本もいまほどは出ていないしね。そうすると、理論的な勉強をしていると歴史の勉強が足りなくなるような気がするし、歴史の勉強をしていると理論的にダメになってしまうような感じがして、いわば二律背反で二十代を送ったような感じがしますね。

芳賀　しかしコピーできないから無理やり読んだということもあるわけだ。

安良城　そう。筆写するときには、どうしたって読まなければ写せないわけだからね。一枚写せばかならず一枚読んだことになる。ところがコピーのばあいは、一枚写したからといって一枚読んだことにはまったくならない。コピーはいくら写しても安心するだけで、「史料はある。いつか読めばいい」ということになっちゃうんだな。

大石　だからいまの若い人はコピーはたしかに便利かもしれないけど、あれは勉強するうえではひじょうに不幸だよね。むかしは史料をみにいったら、何日も泊まり込んで毎日写す。そして写すとだいたい意味がわかるから、こういうところが使えそうだということを欄外に書く。そうやってずっと写したら、写してきたものが全部役に立つわけだね。

だから論文を書くにしても、その欄外の註釈のところをずっとみていけば、すぐにできる。やっぱり写真を使うようになってから勉強しなくなったね、ほんとうに。いたずらに史料を集めているだけで。

関東地方史研究会の発展的解消

大石　そんなことでわれわれの会はいろいろ活動したわけだけど、そのうちだんだん最初の勇ましかった連中は歳を取り、上のほうへ上がって、若い人たちが入ってきて、それで、ある段階でいちおう発展的解消とかいって、消えてなくなったんだね。

安良城　しかし散会式なんかやったことないと思うんだ。なんとなく自然消滅しちゃった。

村井　僕が史料編纂所に入ったのが一九五三年だけど、そのためにそれまで使っていた日大の研究室が使えなくなったということも原因のひとつでしょうね。

安良城　それがいちばん決定的じゃないの。

大石　それで明治大学に場所を移したわけだけれど、加藤幸三郎君などまでがやったところで、発展的解消をする。

芳賀　たしか、加藤君とか小林正彬君といった若い連中に、おまえたち運営をやったらどうだろう、とみんなであずけたと思うんだよ。そしてわれわれは……。

安良城　引退しちゃった(笑)。われわれがいると若い連中には邪魔だろうからというので、引退宣言をしたんですよ。

大石　だから、三十そこそこでみんな引退しちゃったわけだ（笑）。いまだったらちょっと考えられないね。七十、八十でも引退しなくてみんな頑張っているんだから（笑）。

安良城　だけどやっぱりいちばんの理由は、だいたいみんな学校を出ちゃって、それぞれ自分の職場ができて、その場がそれぞれ忙しくなってきて、いままでのようにやれなくなる面もあって……。

村井　われわれ自身の物理的原因としてはそうだけど、しかし全体的にいえば、われわれが関東地方史研究会のようなものをつくってやらなければ、みんななかなか勉強ができないという状況だったのが、そのころからだんだん変わってくるんだよ。

大石　変わってきて、そのころからだんだんと学校ごとに編成されはじめるわけですね。そのために、関東地方史研究会にみんなが精力を割ける状況がなくなってきた。で、そういったなかで、たとえば明治の木村礎君なんかが研究室の建設を精力的にやって、そちらのほうに関東地方史のいちばん主要な連中が明治に吸収されていくといった……。

芳賀　だから明治の木村研究室の地盤は、関東地方史の一番ケツのほうでつくられたようなものなんだ（笑）。そしてそれがわれわれの遺産をうけついだ。

大石　そういった大学ごとの組織が進みはじめたことと、それから時代が落ち着いてきて、若い人にも、僕たちみたいに無鉄砲なのがいなくなってきて……。

村井　東大にしても佐々木潤之介君が中心になって信州の調査をやった農村史料調査会の報告書『近世農村社会の構造』（一九五二年・山川出版社）なんかが出てくる。それから立教では林英夫さんがいて。

安良城　教育大には津田秀夫さんがきているし。

大石　かくして関東地方史研究会は発展的に解消するわけだけど、いまここに集まった一人一人の内に残された遺産は少なくないと思うんです。

たとえば芳賀君などは農村史の基礎問題というよりは、若干思想史に傾いたことをやってたけど。

芳賀　僕はいまでも思想史のなかに入れてもらえないんだけど、その最大の理由は、社会経済史と思想史のつながりをもっと考えようとか、文化史と社会経済の絡みを考えようといった考えかたをいぜんとして貫いているからだと思うんですよ。思想史や文化史を上部構造だけでやるという考えかたにどうしても協力できないところがいぜんとして残っているんだけど、それはやっぱり関東地方史の私にとっての遺産だと思うんだな。いわば私にとっての歴史学の原点だし、それを失いたくないし、それがいちばん大切なことだと心底思いこんじゃっているわけ（笑）。

村井　僕は史料編纂所へ入っちゃって、編纂所じゃ直接地方《じかた》史料をあつかわないから、そういったものからだんだん離れてしまったんだけど、でも、いまになって考えてみると、関東地方史の人たちと農村史料の調査をやり、いっしょに勉強し、本を読んでやっていたときの蓄積が、その後ほかの近世史料、幕府や藩や都市などの史料をあつかうばあいにも、ずいぶん大きなプラスになっていると思いますね。

いまの若い人たちの勉強のしかたをみていると――これは研究史のいろんな流れの問題もあるから一概にはいえないんだけど――各自が自分の研究分野を決めると、はじめからその関係範囲をじつに精密に調べるけれども、ちょっと守備範囲からはずれると食指をなかなか動かさない。そういうタイプの人がわりあい多いでしょう。その点、われわれのばあい、専門的にやるかやらないかにかかわらず、最初に基礎になる農村史の洗礼を受けておいたということのプラスの意味は、とても大きかったという気がするな。

安達　私も学校のとき、卒論は佐藤信淵をテーマにして、いちおう思想史としてやったんだけど、やっぱり問題としては農村をどうにかつかまえたくて、卒業してから史料編纂所に入るまで一年遊んだわけです。そしてその一年間、郷里の埼玉の近辺を一人で歩いた。とにかく足しげく通って、部落の数で三部落ぐらいやったのね。そのときこれを何人かの協力者があってやったらさぞかしいいだろうと思いました。そのうち史料編纂所から声がかかって入所。休みを利用して児玉幸多先生のおともをして信州の中仙道沿いをずっと歩いたんです。芦田、それからずっと下って沓掛、あの辺の調査に参加して、それで、そのころから関東地方史との関係ができたのね。

だから一年間一人で農村調査をやったのは辛かっただけに、関東地方史でみんなでいっしょにいくのがほんとに楽しかった。気もちのうえで楽だし、それから、いろんな刺激も受けるしね。だから、あのときは、「こりゃいいところへきた、これでいこう」という感じがしましたよね。

以来、いつまでも基本的には農村のものを読みつつ農村を背景にした思想史をやっているわけだけど、だから、もしそういうかたちじゃなくて、思想史だけをやってたら、とっくにいきづまっちゃったと思いますね。

芳賀　やっぱりみんなで共同調査し共同研究するというスタイルはわれわれがつくったといっていいのじゃない？その後僕なんか、いつまでもそうだけど、ずっとそういう調査をつづけてやっているわけで、調査のない学問はしなくなったね。

安達　あのとき毛沢東の「調査なくして発言権なし」っていう言葉をまるで金科玉条のごとく口でいってた人もいるし、心で思ってた人もいるだろうけど、あの言葉はかなりみんなの共通のものだったのじゃないかしらね。

安良城　僕なんかは、そもそも経済学部の学生だったから、もし関東地方史に出会わなかったら、もっとちがったことをやっていたかもしれないですね。経済学部なんていうのは、古文書や史料の読みかたなんてなんにも教えてくれないわけですよ。第一、地方《じかた》文書なんてやらないしね。それから、関東地方史に入って、文学部の歴史の人といろんな付き合いができて、そこで、経済学部じゃちょっと得られないような、いろんな歴史学上の諸知識をずいぶん吸収できましたね。みんなが、その学部に伝えられてきていることを、先輩からちゃんと習ってきて、そのノーハウをもっているわけでしょう。その話を聞いているだけですごく勉強になった。だから、もしあそこで関東地方史に巡り会わなかったら、ずいぶんちがった研究をやったのじゃないかな、という感じはしますね。

一九八〇年以降、二十数年ぶりにもういちど戦国と近世初期にもどって、勉強しなおしているんだけれども、関東地方史時代に集めた史料を読みなおしてみると、若いころはけっこう勉強してたんだなと思いますよ。しかし考えてみると、それも関東地方史があったからこそで、そうじゃなかったら、いま戦国時代なんて勉強しなおすはずもないし……。

大石　そうすると、関東地方史がなければ、安良城君の太閤検地の大論文もできなかったかもしれないね。

安良城　まあ、太閤検地の研究なんていうのはやらなかったと思うな。というよりは、やれなかったのじゃないでしょうか。

安達　いい意味でかなり競争意識ももってたのよね。だから、相手の言い分もよく聞いたし、相手が書いたものもよく読んだし、だからそういう刺激っていうのはかなりよかったと思いますよ。

女性研究者の輩出も

安良城　ところで関東地方史研究会の大きな功績のひとつは女性研究者の先駆者をたくさん出したことじゃない？安達さんもそうだけど。それから、学者夫人をたくさん供給した（前述のほかにも、たとえば関晃氏夫人や加藤幸三郎氏夫人）ことも（笑）。大石さんの奥さんになった谷藤さんだって研究会にきていたんだから。そういう意味では学問並びに学者の家庭を支えたというたいへんな功績がある（笑）。

安達　男性諸兄がいいお手本を示しているから。これならいっしょに勉強できそうだということで……。

大石　支えたのか引っ張ったのかは、そう簡単にいえない（笑）。

安良城　とにかく、戦後の研究会であんなに女性がいた研究会って、おそらくほかにないのじゃないかしらね。しかも女性を大事にした。

安達　そう、初期アメリカ移民みたいな感じ（笑）。

安良城　それから忘年会をやったりピクニックにいったり……。

大石　よく遊んだね。

しかし、古島さんや林さんがよくわれわれにつきあってくれたなァ。

芳賀　あのころ古島先生は三十七、八だけど、よくいってたでしょう。「オレはまだあと十年ぐらいオマエたちになんかに負けない」とかなんとか。だけど、三十七、八でえらいもんだなァ。

安良城　われわれはとっくにその齢を越したわけだけどね（笑）。

大石　やっぱりひとつの時代の夜明けだったんだよね。いまみたいに老成した時代にはそういうことは……。

（一九八四年）

(3) 新進の横顔

――歴研大会で報告した安良城盛昭――

戦後、経済史学界は非常な隆盛ぶりで将来を期待される若い研究者も多いが、そのなかでもとくに「ホープ」といえば十人が十人ともこの人の名を推すであろう。東京育ちで独協中学から軍人を志して海兵に入ったが終戦で一高に入り直し、一九五三年東大経済学部旧制最後の卒業、この間安藤良雄演習に籍を置いたがとくに高橋幸八郎教授の理論的指導をうけた。卒業後直ちに経済学部特別奨学生となったが前期をおえて本年（一九五六年）四月から同学部助手となっている。その凛々しい男性的な風ぼうはいかにも沖縄の血をひいている感じであるが、全身学問に対する闘志と情熱にみちみちているとの印象を誰にでも与える。

学生時代からすでに学界の一部では注目をひいていたが、卒業時「歴史学研究」に発表した太閤検地に関する一連の論文と学界活動で、いわゆる「安良城旋風」をまき起こし一躍有名になったのである。今や経済史ないし歴史学関係の学会には必ずといってよい位引張り出され、一昨年（一九五四年）の社会経済史学会、今年（一九五六年）の歴史学研究会ではともに報告の中心的役割を演じ、社会経済史・土地制度史の両学会では幹事を勤めている。

「安良城旋風」は日本における封建社会の成立を太閤検地まで引き下げるなど、日本史の時代区分に関する従来の通説を根底からひっくり返すという構想の大きなものであるが、戦後の進歩的歴史学界で通説となっていた石母田・藤間・松本氏等の学説を真正面から批判して日本史学界に活を入れた意義は大きい。従来この分野に経済学の理論的武器を駆使してメスを入れた例はほとんどないので、史学畑の猛者も正直にいってタジタジというところである。

一方経済史の方からいっても、これだけシャープな理論としかも実証的能力をもってこの時期に挑んだのはまず、最初であろう。ともかく東大はもとより全日本経済史学界の次代を背負う存在である。

これからは理論も本格的な試練の前に立たされるであろうが、研究にキメの細かさを加え、余り若い時から自分の体系を固めすぎて動きのとれないことにならないように心がければ、さらに大成するだろう、というのがかれに対する期待である。かれは右往左往するようなその辺の安手な自称進歩的歴史家とは異り、主体性や信念もありかつ礼儀も謙虚さもわきまえたよい意味での大人である。必ずや批判にも耳を傾けて精進を続けるであろう。なお美しい夫人との情熱的ロマンスも有名。好漢自重あれ。

（一九五六年）

(4) 同学点描
――学界に旋風まく山伏――

吉岡昭彦

たしか一九五〇年のことであったと思うが、高橋幸八郎先生の主宰された東大の西洋経済史演習に、日本経済史を専攻すると称する学生が傍聴者としてあらわれた。その傍聴者は総髪のようにのびた髪をかきあげながら、部屋中にひびきわたる大声で熾烈な議論を展開し、たちまちにして高橋ゼミの台風の目となってしまった。いってみれば羽黒山の山伏が折伏のために山を下りてきた、というところである。この山伏こそ他ならぬ安良城盛昭であり、すでにこのときには、彼の頭の中には日本経済史に関する新しい「教理」が除々に醱酵しつつあったのである。

それから四年、彼の経済学部卒業論文「太閤検地の歴史的前提」「太閤検地の歴史的意義」（「歴史学研究」一六三・一六四・一六七号）が発表されるにおよんで、日本の社会経済史学界はいわゆる〃安良城旋風〃に巻きこまれた。なにしろ鎌倉・室町時代が家父長的奴隷制と規定され、太閤検地をもって封建革命と見做すという、従来まったくおもいもかけなかった新鮮な仮説が提起され、日本史の時代区分が大きく塗りかえられようとしたのであるから、日本の中・近世史研究がショックをうけたのも無理はない。のみならず彼の仕事は「地主制論争」発生のひとつのきっかけとなったし、さらに西洋史の分野にも飛火して「古典荘園構造論」につよい影響をおよぼした。こうして彼の仕事は戦後における社会経済史研究の一つの旋回点となったのである。

おもうに、彼のそもそもの問題意識の出発点は日本の地主制の性格規定にあり、それは山田盛太郎・古島敏雄先生その他の農村調査＝現状分析や地主制研究のなかで培われ、農地改革→地租改正→太閤検地というふうに歴史的に溯及しながら成熟していったようにおもわれる。彼の論理をその根底において支えるものは、実はこのような現実的な問題観であり、またその青春時代において天皇制ファッシズムの暴力と戦後の変革とに直面した戦中派としての体験であるといえよう。彼の論理が生命観にあふれすさまじい折伏力をもつのもこの故である。

それのみでない。彼の歴史分析は実にしっかりと歴史学と経済学との双方に根を下しているといえよう。由来、経済史という学問は経済学と歴史学との二重国籍をもっており、特定の研究者の仕事はどちらかに偏りがちなものであるが、彼こそは本ものの宮本武蔵である。彼の仕事が全く新しい史料批判や史料解釈を示し、旧来の歴史家の思いも及ばなかった問題を提起したものそのためであり、さらに封建制や奴隷制の分析にも経済学の方法がきわめて有効であることが認識されはじめたのも、彼の貢献によるところが大きいのではあるまいか。

最近の彼は研究分野もますますひろがり、その仕事の一部を『幕藩体制社会の成立と構造』（御茶の水書房）にまとめ、新しい前進の意欲をみせている。ただ友人として少々気になることは、彼の仕事にときおり折伏過剰の気味がみられることである。不必要にポレミッシュな姿勢は、彼のすばらしいエネルギーが合理的につかわれることを妨げるのではあるまいか。最後に念のためつけ加えておくと、彼はその外見や風貌とは逆に、彼の言葉を借りるならば「血も涙もあり恋もする」人間であり、また学界における華やかな存在とは別に、雑誌「土地制度史学」の編集のような地味な縁の下の力持ち的な仕事を黙々と果してきた。大へん武骨なたとえばかりしてしまって恐縮であるが、この山伏けっして強いばかりではないのである。

（一九六〇年）

〔安良城補説〕

「太閤検地論争」については、この「あとがき(1)」でのべたように毀誉褒貶、さまざまな対応をうけた。

黒田俊雄氏の「安良城論文についての若干の問題」（『歴史評論』七四号・一九五六年、後に黒田『日本中世封建制論』一九七四年・東京大学出版会、所収）が、中世史家による体系的批判のはしりであるが、村田修三氏の「日本封建制論――中世史研究を中心に――」（『講座日本史』9・一九七一年・東京大学出版会）における私への批判は、あたっているとは全く思わないが、最も手厳しいものであった。私見について好意的な評価としては、石井進「中世社会論」(『岩波講座　日本歴史』中世4・一九七六年・岩波書店)をあげることができるが、ごく最近のものとしては、阿部猛「戦後における日本中世史の研究――やや自伝的に――」(「帝京史学」第三号・一九八七年)が、客観的な評価を下しているものと思われる。私の太閤検地研究に深い理解を示されたものに、古島敏雄先生の「二、三の感想」(社会経済史学会編『封建領主制の確立』一九五七年・有斐閣、所収)があり、「太閤検地論争」と「地主制論争」を近世史の立場から批判的にとらえたものとしては、朝尾直弘『日本近世史の自立』(一九八八年・校倉書房)が好著である。

(一九八七年)

(5) 安良城盛昭『幕藩体制社会の成立と構造』をめぐって

能島　豊

安良城先生と御茶の水書房との関係というのは、一著者と出版社との関係という以前に、学生アルバイト編集員として御茶の水書房に在籍された頃に始まる。一九五〇・五一年という御茶の水書房創立期の頃のことである。当時の詳しい記録はないが、高橋幸八郎先生(東大社研教授)に、社長がお願いして先生のゼミナールの学生の方々にアルバイトとして依頼していたものらしく、安良城先生は現在東北大学教授の吉岡昭彦先生(もそのお一人であった)の後任として社会経済史関係の本を手掛けられた。

戦後社会科学の諸分野の中でも歴史、主として社会経済史関係の労作があい次いで刊行された中にあって、楫西光速『日本における産業資本の形成』(一九四九年)、藤田五郎『近世封建社会の構造』(一九五一年)、古島敏雄『江戸時代の商品流通と交通』(一九五一年)や高橋幸八郎『市民革命の構造』(一九五〇年)、戸谷敏之『イギリス・ヨーマンの研究』(一九五〇年)、といった、いわば研究史上欠かすことのできないモニュメンタルな著書を創立したばかりの無名の出版社にあって刊行されたわけである。この比較的割のいいアルバイト(年に一、二冊新刊を出すだけ)も、卒業論文「太閤検地の歴史的意義」(『幕藩体制社会の成立と構造』に収めた)の原稿を書くために、時間が惜しくてやがてやめてしまわれたということである。この論文は、「歴史学研究」一六三・一六四号に発表された「太閤検地の歴史的前提」と共に、近世社会の基盤となった封建小農を創出して、日本に初めて封建社会をもたらしたとする、いわゆる〝太閤検地＝封建革命説〟として発表されるや、たちまち、安良城旋風を学界にまきおこした。

日本封建社会の特質をめぐる長い論争は、この二論文によって、全く新しい局面を迎えようとしていた。このことは、続いて一九五四年の社会経済史学会の大会で「封建領主制の確立」がテーマとなり、そこでの安良城報告がいよいよ全歴史学界をまきこんだ「太閤検地論争」の出発点となったわけで、安良城旋風について「経済セミナー」一九六〇年一月号の学界展望座談会は、この間の事情を「古い実証史家も国民的歴史学派も〝ただあれよあれよと見守るばかりだった〟」と語っている。

ところで、一九五五年頃というのは、歴史の分野はいうに及ばず農村調査・社会調査等、実態調査の非常にさかんな頃であった。なかでも、日本の近代史研究の分野では、地主制史研究で、その実証的研究方法を確立して注目を集めた古島敏雄先生を中心とする、いわゆる〝古島部屋〟、京都の堀江英一研究室に結集して『明治維新の社会構造』（一九五四年・有斐閣）・『藩政改革の研究』（一九五五年・御茶の水書房）等をまとめた京都グループ、『村落構造の史的分析』（一九五六年・日本評論新社）をまとめた東北大学の中村吉治研究室、その他、地方史研究の高揚と共に、全国的に農村調査・資料調査はさかんであった。安良城先生の所属しておられた比較土地制度史研究会も、福島県伏黒村・新潟県紫雲寺町等日本地主制の経済史的分析のために、一連の研究計画をたてて実態調査を続けておられた。

そして安良城先生は、その研究会の幹事役であって毎日が想像もつかない忙しさにつつまれていた。まるで戦争のような目まぐるしさの中にあって、連絡・確認・金策と、仲間うちでの相談の必要も手伝ってか、よく飲んでおられた。また仲間には酒豪にこと欠かない。終電などとっくになくなった時間、同一方向の何人かが車をひろって帰り、〝昨日はどこで別れましたかね〟というのと、〝いつもガタガタしておりまして〟というのがいかにも実感のこもった一種の挨拶代りであったような時期である。そしてまた、安良城先生は多忙のあまり鬚を剃る時間も惜しかったのか無精鬚をのばしたまま走りまわっておられることが多かったが、その無精鬚が不思議と似合ったものである。身体も大きく、飲みっぷりも豪快なら、話し声も大きくて、いかにも風貌は武骨そのもののようだが、実は非常に細かいことにもよく気がつく繊細な感覚の持主でもある。

この時の福島県伏黒村の歴史＝経済実態調査は、後に高橋幸八郎・古島敏雄編『養蚕業の発達と地主制』（一九五八年）となって公刊された。安良城先生はこの本の編集幹事として原稿のとりまとめ・校正等の作業に従事されたが、本を作ることで御一緒に仕事をしたのはこれが初めてであった。執筆者の半数が福島大学であったことも手伝って、連絡はうまくとれなかった。おまけに印刷事情が悪くて、豊橋の印刷所に依頼しており、これも仕事の能率を一層悪いものにしてしまった。最後の追込み段階では、安良城先生と会社から長谷川俊男氏が出張校正に一週間も豊橋に出向かざるを得なかったが、ともかくこの間約一カ月というものは、印刷事情の悪さの上にあぐらをかいて仕事を進めていたわれわれは、電話のかけ方にいたるまで、この編集上の先輩から徹底的に再教育された。ともかく、これほど本を作ることがきつかったことはない。私にとって貴重な経験であった。

この『養蚕業の発達と地主制』に続いて同じ一九五八年の秋から雑誌「土地制度史学」の刊行が始まった。これは山田盛太郎先生を理事代表とする土地制度史学会の機関誌である。学会運営も、研究報告会の案内ぐらいで済んでいるうちは何ということもないが、いざ自らの発表機関を持つとなると、本格的な会員の組織化が必要となってくる。これは大変な仕事である。それと併行して機関誌の定期刊行を軌道にのせる仕事というのは、誰かが自分の研究計画を犠牲にして取組むのでなければできるものではない。縁の下の力持ちの役目である。草創期の学会幹事の一人だった安良城先生は結局この縁の下の力持ちの役目を引受けられることになった。御茶の水書房でこの雑誌の発行を引受けることになり、これが御一緒に仕事をする二度目となった。今度もまた少し別な意味で苦しい仕事だった。

前おきばかり長くなってしまったが、実は、安良城先生の『幕藩体制社会の成立と構造』の出版は、私の心情においては、こうした事情と無関係には考えられないものなので、あえて長々と述べる結果となってしまった。つまり、この場合、原稿の依頼を何時したか、どの論文を読んで原稿の依頼を思いたったのか、といったことはほとんど問題にならないということである。またそれらしい記憶もない。何時も言っていたようでもあり、あらたまっては一度も話さなかったようでもある。「自分で出したいと思った時には君のところへもってゆくよ」と言われたことがあるので、それとなく催促したことは何度かあったに違いない。

しかし、何時もらえるとも知れない原稿として予定にも勿論入れていなかったし、また、それらしい予感もないまま、ある日本当に安良城先生から電話が掛ってきた。

さて、『幕藩体制社会の成立と構造』は、一九五八年一〇月の前記「土地制度史学」創刊号の近刊広告によると、A5判七〇〇頁となっている。一九五九年六月、実際に出来上ったのは二五〇頁、三八〇円であった。頁数を当初の計画より大幅に減らし、当時としても破格に安い定価をつけたのであったが、これには安良城先生からのきわめて強い要望があったこともある。つまり「印税はきりさげてくれてかまわないし、紙も悪いのでいい、装幀も安上りでいいから、本当に読んでほしい学生の手に入り易いように安くしてくれ」というお話であった。出版社にとってはこれは泣きどころである。これほど難しい注文はない。

しかし、そのために安良城先生は本書に収めるつもりでおられた「太閤検地の歴史的前提」ともう一つの論稿をはずしてしまって、二五〇頁にされたわけであるが、このことは最後まで迷っておられた。そうしたこともあって、われわれとしてもかなり無理をした定価をつけることにふみきった。

もう一つ、この本を作った時のことで思い出されるのは、豊橋の印刷所まで安良城先生と御一緒に出張校正に行った社員の長谷川俊男氏が、この本を最後にして御茶の水書房を退社したことである。いたって地味で義理堅い編集者であった長谷川氏の最後を飾る仕事が日頃おつきあいの深かった安良城先生の本であったことは、またそれが非常にすぐれた研究書であったことと共に、編集者冥利につきるものであったといえよう――編集者は誰でも、自分の手掛けた本には特別の愛着をいだくものであるが、生み落された本の運命は必ずしも一定しない。もっと評価されていいはずだと思うものでも、意外に早く忘れ去られてしまう不運な本もある。こういう時は世間がうらめしくさえなる。だから価値どおりに評価された時はやはり自分のことのように嬉しい――『幕藩体制社会の成立と構造』が正当に評価されるのは、あるいは当り前のことであったかもしれないが、やはり、そういう仕事で御茶の水書房の最後の仕事を飾れたことは、長谷川氏にとって冥利というべきであろう。勿論、本が出た時、お祝いの乾杯をしたが、同時にそれがお別れの乾杯になってしまった。〝まあ、仕事のことには離れて、年に一度は一緒に飲もう〟という安良城先生の音頭で、今もって年に一度、三人で楽しく飲む習慣が続いている。

ところで、肝心のこの本の評価についてては何も書かないで、まわりを廻ってばかりいたが、いざ正確にその内容を紹介し、研究史上の貢献を確定する評価について書くとなると、全く私の力に余ることなので、若干の研究者の方々の言葉を借用して本書の評価を紹介してみたい。

本書で提起された封建革命説は「理論的理解に余りにも幼稚であり拙劣であった庄園史家に対して反省を与えた一大警鐘であり、その意味で氏の論文は学説史の上で偉大な歴史的意義をもつ」（宮川満『太閤検地論Ⅰ』一九五九年・御茶の水書房）ものであったし、さらにその後の研究動向は「――成立期の分野では、安良城盛昭氏の学説の主導のもとに太閤検地論争が漸く終焉しようとしていた。その中で確認されたこととして、近世封建権力が成立の基盤としたのは家族自営的規模の小農民経営であるという認識と、この認識を導き出した方法としての、法令をもとにした政策構造分析の有効性、の二点をあげることができる。それは五九年に刊行された安良城氏の著書『幕藩体制社会の成立と構造』に明示され、以後における近世史研究の出発点となった」（朝尾直弘『近世封建社会の基礎構造』一九六七年・御茶の水書房刊）と。

（一九六七年）

(6) レーニンと私

若い二〇歳《はたち》の折からマルクス主義歴史研究者の途を歩んでいた私は、マルクス・エンゲルスから多くのことを学んだことはいうまでもないが、前近代の日本史研究者の多くが、研究上の影響をほとんどうけていないと思われるレーニンについて、そのレーニンと私とのかかわりあいを、ここで述べてみよう。けだし私は、私の前近代の日本史研究のみならず、歴史研究全般にわたって、レーニンから実に多くのことを学んだからである。

私が東大経済学部の学生生活を送った一九五〇年から五三年の時代は、日本のレーニン研究の曙をきり拓く条件が創り出されていた。だから私は、レーニンから多くのことを学生時代の折に学ぶことができたのである。

つまり、『いわゆる市場問題について』・『ロシアにおける資本主義の発達』（以上の二著については幾つかの翻訳があった）・朝野勉訳『一九〇五～一九〇七年のロシア第一革命における社会民主党の農業綱領』（一九五一年・社会経済研究会）のロシアの資本主義発展についてのレーニンの三部作を、比較的正確な翻訳で読むことができたし（この三部作をこうやって統一的に理解するという見地は私の知る限り一九五〇年代初頭では誰もいなかったと思う)、スターリンが存命でその全盛時代であった当時は、『レーニン主義の基礎』・『レーニン主義の諸問題』といったスターリンの著作を通じてレーニン像を理解するのが通例だった当時の状況と違った仕方で、私はレーニンと接していた。スターリン批判を内に蔵していたからである(安良城『日本封建社会成立史論』上・一九八四年・岩波書店、三三〇頁)。

思うに、レーニン二巻選集刊行会『レーニン二巻選集』の全一二冊(補巻を含めると一四冊)が、一九五一〜五二年の間に社会書房から刊行されたことの意義は大きい。

私はこの『レーニン二巻選集』を学生時代に座右の書としてこれから多くのことを学んだのだが、日本史研究に即していえば、(1)『民主主義革命における社会民主党の二つの戦術』(一九〇五年)と(2)『食糧税について』(一九二一年)から特に学ぶところが多かった。

いうまでもなく、(1)は、『一九〇五〜一九〇七年のロシア第一革命における社会民主党の農業綱領』(一九一三年)を根底において支える全般的(農業を超えた)な政治判断であって、レーニンの「二つの途」理論構築の基礎であり、(2)は、ロシア社会主義革命後の経済的苦境を突破するためのネップの経済理論であり、レーニンのウクラード論の最初の理論的な提起であったからである。

現在のヴェトナムの経済的苦境について、ヴェトナム共産党がソビエトのネップの教訓に学んで経済再建に取り組もうとしていることは、私にはよく理解できるところである。

さて、このようにして、一九五〇〜五三年に学生時代を送った私は、民主主義革命期と社会主義革命期のレーニン理論の精髄に、触れ学ぶことのできる幸運に恵まれたのであった。

だから私が、東大経済学部の卒論の一部「太閤検地の歴史的前提」(一九五三年・「歴史学研究」一六三・一六四号、後に安良城『日本封建社会成立史論』上・一九八四年・岩波書店、所収)において、石母田正氏の日本古代社会に孕まれた封建的ウクラード(名主的領主制・地頭的領主制・豪族的領主制の三類型)理解をウクラード論の見地から批判できたのは(正当な批判だったと今でも思うのだが)、そしてまた、そこでの「戦国大名権力の基礎」をめぐる分析をウクラード論の見地からとりまとめることができたのは、このようなレーニン研究の曙の到来という背景があったのである。

毀誉褒貶さまざまな対応をうけたが、それでも私の太閤検地研究が「安良城旋風」とみなされたのは、当時の日本前近代史研究においてレーニン的研究レベルにもとづく追求が欠けていたからであろう。当時の日本中世史研究は、社会構成とウクラードの区別も定かでない低い理論水準にあって、したがって、先に指摘した黒田俊雄「安良城論文の若干の問題」（この「あとがき」(4)の補説参照）に対して、安良城「補論」五・註(24)(25)(26)（社会経済史学会『封建領主制の確立――太閤検地をめぐる諸問題――』一九五七年・有斐閣、二三八頁）において、次のような、黒田説に対する反批判が可能となったのである。

（24）　社会構成とウクラードとの関係を、古典的に明快に指示したものとしては、レーニン「食糧税について」（大月版『レーニン全集』第三二巻所収）参照。レーニンのこの労作については、関係論文を編輯した宇高基輔訳『新経済政策』（上）が青木文庫より出ている。マルクスのこの点に関する指摘としては、さし当たって、長谷部文雄訳『資本論』第三巻・一二三四頁。

（25）　ウクラードと社会構成を安易に一致せしめた場合、「経済主義」に陥ることはこれによって明らかであろう。

（26）　黒田氏は、事実上、ウクラードと社会構成を同一視する見解に立ちながらも、そのことを明示せず、かえって筆者の見解を、「講座派理論」の欠陥にも通ずると抽象的に批判されているが、筆者が「戦国大名権力の基礎」の冒頭において指摘し、かつ随所で強調している、社会構成とウクラードの関連に対する筆者の見解を、黒田氏自身のこれに対する見解を明示・対比されつつ、批判して預けたら、見解の相違が理論的にも、具体的にもより明確となったであろう。

この註(24)(25)(26)は前掲「補論」五「戦国大名について」に附されたものであって、この「戦国大名について」は、黒田氏の安良城批判に対する実証的・理論的な全面的な反論であって、三〇年以上経過した現時点からみても、全面的に妥当な反論だったと考えるものである。

そしてまた、資本主義的進化にはレーニンの指摘するように「二つの途」が存在するが、封建的進化は「一つの途」

だとみなす石母田説を批判して「日本における封建的進化の二つの途」（前掲安良城「太閤検地の歴史的前提」〈むすびにかえて〉）を論じたのも、『民主主義革命における社会民主党の二つの戦術』と『一九〇五～一九〇七年のロシア第一革命における社会民主党の農業綱領』に触発された問題提起であって、妥当な問題提起だったと現在でも考える。

マルクス『資本論』によって提起され、エンゲルス『反デューリング論』によって豊富化され、レーニンによって定礎されたこの「二つの途」理論は、歴史を単線的発展とみなすものではなく、複雑・立体的に考察する途を開くものとして、私の歴史分析の要の地位を占めている。私が本書で展開した日本・沖縄の現代史分析は、いずれも、この「二つの途」理論にもとづく歴史把握なのである（本書**論文五・論文一〇**）。

レーニンから私が学んだことは、これにつきるものではない。レーニン『いわゆる市場問題について』（一八九三年）は、一八七〇年生まれのレーニン二三歳の折の理論的な労作であって、マルクス『資本論』についての高度なかつ秀れた理解なしには到底明らかにしえない、ナロードニキ批判の理論的秀作である。私はこの労作に接して、レーニンの『資本論』理解がロシアの現実に即したものであることに感嘆したのだが、理論的演繹からこの労作が生まれた、とはじめは一面的に考えていた。だが、それが一知半解であることを一九五三年一一月になって知った。

一九五三年一一月に、大月書店から『レーニン全集』第一巻が刊行された。早速買いもとめた私は東大経済学部研究室でこの第一巻を読んだ（一九五三年三月に卒業した私は特別研究生として東大経済学部研究室の一室を与えられていた）。『レーニン二巻選集』の補巻『レーニン年譜・著作と活動』（一九五二年）で、レーニンの処女作が『農民生活における新しい経済的動き、ヴェ・イェ・ポストニコフの著書（南部ロシアの農民経済）にかんして』（一八九三年）であることを知っていた私は、『全集』第一巻の巻頭に掲載されているこの労作を読んでみた。驚いた。『全集』で六九頁に及ぶこの長大論文は、ゼムストヴォ統計調査についてのポストニコフの包括的な実証的分析を詳細に検討しつつ適切な批判を加え、さらに、その三四～三五頁の叙述において、農民層の分解によって市場が拡大するという、この論文の後に書かれた『いわゆる市場問題について』のあの命題が、ポストニコフの著書のデータにもとづいて実証的に論証されているのである。

理論が的確だったから統計データーを正確に読めたのか、それとも、統計データーの実証分析から理論が構築されたのか、私にはいまだに明確にはわからないのだが、しかしここには、「理論」と「実証」の密接不可分な関連（私が一生追求してやまない論点である）が明示されているのである。

そして、このレーニンの処女作が、名著『ロシアにおける資本主義の発達』（一八九三年）に直接連なっているのである。この名著を熟読してゼムストヴォ統計についてのレーニンの「定量分析」の確かさに眼をみはるとともに、(1)地域差の重視(2)階級・階層差の的確な把握(3)平均値に対する警戒、等々の必要性を学んだ。

余談になるが、レーニンがこの『発達』の主要素材としたゼムストヴォ統計が東大中央図書館に架蔵されていることを、書庫で偶然の機会に知り、これを手にとってレーニンを偲んだことは、わが青春時代の忘れ難い想出である。

このようにして私は、レーニンの『発達』から多くを学んだのだが、だがしかし、レーニンに追随しこれを模倣することに甘んじていたわけではない。レーニンの秀れた「定量分析」に学びつつも、これを超える「定量分析」の技法の開発に心がけた。

この試みは、一九五七年に成就した、と思っている。それは、本書でも多用した相関図表による「定量分析」である（本書**論文五**第1・2・3図、**論文一四**(4)第1・2図・(6)第1図）。

この開発による相関図表にもとづく歴史分析は「養蚕業の展開と徳川期の地主・小作関係」（高橋幸八郎・古島敏雄編『養蚕業の発達と地主制』一九五八年・御茶の水書房、所収）においてはじめて公表された。

この相関図表は、自然科学の分野では多用されているが、歴史学の分野では私が先ず初めてではなかろうか。そして、この相関図表によって私の歴史分析の説得力は増したものと考える。

これまでのところ、二次元の相関図表であるが、新しく三次元の相関図表を開発できたので、適当な機会にその有効性の有無を試してみたい。

レーニンについては、語ればつきない想出がある。レーニン研究者・ソビエト研究者、を別とすれば『レーニン全集』四〇巻の全巻を読了している日本史研究の歴史家は尠いのではなかろうか。私がレーニンに傾倒している現われである。

また、レーニンのウクラード論についても、これを日本史の分析に私はただ適用しただけではない。

複数のウクラードが一つの社会構成に統一される契機は何か、というレーニンが論じなかった問題について、それは、前近代社会では身分制であり、近代社会においては商品流通である、という新たな問題提起も行なっているからである(「日本経済史研究の当面する課題」㈠・一九五八年・「思想」四〇四号、後に安良城『幕藩体制社会の成立と構造』増補版・一九六四年、に収録、現在では増訂第四版・有斐閣・一九八三年)。

（一九八七年）

(7)　戦前の支配階級

――日本近代史研究の基礎史料――

戦前の資本主義体制のもとでの支配階級の実態を包括的に知る貴重な基礎資料といわれながら、原資料が各府県に点在・散逸しているため、ほとんど研究に使われなかった『貴族院多額納税者議員互選人名簿』の全府県・全年度を、はじめて全国的規模でまとめ出版する作業がいま（一九七〇年）進んでいる。

お茶の水書房から刊行されている『貴族院多額納税者議員互選人名簿』(安良城盛昭・東大社会科学研究所助教授・編集）がそれ。まだ一期分（六冊）のうち東京・山梨など四冊が出たばかり。索引・補遺などを加えると全五〇冊を刊行し終えるには十年近い歳月もかかるのではないかとされている大仕事だが、戦前の日本資本主義下の支配階級の存在形態や時代的変遷を具体的に跡づけることができる点で、日本近代の経済史・政治史・地方史研究に大きく貢献しそうだ。

この仕事を精力的にすすめている安良城助教授（四三歳）はもともと明治・大正期の地主制の確立・展開過程の研究者。農事統計がはじまる明治四一年以前の地主統計資料がほとんどないことから、それに代わる資料を捜しているうち、この『互選人名簿』の存在に気がつき、この二、三年、本格的にその蒐集に取組みだしたもの。

『互選人名簿』は帝国議会が開設された明治二三年を第一回として、いらい任期七年の多額納税者議員の改選期に当たる明治三〇・三七・四四・大正七・一四・昭和七・一四年の合計八回にわたって全国各府県で統一的基準で作成された名簿。大正七年までは、各府県の多額納税者の第一位から一五位まで、大正一四年以降は、大府県では第一位から二〇〇位まで、小府県では第一位から一〇〇位までの互選人の氏名・住所・職業・直接国税納入選（地租・所得税・営業税）が具体的に載っている。

住友・岩崎などの財閥資本家、大原（紡績）片倉（製糸）麻生（炭鉱）などの日本の資本主義の構造的特質を示す資本家とならんで、池田（秋田）斎藤（宮城）市島・白勢・伊藤（新潟）田部（島根）などの大寄生地主も登場しており、研究者にとってはいろいろな角度から貴重な名簿となっている。

ところで、この名簿は各府県の公報号外の形で出されているだけに、原資料は各地に点在、参議院や総理府・国会図書館でもごく一部があるかどうかという状態で、安良城助教授の仕事も全国各地を廻ってどこに名簿が残っているかを確認することからはじまった。県庁は戦災を受けているところも多いだけに、警察署・裁判所・各市町村役場・図書館の書庫へと追っかけたし、あるいは互選人の家＝旧家の土蔵にももぐった。あるいは明治時代の地方新聞に告示の形で載った公報号外を捜しあてた。

「体力と気力の研究旅行でしたよ」という安良城助教授。ある秋のメモを公開してもらったら――。

（木）午前中会議、午後群馬県庁、（金）午前富山、午後は岐阜、（土）午前中三重県庁、（土・日）京都で学会、（月）午前中、京都府庁・滋賀県庁、午後は学会理事会、（火）島根県庁、（水）佐賀・長崎、（木）熊本・鹿児島、（金）鹿児島・宮崎、（土）大分……といった調子。「なにしろ金と時間がないだけに、移動は全部夜行列車を使って宿代も節約して……。本当にからだがよくもちましたよ。とにかく、こんなことで九〇㌫は原資料のあり場所がわかりました」と同助教授。

そんな苦労を重ねて確認された原資料をさらに写真撮影して復刻するわけだが、古いものは紙質が変化しているし、戦争当時のものは紙質が悪くて複写に苦心するなど障害も多い。

学術・研究資料だけに発行部数はわずか三百部。――いままで刊行された府県も新潟・千葉・東京・山梨の四府県にすぎないが「東京では財閥資本家の岩崎・古河・浅野・大倉をはじめ華族の徳川・浅野・鍋島らのトップクラスが集中」「山梨では甲州財閥の根津・若尾や大地主たちにまじって、製糸業者矢島組の矢島栄助が明治三四年の補選から登場」「千葉では明治三七年以降、地主を押しのけ茂木・浜口・菅井など醸造業者の進出が目立つ」ことなどがわかる。

同助教授はメリットとして「全国的に同じ基準でとらえてあるので比較する上に便利。所得税の額から逆に所得の算定も可能。また選挙が歴史的な大きな出来事、たとえば日清戦争直後・日露戦争期・明治末期・第一次世界大戦・満州事変……など歴史の転換期と重なっているので興味ある事実も多く出てくる」という。

問題は沖縄、ここの資料は戦争で全滅しているし、古い地方新聞などで当たるより方法がないこと。また、青森・高知などでは一部の年の名簿が発見できないことなど。完結までにはなんとかして捜しあてたいのが願いだ。

部数も少ないだけに一冊（二三〇—三八〇ペ）の値段は二千—四千五百円にもなり、対象も限られているが「近代史研究に大きな意味をもつ新史料の発掘」「日本資本主義の構造分析に不可欠」と歴史学者や経済学者から、この仕事を高く評価する声も強い。

（一九七〇年）

〔安良城補説〕

一九六一年、岩波書店から前岩波講座『日本歴史』近代3（一九六三年刊行）の「地主制の展開」についての執筆依頼をうけた。

当時の研究状況からいえば、(1)「地主制論争」が刺激となって簇生していた幕末期の地主・小作関係の地域史研究(2)明治一〇年代の松方デフレ期の農民層分解と地主制の成立過程についてのマイエットの研究(3)山田盛太郎「農地改革の歴史的意義——問題総括への一試論——」（矢内原忠雄代表編『戦後日本経済の諸問題』東京大学経済学部三〇周年記念論文集・第二部、一九四九年・有斐閣）の明治二〇〜三〇年代の分析、という既存の三つの研究があり、これを上手につなぎ合わせればそれ程困難な仕事とは思わなかった。

しかし私はこうした安易な途を選ばなかった。当時資料が存在しないために不可知とみなされていた明治二〇〜三〇年代の日本地主制研究に挑戦してみようと思った。

そこで私は、長男（五歳）と次男（三歳）を同居している両親にあずけて、女房をつれて、東京は大久保の統計局図書館に一九六二年の夏休みに朝から夕方まで毎日通った。ここは、東京では最も『府県統計書』を蒐集していたからである。そして女房は筆写係りであった。コピー機械がなかった時代だったからである。

クーラーのない当時の統計局図書館の夏は暑かった。三府四三県の明治期の『府県統計書』は厖大な資料であった。狙う資料にめぐりあえず、一日徒労に終った疲労感と挫折感にグッタリして落ちこんだことが何日もあった。だがしかし、稀に宝物にぶつかることもあった。『山形県統計書』・『新潟県統計書』・『大阪府統計書』に、明治二三年の「多額納税者議員互選人名簿」の統計を発見できたからである。そして、『帝国統計年鑑』の「多額納税者議員」の全国統計を発見して、これらを関連させて分析し、「地主制の展開」（一九六三年・前岩波講座『日本歴史』近代3）は、当時としてはユニークな仕事として、仕上げることができたと思っている。そしてこれは、わが女房と私の共同作業の成果である。資料筆写についての女房の協力がなければ、この研究はまとめられなかったと思うところである。

そして、この研究が起点となって、日本全国にわたる「貴族院多額納税者議員互選人名簿」を探索する研究生活が始まった。

この研究は、物質的・肉体的・精神的に大変な研究だったが、成功裡に終結することができた。この資料蒐集によって、日本全国にわたる約六〇〇〇名の大地主の、明治二三年から大正一四年に及ぶ土地所有の推移を明らかにすることができたからである。

それまでの地主制史研究は、二、三の地域の、それも一、二の地主の分析にもとづいて立論されていたのだが、日本全国にわたる六〇〇〇名の大地主の明治二三年から大正一四年にわたる土地所有の推移にもとづく私の分析は、これまでの地主制史研究とは、実証的には全く質的レベルにおいて異なっていたからである。

この研究成果は、「日本地主制の体制的成立」(1)～(4)（「思想」五七四・五八二・五八四・五八五号・一九七二～七三年、に連載）として既に公表されている。

この研究は様々な副産物を伴なったが、その最大のものは、大正期の約二万六千名の大株主と大地主を関連させた研究であろう。いずれ機会をみて公表したい。

なお、この資料集は、新潟・東京・群馬・千葉・山梨について五巻を出したところで、さまざまな事情によって

刊行が中絶されているが、資料の蒐集は終っているので、しかるべき出版社の協力をえて続刊したい。(一九八七年)

高良倉吉

(8) 新しい歴史像の再構成
――『新・沖縄史論』についての読書評論――

論文「太閤検地の歴史的前提」(一九五三年)によって、日本の歴史学界に問題を提起し(アラキ旋風)、その後の研究動向を大きく左右する位置に立った時、安良城盛昭はまだ二五歳にしかならない青年学徒であった、というから驚きである。以来、安良城氏は、『幕藩体制社会の成立と構造』(一九五九年)、『歴史学における理論と実証』(一九六九年)、『太閤検地と石高制』(一九六八年)などの成果によって、日本の歴史学界・経済史学界を主導する中心的な研究者として活動してきた。

その安良城氏の仕事は、さまざまな特徴をもっていると思うが、主な点を私なりに整理すると次のようになる。

第一に氏の研究は類例の少ないオールマイティーぶりをよく発揮している。古代から現代におよぶ全歴史過程を視野におさめ、しかも、それぞれの時代領域に関するすぐれた論文をもっており、氏を「古代史研究者」「中世史研究者」「近世史研究者」「近代史研究者」「現代史研究者」のいずれか一方に限定することはふさわしくなく、しいていえば、そのすべてを一身に統一した研究者、ということになるのである。これほどの全体性をもった研究者はきわめて少ないと思う。

二点目の特徴は、「太閤検地論争」・「地主制論争」などの戦後の歴史学界の二大論争の当事者であったことに象徴されるように、安良城氏の仕事は、きびしい議論や論争を通じて自己の領域を開拓してきたという批判的方法を主軸とする点である。ツメの弱い「通説」や根拠の脆弱な「定説」に対する仮借のない批判から氏の研究は出発しているといってもよいくらいである。

そして三つ目は、その批判的方法を支える徹底した実証・分析の基礎作業が仕事全体に貫徹していることであろう。そのことは、想像を絶する精力的なフィールドワーク・史料調査の集積がよく示してくれている。

『新・沖縄史論』は、沖縄歴史を直接の研究対象とし、沖縄で生活をしながら積みあげられた安良城氏の仕事の一端をあつめたものである。この論文を読んで私が痛感したのは、批判的方法に貫かれた氏の学問が、沖縄歴史に向かって正確に運動し、その中に深くわけ入って問題をするどくとりあげ、それをきびしく解いて見せた、そのような鋭利なメスさばきのあざやかさであった。そして、この本の中には、先に述べた安良城氏の学問の特徴・真骨頂がいかんなくあらわれているということであった。

古琉球から現代沖縄までを射程におさめ、「通説」「定説」に対する一点の妥協も許さない批判が展開され、そして、氏みずから精力的に精査・収集した豊富な事実と論理が縦横無尽におりこまれている。たとえていえば、あの「太閤検地の歴史的前提」の沖縄歴史版ともいうべき衝撃的な論述なのである。

私はこの本によって、今さらながら、沖縄という地域の歴史をその全体性においてとらえることの意義を痛感し、また、ともすればきびしい相互批判を遠ざけたがるわれわれの「伝統」の不毛さを反省させられ、実証というものの真価を教えられることになった。

しかも、安良城氏のこの本の中には、歴史家が社会的課題をひきうけると同時に、学問的追求そのものに無上のよろこびを感ずる研究者の原点を見る気がしてならない。通りいっぺんの「常識」に安住するのではなく、対象の中に問題を見つけ出すこと、その問題を解く工夫をこらすこと、それをめぐる議論を心がけること、そして、問題の解決がより根底的な新しい問題の発見へとつながっていくこと、それらの作業を経たうえで見えはじめる新しい世界の感動……。『新・沖縄史論』の中には、そのようなよろこびがあふれている。おそらく、安良城氏のこれまでの仕事の中で、これほどまでに氏の学問の面目が躍如としているのはないように思う。

この論文集は、さまざまな対応に囲まれながら、研究史に確固たる地位を築くであろう。沖縄歴史研究の将来は、『新・沖縄史論』が示した段階をどう摂取するか、また、そのレベルを批判的にどう乗り越えていくかにかかっているといっても決して過言ではない。そのうえに、この本は、沖縄をめぐる今日の思想状況にも強い問題を提示しており、考えぬかれた論理がはりめぐらされている。

研究への純真なよろこびを失わない精神と、批判的方法に支えられた仕事が、今、沖縄歴史研究にとくに必要なのだという主張が、この論文集の行間から交響曲のようにひびいてくる。

（一九八〇年）

安丸良夫

(9)　住む人へ愛をこめて

――『新・沖縄史論』によせて――

戦後の沖縄史研究は、沖縄の民衆が直面してきた現実の問題状況とのかかわりのなかで発展してきた。明治維新以前の歴史や民俗学的研究などには、戦前からの貴重な蓄積があったが、沖縄近代史の研究は、現代的問題意識に支えられて、戦後に新しく開拓されたものである。本書は、こうした研究史にしかるべき敬意を払いながらのことではあるが、沖縄史研究はいま「大きな転換期」にきていると主張する。

歴史には、特定の問題意識をもつことではっきり見えてくる側面と、逆に、容易には見えなくなってしまう側面とがあるのだが、後者には、研究者の先入見や通念などが幾重にも累積されて、的確な歴史認識を阻んでしまう可能性がある。こうした障害を越えて進むためには、研ぎすまされた歴史家としての能力が必要なのだが、沖縄史研究では後発だと自認する著者の武器は、長年にわたって鍛えぬいてきたそうした能力である。

本書がとりあげている論点は、人頭税・石高制・進貢貿易・琉球処分・旧慣存続の意味など多様であり、それぞれ沖縄史の時期区分と特徴づけのための勘どころとでもいうべき位置を占めている問題である。これらの論点にむきあうとき、著者は、基本史料を厳密に再検討するとともに、そのようにして発見された史実を強靱な歴史理論的な構成力によってとらえかえしてゆく。

このようにして展開されてゆく著者の主張は、沖縄史のこれまでの通説や通念と異なるところが大きい。琉球処分や旧慣存続期の評価などはその最たるもので、史実と歴史理論を兼ね備えて通説批判を展開する論理と論争の手際は、この著者ならではと思わせる鮮やかさと徹底ぶりである。

しかし、一九七五年に沖縄史研究を決意して父母の故郷沖縄に移り住んだという著者のこの新著には、日本史学界におけるかつての風雲児ぶりをつきぬけた何かがあるようだ。緻密で強靱な論理の冴えは相変わらずだが、人生の辛酸をへて選びとられた沖縄史というテーマには、はるかに広い問題関心とそこに生きる人々への愛着がこめられてお

り、論理的な文体をもれて伝わってくる著者の人柄も、本書の魅力の一つとなっているといえようか。（一九八〇年）

(10) 聞き書き・そのとき私は ——東京—沖縄—大阪——

溝上　瑛

太閤検地までを奴隷制、それ以後を封建制の社会とする新説を、三一年前（一九五三年）に唱え、学界に衝撃を与えた。まだ東大の学生だった。

あのころは「封建革命」という考え方があって、南北朝の内乱がそれに当たるとの見方が有力でした。古代の奴隷制の名残がこの内乱で一掃され、封建社会が確立した、とする学説です。しかし、もっと後の時代の戦国大名が定めた法律（戦国大名家法）を見ると、「下人」とか「名子」とか呼ばれる農民が牛や馬と同様に売買されていたことがわかる。封建社会の「農奴」とはいえず、明らかに奴隷です。そういう農民が広く存在していた。このような人身売買がはっきりと禁止されたのが天正・慶長年間。つまり太閤検地の時期ですよ。

ヨーロッパの経済史を学びながら、このことを薄々感じていましたが、大学二年のとき（一九五一年）の夏休みに、岩手県の北上山地に残っていた名子制度の現地調査をして、確信を持てるようになりました。ちょうど地元の若い村長さんが農地改革の徹底につとめている時期でした。牛乳を集荷する車に無料で便乗させてもらい、山奥までかけめぐって、生活の一切を主人に支配されていた名子の人々の姿を知ることができました。

その秋、卒業論文のテーマを太閤検地と決め、翌年の（一九五二年）一二月に、歴史学研究会封建部会の研究会で論文の内容を報告しました。以後、多くの人々から反論や批判を受けましたが、現在も私の考え方は変わっていません。名子や下人の大半が、太閤検地によって奴隷の身分から解放され、それとともに日本の農業の生産力も高まった。そう考えると豊臣秀吉はなかなか大変な人です。その半面、朝鮮侵略という困ったことをやっている。こも、こんな視点から考える必要があるんじゃないかな。

潤った代わりに、政治や経済に対する批判が鈍りがちになってしまったのと似ています。秀吉の大阪築城四〇〇年の侵略戦争に対して、日本の民衆が抵抗した形跡もない。一九六〇年代からの高度経済成長で、暮らしが多少とも

一〇年前（一九七二年）、一九六〇年以来長年にわたり助教授をつとめた東大に辞表を出し、経営の傾きかけた沖縄大学に赴任。四六歳だった。

その六年前（一九六七年秋）、突然、三浦半島にある精神病院の一室に暴力で閉じ込められました。精神病院ですよ。院長の福井東一先生が良心的なお医者さんだったので、異常はないと明確に診断され、三日後に帰宅できたのですが、そうでなければ研究者としての生命を絶たれ、社会的に葬り去られるところでした。

当時の私は東大職員組合の執行委員で、学内保育所の開設などに取り組んでいましたが、勤め先の東大社会科学研究所の所長や同僚が私の言動を激しすぎると感じ、「どうも変だ」と思い込んだのです。善意に解釈すれば、心配して無理やり病院にかつぎ込んだわけだが、こんな異常者扱いはどうみても人権侵害です。私自身もだが、妻や老父母にも大変なショックでした。

しかも、そのあとがいけない。病院の一室に監禁までした責任を、だれもとろうとしない。東大社研といえば全五巻に及ぶ大著『基本的人権』という総合研究の本も東京大学出版会から出しており、民主的・進歩的な研究者の集団であるはずなんですがね。とうとう愛想が尽きて辞表をたたきつけたのです。（安良城『新・沖縄史論』一九八〇年・沖縄タイムス社、四八二頁）

沖縄大学は那覇市にある私学です。赴任してみると、物質的な研究条件は東大とは雲泥の差で、天国から地獄に来たみたいでした。その替わり、社会科学の研究者にとって、沖縄には予想もしていなかったプラスの条件があることに気づきました。東京にいるよりも、はるかによく日本が見える。本土から遠く離れているために、日本を絶対視するのではなく、相対的なものとして観察できるのです。

五年後、学長に推され、一二億に及ぶ赤字に苦しむ大学財政の再建に忙殺されました。でも、全国にさきがけて入試のペーパーテストを廃止したり、地域と結びついた研究活動の強化などで沖縄大学のイメージを高めることに努め（西川潤「百万人の大学・沖縄大学」「朝日ジャーナル」一九七九年八月一〇日号）、島々を渡り歩いて埋もれていた古文書も掘り起こし、『新・沖縄史論』（一九八〇年・沖縄タイムス社）と名護市教育委員会『名護市史』近代統計資料集（一九八一年）をまとめることができました。

沖縄大学の立て直しに目鼻がついたあと、一九八〇年に大阪府立大学の総合科学部に移ってから二年半に近い。被差別部落史の研究に打ち込む。

私は首里から東京に移り住んだ沖縄県人の家庭に生まれました。数学が好きで、原子物理学を勉強したかったのですが、中学時代は戦時中で、軍人を志望しなければ非国民呼ばわりされるような時代でしたから、仕方なく一九四四年秋に海軍兵学校に進んだ。沖縄が戦場になる直前です。もし、首里で生まれ、沖縄県立の中学に入っていたら、多分、いまごろは摩文仁の健児の塔の下に眠っていたでしょう。

戦争が終わり、江田島から親元に帰るため、級友たちとともにカッターをこいで、広島の宇品に上陸しました。ここで初めて非惨な姿の原爆被災者たちに会いました。駅舎がすべて吹っ飛び、プラットホームだけになった広島駅で、貨物列車の石炭車にはい上がり、乾パンを食べようとすると、すさまじい異臭に襲われ、とても口に入らないのです。何だろう、と首をひねっていたら、駅の人が「何も知らないんだなあ。たくさんの人が死んで、そのまま腐っていくにおいだ」と教えてくれた（本書**論文一四**、2(6)）。こんな戦争は、絶対に繰り返してはいけないと思いました。

帰京して、旧制一高の理科に入り直しましたが、日本の原子物理学の実験用サイクロトロンは全部、占領軍の命令で破壊されてしまいました。それで物理の道をあきらめて文科に転じ、「封建的」なものの克服が叫ばれていた時期だったので、おのずとその歴史的な研究をめざしました。

あのころの学生は、食べるものにも事欠きながら、よく勉強したと思います。日本の社会をかえていくのだ、という目的がはっきりしていたからでしょうね。

沖縄の歴史とともに被差別部落史の研究が、日本の社会構成史的研究分析に不可欠であることは早くから感じていました。大阪府立大学に移って、ようやくこの問題に、本格的に取り組むことになりました。大阪は部落史の研究にとって、地の利に恵まれています。太閤検地や地主制や沖縄の研究をもとに、この分野に新しい境地を切り開こうと思っています。

（一九八三年）

⑾　沖縄と天皇・天皇制の研究

新船海三郎

かつて「太閤検地＝封建革命」説で歴史学界をゆるがし、沖縄問題なども幅広く研究してきた歴史学者の安良城盛昭（あらきもりあき）さんは、いま、天皇・天皇制研究に情熱を傾けています。安良城さんの話をききました。

学界を揺るがした〝安良城旋風〟

〝安良城旋風〟は、いまでも歴史学界の語り草です。一九五三年、東大経済学部の卒業論文「太閤検地の歴史的前提」「太閤検地の歴史的意義」は、日本における封建制成立の画期を太閤検地に求め、日本史の時代区分の変更を迫って学界を揺るがしました。

「自信はあったけど、あれほど大問題になるなんて思わなかった。〝安良城旋風〟って名づけたのは、服部之総さんだったんだって〈服部之総「歴史的疑念の発想法について――公式に徹するということ――」〈服部之総『日本人の歴史』一九七一年・法政大学出版局、所収〉〉。あとで知ったんだけど……」

敗戦を海軍兵学校で迎え、江田島からカッターを漕いで広島・宇品へ。建物という建物みんな原爆におしつぶされた街、広島駅のホームでかいだいいようのない異臭が忘れられないといいます（本書**論文一四**、2(6)）。

「戦争ですよ。こんなむごいこと、二度とくり返しちゃいけない。一体だれがこんなことをひき起こしたんだ、と思いましたね」

マルクス主義を本格的に勉強

歴史学研究の歩みがはじまります。旧制一高時代、寮で廊下をへだてた向かいの部屋には、上田耕一郎氏（現日本共産党副委員長）が活躍していた社会科学研究会の看板がかかっていました。

「でも、マルクス主義を本格的に勉強しだしたのは一九五〇年に東大経済学部に入学してからですね。時期もよかった。大月書店から『マルクス・エンゲルス選集』（二三巻本・一九四九〜五二年）が出版され、『資本論』の長谷部文雄訳が完訳（青木書店）、一二分冊の『レーニン二巻選集』（一九五一〜五二年・社会書房）も出たときでした。大学を卒業すると大月書店から『レーニン全集』（一九五三年〜）が出版されはじめました」

一〇年ごとに太閤検地・地主制史・琉球＝沖縄史・被差別部落史と主要な研究テーマを積極的にかえ、四十歳代からは沖縄を。

東大社研を辞めて一九七五年からは沖縄に居を構え、七八年に沖縄大学の学長。理事長も兼ね、一二億の負債をかかえた学園の再建に腕をふるいました。

「研究というものは一〇年かけるとなんでも一応、ものになるんじゃないですか。できないとなるとその一〇年間さぼっていたことですからね」


はなはだ迷惑な〝国民の象徴〟


そして、いよいよライフ・スタディの天皇と天皇制だ（本書**論文五・六**）と腕を撫します。

「沖縄と天皇制とのかかわりは、一八七九年の「琉球処分」からなんですね。人は生まれながらにして歴史を知っているわけはないんで、家庭や社会との接触、とくに教育を通じて獲得していくものです。戦前の沖縄では「琉球処分」後、皇民化教育が強行され、たとえば一八九八年には〈小学校生徒の思想調査〉をやって、その達成度をみている。だれを尊敬するか―天皇、だれを憎むか―足利尊氏、という調子ですよ。これは歴史でも教育でもありません」（本書**論文九**）

今秋、天皇が海邦国体ではじめて訪沖することになったとき、安良城さんは、天皇が終戦交渉の前に戦果をあげることにこだわって沖縄戦を必然化させ、戦後も、沖縄についてアメリカの長期占領を望むメッセージをアメリカに送っていたことなどをあげ、「このことに頬かむりして来沖しようというのは、その道義性が全く欠如しているが故に、はなはだ迷惑な〈国民の象徴〉の来沖というべきであろう」ときびしく批判しました（本書**論文七**）。

「名前からもわかるように私の両親は沖縄出身です。私が沖縄を研究し、天皇・天皇制を研究するのは、そういう自分につながるものの探究というだけにとどまらず、そこにこの国の縮図的な歴史があり、さらに日本の未来への展望を探りあてる道があると確信するからなんです」（一九八七年）

(1)(6)は、私自身の追想であるが、(2)は、安達淑子・大石慎三郎・芳賀登・村井益男氏に私が加わった関東地方史研究会をめぐる座談会の速記録であり、(3)は「東京大学新聞」の匿名による私の紹介記事（一九五六年六月二五日）、(4)は「週間読書人」に掲載された吉岡昭彦氏による私の紹介（一九六〇年五月二三日）、(5)は『幕藩体制社会の成立と構造』が刊行された時のことを当時の御茶の水書房の編集者だった能島豊氏が回想したもの（一九六七年一〇月二一日の「図書新聞」に掲載され、後に『名著の履歴書』下・一九七一年・日本エディタースクール出版部、に収録）、(7)は「毎日新聞」の記者の私とのインタビューについての無署名の記事（一九七〇年一一月一二日）、(8)は「琉球新報」に掲載された高良倉吉氏による『新・沖縄史論』に対する書評（一九八〇年八月二三日）、⑼は「毎日新聞」に掲載された安丸良夫氏による『新・沖縄史論』に対する書評（一九八〇年九月二九日、発表当時は匿名）、⑽は「朝日新聞」溝上瑛記者の私とのインタビュー記事（一九八三年二月一四・一五・一七日）、⑾は、「赤旗」新船海三郎記者の私とのインタビュー記事（一九八七年一〇月一〇日）である。

⑶⑷⑸⑺⑻⑼⑽⑾の論稿は過褒のきらいがあるが、「太閤検地論争」「地主制論争」を知らない若い読者にとって本書が成立してきた背景をわかりやすい形で示しているのではないかと考えられたので、敢て「むすび」に収録させて頂いた。本書への転載を快諾して下さった、関東地方史研究会同人諸兄姉と能島豊・吉岡昭彦・高良倉吉・安丸良夫氏、さらに溝上瑛・新船海三郎のお二人の新聞記者、のみなさんに、私の感謝の気持をここに明記させていただきたい。

　本書については、著者としていささかの感慨がある。本書はもともと昨年（一九八七年）五月には刊行されることになっており、たとえば二月末には本書第一一論文は四校を終えて責了になっていた。実のところ本書は、私の還暦記念論文集の第一作として（この他五冊の著書を刊行する心積りである）準備された。私は一九二七年五月一〇日生まれであるから、還暦を迎える一九八七年五月に焦点を絞って本書を刊行する計画がたてられていたのであった。ところが、一九八七年三月四日に、私が心筋梗塞によって倒れ、日大板橋病院で一カ月の入院生活を余儀なくされただけでなく、すでに一九八六年から樹てていた研究計画にもとづいて、一九八七年の五月一〇日～七月一〇日までと海邦国体開会式の前後の一カ月（あわせて三カ月）を、沖縄現地に滞在して調査・研究活動に従事したためと、仕事のし過ぎのための過労によって持病の糖尿病が悪化して食欲不振となって栄養失調に陥り、東京都立大塚病院に一九八八年六月九日から三週間入院せざるをえない破目におちいってしまい、ために本書の刊行がこのように大幅に遅れてしまった次第である。

御迷惑をおかけした出版社の吉川弘文館と編集部長山田亨氏、さらに実務を担当された上野純一氏が、「催促をしては一切ならない」という出版契約当初の私の申し出を忠実にまもって忍耐された御苦労に衷心から御詫びを申し上げるとともに、御蔭様で心おきなく闘病生活を送れ、マイペースの研究に従事できたことに対する私の感謝の気持を、ここに書きとめておきたいと思う次第である。

なお、論文一一として本書に収めた「式目四二条解釈と〈移動の自由〉」はもともと永原慶二氏の一橋大学退官記念論文集の中世編（永原慶二・佐々木潤之介編『日本中世史研究の軌跡』一九八八年四月・東京大学出版会として既に刊行されている）に献呈するために構想されていたのだが、本書が前記したように昨年の一九八七年五月に刊行される予定となっていただけでなく、その主要部分が大阪府立大学大学院総合科学研究科「文化学研究論集」（二号・一九八七年三月）として公表されたので、一九八八年の今年にならないとこの中世編が刊行されない手順となっているとの情報を様々な確かな筋からキャッチしていたので、退官記念論文集に収めることをためらい、世話人と出版社に辞退を申し出たところ快諾されたのだが、こんなことになってしまい、学生時代から現在にいたるまで多大の学恩をうけつづけている永原さんに対して本当に心苦しい想いである。

ただ、もともとこの論文は、永原さんの一橋大学退官記念論文集に献呈するつもりであったことと、日本中世史について私が書きうる論文のうちでは、永原さんに献呈するのに最もふさわしいテーマとしてこれを選び構想したことを、私の気持としてここに書き記しておきたい。

さきに述べたように、本書は一九八七年の三月には校正も出てきていたのであるが、その後の一九八七年五月に網野善彦氏の『無縁・公界・楽』の増補版が刊行され、一九七八年刊行時の本文に対する六四頁に及ぶ詳細な補註と補論四編（三九頁）が加えられている。そこには、一九七八年時の網野説の明白な史料誤読は訂され、新たな見解も表明されている。網野氏の真摯・率直な態度に深い敬意を表するものであるが、網野氏の釈明についてほとんど賛同することができない。それ故に本書の網野批判に手を加え書き改めることはしなかった。

一例をあげよう。私は「公界の大道」について、これは単に「私道ではない公道」であるにすぎず「道路は〈公界〉そのものであった」と網野氏がみなすのは不正確であり、「私道は道路ではあるが〈公界の道〉ではない」と網野説批判を行なったのに対して、「中世における〈私道〉のあり方、またそのような道がありえたのかについては、不勉強にしてまだ詳かにしていないので今後を期したい」と反論されているが、いうまでもなく田畑の畦道は私道であって日本全国にあまねく存在し、それは「公界の大道」より遙かに高い比重を占めていたのである。

本書で烈しい網野説批判を展開したが、もとより私は網野氏をごく親しい友人の一人と考えているし（本書四一頁）、全く他意はない。ただ日本の学界の論争はお上品すぎると常日頃考えているし、お上品の方が無難なことは弁えているつもりだが、網野氏の友情に甘えて、網野氏の研究の評価（本書二頁）ではなく問題点のみの指摘に終ってしまったことは心苦しい次第である。網野氏の多彩な研究活動に、私が常に学ばせてもらっているということはいうまでもない。一言蛇足ながらつけ加えておきたい。

なお、ここで網野善彦『無縁・公界・楽』についての私なりの積極的評価をのべておきたい。この書を歴史学の成果としては私にはとても認められないのであるが、観点をかえてみれば、この書は歴史文学としては新しいジャンルを切り拓き、読者に歴史に対する新しい関心を高め広めた、という点において御世辞ぬきで功績絶大なものがあった、と考えている。

歴史学と歴史文学とは密接に関連するものの、「文」の一字のあるなしで本質的な違いがある。歴史学は、正確な史料解釈にもとづきつつ、かつ妥当な歴史理論に基礎づけられて、複雑な諸史実を構成＝組み立てて歴史を復元しなければならない研究領域なのであるが、歴史文学は、史実に一定の基礎をもつとはいえ、作者の想像力＝創造力によって、確実な史実のすき間を歴史理論を無視して自由に飛翔できるのである。

網野氏のこの著は、史実についてのその博識に裏付けられているとはいえ、理論的にいって基本的には一人よがりでレベルの低いものであるが、実証的にも史料や語義についての誤釈の堆積であって、歴史学という見地からすれば、落第というほかはないと私は思うのだが、新しいタイプの歴史文学（個人が登場しない社会史的という意味で）という視点からこの著を評価すれば、そこに網野氏の歴史に対するロマンが多彩なかたちでくりひろげられていることに眼をみはる思いがする。

網野氏御自身が、この書を歴史学の著書として錯覚され、新しい人類史といって騒ぎたてたジャーナリズムのみならず学界や読者の多くも、これを新しいタイプの歴史文学（壮大とはいえ、結局のところ架空なロマン）と見抜けなかったところに問題があったのである。

こういう状況（網野ブーム）が約一〇年とはいえ現出したイデオロギー的背景には、十分に検討に値する興味深い論点が秘められていると私考する。

本書の第一論文は、「歴史学研究」五三八号に掲載して頂いたが、それには若干のいきさつがある。

当時の歴研の編集長は私の若い友人(といっても私が一〇歳ほど年長であるにすぎないのだが)中村政則氏であって、氏の在任中に何か前近代の論稿を投稿しようと口約束ができていたことが、このような形で結実したのである。

この論稿の掲載には若干のトラブルがあったが、中村氏の御骨折によってつつがなく掲載できた。この場所をかりて御礼申し上げる次第である。

当初は、「建長五年の幕府撫民令について」と「中世〈百姓〉の逃散と逃亡——日本中世社会の世界史的特質——」を本書に収めるつもりで素稿もできあがっているのであるが、紙幅の余裕がなく割愛した。別の機会に論じたい。また中断のままになっている「男は何故ブラジャーをしないか」(「歴史評論」一九七二年二六四号・二六六号)も本書に収めるつもりであったが同様の理由で断念した。

以上の点でやや心残りはあるものの、前著の『幕藩体制社会の成立と構造』(一九五九年)・『新・沖縄史論』(一九八〇年)・『日本封建社会成立史論』上(一九八四年)と同様に本書の出来栄えには著者としては主観的には満足している。もちろん、読者諸賢の率直できびしい御批判を期待するとともに、その評価と批判を素直にうけとめたい、と考えている上でのことではあるが。

一九八〇年に沖縄大学から大阪府立大学に転じてきてから、どうも体調が良くない。沖縄大学学長時代の過労と無理のたたりであろうか。このところ毎年入退院の繰り返しである。御世話になった医師の先生方は数えきれないほどである。これらの先生方の適切な診療と行きとどいた御配慮で私は今も生き永らえているようなものである。

一九八四年に急性肺炎で生れてはじめて病院なるものに入院し、ここで糖尿病が発見された大阪堺の清恵会病院の諸先生、また糖尿病治療のために大阪労災病院を紹介してくださった堺の村上義郎先生、さらに糖尿病のために再度も入院した大阪労災病院以来の主治医であり、今は堺新家町で開業された片上正先生、日大板橋病院の弓倉整・遠藤守人・宮脇尚志三先生、私の東京でのホームドクターであり、日大板橋病院や都立大塚病院を紹介して下さった林滋先生、また都立大塚病院での主治医甘慶華先生、さらに実に精好な義歯を作って下さった堺の梅鉢治郎先生、また、沖縄那覇の古波蔵正照先生と那覇市立病院の田端辰夫院長と照喜名重一先生、以上の諸先生方にこの場をかりて厚く御礼申し上げる次第である。

齢六〇を過ぎて人生の峠をこえている私ではあるが、にもかかわらず、節制して体調を整え、今しばらく頑張りたい。

ところで本書は、基本的にいって、天皇・天皇制・百姓・沖縄についての学術研究論文集と私は考えるものであるが、類書とは構成が著しく異なっている。それは論文一四の2「社会構成史の一研究者と現代」および「あとがき」の(1)から(11)に顕著に現われている。どうしてこういう特殊な構成をとったのか、一言付言をしておきたい。

私は、研究者の生涯にわたる研究方向を決めるのは、二〇代の青春時代の研究内容だと考えている。ところで、私の二〇代は一九五〇年代であって、一九八〇年代に青春時代を送っている若い学生・研究者とは、社会的状況も研究動向も学界状況も著しく異なっている。

本書を一読されれば、私が深くかかわった一九五〇年代の二大論争である「太閤検地論争」と「地主制論争」に、本書の内容が今なお基本的に規定されていることを読者は了解されるであろう。この二大論争から三十数年も経過した現在、どうしてこうも私の研究が規定されているのか、この二大論争を全く知らない上にある意味では無縁な学生・研究者は、理論離れが進行して研究の個別細分化が深化し、密度の高い実証的研究が要求されている現在的状況に置かれているために、とても理解できないのではないか、と私はひそかに惧れているのである。その故に、類書とは異なった構成を本書は敢えてとっているのであり、特に「あとがき」の(1)から(11)は、二大論争を知らない世代にとって、本書の理解を援けるのではないかと考えて、収録したのである。学生と若い世代の研究者に本書を読んでもらいと私が特に希望しているからである。

これが本書が特殊な構成をとった基本的理由であるが、もう一つ必ずしも副次的とはいえない理由がある。それは私の最近の体調との関係である。

すでにのべたように、一九八四年から私は毎年入退院を繰りかえしている。私の入院した病院の多くはいずれも大病院だったから、重病の患者が入院している率が高いのだが、私の隣室に入院した大阪府立大学の同僚が僅か一週間で急逝したり、私より若い同室の患者が何人も薬石効なく死去した経験をもった。五〇代の半ばまでは病気一つしたこともなく、タフ・ガイの安良城を自認していた私も、この経験から一つの反省をした。もう自分は人生の峠をすでにこしているのだから、もっと長生きして研究を続けたいと主観的には願っても、それが実現される客観的な保証は一切ないのだ、と。私の同世代の研究者が何人も死去している事実が他人ごとではなくなった。

本書の他に五冊の私の還暦記念論文集をここ一、二年のうちに刊行することを企てているのであるが、それが客観的に実現できる保証がないのである。若しかしたら、本書の刊行だけで私はあの世に行かざるをえないのかも知れない。

私の四〇年にわたる研究生活の凝集である本書成立の背景を示すものとして「あとがき」の(1)〜(11)を収録した次第である。

だからといって、生来ネアカの私は、メソメソしたり落ちこんでいるわけでは決してない。四〇年の私の研究生活は、自由で充実していたと心ひそかに満足しているからである。

また、体調が十分でないからといって、長生きする為に研究をさし控え抑制する気持もサラサラない。長生きするために第二線に退き、輜重兵や看護卒などの役割を演じようなどと思う気持は全くない。研究の第一線でドンパチやって「名誉の戦死」を遂げることを以て本望としているからである。

唯物論者である私は、死後とても天国にはゆけなくて地獄におちるであろう。そのことも楽しみである。地獄にいって革命をおこしてエンマ大王を追放し、同じように地獄におちているであろうマルクス・エンゲルス・レーニン・毛沢東とマルクス主義と社会主義について立ちいった議論ができると期待するからである。死もまた楽し、と私が考えている所以である。もちろん、唯物論者としてあの世に天国も地獄もありえないと内心では確信しているのだが。

また後に掲げる本書所収論稿の初出一覧表が示すように、その殆んど全ては、大阪府立大学総合科学部の研究室でとりまとめられた。したがって本書は私の五〇代後半の研究集成でもある。本書のために書き下したものも幾つかあるが、他の多くは依頼原稿であったために、割宛紙数の制約があった。本書に収めるにあたって字句上の技術的修正の他にかなりの補筆を行なった所以であるが、一九六一年に執筆した論文一四の2(3)を除いては、論旨についての変更は一切ない（論文一四の2(3)の論旨変更については、本書三五七頁に〔補註〕を加えて論旨変更の理由をのべてある）。

どこの大学でもそうだと思うのだが、われわれのような研究には、女性の研究補助者が縁の下の力持的役割を演じてくれている。私の場合には、社会科学特講室の寺本輝代氏と日本文化講座の八木侑子氏の両女史に大変お世話になってきた。ここに記してささやかながら感謝の気持を申し述べておきたい。

なお、私は大阪府立大学の同和教育の実質上の責任者なのであるが、この問題についての行政サイドの担当者である坂口彰治係長に大変お世話になっている。この点もここに明記してお礼を申しておきたい。

また単身赴任の私にとって、ビールを飲み食事をとって疲れを休めるとともに、研究の構想を練る場が必須不可欠なのであるが、そのような場を快く提供して下さっている次のお店に、この場所をかりてお礼を申しのべておきたい。

大阪空港の「和甲」、難波高島屋の「福喜寿司」、堺東のスナック「つくし」と割烹「新藤」、堺龍神の「吉忠」の十代忠義・妙子御夫婦、堺白鷺の「ひさご」と「芳蘭」、堺仲之町の「檜」、のお店に大変お世話になってきた。特に「新藤」は、大人物の陶器弥栄子ママはじめ板前さん・女子従業員の皆さんの全てに大サービスをしてもらっている。ツケが利くだけでなく、ウッカリして銀行から預金を引き出し損ねて困っている時なども、無利子の金融といった面倒までみてもらっている。大学に近い上、味も結構で気分的にも良いお店だから、チョクチョク利用させて頂いている。特に感謝したい。

一九八八年六月三〇日

都立大塚病院のベッドの上で

著者

論文初出一覧

一　「歴史学研究」五三八号　一九八五年
二　「日本の科学者」二〇巻四号　一九八五年
三　「歴史科学」一〇一号　一九八五年
四　「年報　中世史研究」一一号　一九八六年
五　歴史学研究会編『天皇と天皇制を考える』　一九八六年　青木書店
六　書下ろし
七　「朝日ジャーナル」一九八七年七月二四日号

八　「朝日新聞」一九七八年六月一〇日
九　地方史研究協議会編『琉球と沖縄』　一九八七年　雄山閣
一〇　「沖縄タイムス」一九八七年一一月六・七日
一一　大阪府立大学大学院総合科学研究科「文化学研究論集」二号　一九八七年
一二　書下ろし
一三　「歴史読本」一九八二年七月号　新人物往来社
一四　はじめに　書下ろし

1
(1)　書下ろし
(2)　「朝日新聞」一九八六年八月三〇日
(3)　「朝日新聞」一九八六年九月一日
(4)　一九七一年九月歴史学研究会報告のテープにもとづいて書下ろし

2
(1)　「朝日新聞」一九八六年九月二日
(2)　「朝日新聞」一九八六年九月三日
(3)　『古代史講座』月報　一九六一年　学生社
(4)　『幕藩体制社会の成立と構造』第三版「序言」　一九八三年　御茶の水書房
(5)　『日本封建社会成立史論』上「あとがき」　一九八四年　岩波書店
(6)　「地方史研究」一九六号　一九八五年

(7)　「朝日新聞」一九八六年八月二八日
(8)　小原流月刊機関誌「挿花」一九七八年八月号
(9)　「朝日新聞」一九八六年八月二九日
(10)　「朝日新聞」一九八六年八月二六日
(11)　「朝日新聞」一九八六年九月四日
(12)　「朝日新聞」一九八六年九月五日
(13)　「朝日新聞」一九八六年九月六日
(14)　大阪府立大学付属図書館「図書館だより」一三号　一九八二年一一月
(15)　東京大学経済学部同窓会誌「経友」三七号　一九六五年八月

むすび　書下ろし

あとがき
(1)　戦後第Ⅰ期「歴史学研究」復刻版月報一一　一九八七年　青木書店
(2)　「歴史公論」一九八四年一月・二月号　雄山閣
(3)　「東京大学新聞」一九五六年六月二五日
(4)　「週刊読書人」一九六〇年五月二三日
(5)　「図書新聞」一九六七年一〇月二一日
（『名著の履歴書』下・一九七一年・日本エディタースクール出版部、に収録）
〔安良城補説〕書下ろし
(6)　書下ろし

(7)「毎日新聞」一九七〇年一一月一二日
〔安良城補説〕書下ろし
(8)「琉球新報」一九八〇年八月二三日
(9)「毎日新聞」一九八〇年九月二九日
(10)「朝日新聞」一九八三年二月一四日・一五・一七日
(11)「赤旗」一九八七年一〇月一〇日

＊

一五　書下ろし
付　「別冊歴史読本」一九八九年六月号　新人物往来社

一五　Xデー・天皇戦争責任・「昭和」天皇の評価

1　Xデーと天皇の戦争責任

Xデーがやってきた。八七歳の高齢のうえに膵臓癌に冒されている天皇が、近い将来のうちに全治・快癒するなどと判断することは、医学的見地からみても不可能というほかはないと判断されていた。その莫大な医療費が全て国民の税金によって賄われ、医療費の支払いに思い悩むこともなく、侍医・看護婦団の手厚い看護をうけている天皇（庶民とは全く違う）が、なおしばらく延命できるとしても、いずれにせよXデーはま近かであるとみなされていたのである。

このようなXデー前夜の状況の下で、一九八〇年代の「昭和」終焉時の日本の現実が白日の下に露呈された。

Xデー必至と考えた宮内庁・政府・自民党は、この機会を利用しこれに便乗した大々的な天皇キャンペインを企て、Xデーに備えて準備おさおさ怠らないでいたテレビ・新聞などのマスコミは、一斉に天皇報道に驀進した。坂下門における記帳をはじめとするテレビの映像や新聞報道は、天皇ブームに国民を捲きこむのに一定の役割を演じたことは疑いない。しかし、国民は全体として冷静であった。大々的に宣伝されたこの記帳に参加した国民は、自発的な意志でなく駆り出された者(地方県庁に設けられた記帳所において特に目立った)を含めても七百万人に達せず、一億二千万人の国民の六%にも及んでいないのである。テレビ・新聞・週刊誌をはじめとするマスコミの大騒ぎにもかかわらず、主権在民の国民の大多数は醒めていたのである。

全国の神社の多くを統轄している神社本庁はいち早く、神社の秋祭の自粛を通達し、政府も地方自治体に自粛を指示した。この結果多くの祭やイベントが中止されたが、この自粛はヒロヒト不況を生み出して国民生活に深刻な影響を及ぼし、この自粛をある程度撤回せざるをえない苦境に天皇家をはじめ政府・自民党は追いこまれた。

ヒロヒト不況についての国民=庶民の広汎な不満に動揺した宮内庁は、皇太子に過度の自粛は「天皇の御心にそぐわない」と発言させた。ここに宮内庁と皇太子の戦前的体質がはからずも露呈されている。「天皇の御心」にそうかそわないか、といったアナクロニズム的な価値判断によって国民生活が左右されるべき時代ではもはやないのである。あれだけマスコミを通じて宣伝した記帳が全国民の六%にもみたない現実を宮内庁はどう考えているのだろうか。ヒロヒト不況がこの調子で進行すれば、国の政策課題である内需拡大は抑制され、日本のGNPは〇・五〜一%も縮小しそうである。

九月一九日以来の天皇狂騒曲は、さまざまな国際的反響をよびおこした。

イギリス・オランダ・フランス・ドイツ・イタリア・アメリカという西欧諸国はもちろんのこと、太平洋戦争で日本が占領・支配したシンガポール・香港・マレーシア・フィリッピン・ヴェトナムも、現在進行しているこの天皇狂騒曲に批判を加え、天皇の戦争責任についても公然と明確に指摘し、太平洋戦争で果した天皇の犯罪的役割について歯に衣をきせない論評を加えた国際的ジャーナリズムは、決して例外的なものではなかった、というよりは、少数の例外はあっても、圧倒的多数であった。

天皇の戦争責任について不問に付し、天皇狂騒曲に走り廻っているNHKをはじめとする日本のジャーナリズムの主要な動向の国際的孤立は、誰の目にも明らかである。

ここでピエロ的役割を演じたのは、渡辺美智雄自民党政調会長（ミッチー）である。彼は奇矯な発言によってマスコミに話題を提供し、いずれ自民党の総裁となり首相の座を狙おうとしている、とジャーナリズムでしばしば報道されているのだが、Xデー前夜のミッチーの言動は、その目が一切ないことを天下に示してしまった。

これからの日本は国際化しなければならない、という点については衆目が一致しているというのに、ミッチーはこの課題に応えることのできない、知性の乏しい不適格な人物だということを内外に示してしまったからである。それは何故か。

第一に、イギリス最大の大衆紙「サン」（四〇〇万部）や「デーリー・スター」（一三〇万部）のややえげつない天皇批判（戦争犯罪人として）に対して、ロンドンの日本大使館は、日本の元首に対するこのような批判はエチケットに反すると両紙に抗議した。しかしながら、日本国憲法上、天皇が元首であるかどうか、疑わしいところである。これらの批判に対して、東京裁判でも天皇は戦争犯罪人とみなされていない、とミッチーは反論した。ここにミッチーの知性の乏しさが集中的に表現されている。天皇は、東京裁判で起訴され、裁判の結果で戦争責任はないとして無罪となったのでは決してない。それは、アメリカの日本占領政策上の配慮から、政治的に免訴・免罪されただけのことである。だからこそ、一九八八年の一〇月一七日にニューヨークに在住する中国人三〇〇人が日本総領事館にデモをして、天皇の免訴は米日両政府の策謀によるもので、その戦争責任をあくまでも追及する、と主張した現実によってもこのことは端的に証明されている。

第二に、言論の自由といっても限界があり、天皇を戦争犯罪人と批判したイギリス大衆紙の記者が日本に駐在しているのであれば、これを国外に追放すべきだと権力的に主張したことに、日本の政治的指導者としてのミッチーの不適格性がよく示されている。

ミッチーの感情と思考の許容範囲のなかに限って言論の自由は存在しうるのだ、という思いあがったこの暴論は、たちまち在日外国特派員団から強硬な抗議書をつきつけられた。言論の自由には限界など全くあるべき筈もないし、ミッチーの気にくわない特派員を強制的に国外退去させるべきだ、などというミッチーの意向は論外だと徹底的に抗議され、スゴスゴ引きさがらざるをえなかった醜態ぶりのうちに、国際的面からみたとりかえしのつかないミッチーの失点は歴然というべきであろう。

第三に、国内的にいってもミッチーは落第というほかはない。

リクルート疑惑は、政治家の倫理問題と不公平税制の見地から国民の大きな不満と関心を集めているが、ミッチーはこの点についても極めて鈍感で、自らこのリクルート疑惑に関係しながら恬として恥じないだけでなく、リクルート問題は国民生活と関係はない、と放言している始末である。

国民生活のうちには、国民の精神的・思想的・文化的生活が含まれている。ミッチーは、たかだか数十億円の金が政治家に流れたところで、日本のGNPからすれば経済的にいって大したことはない、という唯物（タダモノ）主義を主張したいのだろう。果してそうだろうか。政治家が株で儲けて何がわるい、と開き直っているミッチーの姿勢は、不公平税制と濡れ手に粟の儲を反省しない政治家の倫理に国民の不満が渦まいている日本の現実に、彼は全く鈍感であることを示している。

こういう唯物（タダモノ）主義的感覚の人間が、政権政党である自民党の政調会長に坐っている保主政治の頽廃ぶりには目を蔽うものがある。ここで思いおこす諺がある。それは糞中の虫、糞の何たるかを知らない、という諺である。その意味は、糞の中に住んでいる虫は、糞の臭さに慣れていて、その臭さがわからない、という意味である。

自民党は、中曽根前首相・竹下首相・宮沢前蔵相・安倍幹事長・渡辺政調会長はじめ、政府・党の要職にあるもの、あったものが皆といっていい程リクルート疑惑にまきこまれているが、秘書や家族がやったことと辯解を言って責任をとろうとしていない。政界だけではない。官界・財界・ジャーナリズムの上層まで汚染されており、「昭和」終焉期の支配層の無責任性と非道徳性を象徴的に示している。

ところで、天皇の戦争責任については、すでに述べたように国際的には確定しているのだが（私はすでに二つの論文――「天皇と《天皇制》」（歴史学研究会編『天皇と天皇制を考える』一九八六年・青木書店、所収、本書**論文五**）と「沖縄・広島・長崎は避けられた？　訪沖前に問う天皇の戦争責任」（『朝日ジャーナル』一九八七年七月二四日号、本書**論文七**）――を発表しているので（この二論稿は、かなりの補筆を行なって本書に収められている）ここではその主張を繰りかえさないが）、とうとう天皇は、国民に対してその戦争責任を自認して国民に詫びる道義的＝人間的義務を果さないままに、Xデーを迎えることとなった。それだけではない。アジア民衆に対して皇軍が天皇の名によって行なった残虐行為についても、ヒロヒト天皇は一言の謝罪をすることもなく死んでしまった。

天皇と政府・自民党の指導者という政治的支配者の無責任ぶりに、「昭和」終末期の政治的風土の頽廃ぶりが象徴されている。

2　「昭和」天皇の評価の基準

Xデー前夜ということで、さすがに「昭和」天皇の評価をめぐって百家争鳴の賑いである。Xデー後の一月七日以後には、この賑いは、一層拡大されるであろう。というよりは、天皇賛美・擁護の言説のセミシグレがかまびすしいであろう。

《天皇制》研究をライフ・スタディとする私は（本書**論文五**）、出来るだけ広い目配りをもって数多くの論述・対談・鼎談に接してきた。その読後感を率直にのべれば、「昭和」天皇の評価は、日本近代・現代史についての歴史学の成果を基礎に据え、前近代日本史における天皇と《天皇制》についての歴史学の成果も十分勘案して、全体的・客観的になされねばならない、ということである。

「昭和」天皇は六十数年の長きにわたって天皇の地位にあったのだから、さまざまな世代の天皇経験・天皇観がこれまでの論稿に反映されているのは当然なのだが、論者の個人的な感慨だけでは「昭和」天皇の評価（これを擁護するにしても批判する視角からにせよ）を論じ切れない、ということである。

個人的経験・個人的感慨の限界を補うものとして、また世代による歴史的経験と価値判断の差違という制約を補うものとして、歴史学の研究成果が尊重されねばならないのである。戦後の天皇制研究には幾つかの見解対立を含みながらも、厖大な研究成果が蓄積されているからである。

「昭和」天皇の評価という、評者の価値判断ときわめて密接に絡みあう論点については、天皇をめぐる史実が客観的にどうだったか、という事実認識を欠いては、主観的な意見表明に留まらざるをえない。戦後の歴史学には、「昭和」天皇をめぐる史実について、戦前・戦中の天皇の重臣のメモワール類の発掘を含めてかなりの蓄積がある。ヒロヒト天皇の死後に、早くもこれまで不分明だった問題についての確実な史実が明らかにされつつある。歴史学の研究成果が尊重さるべき所以である。

これは「昭和」天皇を論評するための一般的な基礎的な前提と私は考えるのだが、どうもこの基礎的前提を無視しこれに欠ける論評が目立つのは残念である。

以上の基礎的前提のもとに、なお留意すべき(1)〜(4)の視点について触れておこう。
(1)「昭和」天皇の評価は、「昭和」史という日本の近・現代史の全体の流れのうちで果さるべきである。換言すれば、「昭和」史は一九四五年の日本の降服・敗戦を境に二大別され、「昭和」天皇の存在それ自体が質的変化を遂げているからである。この観点を欠落させた「昭和」天皇論（天皇擁護論者に多いのだが）は落第というほかはない。
(2)戦後の「日本国憲法」の天皇地位規定にひきつけて、天皇は日本歴史上もともと非権力的な象徴的存在だった、と津田左右吉流の天皇制擁護論の立場から屢々主張されているが、これは日本歴史についての歪曲であり我田引水の論である。本書で明確に論じてあるのだが（本書論文六）、どんな歴史的根拠にもとづいて主張するのか、天皇が日本歴史上に登上するのは約一五〇〇年前なのだが、そのうち九五〇年は権力のトップの座に君臨する権力的天皇であり、非権力的で象徴的地位にあった天皇は、中世後期・近世・現代を通算しても五五〇年にすぎないからである。

(3)先に(1)で論じたように、敗戦を境に「昭和」天皇の地位は質的変化を遂げた。その象徴的事実は、一九四六年の戦前・戦時中の神格的天皇というイデオロギーを否定した天皇のいわゆる「人間宣言」にほかならなかった。もちろん、この「宣言」によってはじめて天皇は人間になったのではない。敗戦前から天皇は人間であったのだが、ただ国家神道にもとづく「現人神」（あらひとがみ）という誤ったイデオロギー的認識が、教育を通じて国民に強要されていたにすぎないのである。

(4)だから、「昭和」天皇を人間的見地から観察すれば、幾つかの人間的変化が確認されるが、ここでは紙数の制約によって詳論できないので後述の簡単な検討に委ねざるをえないが、「昭和」天皇の人間的変化を視点に入れていない「昭和」天皇論は、どうしても粗雑とならざるをえないと思われるのである。

「昭和」天皇は戦前・戦中を通じて「一貫して平和主義者だった」という林健太郎氏も強調され、しばしば強調される迷論は、人間天皇の人間的変化についての正確な分析を怠っている「神話」にすぎない。

さて、Xデー前夜に氾濫した「昭和」天皇辯護論＝擁護論のうちで、影響力をもちそうに思われるものは、掲載誌からいって(A)上山春平・梅原猛・矢野暢の三氏の座談会「日本史の中の天皇」（「中央公論」一九八八年一一月号）(B)林健太郎「日本共産党の天皇批判を批判する」（「文藝春秋」一九八八年一二月号）であろう。(A)の三氏は有名文化人でありファンをもっていると思うが三氏とも日本歴史についてこれまでもしばしば発言されているのだが、やはり固有の意味での歴史家ではなく、「日本史の中の天皇」を論ずるためには不可欠な日本史上の天皇についての基礎知識に欠けていると考えるので、(A)に対する批判は与えられた紙数の制約上ここでは割愛して別の機会に論ずることとして、この小論では(B)の林見解を吟味してみよう。林氏は著名な西洋史家であり、元東大総長という肩書をもっているネームバリューのある論者だからである。「文藝春秋」の編集者が「過激な言談をたしなめる条理備わった対話篇」とみなした(B)を検討する所以である。

3　林健太郎説批判

林氏の見解は多岐にわたっているが、ここでは大きくいって(a)・(b)に論点を絞ることとする。

まず第一に論ずべきことは、(a)「そもそも君主制と民主主義とが決して矛盾することなく結びつき得るものであるということは、イギリスや北欧三国、ベネルックスなどの国々の例で十分証明済みなのです」（九九頁）という林氏の主張であろう。

果してそうだろうか。「君主制と民主主義」が「結びつき得る」ことは、もちろん事実として存在しているが、「君主制と民主主義」は本来「矛盾する」ものであったことが歴史学的事実ではなかったのか。このような世界史的事実を認めないとすれば、スイスを唯一の例外として前近代のヨーロッパ世界は全て君主制であったのに、近代に入っての諸革命によって多くの君主制が顚覆されて民主主義（共和制）に移行してしまった紛れもない世界史的事実を、林氏はどう理解されているのだろうか。いま世界に君主制が存在している国は十指そこそこである。君主制と民主主義は本来矛盾していたのだが、民主主義の下に君主制が馴致された場合に限って例外的に君主制は残存できているのであって、その場合が林氏のいう「君主制と民主主義が結びつき得る」まれな事例なのである。林氏がしばしば例示するイギリス王室も、一六四二〜四九年のピューリタン革命によって国王は斬首刑に処せられ、一六八八年の名誉革命によって、君主制が議会制民主主義に馴致されて現在も存在しているのである。「昭和」天皇も民主主義を基調とする「日本国憲法」のもとに馴致されているからこそ（これから逸脱しようとする天皇家の現実が存在するのだが）、主権在民の下でもなお存続できているのである。

成文憲法をもたないイギリスの王室と「日本国憲法」下の日本天皇家を、その外見的類似性のみをつまみ喰いして我田引水の論議を林氏のように展開することはできない（この点についての詳論は別稿で果す）。

(b)林氏は、「昭和」天皇には「天皇の名において戦争を始められなければならなかった」から「形式的な責任が存在しないかといえば、それはやはりあると言わないわけにはゆかないでしょう」とみなしながらも、「天皇は平和主義者で戦争を好まれなかった」上に「立憲君主としての立場上、内閣の決めたことに反対することはできなかった」という「昭和」天皇自身の発言をもとにした上で一九四五年九月二七日に「昭和」天皇は「マッカーサーを訪問されて、この戦争の一切の責任は自分にある。自分の一身はどうなってもよいから国民を救ってくれと言われているのです」（一〇二頁）と林氏は主張する。

林氏は一体歴史家なのだろうか。

一九七五年一〇月三一日の記者会見において「陛下は、いわゆる戦争責任についてどのようにお考えですか」という記者の質問について「そういう言葉のアヤについては、私はそういう文学方面はあまり研究もしていないので、よくわかりませんから、そういう問題についてはお答ができかねます」と「昭和」天皇は問題をはぐらかしたのである（本書論文五）。

一九四五年のお話は密室の出来事であって事の真実は定かでない。ところが一九七五年には記者会見という公開の席上で、記者は国民の疑念を代辯して質問しているのである。

一九四六年と一九七五年の間に、天皇は責任を負う人間から無責任な人間に、人間として変質したのだろうか。それもありうることである。それとも、マッカーサーには媚びへつらって保身に狂奔するが、国民に対しては自分の戦争責任についてはぐらかす二重人格者なのだろうか。

「昭和」天皇にはこのような矛盾した言動にみちみちているのだから、「昭和」天皇の評価については歴史家は史実を精査しなければならないのである。

林氏の見解は支離滅裂である。

林氏は(イ)「天皇は立憲君主であるから」太平洋戦争の開戦に際して内閣の助言と決定に従わざるをえなかったと主張する一方、(ロ)「天皇は一貫して平和主義者だった」とのべており、(ロ)の根拠として、(ハ)「昭和三年、御即位の大典が行われるのに半年も先立って、満州で張作霖爆殺事件が起っています。この事件に関し、天皇が田中義一首相をはげしく叱責され、そのため首相は恐懼辞職し、まもなく世を去ったことはよく知られています」(一〇〇頁)とのべている。

林氏が(イ)のように主張する内閣の助言と決定に「昭和」天皇が従わざるをえなかったとすれば、(ハ)のような事態が生ずる訳はない。天皇に「はげしく叱責され」た田中義一首相は内閣の責任者であり、自からの首をしめるような助言と決定を行なう筈がないからである。「明治憲法」の下にある「昭和」天皇が、内閣の助言と決定を超えた「非」立憲君主としての強大な権限をもっていたことは、林氏自身の(ハ)の主張が疑問の余地なく明示しているのである。林氏の主張を支離滅裂とみなす所以である。

このことは、田中義一首相事件の林解釈に限定されない。林氏は意識的に無視していると思うのだが、(ニ)一九三一年のいわゆる「満州事変」に際して、「昭和」天皇は中国領土を侵略した関東軍の軍事行為を肯定してそれを評価「嘉する」詔勅を発している。

この「詔勅」の存在を認めると「昭和」天皇が「首尾一貫した平和主義者」だという林見解は一挙に瓦解してしまうので、意識的に無視したのではなかろうか。もし意識的に無視したのではなく、この史実について林氏が、それ程評価に値しないと判断したとか知らなかったのだと辯明するのであれば、「昭和」天皇についてこれ程周知の史実に頬かむりして見解を公表する林氏の「非」歴史家的体質が問題とならざるをえない。自民党の参議院議員というその保守イデオロギーが、歴史家としての目を狂わせているのであろうか。

だいいち「昭和」天皇は、林氏によれば、「二・二六事件の時、軍首脳部の動揺に反し天皇が毅然たる態度を命ぜられたのは有名な話である」(一〇〇頁) そうである。

当時の内閣における陸軍の影響力は絶大なものがあった。沢地久枝『雪はよごれていた――昭和史の謎　二・二六事件最後の秘録――』(一九八八年・日本放送出版協会) が明らかにしたように、二・二六事件は陸軍の皇道派が画策した陸軍中枢部を捲きこんでいる軍事独裁をめざす本格的なクーデター計画であった。

天皇はこれを押しつぶすだけの「明治憲法」上の権力をもっていた「非」立憲君主制下の「昭和」天皇であって、「一貫した平和主義者」であったにもかかわらず、「立憲制のもとにあったから」「開戦を阻止できなかった」という天皇の発言は児戯に類する詭辯である。

林氏はその歴史学の素養にもとづいて、「昭和」天皇について論じているのだろうか。

林氏はもちろんのこと、「昭和」天皇について辯護論の立場に立つ論者にはこれまで全く未知であったが、天皇について論ずるためには絶対看過してはならない不可欠のある基礎的史実についてここで紹介しておこう。

(ホ)一九〇一年生まれの「昭和」天皇は、一九一二年七月に皇太子となるが、その九月に一一歳(小学校四年生)で陸海軍少尉に任官する。兵隊ゴッコの肩章の問題ではない。皇太子は将来天皇となって陸海軍の大元帥として「皇軍」を統率するからこそ、陸海軍少尉に正式に任官しているのである。一般的な職業軍人教育は、中学一・二年生の志願者から選抜した者を対象とした陸軍幼年学校が最も早い例なのであるが、「昭和」天皇は小学校の四年生からいち早く職業軍人的教育をうけていたのである。

以後「昭和」天皇は、二〜三年をおいて順調に昇進し、一九二五年には二四歳の若さで陸海軍大佐に任官する。一般の職業軍人の大佐任官は四〇代以降であることを考えれば、「昭和」天皇の累進は特異である。そして、一九二六年末に「昭和」天皇となると、陸海軍大佐から一挙に陸海軍大元帥となるのである。

ヨーロッパの君主制のもとにおいても皇太子に「帝王学」を授けたが、それは民政に対する権威的役割に対応できる知識であった。ところが、日本「天皇制」の下における「帝王学」の基本的特徴は、未来の大元帥としての軍事的知識の涵養にあった。だから天皇は、一般文官の官僚とはレベルの全く異なる職業軍人的知識を持ち合わせていたのである。太平洋戦争開戦前夜の「昭和」天皇は、杉山陸軍参謀総長に「勝てるかどうか」について問いただしはすれ、どうやって平和を維持するか、という「一貫した平和主義者」の態度は一切していないし、敗戦直前の一九四五年二月の近衛文麿の「戦争即時終結」という進言を、内閣の助言と決定を待つまでもなく、「モウ一度戦果ヲ挙ゲテカラデハナイト中々話ハ難カシイ」と斥けている（**本書論文七**）。

この周知の史実を無視して、「昭和」天皇は「一貫した平和主義者」であって、内閣の助言と決定なしには何も決定しえない「立憲君主」であったと林氏は強辯する勇気があるのだろうか。

歴史家はもちろん人間なのだから、さまざまな価値判断をもつ自由がある。しかし自からの価値判断と矛盾するさまざまな根拠のある史実を全く無視して我田引水の論議を展開するとすれば、歴史家であるかどうか、その資格が疑われざるをえない。さまざまに矛盾している諸史実の大海のなかから、どうして我田引水の史実のみを取りあげ、これと明らかに矛盾する根拠のある史実が存在するのに、これを何の根拠もあげないで無視して史論を展開できるのだろうか。
林氏の論議の我田引水的性格は、次の主張にも歴然たるものがある。
(へ)「私の家の近くのお宮では、例年九月末に相当盛大なお祭が行なわれるので、今年はどうなるのかと思っていましたところ、お祭はやはり行われました。但し鳴りものは自粛して静かでしたが、いつものように屋台店も出て大ぜいの人が出ていました」「だから自粛はたいしたことはない」(九五頁)、と林氏は強調するのである。

歴史家は史実の大海のうちから、ある史実を歴史的に意義あるものとしてピックアップして史論を展開する宿命を負っている。ピックアップする史実が歴史の流れのなかでどんな重要な意味をもっているか、その比重の確定が歴史家の作業のうちで決定的意義をもっている。

この小稿の1でのべたような自粛ムードによって、京都の鞍馬火祭・時代祭、博多のおくんち、長崎くんちは催されず、ために数十万の群衆の祭参加が阻まれ、このほかに全国津々浦々でとりやめられた秋祭は数知れず、その損害は数十億円に達すると諸新聞は報道している。林氏はこういう現実を御存知ないのだろうか。林氏の「近くのお宮で」どんな「盛大なお祭が行なわ」れたのか、それは数十億円の収入を地元にもたらしたのか、という問題の核心に迫る事実を林氏が明らかにしない限り(それは到底不可能だと私は思うのだが)、林見解は到底成立し難いのである。

ある問題についての諸史実のうち、どの史実を重視するか、史実評価の基準についてのバランス感覚が、歴史家にとって必須のものとして要請されているのである。林氏の「近くのお宮」の秋祭の状況が日本全体の祭自粛の基本的な代表例としてどうして評価できるのか。不可解というほかはない。

私は若い一高生時代に林さんにはじめて西洋史を習ったものであるが、「文藝春秋」の一文を読んで、同じ歴史家のはしくれとして、一言なかるべからずとこの一文を草した。「昭和」天皇の快癒を願う記帳所の署名の過大評価（1で指摘したように国民の六％未満にすぎないのに）や「昭和」天皇＝元首論等々、批判して論ずべき論点がなお残されているが、別稿で詳論したい。

林さんがこの小稿にキチンと反論して歴史家にふさわしい「昭和」天皇論を再展開されることを期待したい。

〔一九八八・一一・二〇〕

〔後記〕

本書の校了直前に、一九八八年九月一九日に始まるXデー前夜の状況が発生した。天皇と天皇制に関する研究を主軸としている本書にとってこれを放置することは到底できないので、準備中であった索引のスペースを割いて論文一五を収めることとした。決して十分なものとはいえないが、それでも現実的な課題に歴史家がどうこたえることができるか、いささか奮闘したつもりである。なお関連論稿が安良城「昭和Xデーと戦争責任」（「文化評論」一九八九年三・四・五月号）として公表されている。論文一五の本文のなかで「別稿において詳論する」と述べた「別稿」がこれである。

〔一九八九年二月二八日補筆〕

付　豊臣秀吉の天下政権構想

本能寺の変を知った秀吉は、毛利と和睦してただちに京にとってかえし、山崎の合戦に勝利して明智光秀を敗死せしめた。この折までの秀吉は、主君信長の仇をうつという一念にもえていただけだったと思われるが、この勝利を機として、秀吉の政権構想が徐々にふくれあがってゆく。それは天正一〇（一五八二）年六月二七日の清洲会議における秀吉の主張のうちに、すでにかいまみることができるのである。

1　清洲会議と政権への布石

この清洲会議は、信長の次男の信雄と三男の信孝（長男の信忠は光秀軍の襲撃をうけて二条城で戦死）、信長の宿将柴田勝家・丹羽長秀・池田恒興・秀吉によって、(イ)信長の継嗣問題と、(ロ)織田氏の遺領と光秀の旧領の処分、が論議された。

(イ)については、柴田は三男信孝を推し、秀吉は長男信忠の遺子三法師（のちの秀信）を推した。丹羽・池田も秀吉に同調したために、幼少の三法師が信長の継嗣と決められた。光秀を誅滅した秀吉の功績がここでものをいった。すでに成人となっている信孝より幼少の三法師を継嗣とする秀吉の主張のうちに、その政権構想の一端がうかがえる。つまり、信長政権を秀吉が引き継ぐために、織田一族の容喙《ようかい》を未然に防止するための遠謀深慮とみなされるからである。

(ロ)については、秀吉は柴田の要求をいれてその本領の近江長浜領を勝家に譲り、自らはすでに支配している山城を領有することとした。政治の中心であり、経済的にも最先進地帯である畿内の要でもある山城を押えた秀吉の卓見がここにもうかがえる。

清洲会議は、柴田と秀吉の間の矛盾を激化させた。織田家の家老をもって任じていた柴田には、成り上がりの秀吉が鼻もちならなかったのであろう。こうして両者の武力衝突としての賤ヶ岳の戦いに勝利した秀吉は、敗走する柴田を追ってその居城・越前の北庄《きたのしょう》を攻め、柴田を自害に追いこんだ。天正一一（一五八三）年四月二四日のことである。こうして秀吉はライバルの排除に成功したのである。

信長の次男信雄は、織田家の手中に織田政権を保持しようとして、徳川家康と同盟して秀吉に挑戦した。天正一二年四月の小牧・長久手の戦いである。明敏な秀吉は天正一二年一一月一五日に家康と和睦して、東国という、秀吉の本拠地畿内の後背地についての後顧の憂いをなくし、四国・九州征服にのりだす条件を整えた。

2　天皇の権威利用と四国・九州征服

秀吉が主君信長とはなはだしく違うところは、天皇の権威を徹底的に利用したところにある。政治の中心京都を要とする山城を清洲会議で確保した秀吉の思惑の展開であろう。

天正一三（一五八五）年七月に関白、天正一四年一二月に太政大臣、といった朝廷的最高官位を手中にし、自らの政治的権威を高めるために最大限に利用した。関白・太政大臣であるから、日本全国にわたる支配権・統治権は秀吉の下にあるのだ、という自己主張が四国・九州征服の背景にあった。「惣無事令」もまた、この自己主張との関わりで論じられるべきである。

四国・九州征服は、秀吉の政権構想を一段と飛躍させた。従来の諸研究は、この四国・九州征服を秀吉の武力的統一の現われとして、秀吉の天正一八年の後北条氏征服と同一平面上でとらえてきた。秀吉の四国征服は天正一三年であり、九州征服は天正一五年である。後北条氏征服とは数年の開きしかない。しかし、歴史はわずかの年月の間に飛躍的に展開することがままある。四国・九州征服と後北条氏征服は、いずれも武力的全国的征覇という従来の諸研究の見地からすれば、同一局面としかみなせないのだが、それは平板な歴史理解というほかはない。

そうではなくて、秀吉の政権構想において、四国・九州征服は決定的意義をもっているのだが、後北条氏征服はそのような歴史的意味をもっていないのである。以下この点について論じてみよう。

四国征服においては、長宗我部の四国支配を圧縮して土佐一国に限定し、四国における秀吉蔵入地を設定するとともに、秀吉の家臣団に知行を給与した。九州征服においても同様であった。島津の支配権を圧縮し、たとえば肥後を佐々成政の知行地としたように、秀吉家臣団の上層を大名として新知行を与えた。

ここに問題が起こる。それは、(a)新しい知行地においてどういう農民支配を行なうべきか、さしあたりは旧来の慣行に従うとしても、秀吉大名の統一的農民支配基準なしには、秀吉の政権構想は実現できない。(b)この知行をどういう性格と内実をもって位置づけるか、これまた秀吉の政権構想にとって不可欠なものであった。この(a)(b)が四国・九州征服の結果として確定されてゆくのである。四国征服は(a)を、九州征服は(b)を、確定してゆく。

天正一四（一五八六）年正月一五日に、次の一一条の「定」がきめられている。

定

一、諸奉公人、侍之事ハ不及申、中間・小者・あらしこに至まて、其主にいとまを不乞出候儀、曲事に候之間、相抱へからす、但前之主に相届、慥ニ合点在之ハ、是非に不及候事、
一、百姓其在所に在之田畑あらすへからす、其給人其在所へ相越百姓と令相対、検見をとけ、其毛上枡つきをして、あり米三分一百姓にとらせ、三分二未進なく給人とるへき事、
一、自然其年により旱水損田地あらハ、一段に米壱斗より内ハ百姓に其儘とらせ、翌年の毛を付け候様ニ可申付、壱斗より上ハ右に相定ことく、三分一・三分二可応候事、
一、百姓年貢をはゝみ、夫役以下不仕之、隣郷・他郷え相越へからす、もし隠置輩におゐてハ、其身の事は申におよはす、其在所中曲事たるへき事、
一、其国其在所給人、百姓等諸事不迷惑様ニ可申付、代官以下にまかせす、念を可入、次百姓にたいし若不謂儀申懸族あらハ、其給人曲事たるへき事、
一、枡之儀ハ、十合之以斗升、有様ニはかり、左右の手をもって一可打、うち米ハ壱石に付て十合、小枡をもって可為弐升、其外ハ役米あるへからす事、
一、其国々・其在所堤以下あらハ、正月中農作に手間不入折から、可加修理、其堤大破之時、給人・百姓と料簡に不及に付てハ達上聞、為上可被仰付候事、

一、小袖・御服之外、絹うらたるへし、但にわかに不可成之候条、四月一日以後ハ絹うらたるへき事、
一、諸侍しきれはく事一切停止也、御供の時は足半たるへし、中間・小者ハ、不断足半たるへき事、
一、はかま・たひにうら付へからさる事、
一、中間・小者、革たひはくへからさる事、
右条々若有違犯輩は、可処罪科者也、
天正十四年正月十五日　　在御朱印

条々

一、知行方法度儀、最前相定といへとも、重而被　仰出候所務事、給人・百姓令相対可納所、若損免出入在之者、以立毛之上、三分一百姓、三分二給人可取置事、
一、土免こひ候百姓あらハ、可為曲言事、若遣之ハ、給人可為同罪事、
付、立毛作来田畑荒候百姓有之者、可為曲言事、
一、他郷へ罷越百姓あらハ、其身之事ハ不及申、相拘候地下人共可為曲言事、
右条々違背之輩あらハ、速ニ可処罪科者也
天正十四年三月廿一日

これが、新知行地における豊臣大名の統一的な支配基準であった。その内容については論ずべき問題点が多々あるが、紙幅がないので、拙著『幕藩体制社会の成立と構造』増訂第四版（一九八六年・有斐閣）の第二章「幕藩体制社会前期における農民支配政策の基調とその展開」を参照されたい。

さて(b)であるが、天正一五（一五八七）年六月一八日付の次の「定」がある。

定

一、伴天連門徒之儀者、其者之心次第たるへき事、

一、国郡在所ヲ御扶持に被遣候を、其知行之寺請百姓以下を心さしも無之処、押付而給人、伴天連門徒ニ可成由申、理不尽に成候段曲事候事、

一、其国郡知行之儀、給人ニ被下候事は当座之儀ニ候、給人は替り候といへとも、百姓ハ不替者ニ候条、理不尽之儀何かに付て於有之ハ、給人ヲ曲事被仰出候間、可成其意候事、

（中略）

右之条々、堅被停止畢、若違背之族有之者、忽可被処厳科者也

天正十五年六月十八日　御朱印

ここでは、給人の「国郡知行」は「当座之儀」であって、したがって転封がありうるという、徳川封建制に独自な知行制度がすでに明確にされたのである。それだけではない。この「定」において、次のように、「一、大唐・南蛮・高麗江日本仁を売遣候事曲事、付、日本におゐて人之売買停止之事」という人身売買禁令が明示されているのである。

この人身売買禁止については、秀吉の右筆であった大村由己が九州征服について記した「九州御動乱記」の一節が参考となろう。

一、最前便風候而、そと申越候へ共、定而相届間敷候、今度伴天連等能時分と思候て、種々様々の宝物を山と積、弥一宗繁昌廻計略、既後戸・平戸・長崎なと、て、なんばん舟付毎ニ充満シテ、其国之国主をかたふけ、諸宗を我邪法に引入、それのみならず、日本仁を数百男女によらす黒舟へかい取、手足ニ鉄のくさりを付、舟底へ追入、地獄の苛責ニもすくれ、其上牛馬をかい取、生なから皮をはぎ、坊主も弟子も手つから食之、親子兄弟も無礼儀、只今世より畜生道有様目前之様ニ相聞候、見るを見まねニ其近所の日本仁何も其姿を学、子をうり親をうり妻女をうり候由、つく〳〵被及聞召、右之一宗若御許あらハ、忽日本外道之法ニ可成事案申候

このようにして、九州に端を発した人身売買の禁令は、日本全国に及ぼされてゆく。

これは、「芝文書」における、

一、人を売買儀一切可為停止之、然者天正十六年以来仁売買族被奇破之条、如元可返付、於向後人を売もの事不及申、買候者共曲事候間、聞立可申上之、可被加御褒美事、

として確認され、以後の社会的基準となった。

また、この天正一五（一五八七）年には、秀吉の農民支配の画期性を明示する基準が示された。浅野長政が若狭において示した天正一五年の「条々」は、

一、おとな百姓として、下作ニ申つけ、作あいを取候儀無用ニ候、今まて作仕候百姓、直納に可仕事、

ここに、秀吉の農民支配の原則が、「作あい」という中間搾取《さくしゅ》を排除して、小農民を直接支配するものとして確立したのであって、先に指摘した人身売買の否定とともに、秀吉の政権構想にとって、天正一五年は決定的意味をもっているのである。けだし、秀吉の政権構想にとって、農民支配の在りよう抜きにしては考えられないからである。しかも、この年は、転封を前提とした特殊日本的＝徳川期的知行制度を創出しているのである。天正一五年の画期的意義はここにある。

3　兵農分離にもとづく石高制と身分制支配

「作あい」否定にもとづく石高制の採用は、秀吉の天下統治の基軸的な政策だったことは、今では学界周知の史実となっている。ところが、それは織田権力のもとで、この政策指向はほぼ固められていたのである。

「作あい」否定については、天正八年に大和一国にわたって寺社に信長が求めた「指出《さしだし》」の調査形式に示されている。

一、当寺領并私領買得分皆一職何町何反事、
一、諸談義唐院新坊、何町何反事、
一、名主拘分何町何反事、
一、百姓拘分何町何反事、
一、当寺、老若・衆中・被官・家来私領并買得分・扶持分何町事、

これについての詳論は、紙幅の関係で前掲拙著『幕藩体制社会の成立と構造』第一章を参照していただきたいと思うところであるが、当時の一職とは、中世末期における「領主職プラス名主職」を指すものであって、それは百姓得分と対立するものであった。「作あい」＝名主職得分を否定していたこれを領主権に吸収した秀吉の政策の原型がここに示されているのである。なぜならば、信長が一職に関心をもち、名主拘分・百姓拘分を実態調査している意図のうちには、錯雑とした中世末期の土地所有・保有関係を整理して、「作あい」を否定した一職的な土地制度の創出を準備していた、と十分な根拠をもって推定できるからである。

石高制については、信長時代に存在していたことを示す確定的な史実が存在する。天正八（一五八〇）年、当時信長の奉行であった秀吉が、播磨においてその寄子に給付した知行宛行状に次のようなものがある。

以神東郡、五十石令扶助候、但当年者六ツ之物成ニ可出置候、所付之儀重而可申付候、恐々謹言

天正八年九月十九日　　　　　　　　　　秀吉
片桐貞隆殿

知行高は五〇石であるが、年貢収納額＝物成はその六ツ（六割）、つまり三〇石であって、その知行地の所在地＝所付は追って指示する、という内容である。所付がまだ決まっていない以上、この三〇石の物成を農民から直接取り立てることはできない。だからこの三〇石は、差し当たって秀吉の蔵米から給与されるということであろう。これは石高制的知行以外の何ものでもない。このようにして、「作あい」否定にもとづく石高制は、信長時代の末期に着々と準備されていたのである。

それだけではない。兵農分離もまた信長が緒をつけたものであった。

兵農分離を実現させた基盤は、幅広い濠に取り囲まれ、石垣の上に聳《そび》え立つ数層の天守閣によって象徴される城郭と、これを取りまく城下町の成立にほかならなかった。この兵農分離の途《みち》を切り拓いたのも信長であった。その安土城築城と、「山下安土町」という城下町の形成が、兵農分離の端初となった（本書所収**論文一三**「織田権力の歴史的性格」を参照）。要するに、侍は城下町に集住し、ために農村には百姓のみが居住して農耕に従事するという、中世以来の侍と百姓が農村に混住するという事態を止揚した、兵農分離もまた信長が端緒をつけ、秀吉がこれを継承したのであった。

このようにして、「作あい」否定にもとづく石高制と兵農分離、という秀吉独自の施策と従来一般的に考えられてきたものは、信長時代の末期においてすでに確固として存在していたのである。信長と秀吉との連続面はこのようにして重視さるべきである。信長時代になお残存する中世との連続面より、近世との連続面が重視されるべきなのである。

もちろん、断絶面もある。それは、秀吉の九州征服によってもたらされたものである。天正一五（一五八七）年の伴天連＝宣教師追放がそれであり、信長の宣教師優遇とは著しく対照的である。この違いは、九州というキリスト教の布教が最も滲透していた地域に、いまだその支配が及ばなかった信長と、九州支配に到達した秀吉との差であろう。

さて天正一六年、かの有名な「刀狩り」が実施されるが、それは侍の城下町集住という兵農分離の必然的帰結であるとともに、身分制の側面において兵農分離を徹底化し、ここに中世と近世の断絶が顕在化する。侍と百姓が農村に混住するような中世的状況のもとでは、刀狩りなどとても実施不可能であったし、侍の城下町集住によって、侍は農耕から切りはなされた武装・支配身分として専業化し、他方百姓は、刀狩りによって武装を剥奪されて農耕に専従し年貢納入を義務づけられ、土地に緊縛された被支配身分に固定化される。近世的身分制の成立である。

4　秀吉権力と家康権力

秀吉権力のとった基本的政策のほとんどすべてが、家康権力によって継承された。(1)兵農分離、(2)「作あい」否定にもとづく石高制、(3)伴天連＝宣教師の国外追放によるキリシタン禁令、(4)転封を内包している知行制、(5)侍・百姓を峻別する身分制、(6)人身売買禁止、等々が継承され、制度的整備が実現された。

家康権力が秀吉権力と基本的に異なるところは、対天皇＝朝廷策である。

すでに指摘したように、秀吉はその全国制覇の過程において、天皇の権威を最大限に利用した。しかし、家康権力はこれを継承しなかった。「禁中並公家諸法度」が示すように、天皇＝朝廷を社会的に隔離したのである。

この点においては、家康権力は秀吉権力と異なっているのである。天下統一後の天皇＝朝廷の利用価値がぐっと低下したからである。

5　三つの補遺

先に指摘したように「作あい」否定が、史料上明確に出現するのは天正一五年であるが、それではこの時点においてはじめて「作あい」否定の方針が定められたのであろうか。私見によれば、そうではあるまい、と考える。

次の史料を読者は熟読されたい。

其方知行分水際之事、検見之上を以、三分一百姓遣之、三分二可有収納候、聊不可有相違之状如件、

天正拾弐七月廿四日　　　　　秀吉（花押）

山崎源太左衛門尉殿

ここに初出する、収穫の三分の二＝領主、三分の一＝百姓という分配率は、先に引用した天正一四（一五八六）年の「定」についても確認され、さらに石田三成の文禄五（一五九六）年のかの有名な農民支配法令にも出現している。それでは、いったいなぜこのような分配率が基準となっているの

か。これまで何人も検討・吟味したことのなかった論点が、「作あい」否定とかかわってくるのである。私見によれば、次のような推定が可能と思われる。

この分配率の背後には、すでに「作あい」否定の太閤検地が施行されているがゆえに、錯雑した中世末期の重層的土地所有・保有関係は整理されており、その結果として中世末期の領主得分・名主得分・百姓得分という三区分は消滅しており、領主得分プラス名主得分＝三分の二、百姓得分＝三分の一、として二区分に編成替えされた事実が存在したのではないか、と愚考する次第である。とするならば、「作あい」とは名主得分にほかならないから、名主得分は否定されて近世的領主的土地所有の「収納」に繰りこまれてしまっている、と推定できるのであって、「作あい」否定は、天正一二年まで遡るということになる。

第二の補遺は、ヨーロッパ封建制はもとより日本中世の知行制度にもみられない、転封を内包する特殊近世的な知行制度は、なぜに成立したか、という論点についてである。

先に(b)において指摘したように、

一、其国郡知行之儀、給人に被下候事は当座之儀ニ候、給人は替り候といへとも、百姓は不替者に候条、理不尽之儀何かニ付て於有之ハ、給人ヲ曲事被仰出候間、可成其意候事、

の一条は、転封を内包した知行制度を明示しているのだが、これが幕藩体制にも継承され、かの有名な徳川幕府の「慶安御触書」においても、「地頭は替るもの、百姓は末代其所の名田を便りとする者に候」とのべており、さらに藤堂藩においても、明暦三（一六五七）年「殿様は当分之御国主、田畑は公儀之物ニ候」と認識されて畑は公儀之田畑」、延宝五（一六七七）年「我等は当分之国主、於田畑は公儀之物ニ候」と認識されて

いる。

ところで、転封を内包する近世的知行制度の理解にとって大事なことは、近代社会の官僚の転任・転勤とはまったく異なるということである。転封は、百姓に対する「理不尽」な支配や、明白な法規違反が存在しない限り、秀吉や家康もみだりに発動できなかったのが史実である。近世的知行制度は、やはり世襲制の原則にもとづいていたのであって、転封は例外的事例なのである。

秀吉の天下統一過程のような歴史過程が存在せず、さまざまな領主的権利が複雑に中世にもちこまれたヨーロッパ封建制、および日本中世の知行制度と、日本の近世的知行制度が異なるのは、ある意味で当然なのである。

第三の補遺すべき点は、石高制と太閤検地との関係である。

石高制の成立過程については未詳なところが多いが、私見によれば、知行制度のもとで先ず石高制が成立し、それに基づいた太閤検地によって農村の深部にまで石高制が滲透したのであると考える。すなわち、太閤検地によって石高制が成立したのではなく、太閤検地の前提に石高制が成立していたのである。「太閤検地帳」の記載形式がこのことを論証してあまりある。

（一九八九年）

安良城盛昭さんの歴史学について

塚田　孝

(一)

今回、安良城盛昭さんの著書『天皇・天皇制・百姓・沖縄』（一九八九年）が再刊されることになった。本書には、「社会構成史研究よりみた社会史研究批判」という副題が付けられているが、一九八〇年代に脚光を浴びた網野善彦氏の学説への根底的批判を媒介に、中世社会から近世社会への転換の意味を明らかにした諸論文を中心に、天皇制や沖縄の歴史と特質を論じた諸論文など、一六篇の論文と長い「あとがき」からなる論文集である。

初版が発行されたとき、著者は学生と若い世代の研究者に読んでもらいたいとの思いから、本書の基礎にある一九五〇年代の二大論争（「太閤検地論争」と「地主制論争」）の意味と時代状況を伝えるべく「あとがき」に一一の文章を添えられた。その時に想定されていた若い世代とは、私などの年代をさしていたのだろうと思うが、それから二〇年ほどの時間がたった現在、さらに若い世代に本書が広く読まれることを願わずにはいられない。

本書の豊富な内容を安良城説全体のなかで位置づけて、なおその方法の特長にまで説き及ぶことは、ここで与えられた紙幅では無理がある。それについては、以前に「安良城説における日本史の全体構想」と題して私が行なった本書の書評を参照いただくことにして（拙著『身分制社会と市民社会』一九九二年・柏書房、所収）、ここでは、主として安良城さんの人と学問について心に残っていることを記させていただくことにしたい。

(二)

本書のほとんどの論文は、一九八五年から一九八七年の短期間に執筆されたものである。

安良城さんは、一〇年単位で大きなテーマと取り組まれてきた。二〇代の一〇年余りは太閤検地を軸に日本における封建社会成立史の研究を一新され、次の一〇年余りは日本近代の地主制研究を主導され、四〇代には東京大学社会科学研究所から沖縄大学に移り、琉球・沖縄史研究を大きく発展させる仕事をされてきた。

本書にまとめられた研究が行なわれたのは、それに続く時期であるが、そのテーマは当初から意図されたものではなかった。安良城さんは、一九八〇年に大阪府立大学に移り、身分制と部落史研究を次のテーマとするつもりだったのである。しかし、本書の第一論文「網野善彦氏の近業についての批判的検討」を発表された行きがかりから、本書の多くの部分を占める網野善彦氏の仕事を検討することにエネルギーをつぎ込まざるをえなくなったのである。それは当時、大きな影響力を持ちはじめた網野氏の歴史学にひそむ問題性を放置できないという学問的使命感のなせる業でもあったのだろう。

総論にも当る論文一「網野善彦氏の近業についての批判的検討」において、部分史としての社会史を含む社会構成史が必要との立場から、網野氏の無縁論、自由論、遍歴論、非農業民論、天皇論などのすべてに関わり、その中核をなす〝中世の百姓を自由民と捉える考え方〟と〝無縁・公界・楽〟の理解を具体的に批判する。前者については、御成敗式目四二条が中世百姓の「移動の自由」を規定しているという理解は誤りであり、中世の百姓は居住権を持つという点で下人とは異なるが、荘園制的隷属民であることを明らかにされている。後者については、中世の無縁＝自由が近世には失われていくという理解に対して、無縁所、楽市、徳政免除などは、いずれも「近世社会の源流・萌芽であって、その内実の近世的普遍化によって、戦国期におけるその例外的、過渡的な姿を消した」（本書四一頁）とする歴史的展望の中で、それらを理解すべきことを主張されている。＊続く諸論文では論文一での論点が個別に深化させられている。

＊安良城さんは、無縁＝自由ということそのものを批判され、日本中世で、「自由」の概念にもっとも近い言葉は、随意であろうとされている。

また、網野氏の天皇論に対する批判とも関わって、近代「天皇制」のあり方から、君主制一般とは区別された世界史的範疇としての「天皇制」概念を抽出し、そこを立脚点として歴史分析を行なっていくことを提唱する。そしてそこから、六世紀から二〇世紀まで時代の転換の中でも天皇が長期に存続した歴史的条件や、昭和天皇個人の戦争責任にまで深く分析のメスが入れられているのである。

こうした見方を可能にした一つの条件が、沖縄から見るという視点である。本土のすべての都道府県とも大きく異なる自然的・歴史的・現代的特質を持つ沖縄を深く見ることで日本がよく見えるというわけである。*

＊沖縄の特質について、次の一節が示唆的である。「復帰とは、沖縄住民が自らの選択によって日本社会に加わったことを意味している。（中略）本土では、どの府県も日本の一部であることが自明の前提とみなされており、決してある特定の時期の地域住民の選択の結果とはいいがたい長い歴史が生み出した帰結にほかならないのであるが、沖縄が日本の一部であることは、歴史的にいっても他の府県のように全く自明とはいいがたいのである」（本書一九一頁）。それゆえ、「沖縄がどうあるべきかが、日本国家とは何かという問いかけに常に連ならざるをえず」、日本国家を相対化して捉えることを可能にするというのである。

これらの網野氏の仕事の検討の前提には、安良城さんの封建社会成立史の研究や琉球・沖縄の研究が基礎にあり、またその検討を通して、ライフスタディと考えられていた《天皇制》の研究に新たな視野を開かれたものと言えよう。その意味で、本書は一九八〇年代半ばに集中的に書かれているが、これまでの著者の研究全体の凝縮であり、安良城説における日本史の全体構想を豊富化する一書なのである。

㈢

これらの論文が書かれた一九八〇年代半ば、私は三〇代前半で史料編纂所に勤務していた。当時、安良城さんは沖縄から大阪に職場を移され、本書所収論文の骨子を東京や関西の学会で報告されながら、考えをまとめられていったが、その報告の何回かは直接聞くことができた。

私にとって、安良城さんは一言でいうなら「歴史学の初心」であった。私が歴史学の勉強を始めた一九七〇年代半ば、近世史を専攻する誰もが太閤検地論争から、幕藩制構造論、そして幕藩制国家論へと展開する研究史を勉強するところから出発したが、そのころ沖縄に住まれていた安良城さんとはお会いする機会はなく、研究史上で名前を聞く縁遠い存在であった。その安良城さんの話を直接聞くことは一種の衝撃であった。

私自身に即して言うと、大学で日本史を勉強しはじめた、その少し前に『太閤検地と石高制』（NHKブックス、一九六九年）が出版されており、この本を読むところから勉強が始まったのである。これによって、理論と実証の緊張感、現実的課題意識と歴史研究の切り結びの大切さを教えられたように思う。安良城さんが一九八〇年に沖縄から大阪に移られ、東京の史料編纂所にも調べものなどで来られるようになり、少しだけお手伝いしたことで個人的にも面識を得るようになる。

安良城さんが大阪に移られたのは、一〇年単位で取り組む大きなテーマとして、次は身分制と部落史に取り組むためだとうかがったが、このテーマは『太閤検地と石高制』の「あとがき」に、すでに残された課題としてあげられていた（本書三五八頁）。いつだったか確かな日時は憶えていないが、ある日突然の電話で、「君は黒田俊雄さんの非人論の画期性はどこにあると思うか」と問われたことがある。問いかけの意図がどこにあるのかと戸惑いながら、口ごもっていると、「中世賤民を奴隷制的隷属で理解する、それまでの通説に根本的転換を迫ったことだ」と指摘されたのである。私は黒田氏の非人論に多くを学んでいたが、その根幹を捉える点で目を開かれたような思いであった。

おそらく、このころ部落史の論文をものすごい勢いで吸収されながら、自説を形成されつつあったのだと思われる。それは一九六一年に書かれた「古代社会と被差別部落」に付された補注で「被差別部落民を古代賤民の後裔とみなしたのは、当時の通説だった林屋辰三郎説に則ったためであるが、現在の私見は異なっていて、古代律令制から中世荘園制への移行過程で、「百姓」「下人」と異なる「非人」を始めとする被差別部落民が発生し、中世荘園制の展開過程を通じて「カースト制」的なイデオロギー的身分としての「穢多」「非人」が固定化されたと考えるものである」（本書三五七頁）と言われていることに端的にうかがわれよう。

そのような中で、近世の身分についても「近世における賤民身分の制度化は、兵農分離制を構築してゆく太閤検地段階ではなく、それより一段階後の鎖国制の展開過程に実現されてゆく」（本書三六一頁）という興味深い論点が提示されていくのである。しかし、これらはエッセンスがレジュメの形で公表されたにとどまり、いまだ全体像は論文としてまとめられていない。

それは、先述したように一九八〇年代に取り組む予定だった部落史研究が網野善彦氏の中世社会論・天皇制論の批判的検討の課題によって中断されたからである。それに代わってわれわれが手にしたのが、本書『天皇・天皇制・百姓・沖縄』なのである。本書が刊行されて間もなくの時期に書評を行なう機会があったが、その際〝これは単なる網野氏批判ではなく、安良城説の発展・豊富化である〟という強い印象を受けた記憶がある。それは言いかえれば、安良城説が開かれた体系であることを自らの仕事で私たちに示されたのだとも言えよう。

中世の名主・百姓の理解の発展は、その一例である。安良城さんは、中世の名主・百姓について、アジア的共同体の成員であった班田農民が、その分解の中から土地所有者に転化した存在と理解され、名主・百姓の農奴とは異なる「自由民」的性格に早くから注目されていた。特に名主は、奴隷

（＝下人・所従）所有者でもあった。しかし、一方で中世の名主・百姓は荘園領主や地頭に年貢を負担する存在である。彼らの土地所有者でありながら、荘園領主に隷属するという独特なあり方を荘園制的隷属と概念化するべきだという本書における見解は、網野氏への批判にともなう式目四二条の再把握のなかで到達した理解である。

また、日本封建社会成立にとって太閤検地の重要性を強調する安良城さんは、織田政権と豊臣政権の間に大きな画期を見るだろうと考えがちだが（少なくとも私はそう予想していた）、本書論文一三ではっきりと織田政権に兵農分離の方向性を確認し、むしろ織田政権と豊臣政権の連続性を指摘されているのである。その立場は、その後に書かれた「豊臣秀吉の天下政権構想」（「別冊歴史読本　豊臣秀吉　天下統一への道」一九八九年六月号。再刊に当って本書に収録）においてさらに展開されている。

安良城さんの歴史学は論争を通して深化させられていくことも特長のひとつである。それが可能となる条件として、自らと相手の議論のどこに基本点があるかを把握することの的確さがあげられよう。そのことは、網野氏の歴史学への批判がことごとく核心を衝いていることにも十分うかがえるが、本書六七〜六八頁において、網野氏が継承すべきだという津田左右吉の主張の骨格を摘出されたところにも、典型的な形で示されている。安良城さんはいくつかのポイントをあげたうえで、「前近代で天皇と積極的に関わりあうのは、「権家」・「仏家」・「神家」と一部の知識人にすぎず、庶民は天皇とは無縁であって、近代に入って教育が国民を、天皇に近づけた、とみなすところに津田の主張の根幹がある」と指摘されているが、これは網野氏が「津田がはっきりと否定した、前近代における庶民と天皇の関わりを、「非農業民」と天皇との関わりという形で積極的に肯定しているところに差異がある」（本書七五頁）という指摘の伏線になっているのである。

そして、こうした論争において、自らの旧説をやみくもに繰り返すだけではなく、自説が豊富化されていくのである。これこそ論争のあるべき姿とも言えよう。

その意味では、しばしば見られるのだが、研究史上の常套句でもって、安良城説はかくかくであるなどと片付けるのは、安良城さんの歴史学の方法ともっとも遠く、それゆえ、安良城さんの片言隻語を墨守するのではなく、安良城説は何をどう問題にしようとしていたかを受けとめて発展させていくことがわれわれに求められているのであろう。

(四)

安良城さんは、部落史の本格的な検討を今後に残されたまま一九九三年に、六五歳で亡くなられた。その余りの早さには残念と言わざるをえない。もう少し時間があれば、どのように学説を展開されたのだろうかと、ときどき考えてしまう。

私は一九八八年から大阪市立大学に勤務するようになるが、その少し前、「東京で若手の近世史研究者と話したいから、何人か集めてくれ、いっしょに酒でも飲もう」と言われたことがあった。その時、突然遺言だと思って聞くようにといわれて、「研究者の条件として大切なことがふたつある、そのひとつは裏表のない人間的誠実さだ」と言われたことを思い出す。安良城さんはそれから数年後に亡くなられたのだが、本書にも何度か言及があるように、このころから体調がすぐれず、何度も入院を繰り返されていた。この時は、比喩として遺言と言われたのであろうが、あるいはその体調から何か思うところがあったのかもしれない。

それにしても、安良城さんほど研究のみに基準をおいて裏表なく生きられた人はいないのではなかろうか。それは時に、批判すべきと考えるものに対しては、裏表のないストレートで厳しい批判となることも多い。一方で、つねに歴史のなかの被支配民衆への学問的な責任の意識に支えられていた。この文章を書きながら、自らの「歴史学の初心」に立ち返って、「人間的誠実」を心に刻みつけたいと思っている。

〈二〇〇七年四月〉

（つかだ・たかし　大阪市立大学教授）

＊本書は、一九八九年（平成元）に吉川弘文館より初版第一刷を刊行したものの復刊である。本シリーズへの収録にあたっては、新たに「付　豊臣秀吉の天下政権構想」を増補した。

著者略歴

一九二七年　東京都に生まれる
一九五三年　東京大学経済学部卒業
東京大学助教授、沖縄大学学長、大阪府立大学教授などを歴任
一九九三年　没

〔主要著書〕
幕藩体制社会の成立と構造　太閤検地と石高制
新・沖縄史論　日本封建社会成立史論（上・下）
天皇制と地主制（上・下）

歴史文化セレクション

天皇・天皇制・百姓・沖縄
社会構成史研究よりみた社会史研究批判

二〇〇七年（平成十九）六月二十日　第一刷発行

著　者　安《あ》良《ら》城《き》盛《もり》昭《あき》
発行者　前　田　求　恭
発行所　株式会社吉川弘文館
郵便番号一一三―〇〇三三
東京都文京区本郷七丁目二番八号
電話〇三―三八一三―九一五一〈代表〉
振替口座〇〇一〇〇―五―二四四
http://www.yoshikawa-k.co.jp/
印刷＝株式会社 ディグ
製本＝誠製本株式会社
装幀＝清水良洋

ISBN978-4-642-06336-4

歴史文化セレクション

発刊にあたって

悠久《ゆうきゅう》に流れる人類の歴史。その数ある文化遺産のなかで、書物はいつの世においても人びとの生活に潤《うるお》いと希望、そして知と勇気をあたえてきました。この輝かしい文化としての書物は、いろいろな情報手段が混在する現代社会はもとより、さらなる未来の世界においても、特にわれわれが守り育て受け継がなければならない、大切な人類の遺産ではないでしょうか。

文化遺産としての書物。この高邁《こうまい》な理念を目標に、小社は一八五七年(安政四)の創業以来、専《もっぱ》ら日本史を中心とする歴史書の刊行に微力をつくしてまいりました。もちろん、書物はどの分野においても多種多様であり、またそれぞれの使命があります。いつでも購入できるのが望ましいことは他言を要しませんが、おびただしい書籍が濫溢《らんいつ》する現在、その全てを在庫することは容易ではなく、まことに不本意な状況が続いておりました。

このような現況を打破すべく、ここに小社は、書物は文化、良書を読者への信念のもとに、新たに『歴史文化セレクション』を発刊することにいたしました。このシリーズは主として戦後における小社の刊行書のなかから名著を精選のうえ、順次復刊いたします。そこには、偽《いつわ》りのない真実の歴史、魅力ある文化の伝統など、多彩な内容が披瀝《ひれき》されています。いま甦《よみがえ》る知の宝庫。本シリーズの一冊一冊が、現在および未来における読者の心の糧《かて》となり、永遠の古典《クラシック》となることを願ってやみません。

二〇〇六年五月

吉川弘文館

◇歴史文化セレクション

インドの神々

斎藤昭俊著

（7月発売）二五二〇円

インドの民俗的崇拝の根底をなすものは〝霊〟である。人間・樹木・動物などに宿る霊が具体的な神の形となり、人々の信仰の対象となっている。それらさまざまな神々を、分かりやすく紹介した「インド宗教入門書」である。

（解説＝橋本泰元）

江戸の禁書

今田洋三著

（8月発売）一七八五円

近松門左衛門＝心中物禁止、英一蝶＝三宅島流罪など、江戸時代は、筆禍事件の続発ときびしい言論統制、弾圧の時代であった。市民的な文化活動の盛行と幕府による統制・弾圧の実態を当時の世相を交え、わかりやすく描く。

（解説＝藤實久美子）

柳田国男の民俗学

福田アジオ著

（9月発売）二三一〇円

日本民俗学の父、柳田国男は、その後半生を新しい学問〝民俗学〟の開拓に捧げた。日本の名もなき人々の生活の中に歴史を発見しようとした柳田の民俗学の成果と限界を示しながら、今後の民俗学の方向性を展望する。

（解説＝福田アジオ）

田村麻呂と阿弖流為《あてるい》

—古代国家と東北—

新野直吉著

（10月発売）一八九〇円

古代東北史に大きな足跡を残す二つの巨星。誉れ高き「征夷」の名将・坂上田村麻呂。悲劇と伝説につつまれた「蝦夷」の領袖・阿弖流為。征服と抵抗の歴史をたどり、謎多い二人の英雄とその時代に新たな光をあてる。

（解説＝新野直吉）

日本食生活史

渡辺　実著

（11月発売）二八三五円

日本人は、何を食べてきたのか。各時代の食の移り変わりや、伝統をつくりあげ、支えてきた人々にも視点をあて、食材の種類や生産法、調理法・調味料・食器など食全般にわたり、古代から現代までの食生活の歴史を詳説した。

（解説＝江原絢子）

江戸歳時記

宮田　登著

（12月発売）一七八五円

土からの生産生活を離れ、もっぱら消費生活を営んでいた江戸人の中には、独自の生活体系が形づくられていた。世界有数の都市＝江戸の特徴を、年中行事の民俗や、日々の生活リズムに探り、都市民の生活文化を描き出す。

（解説＝松崎憲三）

◇歴史文化セレクション

◇歴史文化セレクション

戊辰戦争論

石井　孝著

（08年1月発売）三〇四五円

戊辰戦争の本質を「絶対主義形成の二つの途の戦争」と規定し、天皇制と大君制（徳川）の対立を幕末段階から説き起こすことによって鮮明にした。戦争を三つの段階に分けて詳述し、戊辰戦争論の克服をめざした名著。

（解説＝家近良樹）

古事記の世界観

神野志隆光著

（08年2月発売）一七八五円

『古事記』はひとつの完結した作品として把握されねばならない。「高天原」「葦原中国」「黄泉国」「根之堅州国」の位置付けに新たな見解を示し、『古事記』が上中下巻を通して構築する独自の世界観・主張を解明する。

（解説＝神野志隆光）

江戸の高利貸

―旗本・御家人と札差―

北原　進著

（08年3月発売）一七八五円

最も江戸的な高利貸ともいえる札差。享保九年株仲間を結ぶ以前の状況から、幕府権力と癒着した十八世紀中期の発展、寛政・天保改革の債権帳消し令、維新前後の営業分析、十八大通論等、金貸し商人の実態を探る。〈『江戸の札差』を改題〉（解説＝北原　進）

仏像の再発見 ―鑑定への道―

西村公朝著
（08年4月発売）三九九〇円

信仰の対象である仏像にも、その制作年代の特徴が形となって現れている。約一二〇〇体の国宝・重要文化財の仏像を修理した技術者が、その蘊蓄を傾けて、仏像鑑定の秘法を初公開。あわせて仏像美の再発見を説く。

（解説＝真鍋俊照）

信長と石山合戦 ―中世の信仰と一揆―

神田千里著
（08年5月発売）二一〇〇円

一向一揆の最大の戦いとなった石山合戦。信長に惨憺たる敗北を喫した本願寺教団が、この合戦によりさらに発展する理由は何か。中世民衆の心をとらえた一向宗の謎と今まで解明されなかった石山合戦の本質に迫る。

（解説＝神田千里）

歴史文化セレクション　第Ⅰ期全13冊　好評発売中

古代住居のはなし
石野博信著
二三一〇円（解説＝石野博信）

帰化人と古代国家
平野邦雄著
二四一五円（解説＝森　公章）

神話と歴史
直木孝次郎著
二四一五円（解説＝西宮秀紀）

王朝のみやび
目崎徳衛著
二四一五円（解説＝小原　仁）

王朝貴族の病状診断
服部敏良著
一九九五円（解説＝新村　拓）

鎌倉時代—その光と影—
上横手雅敬著
二四一五円（解説＝上横手雅敬）

（価格は5％税込）

室町戦国の社会―商業・貨幣・交通―
永原慶二著
二四一五円（解説＝池　享）

近世農民生活史　新版
児玉幸多著
二七三〇円（解説＝佐藤孝之）

赤穂四十六士論―幕藩制の精神構造―
田原嗣郎著
一八九〇円（解説＝田原嗣郎）

江戸ッ子
西山松之助著
一七八五円（解説＝竹内　誠）

江戸の町役人
吉原健一郎著
一七八五円（解説＝吉原健一郎）

近代天皇制への道程
田中　彰著
二四一五円（解説＝宮地正人）

国家神道と民衆宗教
村上重良著
二四一五円（解説＝島薗　進）

◇歴史文化セレクション